中国新闻传播教育年鉴书系编撰委员会

主 任 委 员　张　昆（华中科技大学）

副主任委员　（按姓氏笔划为序）

　　　　　　　邓绍根（中国人民大学）　　刘英华（中国传媒大学）
　　　　　　　孙瑞祥（天津师范大学）　　李建新（上海大学）
　　　　　　　李惠民（兰州大学）　　　　何志武（华中科技大学）
　　　　　　　张小琴（清华大学）　　　　陈开和（北京大学）
　　　　　　　陈建云（复旦大学）　　　　周茂君（武汉大学）
　　　　　　　赵建国（暨南大学）　　　　韩立新（河北大学）
　　　　　　　程丽红（辽宁大学）　　　　薛　可（上海交通大学）

河北省社会科学基金2017年度项目

项目名称：河北新闻传播教育历史与现状研究

项目编号：HB17XW001

课题主持人：薄立伟

课题组成员：白贵　田建国　田钰滢　连小青　李博

中国新闻传播教育年鉴书系

河北省社会科学基金项目

河北新闻传播教育史稿

薄立伟 著

武汉大学出版社

图书在版编目(CIP)数据

河北新闻传播教育史稿/薄立伟著.—武汉:武汉大学出版社,2021.4
中国新闻传播教育年鉴书系
ISBN 978-7-307-21854-3

Ⅰ.河… Ⅱ.薄… Ⅲ.新闻学—教育史—河北 Ⅳ.G219.297

中国版本图书馆 CIP 数据核字(2020)第 204685 号

责任编辑:胡国民　　责任校对:李孟潇　　版式设计:马　佳

出版发行:武汉大学出版社　　(430072　武昌　珞珈山)
　　　　　(电子邮箱:cbs22@whu.edu.cn　网址:www.wdp.com.cn)
印刷:武汉中科兴业印务有限公司
开本:720×1000　1/16　印张:28.25　字数:391 千字　插页:2　折页:1
版次:2021 年 4 月第 1 版　　2021 年 4 月第 1 次印刷
ISBN 978-7-307-21854-3　　定价:76.00 元

版权所有,不得翻印;凡购我社的图书,如有质量问题,请与当地图书销售部门联系调换。

序 一

在北京到武汉的高铁上,我翻阅了一本书稿《河北新闻传播教育史稿》。这是一个学界小友薄立伟在2019年的中国新闻史学会学术年会上面交给我的,希望我能够提些修改意见并作序。在印象中,我们过去曾经通过邮件有过几次联系,知道他是河北大学白贵教授的硕士生、北京外国语大学何辉教授的博士生,这次见面,名字和人终于联系起来。薄立伟身材不高,看上去比较单薄,戴着一副大框眼镜,文质彬彬,在这个几乎全民富态的时代,他算是比较另类的,一个典型的博士。我比较喜欢这个类型的读书人。

受人之托,忠人之事。在静谧的复兴号高铁车厢里,我慢慢静下心来,打开了这本书稿。这本近三百页的书稿,拿在手里还有些分量。先看目录,洋洋大观,涉及新闻传播教育的历史与现状、理论与实践、人才培养、科学研究与社会服务、制度安排与教育条件,气度恢弘,一下子激发了我的兴趣,于是从目录进入文本。在文本的世界,我看到的不仅是满满的文字,还有大量的数据、图表,从历史进入现实,不仅有较大的跨度,而且还体现了一定的张力。显然不同于我平时看到的其他著作。这是一本有内涵的书。《河北新闻传播教育史稿》给我最深的印象有如下几点:

首先,这是我近年来看到的第一本以新闻传播教育史为主题的地方(省区)教育史专著。虽然新闻传播教育已是高等教育系统的重要组成部分,但是学界对新闻传播教育尤其是新闻传播教育史的研究尚属薄弱环节,过去只看到单篇的论文,基本上没有看到专著的出现。

其次，这本以河北省的新闻传播教育史为研究对象的专著时间跨度大，从民国时期天津工商学院的新闻学课程直到今天，在内容上包罗新闻传播教育系统的各个要素、教育过程的主要环节，结构堪称完整。作者为此收集了大量的第一手的历史文献，材料丰富，论从史出。

最后，这本书在传统的历史研究方法之外，尝试其他新的研究方法，如计量史学的方法，书中采集了大量的数据、制作了不少直观的图表，超越了以往历史著作常用的用事实说话，实现了既用事实说话又用数字说话。这种历史呈现，更有说服力。

正是基于这种印象，我不得不对这位青年学者刮目相看。当然，严格来说这本书也存在尚待继续完善的空间。书中提供了大量的图表、数据，但是对这些数据、图表的解读有待于进一步深入分析、挖掘；同时书稿对历史现象、对新闻传播教育的各大要素、对教育史演绎过程的描述比较充分，但是对于新闻教育置身的环境变迁、对于教育与社会的互动的关注略显不足。我之所以提出这两点不足，不是求全责备。事实上，一个工作在新闻传播教育第一线的青年学者能够写出这样的著作，实在是难能可贵的。但是，读书做学问是一辈子的事情，薄立伟的学术道路还很长，相信在今后若干年，我们还会陆续看到他的不少著作，这些著作一定会比今天的这本书更精彩。

看到眼前的这本《河北新闻传播教育史稿》，我浮想联翩。自2014年年末我接任中国新闻史学会新闻传播教育史研究委员会会长以来，一直在思考我们现在最紧要的事情是什么？作为一个新闻教育工作者，一个关注新闻传播史的学者，我以为，在新闻传播学已经成为一门显学、新闻传播教育成为高等教育体系的重要组成部分的当下，新闻史学者应该考虑如何记录新闻传播教育的历史，这可是我们自己见证、自己参与亲历的历史。中国新闻传播教育经历了百余年的发展，其现有的规模足以傲视世界群雄。但是回溯以往的历史，往往会出现断片的情形，许多往事已沉没于历史的河底，并且覆上泥沙，实在是难以打捞；或者严重碎片化，难以缝合，更遑论再现整体的新闻传播教育史。

有鉴于此，我提议新闻传播教育史研究委员会组织编撰《中国新闻传播教育年鉴》，这一建议得到了学会同仁热烈的响应。一石激起千层浪，2016年11月，《中国新闻传播教育年鉴（2016）》在辽宁省沈阳市拉开了神秘的面纱，得到了学界同仁、前辈学者的高度评价。历经2017年、2018年、2019年，《中国新闻传播教育年鉴》陆续出版了四卷。每次新版年鉴的首发，都是新闻教育界盛大的庆典，伴随着全国性高水平的学术研讨会一起召开，成为新闻传播教育界年末靓丽的一道风景。

我还有一个设想，就是在编撰《中国新闻传播教育年鉴》的同时，将新闻传播教育史研究委员会建设成为新闻传播教育界的精神家园和研究平台，集结学界同仁，全面推动中国新闻传播教育史研究。在此基础上，组织编撰两套丛书，一套是省市（地方）新闻传播教育史书系，争取在有条件的省份先推，梳理其新闻传播教育演变的历史，一期先推十本；二套是著名新闻传播院系研究书系，每个学院一本，选择最有名的十大新闻学院，第一期也推十本。这样两套丛书加上每年一本的新闻传播教育年鉴，整个新闻传播教育史研究应该是颇具规模了。目前只有新闻传播教育年鉴正式出版了，那两套书系还在策划之中。

正是在这个情况下，我看到了薄立伟博士的这本专著。心中的惊喜自然是可以想见的，一本不在计划之中却进入计划之内的书籍，注定了要推动、加速我心中设想的实现。在这个意义上，我要感谢薄立伟博士，同时也期待新闻传播教育届的前辈学人、青年才俊加入这一研究的行列。有了大家的参与和支持，我们的事业一定会蓬勃发展，更上层楼！

是为序。

张　昆

华中科技大学国家传播战略研究院院长

第六、七届国务院学位委员会新闻传播学科评议组成员

中国新闻史学会新闻传播教育史研究委员会会长

《中国新闻传播教育年鉴》编委会主任

2019年11月于武汉喻园

序二 拓荒 耕耘 不惑

2019年10月的一个下午，弟子薄立伟打来电话，告诉我他主持的"河北新闻传播教育历史与现状研究"这一课题的书稿基本完成，请我代为作序，翻阅这本400多页的书稿，一些思绪油然而生。

因为工作的关系（我于2001—2017年曾兼任教育部高等学校新闻传播学类专业教学指导委员会第二、第三、第四届委员），我对全国的新闻传播教育发展情况了解比较多些。从20世纪80年代初的十来家院校拥有新闻传播类专业，到如今数百家院校、一千多个新闻传播类专业点，可以说是日新月异、恍如隔世。河北的新闻传播教育主要历程应该说我也是熟悉的，其发展可说是可圈可点。在我的印象中，这本书应该是研究河北省新闻传播教育历史的首部专著，当下出版这样一部著作有其特殊的意义。河北大学1980年创办新闻学专业重启河北省新闻传播教育进程以来，迄今已经走过了整整40个年头，这40年是新中国河北新闻传播教育从拓荒、耕耘到丰收的完整历程。40年以来，河北省开办过新闻传播相关专业的院校最多时曾达到56家，已经涵盖了博士、硕士、本科、高职等各个类型和层次，为社会培养了数以万计的传媒工作者——仅河北大学就培养出了一万多名。据我了解，仅河北大学新闻传播学院走出的高校教师，如今就分布在海内外60多所院校，至于工作在媒体的传媒人，几乎遍布从中央媒体到大江南北各个地方媒体。这些成绩是几代新闻传播教育工作者以青春和奋斗换取的。让我们对谢国捷、楼沪光等先生于改革开放之初就独具胆识创办河北大学新闻学专业的拓荒精神点赞，让河北省的新闻传播教育从一起步就赶上了新时期全国第一拨队伍,为河北省新闻传播教育的发展奠定了基础;让我们对吴庚振教授为教研室主任和系主任的河北大学新闻学专业和新闻传播学系的教师团队点赞,是他们在长达十几年的时间内孤单耕耘,坚守着河北省唯一的新闻传播专业和教学点,慢慢提升了新闻学专业的知名度和美誉度;让我们为20世纪90年代中后期开始全省各个院校陆续开设的新闻传播类专业点的教育团队点赞,是他们在各自学校的拓荒、耕耘,丰富和完善了全省的新闻传播教育专业格局和阵营;也让我们为2000—2015年在我担任院长期间的河北大学新闻传播学院的教师们点赞,是他们的坚守初心、默默耕耘、追求内涵式发展,让河北省新闻传播教育有了进入全国第一梯队的实力和机会;再让我们为2015年10月以来韩立新教授担任院长的河北大学新闻传播学院的教师们点赞,是他们不畏强手、创新创业、继续前行,继续书写着燕赵新闻传播教育新篇章。这部书恰好可以作为河北省重启新闻传播教育40周年的献礼!

为了加强河北省各个新闻传播院系之间的联系和交流,我于2008年倡议发起成立了河北省新闻传播教育学会,受大家信任被推举担任首届和第二届会长,其后学会也开展了一系列工作,为促进河北省新闻教育界与全国新闻教育界、媒体界的交流与合作,推进河北省新闻传播教育更加贴近新闻传播实践,提升新闻传播人才培养质量发挥了一定作用。河北省新闻传播教育学会在客观上也为这样一个课题的研究实现提供了可能。

这本《河北新闻传播教育史稿》带着问题意识对河北省新闻传播教育进行了系统研究。首先,发现了1944—1945年时河北大学的前身天津工商学院时期的刘豁轩先生开设的新闻学、广告学课程(刘豁轩是一位重要人物,人们只知道他曾先后担任《益世报》总编辑及燕京大学新闻系主任,不知他在20世纪40年代还曾执教于河北大学的前身天津工商学院)和1946年3月在张家口创办的华北联合大学新闻系,将河北省新闻传播教育的起点从普遍认为的1980年追溯到了20世纪40年代,将这一时间提前了近40年。其次,作为首部研究河北省新闻传播教育的著作，较为全面和系统地收集了河北省新闻传播教育方面的资料，在著作、教材、论文、课题、科研获奖、学生获奖等方面都收集了较为充分的资料，这种"穷尽"资料的精神值得肯定和鼓励，也是历史研究所必需的。再次，尝试使用了文献计量法、访谈法、档案研究法、参与式观察等较为适当的研究方法，对文献资料进行了客观、全面的呈现，这就最大限度地减少了主观判断带来的影响。最后，呈现了河北省新闻传播学科发展的基本特征，选用恰当的理论工具对河北省新闻传播学科发展阶段进行了分析判断，具有一定的理论价值。

在我众多的弟子之中，薄立伟属于比较努力的类型，谦逊好学、做事踏实、不达目的不罢休。这种风格来做历史研究也是合适的，在研究中不计成本、不讲回报，潜心钻研自己感兴趣的话题，能够沉下去用将近三年的时间和整个课题组共同完成这项河北省社科基金课题，打磨出这样一本成果著作。更为难得的是，2017年上半年，这一省级课题立项之后，也随之传来了薄立伟被北京外国语大学国际传播专业录取为博士研究生的消息，一边读博一边开展课题研究，个中甘苦，自有体味。当然，这部他领衔完成的首部研究河北新闻传播教育的专著，也存在一些不足，还有改进和提高的空间，假如有再版的机会，可适当再加强一下"史"的脉络以及发展的意识，那就更臻完善了。这对年轻学者说来是更高的要求，青年学者的成长有其自身的阶段性和局限，这是所有人都会经历的必然过程，我们应该抱着一份宽容，给予一些鼓励。

谨序。

白　贵

河北大学特聘教授、博士生导师

中国新闻史学会少数民族新闻史研究委员会会长

2019年10月30日初草

2020年4月27日改定

目 录

第1章 绪论 ……………………………………………………………… 1
  1.1 研究目的和意义 ……………………………………………… 1
    1.1.1 国内外相关研究的学术史梳理及研究动态 ……… 2
    1.1.2 本书的独到学术价值和应用价值 ………………… 5
  1.2 问题和内容 …………………………………………………… 5
    1.2.1 研究对象 …………………………………………… 5
    1.2.2 总体框架 …………………………………………… 6
    1.2.3 重点难点 …………………………………………… 6
    1.2.4 主要目标 …………………………………………… 7
  1.3 思路和方法 …………………………………………………… 7
    1.3.1 基本思路 …………………………………………… 7
    1.3.2 理论工具 …………………………………………… 7
    1.3.3 具体研究方法 ……………………………………… 8
  1.4 成果及创新 …………………………………………………… 10
    1.4.1 主要研究成果及使用去向 ………………………… 10
    1.4.2 主要创新点 ………………………………………… 11

第2章 河北省新闻传播教育起源及发展 ………………………… 13
  2.1 河北省新闻传播教育探源 …………………………………… 13
    2.1.1 河北大学前身天津工商学院时期的新闻学课程 ……… 13
    2.1.2 中国共产党在张家口创办的华北联合大学新闻系 …… 15

     2.1.3　河北日报社主办的新闻大学……………………………16
     2.1.4　河北大学新闻学专业的创办…………………………18
  2.2　河北省新闻传播教育发展综述……………………………20
     2.2.1　河北省新闻传播教育发展状况………………………21
     2.2.2　河北省新闻传播教育特征……………………………34
  2.3　本章小结……………………………………………………35

第3章　河北省新闻传播专业和学科建设……………………………38
  3.1　河北省新闻传播学类专业设置研究………………………38
     3.1.1　全国新闻传播类专业目录及开设情况………………38
     3.1.2　河北省新闻传播类学科专业设置……………………41
     3.1.3　河北省新闻传播类学科专业特点及发展趋势………62
  3.2　河北省新闻传播学类专业和学科建设研究………………65
     3.2.1　本科院校学科建设成绩………………………………65
     3.2.2　高职院校专业建设成绩………………………………77
  3.3　河北省新闻传播各院系专业发展与特色…………………79
     3.3.1　本科院系专业发展与特色……………………………79
     3.3.2　高职专科院系专业发展与特色………………………90
  3.4　河北省新闻传播教育及专业定位研究……………………96
     3.4.1　研究思路与研究设计…………………………………96
     3.4.2　研究发现与讨论………………………………………100
  3.5　本章小结……………………………………………………117

第4章　河北省新闻传播师资队伍……………………………………121
  4.1　河北省新闻传播院系师资队伍研究………………………121
     4.1.1　师资队伍基本状况……………………………………121
     4.1.2　专家组织任职和重要学术团体兼职…………………130
  4.2　河北省新闻传播学教授研究………………………………139

  4.2.1 教授名录及学术简历 …………………………………… 139
  4.2.2 在职教授知网论文研究 ………………………………… 173
 4.3 本章小结 …………………………………………………………… 180

第5章 河北省新闻传播教学条件 …………………………………… 183
 5.1 河北省新闻传播学类课程建设 …………………………………… 183
  5.1.1 课程建设基本情况 ……………………………………… 183
  5.1.2 国家级、省级精品课程建设 …………………………… 186
  5.1.3 在线开放课程 …………………………………………… 187
 5.2 河北省新闻传播学类教材建设 …………………………………… 190
  5.2.1 教材编写与出版 ………………………………………… 190
  5.2.2 代表性教材研究与评述 ………………………………… 202
  5.2.3 教材选用情况 …………………………………………… 207
  5.2.4 课件和电子教材建设 …………………………………… 214
 5.3 河北省新闻传播学类实验条件建设 ……………………………… 215
  5.3.1 实验条件建设基本状况 ………………………………… 215
  5.3.2 国家级、省级实验教学示范中心建设 ………………… 219
  5.3.3 国家虚拟仿真实验教学项目建设 ……………………… 221
 5.4 本章小结 …………………………………………………………… 222

第6章 河北省新闻传播人才培养 …………………………………… 225
 6.1 河北省新闻传播人才培养研究 …………………………………… 225
  6.1.1 人才培养理念与实践 …………………………………… 225
  6.1.2 人才培养成果 …………………………………………… 231
  6.1.3 硕博研究生培养 ………………………………………… 233
 6.2 河北省新闻传播类技能大赛参赛和获奖情况 …………………… 236
  6.2.1 全国大学生广告艺术大赛 ……………………………… 236
  6.2.2 中国广告协会大学生广告艺术节学院奖 ……………… 255

6.2.3 其他比赛及获奖状况 ······ 267
6.3 河北省新闻传播学类优秀校友 ······ 269
6.3.1 本科院校优秀校友及就业简况 ······ 269
6.3.2 高职院校优秀校友及就业简况 ······ 282
6.4 本章小结 ······ 291

第7章 河北省新闻传播科学研究 ······ 294
7.1 河北省新闻传播学类科研与成果 ······ 294
7.1.1 科研机构与学术团体 ······ 294
7.1.2 科研课题 ······ 303
7.1.3 科研成果获奖 ······ 311
7.1.4 承办的主要学术会议 ······ 327
7.2 河北省新闻传播学类学术论文研究 ······ 329
7.2.1 "A刊"论文发表情况分析 ······ 329
7.2.2 "C刊"论文发表情况分析 ······ 333
7.3 河北省新闻传播学类著作出版研究 ······ 334
7.3.1 著作出版基本情况 ······ 334
7.3.2 著作出版情况分析 ······ 357
7.4 本章小结 ······ 361

第8章 河北省新闻传播产学研合作与社会服务 ······ 364
8.1 河北省新闻传播学类院系专业产学研合作 ······ 364
8.1.1 产学研合作概况 ······ 364
8.1.2 产学研合作典型案例 ······ 368
8.2 河北省新闻传播学类院系专业社会服务 ······ 376
8.2.1 社会服务基本状况 ······ 376
8.2.2 社会服务典型案例 ······ 377
8.3 本章小结 ······ 387

第9章 结论 389
9.1 河北省新闻传播教育发展现状 389
9.1.1 河北省新闻传播教育2018年发展状况 389
9.1.2 问题、特点与探讨 409
9.2 研究结论与讨论 411
9.2.1 研究发现 411
9.2.2 专业发展"S"形曲线与学科制度化 415
9.2.3 发展定位与特色凝练 418
9.2.4 学科地位与发展方向 420

参考文献 424

后记 430

第1章 绪　　论

1.1　研究目的和意义

　　回望半个世纪以来的历史，信息传播技术已成为当代社会的最大变量。信息化为中华文明的伟大复兴带来了千载难逢的历史机遇，新时代的新闻传播教育因而肩负着新的历史使命。① 据统计，截至2016年，全国681所高校开设新闻传播学类本科专业，有新闻传播学类本科专业点1244个，在校本科生人数达到23万人，专业教师7000余人。根据教育部新闻与传播学科教学指导委员会2019年9月最新统计资料，进入2019年，新闻与传播类专业进一步裂变为9个，创办新闻传播类专业的本科高校达721所，本科专业达到了1352个。② 在研究生层次，截至2017年年底，全国有新闻传播学一级学科博士点26个，新闻传播学一级学术硕士点126个，新闻与传播专业硕士点119个。③ 根据武汉职业技术学院彭爱萍教授的调查核实，截至2019年3月，全国251所高职院校共开办了538个新闻传播类专业点，④ 新闻出版类专业点52

---

　　① 高晓虹．专题按语[J]．现代出版，2019(3)：6.
　　② 张昆．新闻传播教育史体系刍议[J]．西安交通大学学报(社会科学版)，2020(2)：116-122.
　　③ 中国新闻史学会新闻传播教育史研究委员会．中国新闻传播教育年鉴(2018)[M]．武汉：武汉大学出版社，2018：835-848.
　　④ 张昆．新闻传播教育史体系刍议[J]．西安交通大学学报(社会科学版)，2020(2)：116-122.

个，广播影视类专业点486个。根据教育部数据，截至2017年5月31日，河北省共有127所高等学校，其中普通高等学校121所，成人高等学校6所。121所普通高等学校之中有61所本科院校，60所专科院校。据统计，2013—2018年，河北省有56所院校开设了或开设过各级各类新闻传播学专业。

在张昆教授等人和中国新闻史学会新闻传播教育史研究委员会的大力倡导下，中国新闻传播教育相关研究近年来逐步升温，而对于河北新闻传播教育，目前还没有专门的系统研究。改革开放以来40余年的时间里，河北新闻传播教育得到了极大的发展，现在已经具备对河北新闻传播教育进行系统研究的基础条件，也到了需要进行系统研究的时候。

1.1.1 国内外相关研究的学术史梳理及研究动态

专门讨论中国新闻传播教育的著作主要有：由新华出版社于2003年6月出版，李建新编著的《中国新闻教育史论》。2005年由中国传媒大学出版社出版，张树庭著的《广告教育定位与品牌塑造》。由中国传媒大学出版社于2009年6月出版，辛欣、雷跃捷等著的《中外新闻传播教育发展研究》。由武汉大学出版社分别于2016年10月、2017年10月、2018年10月、2019年10月出版的中国新闻史学会新闻传播教育史研究委员会编撰的《中国新闻传播教育年鉴（2016）》《中国新闻传播教育年鉴（2017）》《中国新闻传播教育年鉴（2018）》《中国新闻传播教育年鉴（2019）》。由中国社会科学文献出版社分别于2015年12月、2016年12月、2018年3月、2019年7月出版，中国社会科学院新闻与传播研究所编写的《中国新闻传播学年鉴·2015》《中国新闻传播学年鉴·2016》《中国新闻传播学年鉴·2017》《中国新闻传播学年鉴·2018》等。这些著作中也涉及了新闻传播教育和河北省新闻传播教育的诸多信息。

涉及地方新闻传播教育研究的著作主要有两种：2012年由四川大学出版社出版的邱沛篁、吴建、陈祖继主编的《四川新闻传播发展论》，2015年由四川大学出版社出版的邱沛篁主编的《川渝新闻传播教育35

年》。其他省份目前还没有专门的分省新闻传播教育方面的著作。涉及当代新闻传播教育史个案的著作主要是 2013 年由申凡编著、华中科技大学出版社出版的《华中科技大学新闻传播教育史稿》。专门讨论地方新闻传播教育研究的论文相对缺乏，比较典型的是《现代视听》2008 年第 1 期上发表的刘继忠撰写的《试析山东新闻传播教育历史与现状》一文。

与河北省新闻传播教育有关的论文主要分为两大类：一类是专门讨论河北省新闻传播教育的论文，另一类是河北省新闻传播学者有关新闻传播教育的论文。当然这其中也有重合的部分，那就是河北省新闻传播学者发表的有关河北省新闻传播教育的论文(见表 1-1)。

表 1-1　有关河北省新闻传播教育的论文及河北省新闻传播学者的新闻传播教育论文列表

序号	作者	论文题目	论文发表杂志或学位论文授予单位	年份
1	白贵、王艳	学与术的和谐　量与质的统一——浅论中国传媒业对新闻传播教育的时代要求	河北师范大学学报（教育科学版）	2008
2	邵宝辉	对新形势下新闻教育的几点思考	新闻爱好者	2009
3	邵宝辉	中国新闻史暨地方新闻史研究创新刍议	河北经贸大学学报（综合版）	2009
4	邵宝辉、张雅明、王秋菊	从新闻学子调查看当前新闻教育的改革与发展——以河北大学新闻学专业两届本科毕业生为例	河北大学成人教育学院学报	2011
5	乔云霞	河北大学新闻学科创建人谢国捷先生——纪念谢国捷先生逝世 25 周年	采写编	2013
6	连娜、张筱筠	"大数据"时代新闻传播人才培养模式的创新	新闻界	2014

续表

序号	作者	论文题目	论文发表杂志或学位论文授予单位	年份
7	中国人民大学新闻学院新闻传播教育课题小组	媒介融合时代的中国新闻传播教育：基于18所国内新闻传播院系的调研报告	国际新闻界	2014
8	白贵	搭建创新实践平台 培养卓越新闻传播人才	中国高等教育	2014
9	张雅明、邵宝辉	河北媒体采编人员新闻教育观点调查	采写编	2015
10	许晓明	中国近代新闻教育发展史研究（1912—1949）	河北大学	2015
11	李亚男、张艳、张彦辉	融合型新闻传播人才培养途径探索与实践	河北软件职业技术学院学报	2016
12	艾涓	新闻传播教育的探索者和实践者——访河北大学新闻传播学院院长韩立新教授	今传媒	2016
13	韩立新	凝聚学术特色 建设区域智库 培养新型人才——河北大学新闻传播学院的探索与实践	传媒	2017
14	曹磊、白贵	培养全球化的文明观与"共情"沟通能力——"构建人类命运共同体"背景下对新闻传播教育未来的思考	新闻记者	2018
15	周文扬	媒介融合背景下河北省新闻人才培养存在的问题及对策	传播力研究	2018
16	邵宝辉	改革奋进 争创一流——河北大学新闻传播教育发展之路	河北大学成人教育学院学报	2018
17	董庆文、邵宝辉	新媒体推动新闻传播教育转型	社会科学报	2018
18	王文娟	挑战与抉择：转型期新闻传播教育变革的思考与实践——访河北大学白贵教授	今传媒	2018

续表

序号	作者	论文题目	论文发表杂志或学位论文授予单位	年份
19	白贵	恩情与友谊——河北大学新闻传播学院与中国社会科学院新闻与传播研究所的交往关系	新闻与传播研究	2018
20	韩立新	预见性及其来源——马克思、恩格斯关于中国问题的评论对新闻教育的启示	新闻与传播研究	2018
21	安陆飞	河北高校新闻课程设置与改革的调研报告	河北大学	2018
22	白贵、杨强	"新文科"背景下新闻传播教育的新形势与新进路	出版广角	2019

1.1.2 本书的独到学术价值和应用价值

本书试图梳理河北新闻传播教育的历史，对其现状进行系统研究，然后对影响因素进行挖掘，对河北新闻传播教育的发展规律进行总结，希冀通过河北省地方新闻传播教育的系统研究，填补该项研究的空白。应用价值体现在通过系统研究河北新闻传播教育的历史和现状，总结在发展中的经验和教训，期待对未来新闻传播教育的发展有些许启发。同时能够让地方新闻传播教育的研究逐步引起重视，为丰富和完善中国新闻传播教育研究添砖加瓦。

1.2 问题和内容

1.2.1 研究对象

本书将研究对象锁定在河北新闻传播教育，主要研究其历史和现状,也就是河北省新闻传播教育的发端、发展脉络、发展现状、发展规律以及发展趋势等,其中对重点的新闻传播院系、新闻传播教育工作者进行专门研究。该项目将开展学科教育的新闻传播学类专业院系和开展职业教育的新闻传播大类(2015年之前为艺术设计传媒大类中的广播影视类)相关专业院系两个类别都纳入研究范围。本书的研究对象本身就是研究者"自己的故事",研究人员本身也是河北省新闻传播教育的参与者和亲历者。河北省新闻传播教育是研究者以及研究者的同事们、同仁们的全部青春和一生为之奋斗的事业。

1.2.2 总体框架

本书共分为9章,除绪论和结论两章外,其余各章分别是河北省新闻传播教育起源及发展、河北省新闻传播专业和学科建设、河北省新闻传播师资队伍、河北省新闻传播教学条件、河北省新闻传播人才培养、河北省新闻传播科学研究、河北省新闻传播产学研合作与社会服务。全书力图全面收集河北新闻传播教育的相关资料,将其进行系统研究,首次体系化呈现河北新闻传播教育的全貌。

1.2.3 重点难点

作为首次系统梳理河北新闻传播教育的历史与现状的著作,本书的研究重点主要有以下几个方面:挖掘史实,力求从源头开始系统梳理河北新闻传播教育的发展历程;概括得失,全面总结河北新闻传播教育发展的经验教训;开展研究,从理论高度探索河北新闻传播教育的影响因素和发展规律。

本书的难点在于第一次系统地对河北省新闻传播教育进行研究,资料来源主要是一手资料,对于资料的准确性、严谨性需要进行仔细甄别。此外,因为没有直接的参照系,研究对象的选择、研究资料的获取、研究体例的确定都具有一定的难度。

1.2.4 主要目标

董小玉等人认为，勾勒新闻传播教育发展的新方向，重塑新闻传播教育人才培养新目标，建构新闻传播教育实施的新路径，是实现新闻传播教育变革的三个必要环节。① 当前新闻传播教育面临着诸多的新问题和新挑战，在专业发展定位、人才培养目标和实施新闻传播教育等方面都需要进行探讨和研究。本书希望达到以下目标：梳理河北省新闻传播教育主要机构、重要事件、主要人物、代表性成果和成就，总结经验、探寻规律、分析影响因素，为当前河北的新闻传播教育发展提出建议。

1.3 思路和方法

1.3.1 基本思路

运用适当的研究方法，制订切实可行的研究计划，有条不紊地开展研究活动。首先，系统研究文献资料，结合河北省新闻传播教育的实际，确定研究体例。然后收集有关资料，到访河北省各个新闻传播院系，对主要负责人进行口述史研究，发放资料收集清单，全面掌握院系专业的情况；同时每个主要的新闻传播院系确定一名联络人，以备提供后续研究所需资料。最后，综合整理所有资料，完善研究体例。

1.3.2 理论工具

本书属于教育史、学科史、学术史范畴，可以使用的理论主要有：科学发展"S"形成长曲线理论、库恩的科学发展规律与科学发展模式理

---

① 董小玉，金圣尧. 新时代新闻传播教育的变革[J]. 当代传播，2019(1)：53-55.

论，以及华勒斯坦的学科制度化理论。① 根据科学发展"S"形成长曲线理论，可以通过统计河北省新闻传播学知识的积累过程来判断河北省新闻传播学科发展的阶段。借鉴托马斯·库恩的科学发展规律与科学发展模式理论，来研究和判断河北省新闻传播学在"前科学—常规科学—科学危机与科学革命—新常规科学"这一体系中的哪一阶段。使用华勒斯坦的学科制度化理论来讨论河北省新闻传播学的制度以及学者、教育机构、研究机构、学术组织等。同时，在分析新闻传播类院系发展时，借鉴和使用在营销传播领域业已成熟的定位理论来分析，希望可以带给新闻传播院系一些思考的角度。

1.3.3 具体研究方法

鉴于研究人员对研究对象本身比较熟悉，并且也是研究对象的参与者和亲历者。在研究方法的选择上主要考虑尽可能多收集一手数据和材料，尽量用数据和材料客观地呈现研究结论，减少主观的评价；重点采用"参与式观察"和"访谈法"两种一手资料采集的方法，辅以文献研究法、档案研究法、历史研究法和个案研究法。

①参与式观察。作为一种资料获取方法和质性研究方法比较适合历史研究。研究者对研究对象和其所从事的工作比较熟悉，可以通过亲身体验与实地观察获取研究数据，并以中立的角度对研究数据和研究材料进行客观分析。笔者团队是河北省高校从事新闻传播教育的教师，具备使用这一资料收集方法和研究方法的条件。

②访谈法。访谈法也是常用的质性研究方法之一，是收集一手资料的重要手段。河北省新闻传播教育院系的教授、学者、教师们有很多跟笔者是朋友、师生，这为访谈的顺利开展提供了天然的便利条件。笔者在参与式观察的基础上，访谈了大量河北省新闻传播教育领域的院长、

---

① 曾琼. 中国广告学知识生产研究：基于知识科学的视角与文献计量学的分析[M]. 长沙：湖南人民出版社，2016：25.

系主任、专业负责人、一线教师等，为研究收集了大量鲜活的一手资料，在本书的大部分章节中都有体现和标注。也有一部分访谈内容没有直接体现在成果之中，这一部分访谈对本成果具有间接帮助作用，未能在书中详细列出。

③档案研究法。大量查阅有关文献和档案，尤其是各种全国性新闻传播史、教育史中涉及河北省新闻传播教育相关内容的文献资料，摘取发生在燕赵大地上的新闻传播事件、机构和人物，并对这些资料进行大量占有和系统梳理，为研究奠定坚实的基础。

④文献计量法。在有关章节采用了文献计量法进行研究，主要涉及论文、著作、教材、成果获奖、学生作品获奖等方面。通过文献计量可以用量化的方法呈现河北省新闻传播学的学科发展和学术研究的发展历程和发展曲线，从中可以窥见该学科在河北省这个区域内的发展规律和特点。

⑤历史研究法。按照时间顺序，对河北省新闻传播教育发生的重要事实进行研究，对涉及的机构、人物进行重点剖析，对新闻传播教育的历史进行梳理，为河北省新闻传播的现状研究奠定基础。在搜集资料时力求完整，例如搜集河北省新闻传播教育院系在河北省哲学社会科学优秀成果奖历届评比中的获奖情况时，就遇到了时间跨度非常长、资料零散的问题。最终，收集到了1985年第一届直至最近的2018年第十六届全部获奖资料，能够全面呈现河北省新闻传播院系在河北省社会科学优秀成果奖中的全貌。

⑥个案研究法。个案研究是了解事物和知识探究的有效方法之一，对主要的新闻传播教育机构进行个案研究，对主要的新闻传播教育人物进行人物个案研究，对河北新闻传播教育的重点事件进行个案研究。在研究之中力求全面，然而有的数据和问题难以搜集全面，在这种情况下只能退而求其次，选择一些典型数据对问题进行些许说明，希望能起到"管中窥豹"的作用。例如在"人才培养"一章中，难以搜集到大部分新闻院系的全部毕业生统计数据，最终通过选择采访和呈现部分院系推荐

第1章 绪　　论

优秀毕业生的方式来反映人才培养质量。而在整个院系的研究上，对河北大学新闻传播学院和保定职业技术学院传媒艺术系两个典型院系关注得更多一些。这既因为资料搜集比较便利，更因为这两个院系在河北省本科院系和高职高专院系中具有典型性。

1.4　成果及创新

1.4.1　主要研究成果及使用去向

本书中的部分章节曾以独立论文形式公开发表，如《河北省新闻传播教育发展综述》和《河北省新闻传播教育发展综述》（与前一篇同名，但内容主要是2018年的）分别被收录在由中国新闻史学会新闻传播教育史研究委员会编纂的《中国新闻传播教育年鉴（2018）》和《中国新闻传播教育年鉴（2019）》。论文《河北省新闻传播教育的发展与定位研究》和《河北省新闻传播类科研课题和科研成果研究》分别被中国新闻史学会2018年学术年会和中国新闻史学会2019年学术年会录用，并在会上进行了宣读和分享。

②使用去向及预期社会效益。本书的研究成果可以供教育行政部门、专业研究机构、河北省各新闻院系专业及个人使用。教育行政部门可以通过成果系统了解河北省新闻传播教育的总体状况，对于制定政策具有参考价值；新闻传播研究机构以及对本书主题感兴趣的研究者可以以此成果为基础，对该问题进行进一步研究；河北省各新闻传播院系专业负责人可以通过本书成果了解各类型、各层次新闻传播院系专业的基本情况，对于制定人才培养方案、完善课程体系、设定人才培养目标等具有一定的参考价值。同时本书成果因为系统收集了基础性研究资料而具有一定的"工具书"式的资料价值，对于关注河北省新闻传播教育的个人有一定的资料价值，甚至对高考生选报新闻传播院系、专科生选择接本院校、本科生报考研究生、硕士研究生考博、博士研究生择业也都

具有一定的参考意义。

1.4.2 主要创新点

①首次对河北省新闻传播教育进行了系统、全面的研究。本书首次以河北省新闻传播教育为对象，对其历史和现状进行了全面扫描和立体呈现，特别看重资料的权威性和全面性，希望可以为河北省新闻传播教育的研究铺路，便于研究人员以后开展各个方向的深入研究。同时作为全国范围内首部系统研究地方新闻传播教育历史和现状的著作，希望能够开启各个地方新闻传播教育史的系统研究。

②首次明确将新闻传播类高职专业同等对待进行研究。在2019年9月19日，北京外国语大学国际新闻与传播学院主办的"首届国际新闻与传播教育论坛"的主旨演讲环节，华中科技大学新闻与信息传播学院原院长张昆教授在报告中提到，多年来的新闻传播教育研究忽视了一个很重要的方面，那就是高职专业目录中所涉及的23个专业。高职高专作为高等教育的职业教育类型的专科层次很容易被忽略，而职业教育的本科和研究生两个层次（应用本科和专业硕士）的教育因为主要放在本科院校，被研究者理所当然地关注和探讨。

③通过参与式观察和访谈法获得大量一手资料。在研究方法上注重创新，尤其是结合自身的便利条件充分应用了"参与式观察"这一研究方法，同时大量运用了访谈法，获取了一大批鲜活的一手资料，为研究的顺利开展打下了坚实的基础。只有在确实无法采访的情况下才退而求其次，采用其他替代办法。当然，这种访谈的方式也有一些缺点，那就是在点上比较深入，而在面上比较欠缺。好在本书中也对很多方面的资料进行了穷尽式的统计，为点面结合开展立体化的研究创造了一些条件。

④使用了大量的统计数据来反映和呈现历史事实。历史研究讲究用事实和材料说话，本书通过扎实的资料收集工作积累了大量的相关数据，并对数据进行了可视化处理，力求做到"以数据来说话"，通过数

据和可视化图表来呈现历史事实,分析河北省新闻传播教育的发展进程,探索河北省新闻传播教育的发展规律。

另外,在数据和资料呈现上采用漆侠先生倡导的"珍珠倒卷帘"的方式进行,也就是以现在为起点去研究和追溯过去,这一点在很多章节的数据统计列表上体现得较为明显。

第 2 章 河北省新闻传播教育起源及发展

2.1 河北省新闻传播教育探源

河北省内最早的新闻传播教育可以追溯到 20 世纪 40 年代，当时有两所学校与新闻传播教育发生关联，一所是河北大学的前身天津工商学院，另一所是中国人民大学的前身华北联合大学。由于种种原因，当时这两所院校的新闻传播教育未能在河北省延续下来。1958 年，河北日报社主办过主要培训在职新闻干部的新闻大学。① 直到 1980 年，原国家教委批准河北大学建立新闻学专业，河北省的新闻传播教育才开始逐渐发展壮大，延续至今。

2.1.1 河北大学前身天津工商学院时期的新闻学课程

1. 主要史实

河北省新闻传播教育的源头之一为 1944—1945 年河北大学的前身天津工商学院时期的新闻学课程。据资料显示，当时天津工商学院聘请了刘豁轩担任新闻学和广告学教授。刘豁轩（？—1976），时任天津《益

---

① 邓绍根，李兴博. 百年回望：论中国新闻传播教育发展历程及其特点[J]. 现代传播（中国传媒大学学报），2019，41(6)：155-164.

世报》报社社长、总编辑。刘豁轩力主抗日，曾被日本宪兵队关押。他于1944—1945年、1947—1948年先后任河北大学前身天津工商学院新闻学、广告学教授。以其深厚的学术功底和丰富的办报经验，使学生受益良多。①

天津工商学院当时开设有工科、商科和师范科。根据现有材料推断，当时的天津工商学院并没有开设新闻学或者广告学专业，而是在其当时所拥有的专业中先后邀请刘豁轩为学生讲授了新闻学和广告学课程。这是一条重要线索，这一发现有可能会将河北大学乃至河北省的新闻传播学教育追溯到1944年，比现在大家普遍认为的1980年提前36年。

刘豁轩1928年毕业于南开大学新闻学专业，毕业后应其兄长刘浚卿之邀担任天津《益世报》总编辑，1936年到燕京大学任教，其间还担任过燕京大学新闻系的系主任，后来又回到《益世报》担任社长和总编辑。刘豁轩是新闻专业科班出身，担任过报社社长和总编辑，同时还在大学新闻系担任过系主任和教学工作。

2. 基本推论

从这一历史事实中我们可以获得以下基本信息：

河北大学的新闻传播教育的火种跟燕京大学新闻系有一定历史联系。刘豁轩是这一联系的关键人物，而燕京大学新闻系、北京大学新闻系以及中国人民大学新闻系之间有着千丝万缕的联系。

河北大学前身天津工商学院曾经开设过新闻学和广告学课程。从河北大学档案馆中可以找到切实的证据，证明刘豁轩被河北大学的前身天津工商学院聘请到校担任过新闻学和广告学课程教授。刘豁轩被聘担任天津工商学院新闻学、广告学教授之时，已经有过担任报社社长、总编

---

① 这一条线索系2017年4月在河北大学研究生学院的楼道宣传海报中看到，之后到河北大学档案馆查阅相关资料进行补充完善。

辑和燕京大学新闻系任教的经历，具有报纸的采写编辑、报社的经营管理等从业经验以及在大学新闻学专业的教学经验。

有据可查的两门相关课程没能促成新闻相关专业的创办，也没能延续下来。20 世纪 40 年代天津工商学院时期的新闻传播教育未能发展壮大。

2.1.2 中国共产党在张家口创办的华北联合大学新闻系

1. 主要史实

1946 年 3 月在张家口创办的华北联合大学新闻系，是解放战争时期由中国共产党在解放区创办的高校新闻学系。由晋察冀通讯社编辑科科长罗夫担任新闻系副主任，专业课教师主要是来自《晋察冀日报》的在职工作人员。学生主要是来自北平、天津等地的知识青年和部分解放区的干部。① 新闻系的课程分为公共课和专业课，公共课有毛泽东文艺思想、社会科学概论和中国近代史等，专业课有新闻学概论、编辑、采访等。新闻系提出了"实践学习相结合"的口号，注重培养学生的专业基本功和实践动手能力。② 同年 9 月，随着国民党军队进攻张家口，新闻系学生分别到报社和前线记者团参加实习，10 月，国民党军队占领了张家口，华北联合大学新闻系停办。③

罗夫，曾用名肖孟璞和萧朴石，江苏宿迁人，共产党员。1937 年开始参加抗日救亡活动，1938 年夏天到延安抗日军政大学学习，1938 年年底到晋察冀边区工作，担任晋察冀通讯社编辑科科长和报社特派记

---

① 许晓明. 中国近代新闻教育发展史研究（1912—1949）[D]. 河北大学，2015.
② 许晓明. 中国近代新闻教育发展史研究（1912—1949）[D]. 河北大学，2015.
③ 文欣，吴廷俊. 中国共产党早期的新闻教育[J]. 新闻出版交流，2003(4)：54-55.

者。1946年任华北联合大学新闻系副主任，后来担任过涞源县副书记。同时，仍为报社特约记者。1948年8月，与敌军遭遇，不幸牺牲，时年28岁。

中国共产党在这一时期创办的新闻学校、院系和训练班主要有"延安大学新闻班(1946)、华北联合大学新闻系(1946)、华中新闻专科学校(1946)、华东新闻干部学校(1947)、济南新闻学院(1948)等。这些新闻教育机构虽然名称各不相同，但实际上都以训练班的形式开展新闻教育活动，学制从数月到一年不等，以培养新闻宣传人才干部为主要目标，注重实践教学的同时，特别重视政治理论学习"。[①]

2. 基本推论

从这一历史事实中我们可以获得以下基本信息：

河北省新闻传播类专业和院系的设置可以明确确定为1946年，到河北大学1995年再建新闻传播学系，至今已经走过了70多年的历史。

河北省新闻传播教育和其所在的燕赵大地一样，具有红色革命基因。在解放战争时期，为配合革命斗争的需要，中国人民大学的前身华北联合大学就创办了新闻系。在当时特定的历史条件下，其存续的时间虽然短暂，但意义深远。

当时的专业负责人罗夫来自行业一线，因而河北省的新闻传播教育一开始就具有强烈的经世致用特征。新闻传播学类专业一直都非常注重"新闻业务"，在师资队伍的建设方面注重引进具有行业实践经验的教师。

2.1.3 河北日报社主办的新闻大学

1. 主要史实

1958年中华全国新闻工作者协会举办各类新闻讲座，有的分会和

---

① 邓绍根，李兴博．百年回望：论中国新闻传播教育发展历程及其特点[J]．现代传播(中国传媒大学学报)，2019，41(6)：155-164.

报社创办了一批新闻红专学校、新闻夜大学。其中包括河北日报社主办的新闻大学，主要培训在职新闻干部。这些新闻教育机构在"大跃进"形势下仓促办起，虽然名义上是"大学"，但普遍师资力量不足，办学条件较差，在1961—1963年国民经济调整时纷纷停办或停招。①

1958年8月5日，河北日报新闻大学开学，其任务是把报社工作人员和工人培养成又红又专的编辑、记者和印刷人才。秉持的方针是"人人当学生，人人当先生，人人编教材"。设置了新闻系、印刷系，开设课程和学习内容主要有政治理论、新闻业务、印刷出版等。教学方法强调政治和业务相结合，理论和实践相结合，做什么学什么，学了就应用。时任《河北日报》总编辑杜敬、副总编辑沈重担任正、副校长，时任《河北日报》副总编辑吕克仁和印刷厂厂长分别担任新闻系主任和印刷系主任。②

2. 基本推论

从河北日报社主办新闻大学这一事实可以获得以下基本信息：

这是河北省目前已知的第一所以新闻命名的"大学"，但是从资料中可以看出，这所以"新闻"命名的大学并不是真正意义上的学校，而是类似于单位内部的培训机构。然而它又非常明确地被冠之以"大学"的名分，还划分了系别，选任了兼职的校长、副校长和系主任，确定了教研室。这在专业知识匮乏、学历短缺的年代是很多单位为了提高职工素质所采取的应急措施，所取得的"毕业证书"只在有的单位内部人事部门承认。在当年特定的历史背景之下，作为新闻单位内部提高员工素质和专业技能的举措有一定的现实意义，但是直接称其为"新闻大学"就显得与实际情况不相符了。

另外，发表在《新闻战线》上关于河北日报新闻大学报道的作者署

---

① 徐培汀. 二十世纪中国的新闻学与传播学[M]. 北京：党建读物出版社，2002：389.

② 沪光. 河北日报设立新闻大学[J]. 新闻战线，1958(9)：64.

名为"沪光",从名字、单位、年限来看,这位作者应该就是后来参与筹建河北大学新闻学专业的楼沪光。

2.1.4 河北大学新闻学专业的创办

1. 主要史实

中华人民共和国成立以后,河北大学新闻学专业萌芽于"文革"时期的河北大学中文系,具体来说,源于20世纪60年代的河北大学中文系写作教研室。1968年,河北大学中文系组织了由教师和学生共同组成的"教育革命小分队"到工厂去接受工人阶级"再教育",为工厂撰写新闻稿件;同时也开办培训班,为工人开设文化课程,培训写作人员。1969年,写作教研室的教师也开始在《邢台日报》等报刊上刊登新闻稿件。① 这充分说明,在20世纪60年代末,河北大学中文系写作教研室的师生已经开始接触新闻报道,并且涉及新闻采写方面的培训,可以说为改革开放后河北省新闻传播教育的出现埋下了伏笔。

改革开放之后,时任河北大学教务处教研科科长楼沪光与中文系写作教研室主任谢国捷共同撰写了申报新闻专业的材料。1980年5月得到了上级教育主管部门批准创立新闻学专业,河北大学也由此成为河北省最早创办新闻传播类专业的学校。同年7月成立了由谢国捷和楼沪光分别担任组长和副组长的新闻专业筹备小组。② 1981年9月,正式成立新闻教研室,谢国捷任教研室主任,1982年6月首次招生。1994年12月,省教委下达同意建立河北大学新闻传播学系的文件。1995年4月,河北大学校领导研究决定建设立新闻传播学系,吴庚振担任系主任。2000年时正式组建了河北大学新闻传播学院,白贵担任首任院长。成

---

① 乔云霞. 河北大学新闻学科创建人谢国捷先生——纪念谢国捷先生逝世25周年[J]. 采写编,2013(6):59-61.

② 乔云霞. 河北大学新闻学科创建人谢国捷先生——纪念谢国捷先生逝世25周年[J]. 采写编,2013(6):59-61.

立新闻传播学院以后的18年间,取得了一系列显著的建设成果。进入20世纪90年代之后,河北省各个院校逐步开始开设新闻传播类专业。

在河北大学新闻学专业创办过程中谢国捷和楼沪光发挥了关键作用。谢国捷(1915—1989),字戍生,河南安阳人,祖籍江苏武进。就读于北平辅仁大学哲学系,毕业后一直从教,中华人民共和国成立后调到天津师范学院(河北大学前身),1960年之后担任河北大学中文系及新闻专业教授。① 楼沪光(1933—2012),浙江永康人,1955年毕业于北京大学新闻专业。曾任《河北日报》副总编辑兼《杂文报》总编辑、《光明日报》河北记者站站长等职务。1972—1981年在河北大学工作,参与筹建河北大学新闻学专业。

2. 基本推论

从河北大学新闻学专业创办这一事实可以获得以下基本信息:

楼沪光和谢国捷是河北大学新闻学专业创办的关键人物。楼沪光先生毕业于新闻专业,之后到报社从事新闻实践活动,在河北日报社工作期间亲历了河北日报新闻大学的开办。他在新闻媒体单位工作17年后又被调到河北大学教务处从事教学管理工作,这样的学习和工作经历使得他对新闻教育有着特殊的感情。他在工作之余经常与河北大学中文系写作教研室负责人谢国捷先生一起交流,逐渐碰撞出了创办新闻学专业的想法,两人一起撰写申报材料,又一起担任新闻学专业筹备组的副组长和组长。

河北省新闻传播教育的起步赶上了全国新闻学专业创办的热潮。1978年之前,全国新闻传播类专业还非常稀少,主要有中国人民大学、北京大学、复旦大学、北京广播学院等少数高校。改革开放之后,尤其是20世纪80年代初期,有一批高校陆续开办新闻学专业。据吴庚振回

---

① 韩大星. 吾师谢国捷先生书法[EB/OL]. [2017-10-27]. http://blog.sina.com.cn/s/blog_4c59a8390100e1sx.html.

忆,与河北大学在同一时期创办新闻学专业的高校还有武汉大学、华中科技大学、南京大学、厦门大学、四川大学、吉林大学、郑州大学、江西大学、辽宁大学、兰州大学、山西大学、宁夏大学等。

河北省社会发展的需求和河北大学具备的基础条件为新闻学专业的创办创造了条件。改革开放之后,随着社会经济的发展,加上新闻宣传工作的实际需要,创办新闻学专业的基本条件已经成熟。据乔云霞回忆,楼沪光和谢国捷两人撰写了申报材料,之后获批成立新闻学专业。据吴庚振回忆,1980年前后,时任中共河北省委宣传部部长的徐纯性同志等人提议在河北大学中文系创办新闻学专业,得到了省委、省政府领导的肯定和支持。① 由此可见,当时河北大学中文系写作教研室已经具备了一定的新闻采写实践经验,也萌发了创办新闻学专业的想法。同时,时任河北省委、省政府有关领导在当时也认识到了创办新闻学专业的必要性,当时创办新闻学专业的内外部条件已经成熟了,可以说河北大学新闻学专业是时代的产物。

2.2 河北省新闻传播教育发展综述②

根据教育部官方网站数据,截至 2017 年 5 月 31 日,河北省共有 127 所高等学校,其中普通高等学校 121 所,成人高等学校 6 所。121 所普通高等学校之中有 61 所本科院校,60 所专科院校。据统计,在 2013—2018 年期间,河北省有 56 所院校开设了或开设过各级各类新闻传播学专业。

---

① 吴庚振. 踏上创建河北省第一个新闻学专业的艰难征程[EB/OL]. [2017-10-27]. http://blog.sina.com.cn/s/blog_49f376d10102xbw8.html.

② 本节部分内容发表在《中国新闻传播教育年鉴(2018)》(中国新闻史学会新闻传播教育史研究委员会编写,武汉大学出版社 2018 年 10 月出版),原文为薄立伟、商建辉撰写的《河北省新闻传播教育发展综述》,此处改动较大。

2.2.1 河北省新闻传播教育发展状况

1. 院系及专业概况

（1）本科院系及专业概况。河北省新闻传播本科院校近年来基本上形成了"一超多强"的格局。河北大学新闻传播学院创建时间最早，拥有河北省唯一的新闻传播学博士点，主持了河北省大部分的新闻传播类国家社科基金项目，在省内居于绝对的优势地位。河北师范大学新闻传播学院、河北经贸大学文化与传播学院、河北传媒学院新闻传播学院等院系各有特色、你追我赶。其他本科院系专业正在积极申报更多的本科专业，探索属于自己的专业特色，同时也为申请新闻传播学类硕士点积蓄力量。

河北大学新闻学专业始建于1980年，是"文革"后全国建立的首批9家新闻学专业之一。1982年开始招生，1995年正式成立新闻传播学系，2000年成立新闻传播学院。河北大学新闻传播学院现设有新闻学、广告学、广播电视学、编辑出版学、播音与主持艺术五个本科专业。学院现拥有新闻传播学一级学科博士授权点，拥有新闻传播学一级学科硕士学位授权点，拥有新闻学、传播学两个二级学科硕士学位授权点，拥有新闻与传播、出版两个专业硕士授权点。在专业建设方面，河北大学新闻学专业2007年获批为全国首批特色专业，2012年获批河北省重点学科和省级专业综合改革试点。2014年河北省委宣传部与河北大学共建新闻传播学院，校部共建工作正式启动。

河北师范大学新闻传播学院成立于2004年，其来源有1994年创建的河北师范学院广告系、2001年开始招生的河北师范大学广播电视编导专业和2004年8月并入的文学院新闻系（新闻学专业于2002年开始招生）。现设新闻学、广告学、广播电视编导、广播电视制作、播音与主持艺术、广播电视学（2018年停招）6个本科专业。2006年，学院获批艺术学硕士学位授权点，招收广播电视艺术、影视数字艺术、动画艺术和广告传播艺术方向硕士研究生。2016年获批新闻与传播专业硕士点，2017年开始招生。2014年河北省委宣传部与河北师范大学共建新闻传播学院，校部共建工作正式启动。河北师范大学新闻与传播综合实验中心于2009年被河北省命名为省级实验教学示范中心，2015年被教育部评审成为国家级实验教学示范中心建设单位。①

河北经贸大学文化与传播学院(原人文学院)成立于2003年，前身为新闻传播学系。经教育厅批准，2017年9月人文学院正式更名为文化与传播学院。院训为"明德博学，人文日新"。学院有六个本科专业：新闻学、广播电视学、广告学、编辑出版学、汉语国际教育、汉语言文学。六个专业分两大类：新闻传播学类、中国语言文学类。新闻传播学一级学科硕士点下设五个二级学科硕士点：新闻学、传播学、跨文化传播、影视文化传播、视听新媒体传播。新闻学专业为校级重点学科。有一个省级实验教学示范中心，设有河北省媒介融合发展研究中心、京津冀传统文化研究所、新闻学研究所等研究机构。②

燕山大学文法学院文学与新闻传播学系现有汉语言文学和广播电视学(2018年停招)两个本科专业。有教师23人，学生500多人(其中汉语言文学专业校本部有学生四届230多人，里仁学院招满也有200多人；广播电视学专业四届学生120多人)。③

河北科技大学文法学院新闻系成立于2003年，本科一批招生。2013年，新闻系入选"河北省卓越新闻传播人才培养计划"。现有新闻学和网络与新媒体两个在招新闻传播类本科专业。

河北地质大学的广告学专业开设在艺术设计学院，该专业创办于

---

① 河北师范大学新闻传播学院简介[EB/OL]．[2019-05-17]．http：//xwcbxy. hebtu. edu. cn/a/xygk/xyjj/index. html.
② 河北经贸大学文化与传播学院简介[EB/OL]．[2018-12-12]．http：// whcb. heuet. edu. cn/.
③ 燕山大学文学与新闻传播学系简介[EB/OL]．[2016-10-27]．http：// wenfa. ysu. edu. cn/info/10505/85958. htm.

2000年。教职工11人，绝大多数教师具有硕士学历。其中副教授1人，讲师10人，博士1人。广告与艺术设计实验室获得中央与地方共建经费资助。学生先后在"大广赛""学院奖""金犊奖"等大赛中获得三次银奖、多次铜奖及优秀奖，逐步形成了自己的专业品牌和学术影响。①

河北民族师范学院2000年创建主持与播音专科专业（2000—2014），成立播音教研室。2002年，创建新闻采编与制作专科专业（2002—2016），成立新闻教研室。2016年2月18日，根据学校二级学院设立方案，中文系正式更名为文学与传媒学院。设有新闻学、网络与新媒体两个新闻传播类本科专业。

石家庄学院文学与传媒学院现开设有"六本四专"共10个专业，新闻传播类本专科专业主要包括广告学、广播电视学、影视多媒体技术等。文学与传媒学院师资力量雄厚。截至2020年7月，该院有教职工71人，其中教授8人，副教授、高级实验师、高级工程师19人，博士10人，硕士45人。近年来，教师发表论文400余篇，出版专著、教材多部，承担国家级、省级课题多项，获省、市级奖励多项。学院建设省重点发展学科1个，省级精品课程2门，市级精品课程1门，校级精品课程3门，校级重点建设专业和重点建设学科各1个。

保定学院信息工程学院现有网络与新媒体等5个本科专业，新闻采编与制作等2个高职专业，全日制在校生1100余人。现有教职工50人，其中教授2人，副高级职称14人，中级职称22人，具硕士以上学位教师40人，在读博士3人。其中双师型人才22人，有媒体从业经历的教师4人，多名教师被学校授予育人楷模、教学标兵、科研标兵等荣誉称号。学院先后被授予"河北省先进基层党总支""保定市宣传文化系统先进集体"等荣誉称号。②

---

① 数据统计至2017年10月26日。
② 保定学院信息工程学院简介［EB/OL］.［2019-05-03］. https：//xxgc. bdu. edu. cn/bxgk/xyjian_j. htm.

唐山学院传播与动画系是在河北科技大学唐山分院并入后,由原河北科技大学唐山分院动画系影视动画专业、影视广告专业和影视多媒体技术专业与唐山学院原文法系广告学专业、原电子信息系图形图像制作专业合并组建而成。该系开设有五个专业,其中,广告学开设于2004年,2009年开始招收本科生;影视广告(专科)开设于2000年;影视动画(专科)开设于2001年,为省内首开;影视多媒体技术(专科)开设于2007年。[①]

衡水学院文学与传播学院是衡水学院办学历史最长、规模最大的二级学院之一。学院现有教职工67人,在校生1345人;设有汉语言文学、广播电视学、播音与主持艺术、广告学、广播电视编导(在建)5个本科专业和1个专科专业——新闻采编与制作,建有4个教研室(广播电视编导教研室正在组建中)、4个非实体性研究所(即莎士比亚研究所、民间文化研究所、比较文学与比较文化研究所和广告经营与管理研究所)。[②]

唐山师范学院中文系新闻学教研室成立于2008年,是唐山市唯一拥有新闻学专业本科学位授予权的学校,现有专任教师7人,行政兼课教师3人,校外聘请业内专家2人。在7名专任教师中,有教授1位,副教授3位,硕士以上学历4人,高职称、高学历教师分别占57.1%和42.9%。任课教师中既有长期在高校从事教学、科研工作,学术水平高、理论功底深厚并兼具媒体工作经验的教授,也有具有媒体工作经历和高校教学经历的资深学者。设有广播电视学本科专业(2009年专业名称为广播电视新闻学,2013年根据教育部专业设置调整将专业更名为广播电视学)和新闻采编与制作专科专业。广播电视学专业为唐山市特色专业,自2009年开始招生,2013年顺利通过本科专业学士学位授予

[①] 唐山学院传播与动画系简介[EB/OL].[2015-08-09]. https://cmydh.tsc.edu.cn/col/1438614749809/index.html.

[②] 衡水学院文学与传播学院简介[EB/OL].[2014-07-26]. http://wchxy.hsnc.edu.cn/info/1002/1401.htm.

评估，专家以高度的评价肯定了专业发展思路及人才培养理念，在校全日制本科生近 200 人。广播电视学 2017 年获批校级重点建设专业。①

廊坊师范学院新闻学专业于 2003 年开始招生，当时隶属中文系。2005 年 12 月至 2018 年 10 月，新闻学专业开设在文学院。新闻采编与制作专科专业在 2014 年最后一年招生。廊坊师范学院于 2018 年 10 月份开始组建直属传媒系，下设新闻学、播音与主持艺术、数字媒体艺术、教育技术学 4 个本科专业。

邯郸学院夏青传媒学院设有两个本科专业：播音与主持艺术、数字媒体艺术，并没有开设新闻传播类专业。同时，邯郸学院软件学院开设了影视动画高职专科专业。邯郸学院还有注册但是没有招生的两个新闻传播类高职专业：播音与主持、影视编导，2014 年之前还曾备案过摄影摄像技术专业。

沧州师范学院齐越传媒学院成立于 2017 年，设置有网络与新媒体、广告学、播音与主持艺术、广播电视编导 4 个本科专业，其中广告学专业为 2018 年新审批，2019 年招收第一届学生。2016 年和 2018 年专科专业传播与策划曾经两次招生。

防灾科技学院文化与传播学院的前身为人文社科系，成立于 2001 年，2018 年 7 月正式更名为文化与传播学院；对应汉语言文学、广告学、网络与新媒体 3 个本科专业设置了 3 个教研室。2007 年广告学专业开始招生，2008 年增设汉语言文学专业，2017 年新增网络与新媒体专业。② 2018 年成立了两个研究机构：防灾科技学院风险传播研究所和防灾科技学院灾害舆情研究所。

河北传媒学院是经教育部备案的民办高校。其中，新闻传播学院、影视艺术学院、动画学院、信息技术与文化管理学院设置有新闻传播类

---

① 唐山师范学院中文系新闻学专业简介[EB/OL]. [2018-05-17]. http://zwx.tstc.edu.cn/info/1074/2390.htm.

② 防灾科技学院文化与传播学院简介[EB/OL]. [2018-03-28]. http://wcxy.cidp.edu.cn/xygk/xyjj.htm.

相关专业。河北传媒学院新闻传播学院于2008年8月建立,是河北传媒学院特色鲜明的一个二级学院。学院具有新闻与传播专业硕士、艺术硕士(播音主持方向)授予资格,开设播音与主持艺术、新闻学、广播电视学、广告学、传播学、编辑出版学、网络与新媒体、数字出版8个本科专业和新闻采编与制作、主持与播音两个三年制专科专业,在校生3340余人。①影视艺术学院现开设有影视编导、广播影视节目制作、摄影摄像技术三个新闻传播类专科专业。动画学院现设有影视动画一个新闻传播类专科专业。信息技术与文化管理学院有影视多媒体技术一个新闻传播类专科专业。

河北美术学院传媒学院2011年获准设立广告学本科专业,同时还开设了广播影视节目制作、影视动画、播音与主持、摄影摄像技术、影视编导等新闻传播类高职高专专业。

河北外国语学院是经河北省人民政府和国家教育部批准备案的全日制民办本科高校。传媒学院设置有新闻传播类相关专业有:网络与新媒体(本科专业),以及播音与主持(外语播音员方向)、摄影摄像技术、广播影视节目制作、数字媒体应用技术4个高职专业。

河北东方学院2017年经批准设置了网络与新媒体专业,开设在文物与艺术学院,2019年招收广播影视节目制作专业首届学生。

河北工程技术学院人文学院在2016年审批通过了网络与新媒体专业,同时该学院还曾招收过新闻采编与制作、出版商务等高职专业学生。

(2)独立学院院系及专业概况。河北大学工商学院发端于2000年成立的河北大学实验学院,2001年改为河北大学城市学院,2003年改为现名,河北大学工商学院人文学部曾开设新闻学、广播电视学、广告学、编辑出版学、网络与新媒体(2013年审批)等专业,2017年以来在

---

① 河北传媒学院新闻传播学院简介[EB/OL].[2019-05-04]. http://xwcb.hebic.cn/about/school.html.

招的新闻传播类专业有新闻学、广告学、网络与新媒体3个专业，共享河北大学新闻传播学院师资。

河北师范大学汇华学院传媒学部成立于2012年7月，是根据专业特点在原文学部基础上分离而成。现设新闻学、广告学、广播电视编导三个本科专业。新闻学、广告学自2002年开始招生，广播电视编导自2009年开始招生。2015年，新闻学、广告学两个专业实行新闻传播类大类招生。

河北经贸大学经济管理学院文法系成立于2004年5月，设有法学、英语、新闻传播学类三个专业，分别依托法学院、外语学院和文化与传播学院等学院教学资源办学。新闻传播类主要包含新闻学和广播电视学。

燕山大学里仁学院在文法外语系开设广播电视学专业，该专业设置有3个研究方向，分别为广播电视新闻学、广播电视艺术学、报刊网络编辑学，2018年停止招生。

河北科技大学理工学院文理学部开设有新闻学专业。

河北地质大学华信学院文法系成立于2007年，文法系新闻传播类相关专业为广告学专业。

(3)高职高专院系及专业概况。保定职业技术学院传媒艺术系发端于河北保定农业学校1996年设立的电教专业，现设有广播影视节目制作、广播影视节目制作(编导)、广播影视节目制作(动画)、新闻采编与制作、广告设计与制作5个专业及方向。曾经开办过影视动画、主持与播音等专业。

河北对外经贸职业学院传媒系成立于2006年，目前设有播音与主持、广播影视节目制作、影视动画、摄影摄像技术、无人机应用技术、新闻采编与制作、传播与策划7个专业。

河北青年管理干部学院传媒系现开设学前教育专业、室内装饰设计专业、广播影视节目制作专业、广告设计与制作专业。

河北劳动关系职业学院拥有影视编导(订单)、摄影摄像技术两个新闻传播类高职高专专业和广告设计与制作一个艺术设计类高职高专专业。

　　河北工程技术学院人文学院现有网络与新媒体本科专业、广告设计与制作、环境艺术设计、护理专科专业。

　　河北软件职业技术学院数字传媒系(影视动漫学院)成立于2005年3月，现开设广告设计与制作、影视多媒体技术等6个专业。

　　河北省艺术职业学院传媒系现有主持与播音、摄影摄像技术、影视多媒体技术、影视广告、动漫设计与制作、交互媒体设计6个专业。

　　河北政法职业学院管理系于2003年创建，管理系目前开设有网络新闻与传播(2016年开始招生)等10个专业。

　　石家庄职业技术学院动画专业创办于2003年，2007年成立动画学院，目前设有影视动画、动漫制作技术、游戏设计和影视多媒体技术4个专业。

　　唐山职业技术学院旅游系设有网络新闻与传播等专业。

　　沧州职业技术学院现代传媒与艺术设计系成立于2005年，2018年更名为传媒艺术系。在2016、2017年曾经招收影视编导专业学生。

　　邯郸职业技术学院文法系新闻采编与制作专业成立于2000年。2004年，广告设计与制作专业建立；2005年，文化传播与策划专业创立。

　　廊坊职业技术学院文化传媒与服务系开设有传播与策划、广告设计与制作等新闻传播类专业。

　　邢台职业技术学院艺术与传媒系是在1992年创办的建筑装饰工程技术专业的基础上发展起来的，现有广告策划与营销等6个专业。

　　石家庄城市经济职业学院影视学院设有影视编导和媒体营销专业，其中，媒体营销专业于2019年招生，为河北省独有。

　　石家庄工程职业学院装备制造系开设有新闻采编与制作专业，艺术设计系2017年开始设置影视动画专业。

　　石家庄经济职业学院艺术系设有广告设计与制作、动漫设计与制作、摄影摄像技术等专业。

石家庄理工职业学院艺术学院成立于2000年，学院设有音乐与传媒系，涵盖摄影摄像技术、歌舞表演(幼儿艺术方向)、音乐表演(含流行音乐方向)、播音与主持(含婚庆礼仪方向)4个专业。

石家庄信息工程职业学院传媒艺术系成立于2008年，设置有广告设计与制作等5个专业。

燕京理工学院传媒学院现开设广播电视编导、摄影、播音主持等本专科专业。

渤海理工职业学院在信息工程系开设有影视多媒体技术专业。

2. 师资队伍

通过河北省24个新闻传播类院系或专业483名教师的基本数据来看，河北省新闻传播学类教师年龄结构较为合理，呈"抛物线"形态，36~45岁的教师所占比例较大，超过了40%。在学历学位方面，有83位教师拥有博士学位，有306位教师的最高学位为硕士学位。最高学位为硕士的教师占比最大，超过了60%。在483位教师中，61人拥有教授专业技术职务资格。讲师所占比例最高，达到了46%。

河北大学新闻传播学院白贵教授曾兼任第二届、第三届教育部高等学校新闻学学科教学指导委员会委员和第四届教育部高等学校新闻传播学类专业教学指导委员会委员。河北大学新闻传播学院韩立新教授入选新一届教育部高等学校新闻传播学类专业教学指导委员会，兼任第五届"教指委"委员。河北大学新闻传播学院白贵教授2013年入选为全国卓越新闻传播人才教育培养指导委员会委员。保定职业技术学院传媒艺术系田建国教授入选第一届、第二届全国广播影视职业教育教学指导委员会委员。河北大学新闻传播学院乔云霞教授、保定学院胡连利教授、河北大学新闻传播学院白贵教授先后在中国新闻史学会担任常务理事等职务。河北大学新闻传播学院、河北经贸大学文化与传播学院共计有将近20人次在中国新闻史学会下属的二级分会担任职务。

3. 教学条件

（1）课程建设。在课程建设方面，2002年河北大学新闻传播学院白贵教授所主持的新闻学概论课程被评为省级精品课，2002—2010年9年间，共有7门课程获得省级及以上精品课程称号。其中保定职业技术学院传媒艺术系田建国教授主持的电视摄像课程被评为国家级精品课程。在精品资源共享课建设方面，建成一门国家级精品资源共享课——电视摄像、一门河北省高等学校省精品资源共享课程——新闻采访写作。2018年有河北大学新闻传播学院彭焕萍教授主持的新闻采访与写作等4门课程立项为首批河北省高校精品在线开放课程建设项目。在2018年河北省职业院校在线开放课程征集评选活动中，河北对外经贸职业学院康永斌负责的非线性编辑等3门课程被评为"三等奖"。

（2）教材建设。河北省新闻传播教育重启将近40年来，全省新闻传播学类教师编著的教材较多，通过图书资料查阅、网站搜索、教师访谈等方式收集到主编和著述的代表性教材70部。经过统计发现，河北大学新闻传播学院一共完成了其中的39部教材，超过半数。保定职业技术学院传媒艺术系完成了8部教材，排名第二。河北地质大学艺术设计学院与河北师范大学新闻传播学院分列三、四位。70本教材由30家出版社出版发行，河北人民出版社、中国传媒大学出版社、河北大学出版社、中国广播电视出版社、中国人民大学出版社居于前五位。

（3）实验条件。在实验实习条件建设方面，河北大学文科综合实验中心2009年被批准为国家级实验教学示范中心建设单位。河北师范大学新闻与传播综合实验中心于2009年被批准为河北省高等学校实验教学示范中心，于2016年被教育部评为"2015年国家级实验教学示范中心"。河北经贸大学文化与传播学院新闻传播学实验教学中心2008年被批准为河北省高等学校实验教学示范中心。同年，石家庄学院文学与传媒学院文学与传媒实验教学中心被教育厅批准为河北省高等学校实验教学示范中心。2015年，河北传媒学院获批"媒介融合云实验教学示范中心"和"全媒体数字音乐实验教学示范中心"2个河北省高等学校实验教学示范中心建设项目。河北地质大学艺术设计学院广告与艺术设计实验室获得中央与地方共建经费资助。

4. 人才培养

(1)研究生教育。河北大学新闻传播学院拥有一级学科博士点，是河北省唯一具备新闻传播学类博士点的学院，招收新闻史论、传播理论与实务、新闻实务、编辑出版学等方向的博士生。河北省有四所院校具备硕士研究生招生和培养资格，分别是河北大学新闻传播学院、河北师范大学新闻传播学院、河北经贸大学文化与传播学院以及河北传媒学院。学术硕士的培养普遍重视夯实学生基础素质，培养学生科研创新能力。专业硕士注重培养学生从事实际工作的能力，通过聘请行业企业兼职导师和增加实习实践教学环节等方式开展专业硕士的培养工作。

(2)本科生教育。河北大学新闻传播学院创新性地开展并长期坚持与各级各类新闻单位联合办学，找到了一条培养高水平应用型人才的有效途径，多家媒体曾对此做法予以报道。河北大学新闻传播学院培养的新闻传播类各专业人才基础理论比较扎实，人文社科素质较好，专业实践能力较强，毕业生遍及中央和地方各级各类媒体，受到用人单位和社会的广泛赞誉。鉴于对本科教育教学成果的总结和提炼，1993年省教委批准河北大学新闻学专业"建立实习基地，深化教学改革"项目获省级优秀教学成果一等奖。2013年白贵教授领衔的"河北大学新闻学专业特色的培育与创新"获得第六届河北省高等教育教学成果二等奖。

河北师范大学新闻传播学院文科与艺术的融合拓宽了办学思路，师资队伍较强，实战经验丰富，硬件设备较为先进，使得学院形成了一定的优势和特色。多项省部级科研项目和大批应用性项目，提升了学院的教学和科研水平。新闻学专业注重培养学生的专业实践能力，从媒体聘请了一批具备媒体管理和实践经验的专家型记者担任兼职教授。广告学专业着力培养学生的策划力、表现力、执行力，既培养帮助"甲方"达成品牌传播目标的"乙方",更培养懂市场、精管理、重终端、"会花钱"的"甲方"。

河北科技大学文法学院新闻系坚持以通识教育为基础、能力培养为本位、创新性素质为核心的专业定位。在教学方面,本着培养"卓越新闻传播人才"的要求,积极开展教学研究,钻研教材教法,提升课堂教学质量。针对新闻专业实践性强的特点,不断进行实践教学改革,积极推进课内实践教学和校外实践教学基地的建设,构建良好的理论教学与实践教学紧密结合的教学体系。近年来,新闻系教师在学校和学院的各类教学奖项评选中多次获奖。

由教育部学校规划建设发展中心、凤凰卫视集团·凤凰教育联合启动的"高校数字媒体产教融合创新应用示范基地"项目落户保定学院,该院信息工程学院与凤凰教育深度对接。校企合作研发课程体系及内容,针对VR虚拟现实技术的快速发展和虚拟仿真技术的广泛应用,构建以体验式交互媒体技术为核心的课程体系,建立了数字媒体资源开发中心和虚拟现实实验室,并通过参加行业、企业技术培训做了师资方面的准备。关于学生实习、就业方面,通过部委和行业企业联合测评认证的学生,由凤凰教育负责实习实训与推荐就业。

(3)专科教育。河北省较早开办新闻传播类专科专业的院校有保定职业技术学院、廊坊师范学院、河北青年管理干部学院、保定学院、唐山学院、河北民族师范学院。这些院校在世纪之交陆续开设了新闻传播类专科专业。在教育部2004年10月下发《教育部关于印发〈普通高等学校高职高专教育指导性专业目录(试行)〉的通知》之后,各个院校的专业名称也规范了起来。

高职高专注重学生专业技能的培养。在产教融合的背景下,通过校企合作、工学结合来培养学生的实践动手能力。学校与企业深入开展"合作发展、合作育人、合作办学、合作就业",学校为企业开办订单班,推行现代学徒制。在教育教学过程中注重实训课环节,"在做中教、在做中学",在实践教学中培养学生的岗位工作能力。

保定职业技术学院传媒艺术系通过先后和河北省农业厅、中央农业广播电视学校、保定电视台、保定市广告协会等开展合作,共同育人。河北对外经贸职业学院传媒系曾经与秦皇岛市广播电视台开展过紧密的校台合建,互聘人员任职、共同培养人才。河北艺术职业学院传媒系与石家庄的文化传媒公司、广告公司校企合作,输送学生到合作单位顶岗实习,共育人才。

5. 科学研究

河北省各个新闻传播院系都承载着科学研究的社会功能,作为育人单位的同时也都是科研单位。新闻传播类院系也成立了专门的研究机构,专门研究某一专业方向的课题,对于凝聚研究人员,形成研究成果具有明显的促进作用。河北省社会科学院新闻与传播学研究所是河北省唯一的省级新闻专业学术科研机构。河北省新闻传播研究学会是一个跨院校、联合型、平台型的学会组织,对于促进院系之间及院系和行业之间的交流作用显著。

截至 2018 年年底,河北省各个高校共主持立项国家社会学科基金新闻学与传播学项目 23 项,主持立项教育部人文社会科学研究项目 16 项。30 多年来,河北省社会科学成果奖共开展了 16 届评选活动,新闻传播类共获得了 101 个奖项,其中包括 6 项一等奖、31 项二等奖、64 项三等奖。获奖单位方面河北大学新闻传播学院表现最为突出,获奖人方面白贵教授获奖次数最多。

6. 社会服务

河北省新闻传播院系在产学研合作和开展社会服务方面表现比较活跃。河北大学新闻学专业在成立之初面临各种困境,与新闻媒体合作成为破解难题、谋求发展的创新之举。到了 20 世纪 90 年代初,河北大学分别与河北日报社、河北省广播电视厅签订了联合办学协议书。保定职业技术学院传播技术系从 2001 年开始为中央电视台第七套节目《农广天地》栏目制作农业科教片，到 2009 年 7 月共制作了 119 集。

在社会服务方面，河北大学文化创意产业研究中心、河北师范大学新闻传播学院、防灾科技学院文化与传播学院、河北保定农业学校电教学科（2000 年之后更名为保定职业技术学院）等院系有典型案例。

2.2.2 河北省新闻传播教育特征

1. 依托京津，发展土壤肥沃

河北省的新闻传媒事业相对来说并不发达，但是毗邻京津，河北省的新闻传播教育能够充分利用京津地区提供的营养，生根发芽，乃至郁郁葱葱。依靠地理优势，河北省的新闻传播教育能够从北京和天津聘请师资，对于提升河北省新闻传播教育的师资力量具有明显的帮助。同时，毕业生可以很方便地到北京、天津参加专业实习，这为新闻传播类专业发展提供了良好的条件。毕业之后，也有大量的毕业生在北京、天津就业。

2. 专业层次齐全，涵盖专、本、硕、博

河北省新闻传播教育层次齐全，从高职高专到本科，从硕士研究生到博士研究生一应俱全。在专科层次有 21 所院校开设了新闻传播类专业，在本科层次亦有 25 所院校开设了相关专业。在研究生层面，目前有河北大学新闻传播学院、河北师范大学新闻传播学院、河北经贸大学文化与传播学院、河北传媒学院招收硕士研究生，河北大学新闻传播学院招收博士研究生。

3. 举办新闻传播类专业的学校数量多

河北省开设新闻传播类专业的院校数量比较大，其中有 25 所本科院校、21 所高职高专院校开设了新闻传播类相关专业，合计达到 46 所院校，占到河北省高等院校数量的三分之一强。这显示出河北省新闻传播教育规模比较大，但是质量并不高。目前在学历层次上，只有河北大学新闻传播学院拥有新闻传播学一级学科博士点，只有河北大学新闻传播学院和河北经贸大学文化与传播学院拥有新闻传播学一级学科硕士点。在全国新闻传播学科快速发展的大潮之中，河北省的院校略显沉寂。在全国社科基金立项方面，河北大学具备相当的竞争力，迄今已经主持过10余项新闻传播类课题，河北经贸大学、防灾科技学院中国人民警察大学、燕山大学分别主持过2项和1项社科基金，其他单位尚未主持过国家社科基金新闻传播类课题。

2.3 本章小结

1. 起步期的特征

（1）起步较早、渊源深厚。河北省的新闻传播教育与燕京大学、北京大学以及中国人民大学新闻学专业有着历史联系。燕京大学新闻系创办于1924年，中华人民共和国成立后，燕京大学整体并入北京大学，到了1958年，北京大学新闻专业并入中国人民大学新闻系。[①] 而后，在整个20世纪70年代，整个新闻系（专业）在不同时间内归属于北京大学或中国人民大学，在"文革"结束之后，最终确定在了中国人民大学。而河北省的新闻传播教育，在其源头上就与燕京大学、北京大学以及中国人民大学的新闻系保持着天然的联系。例如担任燕京大学新闻系主任而后又到天津工商学院担任课程的刘豁轩，北京大学新闻系毕业而又参与了河北大学新闻学专业创办的楼沪光，以及后来到中国人民大学新闻学院进修的乔云霞、吴庚振等人。

（2）响应需求、服务社会。河北省新闻传播教育的产生、发展与社

---

① 邓绍根. 燕京大学新闻学系最早毕业生考[J]. 国际新闻界，2009(2)：120-123.

会历史的发展具有强烈的互动关系。上述三个河北省新闻传播教育的源头都是当时历史条件的产物,天津工商学院时期的新闻学、广告学课程和华北联合大学的新闻系短暂存在未能延续,以及改革开放之后出现的河北大学新闻学专业蓬勃发展,都是对社会历史的反应,是各自社会历史时期的缩影。

(3)实践性强、与时俱进。河北省新闻传播教育的三个源头都与报业有着密切的联系。三个源头的参与者都有报纸从业经历,不论是刘豁轩、罗夫还是楼沪光,都是在接触新闻传播教育之前从事新闻采访或编辑工作,而在接触新闻传播教育之后各自都又继续从事新闻业务或管理工作。面对目前所处的人工智能、大数据、移动互联网、5G等一系列新媒体技术促成的融媒体时代,新闻传播教育应当关注和服务于传媒行业发展,实现自身的更新换代。

2. 发展中的问题及改进方向

(1)存在的问题。放眼全国,河北省新闻传播学科发展的整体水平不高、不平衡。只有河北工业大学入选双一流学科建设高校,只有河北大学拥有新闻传播学博士点,只有河北大学、河北经贸大学、河北师范大学和河北传媒学院拥有硕士点,河北省各高校尚无博士后科研流动站。面对技术发展和应用带来的变化,专业建设、教学内容调整慢,不能适应需求。尚无专业博士,网络与新媒体专业开设数量较少,原有专业和课程数字化转型不够,国际化水平不高。合作办学少,出国访学少,引进海归博士、博士后少,面对全国高校新闻传播学院的蓬勃发展,压力巨大,不进则退。科研水平不高,理论研究较弱,国家社科基金立项少,尚无重大课题。应用研究不足、成果转化不够。结合媒体剧烈转型、文化创意产业发展的应用性成果数量较少、水平不高。

(2)意见和建议。学习贯彻落实十九大精神,以习近平新时代中国特色社会主义思想为指导,推进河北省新闻传播教育进入新时代,服务于雄安新区建设这一千年大计。雄安新区设立在河北省,河北省的新闻传播教育责无旁贷，应为雄安新区建设提供智力支持，提供舆情研究支持。河北省各院校新闻传播学科应差异化定位，突出特色，力求单点突破，在全国形成影响力。一要加快数字化转型。面对新技术的应用不可逆转，以及大数据、云计算、虚拟现实、增强现实、人工智能、计算机穿戴设备、物联网的广泛应用，新闻传播教育需要及时跟进、合理吸收。二要加强国际化进程。近年来，国际交往日益频繁，到国外攻读学位的学生日益增多，外国留学生也越来越多。要积极引进国际化人才，拓展国际视野，形成外语授课能力等；关注学科发展，关注新闻传播教育的新领域，关注战略传播、国际传播、跨文化传播，服务国家战略。

第3章 河北省新闻传播专业和学科建设

3.1 河北省新闻传播学类专业设置研究

3.1.1 全国新闻传播类专业目录及开设情况

在改革开放初期的1982年,全国高等学校新闻专业点有16个。① 在校本专科生1685人,专业教师364人。2000年时,57所院校开设新闻传播学本科专业,新闻学设置有27个硕士点、5个博士点、1个博士后流动站,传播学设有12个硕士点、2个博士点。② 2008年年底时,全国300多家高校开设了877个新闻传播类专业。③ 2011年年底学科点总数为982个。④ 截至2015年年底,全国681所高校开设新闻传播学类本科专业,有新闻传播学类本科专业点1244个,其中,新闻学326个、广播电视学234个、广告学378个、传播学71个、编辑出版学82个、

---

① 方汉奇. 新闻史的奇情壮彩[M]. 北京:华文出版社,2000.
② 李建新. 新时期中国新闻传播教育30年[C]//《新闻学论集》编辑组. 新闻学论集(第21辑)——纪念改革开放30周年特辑. 北京:经济日报出版社,2008:211-223.
③ 李建新. 新时期中国新闻传播教育30年[C]//《新闻学论集》编辑组. 新闻学论集(第21辑)——纪念改革开放30周年特辑. 北京:经济日报出版社,2008:211-223.
④ 李建新. 中国新闻教育史论[M]. 北京:新华出版社,2003.

网络与新媒体 140 个、数字出版 13 个，在校本科生人数达到 225691 人，① 专业教师 7000 余人。2019 年 9 月 19 日，张昆在首届国际新闻与传播教育论坛的主旨演讲中披露了如下数据：截至 2019 年，全国新闻传播学本科专业设置达到了 9 个（见表 3-1），专业数量为 1352 个。新闻学 336 个、广播电视学 230 个、广告学 368 个、传播学 80 个、编辑出版学 71 个、网络与新媒体 246 个、数字出版 19 个、时尚传播 1 个、国际新闻与传播 1 个。新闻传播学一级学科博士点 26 个、一级学科硕士点 126 个、新闻与传播专硕点 119 个。全国高职院校新闻传播大类专业包含新闻出版类专业 8 个和广播影视类专业 15 个（见表 3-2），截至 2019 年 3 月，全国 251 所高职院校共开设专业点 538 个，新闻出版类专业点 52 个，广播影视类专业点 486 个。

表 3-1　普通高等学校新闻传播学本科专业目录及开设数量

专业代码	专业名称	学位授予门类	修业年限	截至 2019 年全国开设数量
050301	新闻学	文学	四年	336
050302	广播电视学	文学	四年	230
050303	广告学	文学	四年	368
050304	传播学	文学	四年	80
050305	编辑出版学	文学	四年	71
050306T	网络与新媒体	文学	四年	246
050307T	数字出版	文学	四年	19
050308T	时尚传播	文学	四年	1
050309T	国际新闻与传播	文学	四年	1
合　　计				1352

---

① 罗自文. 首席信息官：后大众传播时代新闻传播人才培养的目标转型[J]. 新闻与写作，2017(9)：25-29.

本科专业中新闻学、广播电视学、广告学、传播学、编辑出版学为传统专业，网络与新媒体、数字出版、时尚传播、国际新闻与传播为"特设专业"，网络与新媒体专业虽然是特设专业，但是适应了近年来人才培养的特殊需求，发展迅猛。2011年时该专业名称为"新媒体与信息网络"，2011年时有2所高校招生，2012年有8所学校招生。2012年教育部组织了该专业的申报工作，2013年首批28所高校招生，而后2014年20所，2015年29所，2016年47所，2017年36所，2018年37所，2019年34所，到2019年已经累计开设了246家。此外，广播电视学专业在2013年之前的专业名称为广播电视新闻学。

为引导我国高职高专教育持续健康发展，规范高职专业名称，教育部于2004年10月19日首次下发了《教育部关于印发〈普通高等学校高职高专教育指导性专业目录(试行)〉的通知》。[①] 在这一专业目录的艺术设计传媒大类中包含艺术设计类、表演艺术类和广播影视类。在广播影视类中设置了广播电视技术、摄影摄像技术、音像技术、影视多媒体技术、影视动画、影视广告、主持与播音、新闻采编与制作、电视节目制作、电视制片管理10个专业，专业代码从670301到670310。而这10个专业所对应的本科专业主要是影视学、摄影、动画、播音与主持艺术、广播电视编导等艺术类专业，这次发布的整个专业目录之中并没有与新闻传播学类本科专业所对应的高职高专专业。

2004年后教育部每年都新增设《目录》外专业，在广播影视类中动态增补了一批专业，主要有新闻与传播(专业代码670311，对应新闻学本科专业)、信息传播与策划(专业代码670312，对应传播学本科专业)、传媒策划与管理(专业代码670313，对应广告学本科专业)、现代传播(专业代码670314)、影视灯光艺术(专业代码670315)、电视摄像(专业代码670330)、摄影(专业代码670331)、作曲技术(专业代

---

① 教育部关于印发《普通高等学校高职高专教育指导性专业目录(试行)》的通知[EB/OL].[2004-10-22]. http://old.moe.gov.cn/publicfiles/business/htmlfiles/moe/s3877/201010/xxgk_110109.html.

3.1 河北省新闻传播学类专业设置研究

670332)、剪辑(专业代码 670333)、录音技术与艺术(专业代码 670334)、媒体营销技术(专业代码 670335)、网络与新媒体传播(专业代码 670337)、广播影视类新专业(专业代码 670399)。增设之后的高职广播影视类专业中有了真正意义上的新闻传播类专业,分别对应新闻学、传播学和广告学等本科专业。

2015 年 10 月 26 日教育部发布了《教育部关于印发〈普通高等学校高等职业教育(专科)专业设置管理办法〉和〈普通高等学校高等职业教育(专科)专业目录(2015 年)〉的通知》。① 新目录改动较大,设置了新闻传播大类,包含 8 个新闻出版类专业和 15 个广播影视类专业。其中新闻出版类主要整合了原目录中的轻纺食品大类中的包装印刷类,新的广播影视类则是整合了原目录中的艺术设计传媒大类中的广播影视类。整合调整主要包括增删合并了部分专业,对专业名称也进行了适当修改。例如去掉了影视广告,将电视节目制作更名为广播影视节目制作,将主持与播音调整为了播音与主持等。新的专业目录也会根据社会经济发展和传媒行业的发展对人才提出的新要求进行动态调整。

3.1.2 河北省新闻传播类学科专业设置

1980 年河北大学被批准设立新闻学专业,由此开启了改革开放以后河北省新闻传播教育的大幕。据统计,自 2013 年以来,河北省开设或曾经开设过新闻传播类本专科专业的院校有 56 所。统计表 3-3 中的数据来源于多个方面,结合教育部网站公开资料、各院系网站、百度百科介绍以及访问各院系负责人、专任教师,尽量从多个方面确认信息,避免通过"孤证"确认信息,但是由于涉及的院系专业范围较大、数量较多,加之院系更名、院系调整、专业名称调整等问题的存在,很难做到完全准确。

---

① 教育部关于印发《普通高等学校高等职业教育(专科)专业设置管理办法》和《普通高等学校高等职业教育(专科)专业目录(2015 年)》的通知[EB/OL].[2015-10-28]. http://www.moe.gov.cn/srcsite/A07/moe_953/201511/t20151105_217877.html.

表 3-2 普通高等学校高等职业教育（专科）新闻传播大类专业目录（2015）

专业类	专业代码	专业名称	专业方向举例	主要对应职业类别	衔接中职专业举例	接续本科专业举例
6601 新闻出版类	660101	图文信息处理	—	印刷人员 记录媒介复制人员	数字媒体技术应用 办公室文员	数字媒体技术 数字出版
	660102	网络新闻与传播	—	编辑 记者	网站建设与管理 计算机网络技术 数字媒体技术应用 计算机平面设计	新闻学 传播学 网络与新媒体 数字媒体技术
	660103	版面编辑与校对	—	编辑 校对员	—	编辑出版学 汉语言文学
	660104	出版商务	—	特殊商品购销人员 商务专业人员	出版与发行 市场营销 电子商务	编辑出版学 数字出版 市场营销
	660105	出版与电脑编辑技术	—	编辑 校对员	文秘 出版与发行	编辑出版学 传播学 数字出版
	660106	出版信息管理	—	商务专业人员 人力资源专业人员	市场营销 电子商务 人力资源管理事务 办公室文员	市场营销 工商管理 信息管理与信息系统
	660107	数字出版	—	商务专业人员 编辑 校对员	出版与发行 数字媒体技术应用	数字出版
	660108	数字媒体设备管理	—	信息和通信工程技术人员 工艺美术与创意设计专业人员 软件和信息技术服务人员	计算机应用 计算机平面设计 数字媒体技术应用 数字影像技术	数字媒体技术 电子与计算机工程 印刷工程

续表

专业类	专业代码	专业名称	专业方向举例	主要对应职业类别	衔接中职专业举例	接续本科专业举例
6602 广播影视类	660201	新闻采编与制作	—	记者 编辑	广播影视节目制作	新闻学 编辑出版学 广播电视学
	660202	播音与主持	—	播音员及节目主持人	播音与主持	播音与主持艺术
	660203	广播影视节目制作	—	广播、电视、电影和影视录音制作人员 电影电视制作及演艺设备工程技术人员	广播影视节目制作	影视摄影与制作
	660204	广播电视技术	—	广播电影电视及演艺设备工程技术人员	数字广播电视技术	广播电视工程
	660205	影视制片管理	—	电影电视制作专业人员	社会文化艺术	文化产业管理
	660206	影视编导	—	文艺创作与编导专业人员 电影电视制作专业人员	广播影视节目制作	广播电视编导
	660207	影视美术	—	舞台专业人员 广播、电视、电影和影视录音制作人员	美术设计与制作	戏剧影视美术设计
	660208	影视多媒体技术	—	广播、电视、电影和影视录音制作人员 工艺美术与创意设计人员	广播影视节目制作	数字媒体技术 数字媒体艺术
	660209	影视动画	数字动画	广播、电视、电影和影视录音制作人员 专业化设计服务人员	动漫游戏	动画 数字媒体艺术

43

续表

专业类	专业代码	专业名称	专业方向举例	主要对应职业类别	衔接中职专业举例	接续本科专业举例
6602 广播影视类	660210	影视照明技术与艺术	—	专业化设计服务人员 广播、电视、电影和影视录音制作人员	影像与影视技术	影视摄影与制作
	660211	音像技术	—	广播、电视、电影和影视制作及演艺设备工程技术人员	影像与影视技术	录音艺术 影视摄影与制作
	660212	录音技术与艺术	—	舞台专业人员 广播、电视、电影和影视录音制作人员	影像与影视技术	录音艺术
	660213	摄影摄像技术	电视摄像 摄影	电影电视制作专业人员 美术专业人员	影像与影视技术	影视摄影与制作 摄影
	660214	传播与策划	新闻传播 网络传播 传媒策划	记者 编辑 商务专业人员	社会文化艺术	新闻学 传播学 网络与新媒体
	660215	媒体营销	—	商务专业人员 销售人员	市场营销	文化产业管理

表 3-3　河北省新闻传播类本科、高职专科及硕博士专业点设置

学校代码	高校名称	院系(学部)名称	本、专科专业	硕士点	博士点
10075	河北大学	新闻传播学院(2000①—)；新闻传播学系(1995—2000)；新闻教研室(1981—1995)	本科:新闻学(1980—)、广播电视学(2000—)、广告学(1996—)、编辑出版学(2001—) 专科:广告信息(1993—1995)、广播电视(1993—1999)	学硕:一级学科硕士点:新闻传播学(2005—)、新闻学(1998—)、传播学(2000—) 专硕:新闻与传播(2010—)、出版(2010—)	一级学科博士点:新闻传播学(2010—)
		河北大学—中央兰开夏传媒与创意学院(2014—)	本科:广播电视学(2014—)、广告学(2014—)	—	—
		—	高职专科:电视节目制作(—2013)、摄影摄像技术(—2013)、影视动画(—2013)、主持与播音(—2013)	—	—
10076	河北工程大学	—	本科:广告学(—2018)②	—	—
10077	河北地质大学(2016.3—)；石家庄经济学院(1996.5—2016.3)	艺术设计学院(2011—)；人文社科系	本科:广告学(2000—)	—	—
10082	河北科技大学	文法学院新闻系(2003—)	本科:新闻学(2003—)、网络与新媒体(2016—)	—	—
		影视学院	高职专科:影视动画(—2014)、影视多媒体技术(—2014)、电视节目制作(—2014)	—	—
10094	河北师范大学	新闻传播学院(2004—)	本科:新闻学(2002—)、广播电视学(2008—2017)、广告学(1996—) 专科:广告学(1994—1995)	专硕:新闻与传播(2016—)	—

① 括号内时间为院系、专业或硕士、博士点的起止时间,其中,专业起始时间为批准设立时间或首次招生时间,终止时间为停招时间或撤销时间。

② 在教育部公布的数据中,2018 年河北工程大学注销了广告学专业。另外,还有一种说法是河北工程大学曾经开设过新闻学专业,但是笔者多方查找后仍没有找到线索和证据。

续表

学校代码	高校名称	院系(学部)名称	本、专科专业	硕士点	博士点
10096	保定学院(2004年之前为保定师范专科学校)	信息工程学院(2018—);信息技术系(2000—2018)	本科:网络与新媒体(2016—) 高职专科:摄影摄像技术(2000—2014)、新闻采编与制作(2000—2018)、影视动画(—2017)、播音与主持(—2014)	—	—
10098	河北民族师范学院	文学与传媒学院	本科:新闻学(2012—)、网络与新媒体(2017—) 高职专科:新闻采编与制作(2002—2016)、播音与主持(2000—2014)	—	—
10099	唐山师范学院	中文系新闻学教研室(2008—)	本科:广播电视学(2009—) 高职专科:新闻采编与制作(2008—)	—	—
			高职专科:影视多媒体技术(—)	—	—
10100	廊坊师范学院	传媒系(2018—);文学院新闻系(2005—2018);中文系(—2005)	本科:新闻学(2003—) 高职专科:新闻采编与制作(1999—2014)	—	—
10101	衡水学院	文学与传播学院(2018—);中文系(—2018)	本科:广播电视学(2006—)、广告学(2008—) 高职专科:新闻采编与制作(2003—)、播音与主持(2009—2015)	—	—
10102	石家庄学院	文学与传媒学院(2005—)	本科:广告学(2007—)、广播电视学(2010—) 高职专科:影视多媒体技术(2006—2017)、新闻采编与制作(2005—2013)	—	—
		美术学院	高职专科:影视动画(—2013)	—	—
10103	邯郸学院	夏青传媒学院	—	—	—
		软件学院	高职专科:影视动画(—)	—	—
			高职专科:播音与主持(2014、2016—)、摄影摄像技术(—2014)、影视编导(2016—)	—	—

续表

学校代码	高校名称	院系(学部)名称	本、专科专业	硕士点	博士点
10105	沧州师范学院	齐越传媒学院(2017—)	本科:网络与新媒体(2015—)、广告学(2018—) 高职专科:传播与策划(2016、2018)	—	—
10216	燕山大学	文法学院文学与新闻传播学系	本科:广播电视学(2006—2017)	—	—
11033	唐山学院	传播与动画系(2015—)	本科:广告学(2009—) 高职专科:影视动画(2001、2015—2018)、影视多媒体技术(2015—2018)、影视广告(2000—2015)	—	—
11034	邯郸职业技术学院	文法系	高职专科:传播与策划(2016—2017)、新闻采编与制作(—)、音像技术(—2015)	—	—
11238	石家庄职业技术学院	动画学院(2007—)	高职专科:影视动画(2003—)、影视多媒体技术(2015—)	—	—
11775	防灾科技学院	文化与传播学院(2018—);人文社科系(2001—2018)	本科:广告学(2007—)、网络与新媒体(2017—)	—	—
11821	邢台职业技术学院	艺术与传媒系(2006—);艺术系(2000—2006)	高职专科:广告学(2002—2006)①	—	—
11918	河北经贸大学	文化与传播学院(2017—);人文学院(2003—2017)	本科:新闻学(2003—)、广播电视学(2000—)、广告学(2001—)、编辑出版学(2001—)	学硕:一级学科硕士点:新闻传播学(2010—);新闻学(2006—)	—
12352	河北软件职业技术学院	影视动漫学院[数字传媒系(2005—)]	高职专科:影视多媒体技术(2004—)	—	—

---

① 邢台职业技术学院广告学专科专业在2007年之后更名为营销与策划,属于财经大类;2015年后专业目录调整为广告策划与营销,属于财经商贸大类。

续表

学校代码	高校名称	院系(学部)名称	本、专科专业	硕士点	博士点
12408	河北政法职业学院	管理系(2003—)	高职专科:网络新闻与传播(2016—)	—	—
12415	沧州职业技术学院	传媒艺术系(2018—);现代传媒与艺术设计系(2005—2018)	高职专科:影视编导(2016—2017)	—	—
12543	保定职业技术学院(2000年9月—);河北保定农业学校(1994年5月至2000年9月)	传媒艺术系(2015—);传播技术系(2000—2015)	高职专科:广播影视节目制作(1996—,曾用电视节目制作、影视制作与广告策划、电化教育等名称)影视动画(2005—2017)、播音与主持(2010—2012)、新闻采编与制作(2016—)	—	—
12782	石家庄工程职业学院	装备制造系	高职专科:新闻采编与制作(—)	—	—
		艺术设计系	高职专科:影视动画(2017—)	—	—
12783	石家庄城市经济职业学院	影视学院	高职专科:影视编导(2015—)、媒体营销(2019—)	—	—
12784	河北传媒学院	新闻传播学院(2008)	本科:广告学(2007—)、广播电视学(2008—)、编辑出版学(2009—)、网络与新媒体(2011—)、传播学(2013—)、新闻学(2017—)、数字出版(2018—) 专科:新闻采编与制作(—)、播音与主持(—)	专硕:新闻与传播(2014—)	—
		影视艺术学院	影视编导(2016—)、广播影视节目制作(—)、摄影摄像技术(—)、广播电视技术(—2017)、音像技术(—2014)	—	—
		动画学院	影视动画(—)	—	—
		信息技术与文化管理学院	影视多媒体技术(—)	—	—
12785	唐山职业技术学院	旅游系	高职专科:网络新闻与传播(2016—)	—	—

续表

学校代码	高校名称	院系(学部)名称	本、专科专业	硕士点	博士点
12786	衡水职业技术学院	艺术系	高职专科:影视动画(2018—)	—	—
12796	河北工程技术学院(曾用名"石家庄城市职业学院")	人文学院	本科:网络与新媒体(2016—) 高职专科:新闻采编与制作(2006—2014年招生,2016—2018年未实际招生)、出版与发行(2007—2009)、出版商务(2016—2018年未实际招生)		
12885	河北省艺术职业学院(2016年之前为"河北艺术职业学院")	影视系(传媒系)	高职专科:播音与主持(—)、广播影视节目制作(—2015、2019—)、摄影摄像技术(2016—,2019年未实际招生)、影视编导(2016—2019—)、影视多媒体技术(—,2019年未实际招生)、媒体营销技术(—2014)		
13073	石家庄信息工程职业学院	印刷管理系	高职专科:出版与电脑编辑技术(—2014)、印刷图文信息处理(—2015)		
			高职专科:电视节目制作(—2014)、影视编导(2016—)		
13074	河北对外经贸职业学院(2017年改为现名,之前叫"河北外国语职业学院")	传媒系(2006—)	高职专科:新闻采编与制作(—)、广播影视节目制作(—)、影视动画(—)、播音与主持(—)、摄影摄像技术(—2015、2017—2018)、传播与策划(2016—2017)		
13075	河北美术学院(2015年改为现名,之前叫"石家庄东方美术职业学院")	传媒学院	本科:广告学(2011—) 高职专科:广播影视节目制作(—)、影视动画(—)、播音与主持(2017—)、摄影摄像技术(—)、影视编导(2016—)		
13395	廊坊职业技术学院	文化传媒与服务系	高职专科:传播与策划(2016—2017)	—	—
13400	石家庄理工职业学院	艺术学院	高职专科:播音与主持(—)、摄影摄像技术(—)、新闻采编与制作(2014—2015)、影视编导(2016)	—	—
		人居环境学院	高职专科:影视动画(—)	—	—

续表

学校代码	高校名称	院系(学部)名称	本、专科专业	硕士点	博士点
13402	河北外国语学院(2014年校名为"石家庄外语翻译职业学院")	传媒学院	本科:网络与新媒体(2015—) 高职专科:广播影视节目制作(—)、播音与主持(—)、摄影摄像技术(—)	—	—
13403	石家庄科技信息职业学院	艺术设计学院	高职专科:影视动画(—2013)	—	—
13404	河北大学工商学院(2003—);河北大学城市学院(2001—2003);河北大学实验学院(2000—2001)	人文学部	本科:新闻学(2000—)、广播电视学(2000—2016)、广告学(2000—)、编辑出版学(2003—2016)、网络与新媒体(2013—)	—	—
13409	河北科技大学理工学院	文理学部	本科:新闻学(2003—)	—	—
13411	河北师范大学汇华学院	传媒学部	本科:新闻学(2003—)、广告学(2005—)	—	—
13414	河北经贸大学经济管理学院	文法系	本科:新闻学(2007—)、广播电视学(2008—)	—	—
13592	燕山大学里仁学院	文法外语系	本科:广播电视学(2009—2017)	—	—
13594	河北地质大学华信学院	文法系	本科:广告学(2003—)	—	—
13822	河北女子职业技术学院	艺术设计系	高职专科:摄影摄像技术(—2014)	—	—
13895	燕京理工学院	传媒学院	高职专科:摄影摄像技术(2017—)	—	—
14047	石家庄经济职业学院	艺术系	高职专科:摄影摄像技术(2014—)、新闻采编与制作(—2013)、影视动画(—2013)、主持与播音(—2013)	—	—
14208	河北劳动关系职业学院		高职专科:摄影摄像技术(2014—2017)、影视编导(2016—2018)	—	—

续表

学校代码	高校名称	院系(学部)名称	本、专科专业	硕士点	博士点
14225	河北东方学院	文物与艺术学院	本科:网络与新媒体(2017—) 高职专科:广播影视节目制作(2019—)	—	—
14259	泊头职业学院	学前教育系一部	高职专科:主持与播音(2014)	—	—
14260	宣化科技职业学院	文化传媒学院;文化旅游系	高职专科:新闻采编与制作(—2013)、主持与播音(—2013)	—	—
14458	张家口学院(2013—);[50158]张家口教育学院(—2013)	文法学院;人文社科系	高职专科:新闻采编与制作(—2016)	—	—
14471	河北工艺美术职业学院	新媒体艺术系(2017—);数字艺术系(—2017)	高职专科:影视动画(2014)	—	—
14472	渤海理工职业学院	信息工程系	高职专科:影视多媒体技术(2015—)	—	—
51180	石家庄职工大学	印刷工程系	高职专科:印刷图文信息处理(—2014)	—	—
51721	河北环境工程学院(原中国环境管理干部学院)	环境艺术系	高职专科:摄影摄像技术(—2015,2018—)	—	—
51802	河北青年管理干部学院	教育传媒系	高职专科:广播影视节目制作(1999—)	—	—

对表 3-3 中的信息进行梳理,可以整理出几个表格来呈现更加清晰的专业设置信息。再看表 3-4,从中可以了解到河北省新闻传播学类硕士、博士学位授权点的基本信息。河北省现有新闻传播学类一级学科博士点 1 个,一级学科硕士点 2 个、专业学位授权点 4 个,3 个二级学科硕士点随着一级学科硕士点的取得而自动归到一级学科之中。

表 3-4　河北省新闻传播学类硕士、博士学位点设置表

学科代码	学科、专业名称	学位授权点类别	开设院校及开设时间	开设数量
0503	新闻传播学	一级学科博士点	河北大学（2010）	1
0503	新闻传播学	一级学科硕士点	河北大学（2005）、河北经贸大学（2010）	2
050301	新闻学	二级学科硕士点	河北大学（1998）、河北经贸大学（2006）	2
050302	传播学	二级学科硕士点	河北大学（2000）	1
0552	新闻与传播	专业学位硕士点	河北大学（2010）、河北传媒学院（2014）、河北师范大学（2016）	3
0553	出版	专业学位硕士点	河北大学（2010）	1

表 3-5 中分别列出了河北省新闻传播学类本科专业的开设院校及开设数量，可以从中看到同一个专业的开设院校。需要说明的是，列表中的时间有的是专业点被批准时间，有的是专业点首次招生的时间，没能做到完全统一统计标准，同时也统计上了大部分已经停开了的本科专业院校。其中广告学专业是开设院校最多的专业，这一点跟全国保持了一致。新闻学、广播电视学、网络与新媒体三个专业的开设数量也达到了两位数。传播学和数字出版两个专业目前在河北省只有河北传媒学院一家开设。尚没有院校开设时尚传播、国际新闻与传播这样的专业。

表 3-5　河北省新闻传播类本科专业分专业开设院校及开设数量列表

专业代码	专业名称	专业开设院校及开设起止时间	开设数量
050301	新闻学	河北大学（1980—）、河北大学工商学院（2000—）、河北师范大学（2002—）、河北科技大学（2003—）、廊坊师范学院（2003—）、河北经贸大学（2003—）、河北科技大学理工学院（2003—）、河北师范大学汇华学院（2003—）、河北经贸大学经济管理学院（2007—）、河北民族师范学院（2012—）、河北传媒学院（2017—）	11

续表

专业代码	专业名称	专业开设院校及开设起止时间	开设数量
050302	广播电视学	河北大学(2000—)、河北经贸大学(2000—)、河北大学工商学院(2000—2016)、衡水学院(2006—)、燕山大学(2006—2017)、河北师范大学(2008—2017)、河北传媒学院(2008—)、河北经贸大学经济管理学院(2008—)、唐山师范学院(2009—)、燕山大学里仁学院(2009—2017)、石家庄学院(2010—)	11
050303	广告学	河北大学(1996—)、河北师范大学(1996—)、河北地质大学(2000—)、河北大学工商学院(2000—)、河北经贸大学(2001—)、河北地质大学华信学院(2003—)、河北师范大学汇华学院(2005—)、石家庄学院(2007—)、防灾科技学院(2007—)、河北传媒学院(2007—)、衡水学院(2008—)、唐山学院(2009—)、河北美术学院(2011—)、沧州师范学院(2018—)、河北工程大学(—2018)	15
050304	传播学	河北传媒学院(2013—)	1
050305	编辑出版学	河北大学(2001—)、河北经贸大学(2001—)、河北大学工商学院(2003—2016)、河北传媒学院(2009—)	4
050306T	网络与新媒体	河北传媒学院(2011—)、河北大学工商学院(2013—)、沧州师范学院(2015—)、河北外国语学院(2015—)、河北科技大学(2016—)、保定学院(2016—)、河北工程技术学院(2016—)、河北民族师范学院(2017—)、防灾科技学院(2017—)、河北东方学院(2017—)	10
050307T	数字出版	河北传媒学院(2018—)	1
050308T	时尚传播	—	0
050309T	国际新闻与传播	—	0

根据表 3-5 中的数据,对每个专业的开设数量进行分年度累加统计,可以得到表 3-6 河北省新闻传播类本科专业分年度累计开设数量统计表。从中可以看到各个专业在河北省的开设情况,需要说明的是年份的统计有两种,一种是批准年份,另一种是开始招生的年份。

表 3-6　河北省新闻传播类本科专业分年度累计开设数量统计表

年份	新闻学	广播电视学	广告学	编辑出版学	传播学	网络与新媒体	数字出版	合计
1980	1	0	0	0	0	0	0	1
1981	1	0	0	0	0	0	0	1
1982	1	0	0	0	0	0	0	1
1983	1	0	0	0	0	0	0	1
1984	1	0	0	0	0	0	0	1
1985	1	0	0	0	0	0	0	1
1986	1	0	0	0	0	0	0	1
1987	1	0	0	0	0	0	0	1
1988	1	0	0	0	0	0	0	1
1989	1	0	0	0	0	0	0	1
1990	1	0	0	0	0	0	0	1
1991	1	0	0	0	0	0	0	1
1992	1	0	0	0	0	0	0	1
1993	1	0	0	0	0	0	0	1
1994	1	0	0	0	0	0	0	1
1995	1	0	0	0	0	0	0	1
1996	1	0	2	0	0	0	0	3
1997	1	0	2	0	0	0	0	3
1998	1	0	2	0	0	0	0	3
1999	1	0	2	0	0	0	0	3
2000	2	3	4	0	0	0	0	9
2001	2	3	5	2	0	0	0	12
2002	3	3	5	2	0	0	0	13
2003	8	3	6	3	0	0	0	20
2004	8	3	6	3	0	0	0	20
2005	8	3	7	3	0	0	0	21
2006	8	5	7	3	0	0	0	23
2007	9	5	10	3	0	0	0	27

续表

年份	新闻学	广播电视学	广告学	编辑出版学	传播学	网络与新媒体	数字出版	合计
2008	9	8	11	3	0	0	0	31
2009	9	10	12	4	0	0	0	35
2010	9	11	12	4	0	0	0	36
2011	9	11	13	4	0	1	0	38
2012	10	11	13	4	0	1	0	39
2013	10	11	13	4	1	2	0	41
2014	10	11	13	4	1	2	0	41
2015	10	11	13	4	1	4	0	43
2016	10	11	13	4	1	7	0	46
2017	11	10	13	3	1	10	0	48
2018	11	7	14	3	1	10	1	47

对表 3-6 中每个主要的专业分别进行图形制作，可以更清晰地看到其开设数量累加和变动情况，在此给出新闻学、广播电视学、广告学、编辑出版学、网络与新媒体五个专业的累计开设数量走势图，如图 3-1~图 3-6 所示。

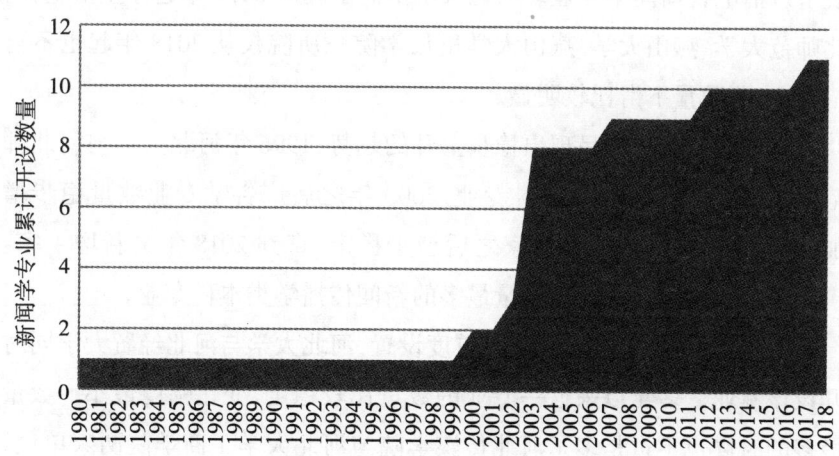

图 3-1　河北省新闻学专业累计开设数量变动图

河北省的新闻传播教育源头之一是1980年设立于河北大学的新闻学专业,该专业开设以后很长一段时间都是一枝独秀,直到2000年河北大学工商学院的新闻学专业招生才有了第二个。2003年是一个重要的拐点,专业数量突增到8个,新闻学专业的走势图呈"斧头状"。

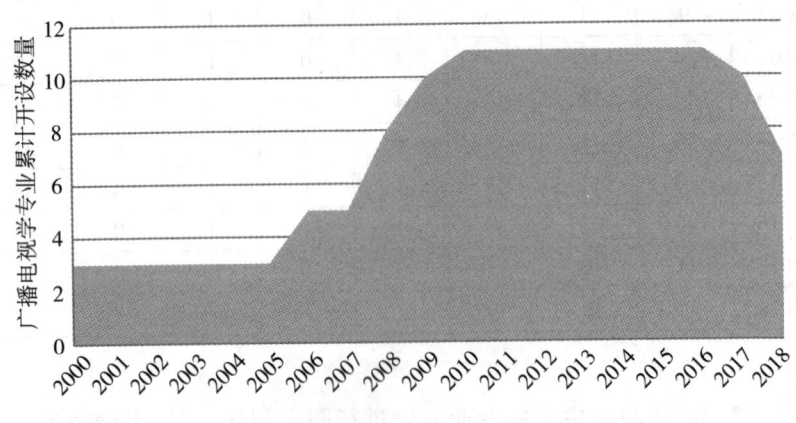

图3-2　河北省广播电视学专业累计开设数量变动图

广播电视学专业在2013年之前叫做广播电视新闻学,2000年时全省有河北大学、河北经贸大学与河北大学工商学院三所院校同年首次开设了广播电视新闻学专业。河北大学工商学院从2017年起停止招生,河北师范大学、燕山大学、燕山大学里仁学院三所院校从2018年起也不再招生,专业数量下滑比较明显。

广告学专业总体呈现出稳步上升的趋势,1996年河北大学与河北师范大学同时开设广告学本科专业,2000年之后广告学专业数量稳步增加,从2011年开始达到13家之后趋于稳定,直到2018年又新增1家。广告学专业是目前河北省数量最多的新闻传播学类本科专业。

编辑出版学专业于2001年首度设置,河北大学与河北经贸大学同时开设该专业。多年以来这一专业的数量比较稳定,变化幅度最小。数量最多的时候也不过是多了河北传媒学院与河北大学工商学院两家单位。从2017年起,河北大学工商学院停招编辑出版学专业。

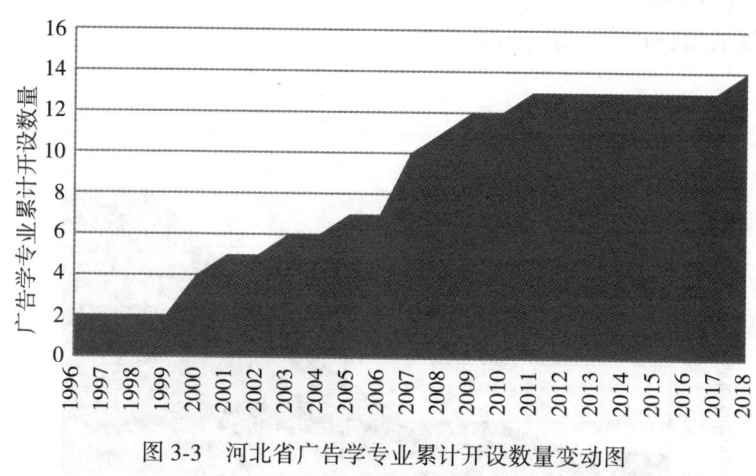

图 3-3　河北省广告学专业累计开设数量变动图

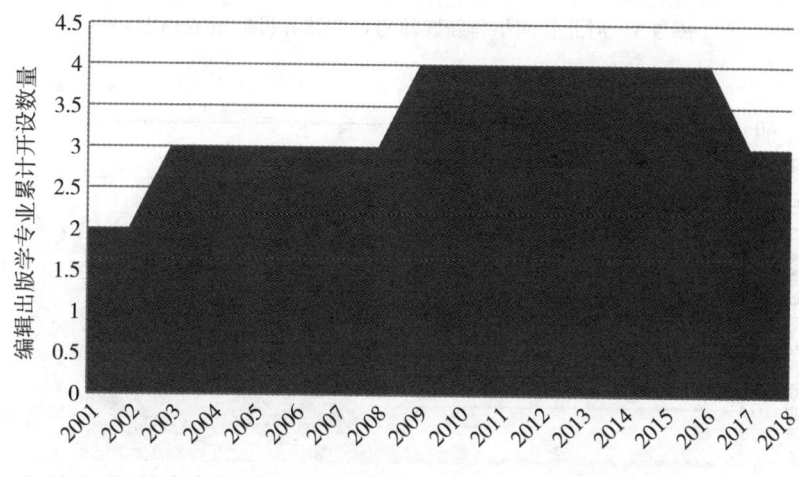

图 3-4　河北省编辑出版学专业累计开设数量变动图

网络与新媒体专业是 2011 年时在河北省首度开始设置,第一家设置网络与新媒体专业的院校是河北传媒学院,当时专业名称都还没有最终确定,临时称为"新媒体与信息网络",后来逐步规范为"网络与新媒体"。该专业发展非常迅速,到 2017 年时已经有 8 家单位开设,并且专业数量还有继续提升的空间和趋势,总体来看也是最有前途的新闻传播学类专业之一。但是,近年来河北省院校集中发展优势专业的思潮对于这一专业数量的增长也产生了一定的影响。

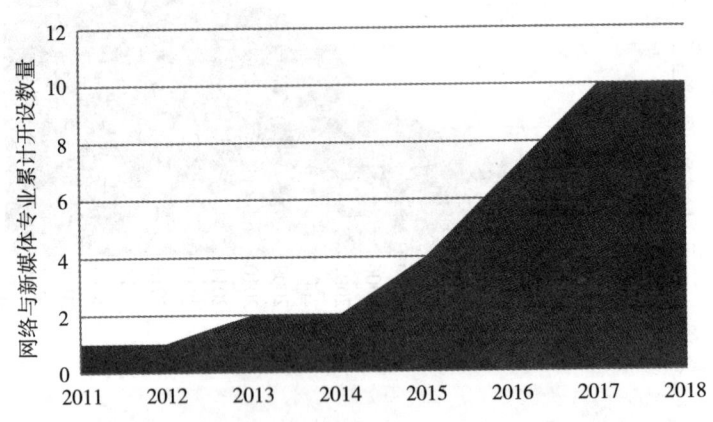

图 3-5　河北省网络与新媒体专业累计开设数量变动图

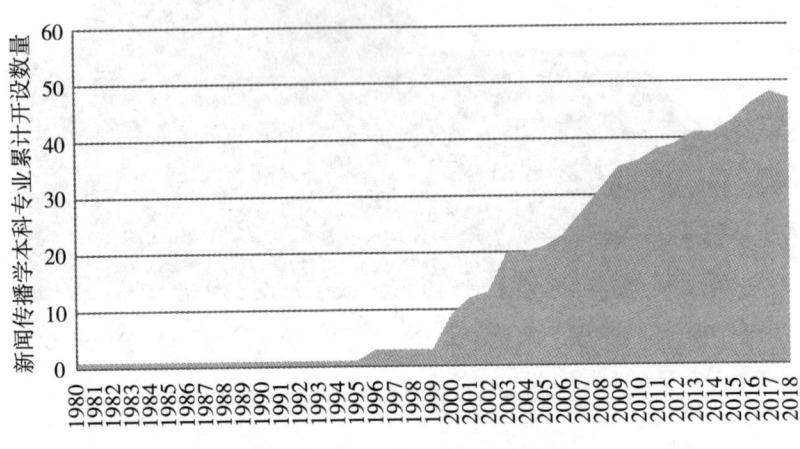

图 3-6　河北省新闻传播学类本科专业累计开设数量变动图

图 3-6 是河北省新闻传播类本科专业累计开设的变动图,总体来看还是处于上升期,2018 年略有下滑主要是受到三家单位突然停招广播电视学专业的影响。数量继续提升的动力主要来自网络与新媒体专业数量的持续增加,而新闻学、广告学、广播电视学等专业的数量较为稳定。

3.1 河北省新闻传播学类专业设置研究

表3-7统计了河北省新闻传播学类高职专业开设院校及其开设数量,总体来看,在新闻传播大类所包含的新闻出版类和广播影视类之中,河北省的情况是广播影视类专业的开设数量远远多于新闻出版类。河北省高校先后开设(包含已停招专业)100个广播影视类高职专业,而仅仅开设(包含已停招专业)6个新闻出版类高职专业。其中影视动画、新闻采编与制作、播音与主持、摄影摄像技术4个专业开设及曾开设数量分别为17个、16个、15个、14个(包含已停招专业),超过10所院校开设的专业还有广播影视节目制作。

表3-7 河北省新闻传播类高职专科专业开设院校及开设数量列表

专业类	专业代码	专业名称	专业开设院校及开设起止时间	开设数量
6601 新闻出版类	660101	图文信息处理	石家庄信息工程职业学院(—2015,当时专业名称为印刷图文信息处理)、石家庄职工大学(—2014,当时专业名称为印刷图文信息处理)	2
	660102	网络新闻与传播	河北政法职业学院(2016—)、唐山职业技术学院(2016—)	2
	660103	版面编辑与校对	—	0
	660104	出版商务	河北工程技术学院(2016—2018年并未实际招生,2006—2009年开办出版与发行)	1
	660105	出版与电脑编辑技术	石家庄信息工程职业学院(—2014)	1
	660106	出版信息管理	—	0
	660107	数字出版	—	0
	660108	数字媒体设备管理	—	0

续表

专业类	专业代码	专业名称	专业开设院校及开设起止时间	开设数量
6602 广播影视类	660201	新闻采编与制作	廊坊师范学院（1999—2014）、保定学院（2000—2018）、河北民族师范学院（2002—2016）、衡水学院（2003—）、石家庄学院（2005—2013）、河北工程技术学院（2006—2014,2016—2018）、唐山师范学院（2008—）、石家庄理工职业学院（2014—2015）、保定职业技术学院（2016—）、邯郸职业技术学院（—）、石家庄工程职业学院（—）、河北传媒学院（—）、河北对外经贸职业学院（—）、张家口学院（—2016）、石家庄经济职业学院（—2013）、宣化科技职业学院（—2013）	16
	660202	播音与主持	河北民族师范学院（2000—2014）、衡水学院（2009—2015）、保定职业技术学院（2010—2012）、泊头职业学院（2014）、邯郸学院（2014,2016—）、河北传媒学院（—）、河北省艺术职业学院（—）、河北对外经贸职业学院（—）、河北美术学院（2017—）、石家庄理工职业学院（—）、河北外国语学院（—）、保定学院（—2014）、河北大学（—2013）、石家庄经济职业学院（—2013）、宣化科技职业学院（—2013）	15
	660203	广播影视节目制作	保定职业技术学院（1996—）、河北青年管理干部学院（1999—）、河北东方学院（2019—）、河北传媒学院（—）、河北对外经贸职业学院（—）、河北美术学院（—）、河北外国语学院（—）、河北省艺术职业学院（—2015,2019—）、河北科技大学（—2014）、石家庄信息工程职业学院（—2014）、河北大学（—2013）	11

3.1 河北省新闻传播学类专业设置研究

续表

专业类	专业代码	专业名称	专业开设院校及开设起止时间	开设数量
6602 广播影视类	660204	广播电视技术	河北传媒学院（—2017）	1
	660205	影视制片管理	—	0
	660206	影视编导	石家庄城市经济职业学院（2015—）、邯郸学院（2016—）、河北传媒学院（2016—）、石家庄信息工程职业学院（2016—）、河北省艺术职业学院（2016，2019—）、石家庄理工职业学院（2016）、河北劳动关系职业学院（2016—2018）、沧州职业技术学院（2016—2017）、河北美术学院（—）	9
	660207	影视美术	—	0
	660208	影视多媒体技术	河北软件职业技术学院（2004—）、石家庄学院（2006—2017）、石家庄职业技术学院（2015—）、渤海理工职业学院（2015—）、唐山学院（2015—2018）、唐山师范学院（—）、河北传媒学院（—）、河北省艺术职业学院（—,2019年未实际招生）、河北科技大学（—2014）	9
	660209	影视动画	唐山学院（2000—2018，期间办过影视广告）、石家庄职业技术学院（2003—）、保定职业技术学院（2005—2017）、河北工艺美术职业学院（2014）、石家庄工程职业学院（2017—）、衡水职业技术学院（2018—）、邯郸学院（—）、河北传媒学院（—）、河北对外经贸职业学院（—）、河北美术学院（—）、石家庄理工职业学院（—）、保定学院（—2017）、石家庄科技信息职业学院（—2013）、石家庄经济职业学院（—2013）、河北大学（—2013）、河北科技大学（—2014）、石家庄学院（—2013）	17

续表

专业类	专业代码	专业名称	专业开设院校及开设起止时间	开设数量
6602 广播影视类	660210	影视照明技术与艺术	—	0
	660211	音像技术	邯郸职业技术学院（—2015）、河北传媒学院（—2014）	2
	660212	录音技术与艺术	—	0
	660213	摄影摄像技术	保定学院（2000—2014）、石家庄经济职业学院（2014—）、河北劳动关系职业学院（2014—2017）、河北省艺术职业学院（2016—，2019年未实际招生）、燕京理工学院（2017—）、河北传媒学院（—）、河北美术学院（—）、石家庄理工职业学院（—）、河北外国语学院（—）、河北对外经贸职业学院（—2015，2017—2018）、河北环境工程学院（—2015，2018—）、河北女子职业技术学院（—2014）、邯郸学院（—2014）、河北大学（—2013）	14
	660214	传播与策划	沧州师范学院（2016、2018）、邯郸职业技术学院（2016—2017）、河北对外经贸职业学院（2016—2017）、廊坊职业技术学院（2016—2017）	4
	660215	媒体营销	河北省艺术职业学院（—2014，当时名称为媒体营销技术）、石家庄城市经济职业学院（2019—）	2

3.1.3 河北省新闻传播类学科专业特点及发展趋势

通过教育部网站发布的消息整理出2011—2018年河北省普通高等

学校本科专业备案、审批和撤销结果,从表3-8中可以看出,8年间河北省各高校共新增备案或审批通过了15个新闻传播类本科专业,撤销了1个广告学专业。其中新增的15个本科专业中包含9个网络与新媒体,另外新闻学和广告学专业各2个,传播学和数字出版各1个。河北传媒学院在这8年间申请备案了4个专业,截至2019年3月,河北传媒学院开设了新闻传播学目录中所有的本科专业,成为河北省唯一拥有目录中全部7个专业的院校,其中传播学和数字出版两个专业为河北省独有专业。纵观河北传媒学院7个本科专业的开办历程,2007年经过批准设立了第一个本科专业广告学,紧接着第二年和第三年设立了广播电视新闻学和编辑出版学专业。2007—2018年,11年间完成了"集齐"全部7个本科专业的壮举。对于这个问题,河北传媒学院新闻传播学院副院长朱良志说:"领导要求高,还需要加强内涵建设。"

表3-8 河北省普通高等学校本科专业备案、审批和撤销结果(2011—2018)

年份	学校名称	专业名称	专业代码	学位授予门类	修业年限	备注
2018	沧州师范学院	广告学	050303	文学	四年	新增备案
2018	河北传媒学院	数字出版	050307T	文学	四年	新增备案
2018	河北工程大学	广告学	050303	文学	四年	撤销
2017	河北民族师范学院	网络与新媒体	050306T	文学	四年	新增备案
2017	河北传媒学院	新闻学	050301	文学	四年	新增备案
2017	河北东方学院	网络与新媒体	050306T	文学	四年	新增备案
2016	河北科技大学	网络与新媒体	050306T	文学	四年	新增备案
2016	保定学院	网络与新媒体	050306T	文学	四年	新增备案
2016	河北工程技术学院	网络与新媒体	050306T	文学	四年	新增备案
2015	沧州师范学院	网络与新媒体	050306T	文学	四年	新增备案
2015	河北外国语学院	网络与新媒体	050306T	文学	四年	新增备案
2013	河北传媒学院	传播学	050304	文学	四年	新增备案

续表

年份	学校名称	专业名称	专业代码	学位授予门类	修业年限	备注
2013	河北大学工商学院	网络与新媒体	050306T	文学	四年	新增备案
2012	河北民族师范学院	新闻学	050301	文学	四年	备案
2011	河北传媒学院	新媒体与信息网络	050307S	文学	四年	备案或审批同意
2011	河北美术学院	广告学	050303	文学	四年	备案或审批同意

表3-8中的数据还有一个特点,即2011—2018年8年间,河北大学新闻传播学院、河北师范大学新闻传播学院、河北经贸大学文化与传播学院三个学院没有申请增加任何一个专业,同时这三个学院也都没有开办网络与新媒体专业。据悉,河北大学新闻传播学院多年来一直在筹备网络与新媒体专业,鉴于互联网的高速发展、师资队伍状况以及河北省教育厅和学校对本科专业点数量的严格控制等多种原因,多年来迟迟没有开办起来。这一状况对于河北省其他已经拥有和正在筹办网络新媒体专业的新闻传播院系来说是一个发展机会,差异化发展有利于形成特色甚至是优势。而对于河北大学新闻传播学院、河北师范大学新闻传播学院、河北经贸大学文化与传播学院这三个学院来说,需要认真应对互联网、新媒体、大数据、人工智能对行业、专业和学术研究的冲击,可以通过改革课程内容,推进专业内涵建设,在专业和课程中渗透相关内容。

河北省教育厅近年来召开会议和发布文件,要求各个院校结合学校定位压缩专业数量,提升专业内涵建设,进而提升育人质量。在这一政策的影响下,河北师范大学新闻传播学院的广播电视学专业、燕山大学文法学院文学与新闻传播学系的广播电视学专业以及保定职业技术学院传媒艺术系的影视动画专业停招或撤销了。河北师范大学和燕山大学的广播电视学专业2018年没有招生,对于这一状况,两个学院的有关教师表示了担忧。保定职业技术学院传媒艺术系在广播影视节目制作专业增开了动画和编导两个专业方向,从2018年单招以来的招生情况来看,增开专业方向有效弥补了停招专业造成的影响。

3.2 河北省新闻传播学类专业和学科建设研究

3.2.1 本科院校学科建设成绩

1. 河北大学新闻传播学一级学科博士点

博士点是一个学院学科建设水平的重要标志,目前河北省仅有河北大学一家拥有新闻传播学一级学科博士点,也是全国26家拥有一级学科博士点的高校之一。在其2010年申报成功时,全国仅有15家单位具有一级学科博士点。河北大学新闻传播学的博士点申报工作是一波三折、十年磨剑、终成正果。河北大学新闻学专业1980年正式设立,1995年建立河北大学新闻传播学系,2000年建立新闻传播学院。在组建了新闻传播学院前后,新闻学、传播学两个硕士点也于1998年和2000年经过审批设立,在这种情况下,全院上下对于申报博士点具有了愈发强烈的愿望。

2005年的全国新闻学二级学科博士点遴选中,河北大学功亏一篑,以一票之差折戟沉沙。但是河北大学新闻传播学院的申报团队没有气馁,2010年重新申报,认真研究新的申报规则,以一级学科硕士点直接申报一级学科博士点。在河北大学校内以第一名的身份顺利将申报材料报送到河北省教育厅,经过一系列评审程序后,最终成功申报成为一级学科博士点(见表3-9)。

表3-9 全国新闻传播学博士点布点情况表①

评审审核时间	新闻传播学一级学科博士点	新闻传播学下二级博士点	
		新闻学	传播学
1984		中国人民大学 复旦大学	
1998		中国传媒大学 中国社会科学院	中国人民大学 复旦大学
1999		武汉大学	
2000	中国人民大学 复旦大学		
2003	武汉大学 中国传媒大学	华中科技大学	清华大学
2005	清华大学 华中科技大学	暨南大学 四川大学 南京师范大学 南京政治学院	厦门大学 北京大学 浙江大学 上海大学
2010	暨南大学 四川大学 厦门大学 北京大学 浙江大学 上海大学 华东师范大学 山东大学 河北大学		
2015	南京大学		

① 骆正林. 第四轮学科评估及其对新闻传播学的影响[J].现代传播,2018(9):153-160.

续表

评审审核时间	新闻传播学一级学科博士点	新闻传播学下二级博士点	
		新闻学	传播学
2018	中国社会科学院 南京师范大学 天津师范大学 上海交通大学 安徽大学 南昌大学 郑州大学 湖南师范大学 深圳大学 西南政法大学		

河北大学新闻传播学科在2010年申报一级学科博士点时已经具备了比较充分的条件和较为坚实的基础。首先是已经拥有了新闻传播学一级学科硕士点，同时河北大学已建成与学科相关的两个国家级专业实验基地(中心)：原国家新闻出版总署批准的河北大学国家动漫产业发展(保定)基地和国家教育部批准的"国家级实验教学示范中心建设单位"——河北大学文科综合实验教学中心。

河北大学新闻学学科点创办较早，在发展过程中逐步形成了自己的特色：一是在科研方面形成了"回族报刊史研究""新闻亲和力研究""新闻舆论监督研究""文化传播及传播本土化研究""出版集团多元化经营"五大特色研究领域；二是积极参与中央及地方媒体的策划、运营工作，为电视台、电台栏目提供智力支持，全面服务媒体，深入介入媒体，持续助力媒体。因而，在全国同类院校之中具有竞争优势，主要体现在教学科研团队实力强、科学研究实力雄厚、人才培养业绩突出、教学科研资源丰富。

在师资队伍方面，2010年，河北大学新闻传播学院的中级职称以上教师共有69人,正高职称17人,副高职称20人,拥有博士学位教师11人,博士在读15人,拥有硕士学位教师48人。在申报时主要设置了新闻史论、应用新闻学、传播理论、编辑出版学4个学科方向,其学术带头人分别是白贵、杨秀国、胡连利和陶丹。学术骨干包括曹茹、彭焕萍、韩立新、杜友君、张雅明、商建辉、田建平、杨金花等人。

2. 河北省部校共建新闻传播学院

2014年4月2日,河北省委宣传部副巡视员兼新闻处处长丁伟、省教育厅高教处处长朱智国等人到河北大学,就部校共建新闻传播学院进行了专题调研。

2014年5月4日,河北省部校共建新闻传播学院工作座谈会暨签约仪式在河北师范大学召开。河北省委宣传部分别与河北大学、河北师范大学签署共建协议,标志着河北省部校共建工作正式拉开序幕。为推进部校共建工作顺利开展,河北省委宣传部与河北大学、河北师范大学共同成立了新闻学院院务委员会,具体协调推进共建工作。

共建新闻传播学院的根本目的是坚持以马克思主义新闻观为统领,创新新闻人才培养机制,提高新闻人才培养质量,为党的新闻事业发展造就高素质后备人才,努力开创高等新闻传播教育的新局面。要坚持分步推进、有序开展,不断深化拓展部校合作的形式和内涵;要以培养应用型复合型新闻传播人才为目标,以精品课程设置为载体,巩固扩大互聘交流成果,建好用好实践基地,搭建智库平台。①

3. 河北大学新闻学专业"河北省高等学校省级重点学科"建设

2012年河北大学新闻传播学院组织撰写了申报材料,2013年1月23日,时任河北大学新闻传播学院院长的白贵教授参加了由省教育厅组

---

① 省委宣传部与河北大学河北师大共建新闻学院[EB/OL].[2014-05-05]. http://hebei.news.163.com/14/0505/09/9RFM0BVP027907KI.html.

织的新增重点学科遴选答辩。2013年年初,河北省教育厅公布了"2012年河北省高等学校省级重点学科遴选结果",河北大学新闻学专业被批准为"省级重点学科",自2013年开始进行重点建设。这是河北省第一个新闻传播类省级重点学科,是河北大学新闻传播学院乃至河北省新闻传播学教育领域的一大标志性事件,进一步加强了学科建设,巩固了在河北省新闻传播领域的领先地位,也为新闻传播学院成为全国新闻传播教育重镇进行了注解。

4. 河北大学新闻学专业"教育部国家级特色专业建设点"

教育部、财政部于2007年1月22日联合下发了文件《教育部财政部关于实施高等学校本科教学质量与教学改革工程的意见》(教高〔2007〕1号),该文件提出:大力加强本科专业建设,按照优势突出、特色鲜明、新兴交叉、社会急需的原则,择优选择和重点建设3000个左右特色专业点,引导各级各类高等学校发挥自身优势,努力办出特色。① 2007年上半年,质量工程领导小组办公室启动了"特色专业建设点"的申报工作,共有455所学校的1809个项目提交申报材料。最终420个专业点获批成为2007年度第一批高等学校特色专业建设点,其中新闻传播类共获批20个专业点,包括18个新闻学专业,1个广告学专业,1个广播电视新闻学专业。截至2016年7月,共组织了六批特色专业申报、评审工作,新闻传播类专业共获得批复40个建设点。② 其中,在2007年12月批准的第一批特色专业建设点中,包含河北大学新闻学专业。

河北大学新闻学专业的定位是:河北省培养高层次新闻传播人才的摇篮、知识创新和实践服务的重要基地、传媒决策和政策咨询的"思想

---

① 教育部财政部关于实施高等学校本科教学质量与教学改革工程的意见[EB/OL].[2007-01-22].http://www.moe.gov.cn/s78/A08/moe_734/201001/t20100129_20038.html.

② 中国新闻史学会新闻传播教育史研究委员会.中国新闻传播教育年鉴(2016)[M].武汉:武汉大学出版社,2016:575.

库"、引领全省新闻传媒业潮流的重要阵地,同时以取得的有效经验和实践效果,形成该专业建设的内容的相关参考规范,为全国同类专业的建设和发展提供有益的借鉴和思考。① 建设措施主要包括:建立市场导向的办学理念;加强师资队伍的建设;创新人才培养模式;优化课程体系、推动特色教材建设、培育精品课程;利用校外教学资源,实施"请进来、走出去"的资源整合策略。建设成果主要体现在师资队伍建设、精品课程建设、科学研究、图书资料建设、对外学术交流与合作等方面。

5. 河北大学新闻传播学硕士点建设

根据吴庚振教授回忆,1995年上半年,河北大学中文系新闻专业申请过新闻学硕士授权点,当时的新闻学硕士点是放在文学学科进行申报和评审的,分为专家通讯评议和专家会议评审两个环节。全国几十家新闻院系申报硕士点,只有河北大学新闻学专业和杭州大学新闻学院两家通过了通讯评议,最终只有一个名额,河北大学新闻学专业未能成功,但是这次申报也树立了河北大学新闻学专业的信心。1995年,河北大学在原中文系新闻学本科专业和广告信息、广播电视两个专科专业的基础上组建了新闻传播学系。

1998年5月,河北大学新闻学硕士点获得批准。当年国务院学位委员会新闻学科组一共评审通过了6家单位的硕士点申请,河北大学新闻学获得全票通过。河北大学新闻传播学系1998年获得了新闻学硕士学位授予权后,1999年便招收了第一届硕士研究生。通过赴中国人民大学和北京广播学院(现中国传媒大学)考察学习,结合河北大学新闻传播学系的实际情况,制订了人才培养计划。1998年7月4日,河北大学新闻传播学系向学校研究生处报送了第一届硕士研究生招生计划,

---

① 中国新闻史学会新闻传播教育史研究委员会. 中国新闻传播教育年鉴(2016)[M]. 武汉:武汉大学出版社,2016:584.

遴选了研究生导师,确定了5~6个研究方向。根据吴庚振教授回忆,专业方向的设置和导师有两个版本,第一个版本分为5个方向6位导师,即新闻评论学(吴庚振)、新闻理论(李广增)、比较新闻学(张威、郝亦民)、新闻采访与写作(王瑞棠)、中国新闻事业史(乔云霞)。第二个版本为6个方向9个导师,即新闻传播理论(李广增),新闻业务(吴庚振、焦国章),中外新闻事业史(乔云霞、胡连利),比较新闻学(张威),广告学(陈燕),新闻文化学(郝亦民、徐明)。考试科目为外语、政治、新闻史论、新闻业务、文史知识,第一届招收了9名研究生。

2000年河北大学新闻传播学系成功申报传播学二级学科硕士点,同年成立了新闻传播学院。同时具备新闻学和传播学两个硕士点,说明其学科建设成果达到了较高水平。2005年河北大学新闻传播学院顺利取得了新闻传播学一级学科硕士点。在当时,河北大学依然是河北省唯一拥有新闻传播学类硕士点的高校。

2010年我国首次评审新闻传播学类专业硕士学位点,河北大学就一举申请到了新闻与传播、出版等全部专业硕士授权点。从国务院学位办发布的《2010年新增硕士专业学位授权点名单》可以看到,2010年首次评审新闻与传播专业硕士学位点,全国有48所高校获批,河北省仅有河北大学1所大学获批。在当年全国仅有14所高校获批了出版专业硕士学位点。而同时取得新闻与传播、出版两个专业硕士学位授权点的高校仅有12所,它们是:北京大学、南京大学、武汉大学、中国传媒大学、复旦大学、南开大学、四川大学、河南大学、河北大学、安徽大学、湖南师范大学、华中科技大学。

6. 河北科技大学文法学院新闻系入选"河北省卓越新闻传播人才培养计划"

河北科技大学文法学院2003年开始招收新闻学本科生,该专业注重对学生的通识教育、能力培养和以创新为核心的素质教育。要求学生具备广博的知识、较强的专业素养,可以适应融媒体时代的人才需求。逐渐形成了一支职称、学历和年龄结构较为合理的师资队伍，可以开展有效的教学、科研工作。重视实验室建设，建设了总价值超100万余元的报纸编辑实验室、电视采编制作实验室、摄影摄像实验室。注重教学改革，开展教学研究，钻研教学方法。重视实践教学，完善校内外实训基地建设。积极开展学术研究工作，结合河北省文化建设、网络媒体发展、报业发展、新媒体传播等方面开展研究，产出了一批科研成果。河北科技大学文法学院新闻系的专业建设和人才培养工作取得了成效，2013年入选"河北省卓越新闻传播人才培养计划"。经过建设，该专业逐渐形成了培养水平较高、办学实力较强、就业前景较好等特点。2016年获批设置网络与新媒体专业，2017年开始招生，办学实力不断增强。

7. 河北省新闻传播院系在教育部学科评估中的表现

自2002年以来，教育部学位中心对全国新闻传播学科进行了四轮评估，其时间分别是2002—2004年、2007—2009年、2012年、2017年。第一轮参评单位9家，第二轮参评单位30家，河北省各高校新闻传播学科没有参评。第三轮参评单位63家，第四轮参评单位81家，在第三轮和第四轮学科评估中河北省参评，上榜的是河北大学。

其中在第三轮学科评估中，全国新闻传播学一级学科具有"博士一级"授权的高校共15所，此次有14所参评，还有部分具有"博士二级"授权和硕士授权的高校参加了评估，参评高校共计48所。河北大学新闻传播学科得分为73分，与南京师范大学、湖南大学并列全国第16位。排在前面的高校依次是中国人民大学、中国传媒大学、复旦大学、武汉大学、清华大学、华中科技大学、四川大学、北京大学、暨南大学、上海交通大学、上海大学、浙江大学、华东师范大学、南京大学、厦门大学(见表3-10)。

表 3-10　教育部学位与研究生教育发展中心第三轮(2012)学科评估新闻传播学评估结果

学校代码	学校名称	学科整体水平得分
10002	中国人民大学	92
10033	中国传媒大学	
10246	复旦大学	90
10486	武汉大学	84
10003	清华大学	81
10487	华中科技大学	
10610	四川大学	
10001	北京大学	79
10559	暨南大学	
10248	上海交通大学	77
10280	上海大学	
10335	浙江大学	
10269	华东师范大学	75
10284	南京大学	
10384	厦门大学	
10075	河北大学	73
10319	南京师范大学	
10532	湖南大学	
10015	北京印刷学院	71
10357	安徽大学	
10475	河南大学	
10718	陕西师范大学	
10252	上海理工大学	70
10459	郑州大学	
10652	西南政法大学	
10697	西北大学	

续表

学校代码	学校名称	学科整体水平得分
10270	上海师范大学	69
10271	上海外国语大学	
10730	兰州大学	
10030	北京外国语大学	68
10053	中国政法大学	
10065	天津师范大学	
10520	中南财经政法大学	
10611	重庆大学	
10635	西南大学	
10019	中国农业大学	66
10052	中央民族大学	
10126	内蒙古大学	
10140	辽宁大学	
10200	东北师范大学	
10272	上海财经大学	
10294	河海大学	
10337	浙江工业大学	
10491	中国地质大学	
10616	成都理工大学	
10681	云南师范大学	
11799	重庆工商大学	
10167	渤海大学	63

在第四轮学科评估中,教育部不再公布各个学科点的具体得分,而是按照比例,以"档次"的形式对各个院校的专业定档。2017年12月28日,教育部学位与研究生教育发展中心公布全国第四轮学科评估结果。第四轮评估于2016年在95个一级学科范围内开展,评估结果按照"精

准计算、分档呈现"的原则,根据"学科整体水平得分"的位次百分位,将前70%的学科分为9档公布。在新闻传播学这一学科中,河北省只有"河北大学"上榜,位列 B 档,与安徽大学、郑州大学、湖南大学、湖南师范大学、中山大学、深圳大学、陕西师范大学并列总排行榜第 17 位(见表3-11)。

表 3-11　教育部学位与研究生教育发展中心第四轮(2017 年)学科评估新闻传播学评估结果

评估结果	学校代码	学校名称
A+	10002	中国人民大学
	10033	中国传媒大学
A	10246	复旦大学
	10487	华中科技大学
A-	10003	清华大学
	10248	上海交通大学
	10486	武汉大学
	10559	暨南大学
B+	10001	北京大学
	10269	华东师范大学
	10280	上海大学
	10284	南京大学
	10319	南京师范大学
	10335	浙江大学
	10384	厦门大学
	10610	四川大学
B	10075	河北大学
	10357	安徽大学
	10459	郑州大学
	10532	湖南大学
	10542	湖南师范大学
	10558	中山大学
	10590	深圳大学
	10718	陕西师范大学

续表

评估结果	学校代码	学校名称
B-	10271	上海外国语大学
	10285	苏州大学
	10403	南昌大学
	10422	山东大学
	10475	河南大学
	10561	华南理工大学
	10730	兰州大学
	90021	南京政治学院
C+	10015	北京印刷学院
	10027	北京师范大学
	10030	北京外国语大学
	10065	天津师范大学
	10140	辽宁大学
	10611	重庆大学
	10652	西南政法大学
	10697	西北大学
C	10052	中央民族大学
	10053	中国政法大学
	10183	吉林大学
	10247	同济大学
	10252	上海理工大学
	10560	汕头大学
	10593	广西大学
	10698	西安交通大学
C-	10011	北京工商大学
	10055	南开大学
	10270	上海师范大学
	10370	安徽师范大学
	10511	华中师范大学
	10635	西南大学
	10673	云南大学
	10755	新疆大学

从河北省各个学科的评估结果综合来看，河北省有1个A-学科，3个B+学科，13个B档学科，23个B-学科，28个C+学科，24个C档学科，30个C-学科，122个上榜学科。位列B档的河北大学新闻传播学和其他12个学科并列位于第五名，在河北省各个学科之中具有较强的优势，显示出超强的学科实力。

3.2.2 高职院校专业建设成绩

1. 保定职业技术学院电视节目制作专业"河北省高职高专教育教学改革示范专业"建设

2002年，电视节目制作专业被河北省教育厅确定为首批"河北省高职高专教育教学改革试点专业"。2007年3月21日，保定职业技术学院传播技术系电视节目制作专业，经专家组评估验收，河北省教育厅审核同意，被确定为"河北省高职高专教育教学改革示范专业"。这是河北省高职高专教育教学改革首批示范专业。2008年6月15—19日，高职高专人才培养水平评估组专家对保定职业技术学院进行为期5天的评估。传播技术系电视节目制作专业作为被剖析专业，代表学院接受评估，全体教师和学生按照学院要求，全力配合迎评促建工作，作出了应有的贡献。2011年年初，保定职业技术学院被河北省教育厅、河北省财政厅评定为省级示范性高职院校。保定职业技术学院传播技术系电视节目制作专业被确定为示范校重点建设专业。

2. 保定职业技术学院电视节目制作专业被确定为"中央财政支持重点建设专业"

2011年9月30日，教育部、财政部联合发布了《教育部、财政部关于支持高等职业学校提升专业服务产业发展能力的通知》，以提升专业服务产业能力为出发点，整体提高高等职业学校办学水平和人才培养质量，提高高等职业教育服务国家经济发展方式转变和现代产业体系建设能力。2011年，项目全面启动，教育部、财政部对各地、各学校推荐专业进行审核、公示、立项，2012年进行项目中期考核，2013年进行项目验收总结。① 保定职业技术学院传媒艺术系广播影视节目制作专业(当时专业名称为"电视节目制作")被确定为"中央财政支持提升专业服务社会能力重点建设专业"，进行重点建设。

另外，河北省新闻传播学类专业中还有河北艺术职业学院传媒系影视广告专业也被确定为"中央财政支持提升专业服务社会能力重点建设专业"。

3. 石家庄职业技术学院影视动画专业建设

石家庄职业技术学院动画学院也是河北省新闻传播类中的"明星院系"，该学院的影视动画专业于2003年申报成功，2004年开始招收第一届学生。2007年12月正式成立动画学院，尚晓雷担任院长，该学院是"河北省高校第一所融动画专业人才培养与动画产品研发于一体的专业学院"。2011年，该院围绕动画特色扩展了两个艺术类专业——动漫设计与制作、游戏设计，加上2014年成功申报的影视多媒体专业，形成了特色明显的影视动画专业群。石家庄职业技术学院动画学院是教育部、中央财政重点支持的国家级实训基地，也是"国家动漫产业发展(石家庄)基地"动漫制作中心。动画学院的教学模式与教学成果在社会上形成了一定的影响力，得到了广大兄弟院校的认可。

4. 河北对外经贸职业学院广播影视节目制作专业建设

河北对外经贸职业学院传媒系广播影视节目制作专业是学院最早开展校企合作的专业，在专业建设发展过程中，依托区域企业发展及京津冀一体化，专业建设向体育赛事制作方向转型发展，形成国内少有、省

---

① 教育部 财政部关于支持高等职业学校提升专业服务产业发展能力的通知[EB/OL]. [2011-10-19]. http://old.moe.gov.cn/publicfiles/business/htmlfiles/moe/s6342/201407/171562.html.

内唯一的以体育赛事制作人才培养为主要目标的专业。2018年被评为教育部第三批现代学徒制试点专业,2019年通过教育部创新发展行动计划骨干专业验收。广播影视节目制作专业在近年的建设发展过程中取得了一定的成绩,形成了一定的特色。①

3.3 河北省新闻传播各院系专业发展与特色

3.3.1 本科院系专业发展与特色

1. 二级院系发展与特色

(1)河北大学新闻传播学院。河北大学新闻传播学院在河北省新闻传播学科中一直保持着较大的领先优势,在教学科研团队、课题申报、科研成果获奖、学科建设、国际交流等诸多方面处于明显的领先地位。河北大学新闻传播学院在全国的位置可以参照最近两次教育部学位中心发布的学科评估结果。在2012年发布的第三轮学科评估中,河北大学的新闻传播学科得到了73分,与南京师范大学和湖南大学并列全国第16位,是排名最高的非"985"、非"211"大学。在教育部学位与研究生教育发展中心2017年发布的第四轮学科评估的结果中,河北大学的新闻传播学科被评为"B档",与安徽大学等7所高校并列第17位。两轮评估结果显示,河北大学都是河北省在新闻传播学学科中唯一入选的学校。

可以看出,如何在全国各大高校的新闻传播学科激烈的竞争之中找到自己的特色和准确的定位,充分研究学科排名的规则,有针对性地加强自身建设,提高学科建设水平,保持目前的位次,甚至提高排名是河

---

① 根据对河北对外经贸职业学院传媒系广播影视节目制作专业负责人康永斌的访谈记录整理。

北大学新闻传播学科最紧要的任务之一。

(2)河北师范大学新闻传播学院。河北师范大学新闻传播学院的总体定位是：以人才培养为中心，以社会需求为导向，以服务地方经济建设、社会发展及新闻传播事业为目的的开放型、应用型、政、产、学、研一体化的新闻传播学院。人才培养目标是面向现代传媒行业，培养具有良好政治素质、职业素养，具有先进的传播理念、国际视野，熟练掌握新闻与传播技术技能的高层次、应用型专门人才。在未来，广告学专业、影视艺术专业和新闻学专业努力进入国家一流专业。播音与主持艺术专业进入河北省一流专业。学院以艺术学理论一级学科硕士点为基础，申请和发展新闻传播学和戏剧与影视学学术硕士点，夯实广播电视编导专业硕士点。①

实践教学和实验室建设是河北师范大学新闻传播学院的特色之一，新闻与传播专硕学科点和国家级实验教学示范中心也是这一特色的印证。广告学专业是其最有竞争力的新闻传播类专业。河北师范大学新闻传播学院受困于学校重点发展师范类学科专业的发展方向，需要认真研究及时调整自己的学院定位、专业定位、科研方向等。如果能找到与学校发展方向相一致的发展道路，才能更好地获得发展空间。获得新闻传播学一级学科硕士点授予权应该是该学院切实可行也最为急迫的学科发展目标之一。

(3)河北经贸大学文化与传播学院。河北经贸大学文化与传播学院包含2个中国语言文学类和4个新闻传播学类共6个本科专业，涵盖中国语言文学和新闻传播学两个一级学科，新闻学专业为河北经贸大学校级重点学科。拥有新闻传播学一级学科硕士点，下设新闻学、传播学、跨文化传播、影视文化传播4个二级学科硕士点。该学院依托河北经贸大学的办学定位和优势学科，开办了新闻学专业(经济新闻方向)，主要培养专攻经济新闻报道与评论业务的人才，要求学生熟悉经济新闻宣

---

① 根据对河北师范大学新闻传播学院副院长刘育涛的访谈记录整理。

传活动，具备经济新闻报道的素质和能力。该专业方向开设的课程也涵盖新闻学和经济学两个专业的课程，突出培养经济新闻学特色。

河北经贸大学文化与传播学院的学术研究能力较为突出，师资队伍也具有一定竞争力。鉴于全国各大院校新闻传播学科对一级学科博士点的激烈竞争状况，河北经贸大学暂时难以冲击新闻传播学一级学科博士点，申请另外两个专业硕士点，有选择地调整本科专业，加强内涵建设，挤进教育部学位与研究生教育发展中心的学科排名是比较切实可行的学科建设发展目标。

(4) 河北传媒学院新闻传播学院。河北传媒学院新闻传播学院强调应用型人才培养，突出实践教学，目前在中国军视网、河北广播电视台、河北出版集团、新华网河北频道、河北广电传媒有限公司、新华社中国传媒科技杂志社等十几家单位建立了校外实习基地，与腾讯、爱奇艺、蜻蜓FM、荔枝FM等多家互联网公司合作开展实践教学。建有"融媒体中心"、语言艺术工作室等多个校内实习实训平台。校内校外实习相结合的教学方式使学生真正获得实际工作能力，很多毕业生能零距离上岗，受到用人单位普遍欢迎。学院根据经济社会(行业)人才需求，培养具备新闻传播专业素养、专业知识和实际操作技能的复合型应用型人才，毕业生就业领域广，涉及各类媒体公司、中外企业、事业单位等。贯彻"传媒是社会的良知，人类的道义"的校训精神，注重学生德智体美劳全面发展。服务河北，面向京津，以应用型、复合型人才培养为目标，贯彻学校"把学生推到舞台上、把舞台搭在社会上"的办学理念。适应融媒体传播潮流，依托校内融媒体传播实验平台，重视学生相关融媒体传播技能训练，实施新闻传播学类专业大类招生，贯通课程，培养一专多能的应用型复合型人才。①

河北传媒学院作为经教育部备案的民办普通全日制本科院校，近年来发展快速。该学校始建于2000年，2005年招收第一届本科生。河北

---

① 根据对河北传媒学院新闻传播学院副院长朱良志的访谈记录整理。

传媒学院新闻传播学院现在是河北省新闻传播学类本科专业最为齐全的院系，拥有7个本科专业和新闻与传播专业硕士点。注重发展应用本科，培养学生的实践动手能力。该学校相对灵活的办学机制，便于开展校企合作和双师型教学团队的建设，具有向好的发展前景。

(5)唐山学院传播与动画系。唐山学院传播与动画系的新闻传播类专业主要是广告学专业，该专业在办学过程中，依据学校的整体定位，始终坚持服务地方经济，突出学生实践能力，培养学生的发展后劲。专业定位：立足唐山，面向河北，服务环渤海。在以后的办学过程中逐步形成自己的特色，提高学生的培养质量。[1]

(6)沧州师范学院齐越传媒学院。沧州师范学院齐越传媒学院以著名播音艺术家齐越先生的名字命名，其中播音主持专业为优势特色专业，目前已入选省级双一流专业。播音专业的班级以齐越班命名，依托姚喜双、方明、敬一丹等名师资源，以及齐越教育馆，着力打造红色教育特色。齐越班学生每周会在齐越像前进行齐越心语的诵读，排演反映齐越先生下乡经历的话剧，日常专业培养中诵读红色经典篇章等多种方式相结合。目前该院播音主持专业正在冲刺全国双一流专业，力争进入全国播音专业的第一梯队。未来继续坚持红色教育方向不动摇，继续打造红色教育品牌，依托齐越教育中心和齐越教育馆，以齐越研究为引领，提高教师科研水平，在齐越研究方向取得突破性成果。同时配合学校顶层规划，在地方院校向地方性、应用型转型的过程中，加强播音与主持艺术专业的应用型人才培养，加强与地方产业尤其是传媒行业的融合发展，增强专业培养的目标性，着力服务地方经济发展。力争走出地方本科院校播音专业的特色发展之路。[2]

(7)防灾科技学院文化与传播学院。防灾科技学院文化与传播学院在新闻传播人才培养方面，形成了厚学科基础强能力出口的创新实践、

---

[1] 根据对唐山学院动画与传播系主任孙学娟的访谈记录整理。
[2] 根据对沧州师范学院齐越传媒学院副院长白晓卿、教师于园园的访谈记录整理。

复合培养的人才培养特色。在专业建设方面，实现了专业大类打通，分流培养的人才培养特色，将广告学专业、网络与新媒体专业分为广告设计、新媒体设计、新媒体传播三个方向进行分流培养。在夯实学科基础的同时，打造了集中实践与分散实践相结合，课堂实训、校内实训与课下实训、校外实训相结合的实践人才培养体系。多年来学生在参加国际大学生设计双年展、全国大学生广告艺术大赛、全国高等院校艺术设计大赛等国内外竞赛中取得突出成绩。在学科建设方面，新闻传播学科被列为防灾科技学院重点建设学科，学科布局建设合理，现分为灾害信息传播、文化传播、新媒体传播3个主要研究方向，承担3项国家社科基金项目，20多项省部级项目的研究工作。文化与传播学院下设风险传播研究所、灾害舆情研究所、防灾减灾现代科普研究所等研究机构。在行业服务和社会服务方面，承担了中国地震局系统的全国涉震舆情监测与研究工作，并与多家省市地震局进行防灾减灾科普宣传等方面的项目合作，承担了多家单位的行业宣传与形象设计工作，在业内受到高度认可及积极评价。①

发展规划：防灾科技学院文化与传播学院的前身为人文社科系，成立于2001年。2018年7月正式更名为文化与传播学院，主要服务防灾减灾事业和新闻传播人才培养的需要，坚持新闻传播学科的内涵发展，优化专业结构，深化人才培养模式改革，培养基础扎实、知识面宽、实践能力强的高级应用型人才。按学校"二次创业、分三步走"发展战略，文化与传播学院在本世纪中叶，要实现研究生和本科生教育并举，建成在国内有一定影响的防灾文化传播中心。在十三五和十四五期间，要进一步优化专业结构，全面提高人才培养质量，提升学生就业率与就业质量；要进一步加强学科建设，努力提高办学层次；要快速提升科研能力、行业服务和社会服务能力，扩大在应急管理领域和新闻传播业内的知名度和影响力；要进一步改善实践教学条件，建设省级和国家级实践

---

① 根据对防灾科技学院文化与传播学院院长刘晓岚的访谈记录整理。

教学示范中心，打造更为完善的实践教学育人体系。①

2. 专业(系)发展与特色

(1)河北大学新闻传播学院新闻学专业。河北大学新闻学专业成立于 1980 年，1982 年首次招收本科生。是在改革开放之后我国最早设立的新闻学专业学科点之一。1998 年、2000 年分别获得新闻学、传播学二级学科硕士学位授予权，2005 年获得新闻传播学一级学科硕士学位授予权。2007 年新闻学专业被评为教育部首批国家级特色专业。2010 年获得新闻传播学一级学科博士学位授予权。2012 年新闻学专业被批准为"省级重点学科"，自 2013 年开始进行重点建设。在这一过程中培育形成了特色研究领域，也形成了服务媒体、介入媒体、助力媒体的良好传统。逐步显现出来团队整体实力强、科研实力雄厚、教学科研资源丰富、人才培养业绩突出等优势。

河北大学新闻学专业的定位是：河北省培养高层次新闻传播人才的摇篮、知识创新和实践服务的重要基地、传媒决策和政策咨询的"思想库"、引领全省新闻传媒业潮流的重要阵地，同时以取得的有效经验和实践效果，形成该专业建设的相关参考规范，为全国同类专业的建设和发展提供有益的借鉴和思考。② 建设措施主要包括：建立市场导向的办学理念；加强师资队伍的建设；创新人才培养模式；优化课程体系、推动特色教材建设、培育精品课程；利用校外教学资源，实施"请进来、走出去"的资源整合策略。建设成果主要体现在师资队伍建设、精品课程建设、科学研究、图书资料建设、对外学术交流与合作等方面。

(2)河北大学新闻传播学院广告学专业。河北大学新闻传播学院广告学专业初创于 1993 年，当时为广告信息专业，是三年制大专。1996

---

① 根据对防灾科技学院文化与传播学院院长刘晓岚的访谈记录整理。
② 中国新闻史学会新闻传播教育史研究委员会.中国新闻传播教育年鉴(2016)[M].武汉：武汉大学出版社，2016：584.

年开始招收本科生,专业名称定为广告学。经过多年的发展和凝练,依托综合性院校优质资源形成了较为成熟的人才培养体系。因材施教、分层教育,科学确立"361"人才培养目标,即培养30%的拔尖创新型专业人才、60%的复合型应用人才和10%的国际化专业人才。推行"以学生发展为本"的素质型人才培养策略,坚守"实事求是"校训和"博学、求真、惟恒、创新"的校风,鼓励学生认真学习、勇于创新,提升责任感和适应环境的能力。①

该专业的发展定位与规划:顺应跨学科发展趋势和广告学本身的交叉学科特质,依托河北大学综合性大学的优势,注重学科、课程、师资的交叉融合,积极打造开放性教学、科研平台。课堂教学与基地培养相结合,培养有自主思考能力、有创新精神、有社会责任感和专业实践能力的广告营销高级专门人才:一要注重实践;二是以实用为主,加快国际化教育进程。保持厚基础、宽口径人才培养特色,立足"京津冀协同发展建设"大计,在适应、对接、服务雄安新区建设的基础上,为适应国家、地方经济发展需要,培养具有深厚理论功底、精湛专业能力、高度社会责任感、广阔国际视野的复合型、创新型高级广告营销传播人才。②

(3)河北师范大学新闻传播学院广告学专业。河北师范大学新闻传播学院广告学专业基于大广告教育理念,培养宽口径、跨行业、高适配的广告专业人才,满足新时代广告传播对人才培养技术性、艺术性、科学性的需求;已形成系统性、前沿性、实战性的"广告+"课程体系,立足广告自系统,按照专业+技能、理论+实践逻辑,拓展应用型、技术型课程,对接行业需求;打造了以系统理论教学为主体,以实践、实验教学和创作、创新能力培养为两翼的应用人才培养模式;拥有一支学界有影响、业界有威望的专家型、创新型教学团队,业绩成果产生了良好

---

① 根据对河北大学新闻传播学院广告学系主任宋伟龙的访谈记录整理。
② 根据对河北大学新闻传播学院广告学系主任宋伟龙的访谈记录整理。

的社会影响和效益;构建了完善的多层次教学支撑环境,国家级新闻与传播实验教学示范中心、河北省广告研究院和企鹅新媒体学院等为广告专业人才培养提供了系统的平台支撑。该专业的未来发展将立足新营销、新媒介,研究广告营销传播理论;构建以整合传播为统领,以创意传播为核心,以全媒体传播为导向的专业教育教学模式;培养创新复合型人才,成为特色鲜明、省内领先、国内知名的广告学专业。①

(4)河北经贸大学文化与传播学院新闻学专业。河北经贸大学文化与传播学院新闻学专业立足传统媒体与新媒体融合发展的新传播时代,在培养学生掌握传统的采、写、编、评、摄等专业基本技能之外,进一步发掘新媒体传播教学的特色优势,致力将本专业打造成具有融合特色、社会主流、适应新时代的一流专业。发展规划:适应新媒体环境下市场和业界的需求,依托学校的优势学科资源,该专业立足"财经法、区域性、应用型"的总体定位,以培养"厚基础、宽口径、高素质、强能力"的应用型人才为专业建设与发展的原则,在长期教学、科研实践中不断探索,逐渐形成了较为鲜明的专业特色。②

(5)河北地质大学艺术设计学院广告学专业。艺术设计学院秉承河北地质大学"达观博物"的校训,结合艺术设计学院的专业特点,将学院文化定位为"弘扬艺术精神,体现人文气息",在道德与艺术相统一的传统艺术精神指引下,秉承独立、自由、原创、和谐、充满人文气息的现代艺术精神,努力将艺术设计学院建设成为艺术特色鲜明、学术气息浓郁、国内知名的新型学院。在发展过程中,学院形成了广告学专业、环境设计专业、视觉传达设计专业、产品设计专业(家居产品方向)、中外合作办学环境设计专业相融合的专业体系设置,在课程设置、专业教学、实习生实践等各方面寻求融合发展,从而形成了传播与设计共同发展的办学特色。同时在"以赛促教,以赛促学"的过程中,

---

① 根据对河北师范大学新闻传播学院副院长刘育涛的访谈记录整理。
② 根据对河北经贸大学文化与传播学院新闻学系主任赵双阁的采访记录整理。

逐渐形成了广告学专业与艺术设计专业学生"配合参赛,共同实践"的特色,学生先后在教育部、中国广告协会、深圳国际海报节、白金创意国际大赛、靳埭强设计大赛、中国国际空间设计大赛、CIDA中国室内设计大赛,以及台湾中时集团举办的全国性大赛中获得全场大奖一项、金奖一项、银奖三项,优秀奖以上百余项,逐步形成了自己的专业品牌和学术影响。①

艺术设计学院紧密结合学校的发展战略目标,确定以"艺术学科为主体,融合众学科之优势",加强艺术设计学科之间及相关相近学科间的交叉与融合,突出艺术设计和广告学及传播学的创新实践,逐步巩固现有的中外合作办学成果,在保持现有传统艺术专业属性的基础上,突出大艺术大设计概念下办学的学院特色。为适应社会对学院办学、人才培养和学科专业成果的集成化需求,推进现有学科专业的内涵建设,在大艺术大设计概念下强调艺术创造的人才培养特色,培养科学与文化素养兼备,具有宽阔的艺术视野,扎实的艺术理论与技术,适应我国文化建设和社会发展需要的高素质艺术设计应用型人才。广告学专业紧密结合学校的发展战略目标,以广告与品牌传播的专业特性为基础,融合艺术设计学科的专业特色,加强突出品牌营销与传播、广告传播与新媒体广告方向的专业方向创新,积极扩大现有的办学成果,并着力提升办学层次,突出大传播观、大品牌观和大艺术、大设计概念下专业发展特色。②

(6)石家庄学院文学与传媒学院广告学专业。石家庄学院文学与传媒学院广告学专业主要培养应用型人才,从平时课堂训练到毕业实习都突出校企合作和项目教学,毕业设计以校企合作企业真实任务和项目为依托。该专业未来要引进更多的校企合作实践项目,以培养学生广告策

---

① 根据对河北地质大学艺术设计学院广告学教研室主任韩文举的访谈记录整理。

② 根据对河北地质大学艺术设计学院广告学教研室主任韩文举的访谈记录整理。

划、市场策划为主的核心能力。该院的毕业生目前在河北省内和北京有较大的认可度。以应用型作为专业定位，培养学生的实践动手能力是该专业重要的育人目标之一。①

(7)保定学院信息工程学院网络与新媒体专业。保定学院信息工程学院网络与新媒体专业在教育思想、教育理论的指导下，以学生为本，以培养目标和地方经济社会发展需求为导向，以产教融合、校企合作为抓手，着力提升学生的职业能力和专业素养。保定学院网络与新媒体专业是"高校数字媒体产教融合创新应用示范基地"项目试点专业，保定学院和凤凰教育采取专业共建方式进行合作，凤凰教育提供第三学年影视后期制作方向教学服务，以及第四学年三个月的项目实训及毕业设计指导。同时，鼓励学生考取影视后期和新媒体编辑职业资格证书。专业定位与发展规划：发展网络与新媒体专业的影视后期制作方向和新媒体运营方向，发展专业短视频制作的特色，为地方发展提供应用型人才。②

(8)唐山师范学院中文系广播电视学专业。唐山师范学院中文系广播电视学专业在发展过程中逐渐形成了自己的专业特色：立足本土，服务地方文化研究；以职业化目标为导向，培养全媒体人才。作为唐山市唯一的新闻学类专业，在全省同类院校和社会上有一定口碑。该专业的发展定位：以职业化为目标，对标社会需求，注重全媒体人才的培养。在招生中属于二批本科，在师范院校的中文系，广播电视学与学校重点发展示范类专业的定位并不是特别相符，同时也并不是中文系的龙头专业，其发展速度受到了一定限制。在未来发展中要注重提升科研能力。③

---

① 根据对石家庄学院文学与传媒学院广告学专业负责人马韶培的访谈记录整理。
② 根据对保定学院信息工程学院网络与新媒体系主任王倩的访谈记录整理。
③ 根据对唐山师范学院中文系广播电视学专业教研室主任刘华欣的访谈记录整理。

（9）衡水学院文学与传播学院广告学专业。经过多年的发展，衡水学院文学与传播学院广告学专业结合学院"立足衡水本地，服务本地，倡导区域文化传播传承，强调应用型人才培养"的具体要求，注重实践课程改革，以及人才培养模式的创新。在同类院校中，该专业通过梳理历史和发展状况，尚未形成明确的优势和特色。在未来三年，该专业将进行全面改革，从课程教学、师资培养、学生培养以及服务地方等多个方面入手，希望能够创造出衡水本地特色。①

（10）河北传媒学院新闻传播学院广播电视学专业。河北传媒学院新闻传播学院的广播电视学专业是学院的特色专业之一，该专业培养具备广播电视新闻基本理论知识和实践技能，服务于京津冀地区社会经济文化发展，能够在广播电视机构、传媒公司、企事业单位从事新闻采访、报道、拍摄、编辑、策划、管理等工作的广播电视应用型人才。实践证明该定位适应区域经济社会发展的需求，符合学校实际情况，并依托广播电视学原理及配套的资源条件做支撑，学科发展前景良好。根据专业定位和人才培养目标的要求，本着"能力本位、理论实用"的教学理念，遵循高等教育规律，努力办出自身特色，注重基础知识，突出应用能力，加大教学投入，强化教学管理，深化教学改革，提高人才培养质量。主要措施包括：围绕学生职业能力培养构建课程体系；加强校台合作，建好校内外实训基地；建立密切的实习合作基地，以此改善实训、实习条件；培养专业带头人，加强专兼结合的"双师型"教学团队建设；完善教学质量监测目标；加强实践教学条件建设。②

（11）河北传媒学院新闻传播学院网络与新媒体专业。河北传媒学院新闻传播学院网络与新媒体专业基于行业需求为导向的教育定位，注重以"应用实践教学"为特色，主要在网络舆情分析、新媒体产品制作、

---

① 根据对衡水学院文学与传播学院广告学教研室主任姚建惠的访谈记录整理。

② 根据对河北传媒学院新闻传播学院广播电视学专业教研室主任杨东伶的访谈记录整理。

新媒体运营三个领域形成专业特色。优势主要体现在能够符合社会发展现状和市场的迫切需求，特别是国家对网络与新媒体产业发展的方针政策的鼓励，能够适应大量企业所需要的融合型人才的需要，并且能紧跟时代发展步伐，洞察新技术、新媒介形态的发展趋势。该专业定位于能够掌握新闻传播学的基本理论、知识技能，熟悉网络新媒体方向的政策法规，了解网络传播与媒介融合的发展趋势，具备熟练运用新媒体技术进行信息产品创作、制作与传播运用的创意、创新能力，能够满足京津冀地区媒体机构、企事业单位需求的复合型、应用型人才。发展规划：以社会需求为导向，创新教育理念；优化课程建设，深化课程改革；进一步加强师资队伍建设；深入开展校企合作，加强实践教学。①

3.3.2 高职专科院系专业发展与特色

1. 院系发展与特色

（1）保定职业技术学院传媒艺术系。保定职业技术学院传媒艺术系发端于1996年河北保定农业学校时期设立的电教专业，现在已发展成为拥有广播影视节目制作、广播影视节目制作（编导）、广播影视节目制作（动画）、新闻采编与制作、广告设计与制作5个专业及方向的传媒艺术系。该系在20余年的发展历程中逐渐形成了一些自己的特色。可以简要概括为注重素质教育、社会服务成效显著、教学成果突出三个方面。首先，传媒艺术系十分注重素质教育，坚持"以人为本、德育为先"的育人理念和"先做人、后做事，先成人、后成才"的人才观。这一理念得到了广大在校生和毕业生的认同，也成为很多毕业生在创业过程中坚守的信念，甚至有很多人把这一理念当做公司的人才观和价值观。在具体措施上，有一项典型的素质教育课程——校外驻训实习，是传媒

---

① 根据对河北传媒学院网络与新媒体专业教研室主任冯婷婷的访谈记录整理。

艺术系素质养成的典型做法之一。其次，传媒艺术系在创办专业之初就带着明显的社会服务基因，为全省县级电视台培养"农技电波入户工程"工作人员。值得一提的是，该系还为中央电视台农业频道制作了百余集农业科教电视片。再次，就是该系在专业改革、课程建设、教材建设等方面取得了一系列重大的教学成果。该系的龙头专业——广播影视节目制作专业先后被确定为河北省高职高专教学改革试点专业、河北省高职高专教育改革首批示范专业、中央财政支持的重点建设专业；电视摄像课程先后建成省级精品课程、国家级精品课程和国家精品资源共享课程。该专业还获得了国家级教学成果二等奖、省级教育教学成果二等奖和全国广播影视职业教育教学成果特等奖。

(2)河北对外经贸职业学院传媒系。河北对外经贸职业学院传媒系成立于2006年，拥有播音与主持、广播影视节目制作、影视动画、摄影摄像技术、无人机应用技术、新闻采编与制作、传播与策划7个专业。建有高标准的校内实训中心，拥有与行业接轨的高端设备、教学设备总值400余万元。注重校企合作，注重课程改革。其中，播音与主持、广播影视节目制作两个专业是由河北对外经贸职业学院与秦皇岛市广播电视台在2006年合作创办。除了开设传统课程之外还开设了与传媒行业的趋势和潮流相适应的新型课程。注重实践教学，聘请了秦皇岛广播电视台等合作单位的多位一线专业技术人员承担相应课程的实践教学任务，培养学生的技能操作和理论应用能力。广播影视节目制作专业开展了现代学徒制试点，与秦皇岛乔氏台球运动推广有限公司共建了赛事制作中心暨技术协同创新中心。"影视栏目包装"和"非线性编辑"两门课入选了2018年河北省职业院校精品在线开放课程。广播影视节目制作专业作为学院优质校建设的组成部分——河北省骨干专业进行建设。

(3)石家庄职业技术学院动画学院。石家庄职业技术学院动画学院成立于2007年，是在2003年创办的影视动画专业的基础上创建起来的。该学院融动画专业人才培养与动画产品研发于一体，建有教育部、中央财政重点支持的国家级实训基地,是"国家动漫产业发展(石家庄)基地"动漫制作中心。开设有影视动画、动漫制作技术、游戏设计、影视多媒体技术4个专业。拥有一支30余人的专兼职教学团队和设备先进、功能齐全的动画制作实训基地。该学院将动画企业的生产任务贯穿于专业教学过程中,采用"公司化管理"模式开展教学,探索实施了"生产与育人相结合,教育教学与技术服务相促进"的创意型高技术人才培养模式。与企业合作完成的3D高清电视动画片《钢仔特攻队》在央视少儿频道播出,合作完成的3D动画电影《神秘世界历险记》在全国影院上映,并获得了"美猴奖"。①

(4)河北省艺术职业学院影视系。河北省艺术职业学院影视系由传媒系发展而来,在原有传媒类专业群(摄影摄像、电视节目制作、播音与主持、影视广告等)发展到影视编导、影视广告、影视表演、广播影视节目制作等专业群,逐步调整专业发展方向,形成编、导、演、制完整流程的专业群布局。目前在专业结构上形成了完成整体设计、课程结构合理、在共享共建的基础上突出专业群合作性及个性特点。在该系专业群中,影视制作前期培养水平较高,师资队伍具备双师实力,有很强的实践能力。近年来在与电视台、企业、公司合作过程中,共同完成大量实践项目,学生参与项目化教学中得到很好的锻炼,在就业中具备一定的优势,充分体现了动手实践能力的培养优势,近几年来该系学生的就业率始终在90%以上。②

发展规划:以影视表演为龙头专业,重点建设编、导、演专业链条,带动其他专业共同发展,以课程合作打造项目化教学形式,培养团队合作能力及创造能力,形成特色专业群。明确教师职能属性,培养优秀教师团队,规范工作流程。加强教师的责任担当意识和团队合作意识,进一步增强创新意识。紧跟时代变化与需求,调动师生参与性、提

---

① 石家庄职业技术学院动画学院简介[EB/OL].[2019-10-06]. http://www.hebdhxy.com/Default.aspx?Page=2-1-1-0-511.

② 根据对河北省艺术职业学院影视系主任关金国的访谈记录整理。

高师生成就感与归属感。进一步加强整体队伍管理、专业建设改革探索、校企合作深入开展等相关领域工作，加强学习，深化社会实践，切实履行责任。计划在五年内把整体专业群打造成全省一流专业群。①

2. 专业发展与特色

（1）保定职业技术学院传媒艺术系广播影视节目制作专业。保定职业技术学院传媒艺术系广播影视节目制作专业源于1996年河北保定农业学校时期创办的"电化教育专业"，是已知河北省成立最早的广播影视节目制作专业。1998年调整为影视制作与广告策划专业，2002年改为电视节目制作专业，2015年改为广播影视节目制作专业。创办以来，主动适应社会、行业和市场对人才的需求变化，不断取得发展和突破，在专业改革和课程建设方面取得了重大突破。2002年被遴选为"河北省高职高专教育教学改革试点专业"，2007年被确定为"河北省高职高专教育改革首批示范专业"，2011年被确定为"中央财政支持提升专业服务社会能力重点建设专业"。专业主干核心课程"电视摄像"2009年被评为省级精品课程，2010年被评为国家级精品课程，2013年转化升级为国家精品资源共享课程。广播影视节目制作专业定位明晰、人才培养目标明确，人才培养模式成熟，在省内外的示范带动效应明显。

（2）保定职业技术学院传媒艺术系新闻采编与制作专业。保定职业技术学院传媒艺术系新闻采编与制作专业是在原"电视节目制作专业"的基础上发展起来的，适应传媒行业发展变化对人才需求产生的新要求而设立。2016年3月组建教研室，2016年9月招收了第一届学生。在教学和学生实习、就业等实践中逐渐形成了自己的特点：瞄准融媒体时代的人才需求，通过学校教师和媒体记者、编辑组成的"双导师"教学团队培养具有一定文字写作和编辑能力，能够熟练运用平面软件和视频软件进行新媒体、自媒体新闻写作、编辑、制作和发布的高技能实用人

---

① 根据对河北省艺术职业学院影视系主任关金国的访谈记录整理。

才。在未来的发展中，寻找新媒体公司深入开展"四个合作"，在专业建设、课程开发、人才培养等方面培养更加适合融媒体时代中小型企业、区县融媒体中心、事业单位、新媒体公司所需要的宣传、策划、编辑、制作人才。

(3)河北对外经贸职业学院传媒系广播影视节目制作专业。河北对外经贸职业学院传媒系广播影视节目制作专业是学院最早开展校企合作的专业，在专业建设发展过程中，紧紧抓住校企合作、产教融合的职业教育办学方向和理念。近年来，依托区域岗位企业发展及京津冀一体化，专业建设向体育赛事制作方向转型发展，形成国内少有、省内唯一的以体育赛事制作人才培养为主要目标的专业，2018年被评为教育部第三批现代学徒制试点专业，2019年通过教育部创新发展行动计划骨干专业验收。广播影视节目制作专业在近年的建设发展过程中取得了一定的成绩，形成了一定的特色，但距离省内一流的专业建设目标还有很大的差距。今后，专业将继续以校企合作为突破口，深耕体育赛事制作人才培养领域，形成特色与优势，力争在第二轮创新发展行动计划中再上一个新台阶。①

(4)河北软件职业技术学院数字传媒系影视多媒体技术专业。河北软件职业技术学院数字传媒系影视多媒体技术专业经过十几年的发展，依托数字媒体专业群建有的国家级动漫制作技术专业教学资源库，拥有自主开发的项目化电子教材、教学视频、微课、专项题库等，贴合实际教学，更好地实施教学。课程依托教育平台，进行线上线下教学结合，具体采用项目化教学、教学做一体化教学。专业核心课程均实现项目化教学，项目化教学设若干任务和子任务，依托教育平台实现了完整的记录和验收机制，并通过实战实现了"课岗对接"。教学设计与教学方法：重视学习任务与教学活动设计，开展项目式、情境式、案例式、混合

---

① 根据对河北对外经贸职业学院传媒系广播影视节目制作专业负责人康永斌的访谈记录整理。

式、探究式等多种学习模式，充分利用现代化教学手段开展网络教学，实现了师生课堂和课下的良好互动。柔性教学路径和条件：为进一步落实高职教育工学结合办学理念，提高专业人才培养质量，该专业根据学生意愿，通过选拔部分学生进入专业工作室或合作企业进行项目实践学习。学习成果经工作室或合作企业认定后，进行相关课程的学分置换。学习评价：校企共同确定课程标准、考试标准及考核方案。建立多元立体学习评价体系，线上线下结合、过程与成果并重、引导学生开展自主性、过程性和体验性学习，使评价结果科学高效。由企业工程技术人员对学生的实习进行指导和监督，规定实习要求和责任。充分发挥企业对学生的监督作用，培养学生的责任意识，增强学生的敬业精神和职业道德。该专业的定位是培养思想政治坚定、德技并修、全面发展，适应影视及网络新媒体需要，具有良好的职业道德和创新素质，掌握影视拍摄、影视剪辑、影视特效包装策划、新媒体制作及影视编导等知识和技术技能，面向影视多媒体技术领域的高素质技术技能人才。依托数字媒体专业群及动漫制作技术国家资源库建设，开发信息化的教学课程，力争省级同类院校中领先。①

(5)邢台职业技术学院艺术与传媒系广告策划与营销专业。2002—2006年专业名称为广告学，2007—2014年专业名称为营销与策划，2015年至今专业名称为广告策划与营销。2002年当年招生85人，至2019年共招生1356人，毕业生1091人。专业特色："理论够用，实践为重"，通过理实一体化课堂教学，学生系统掌握专业核心理论；同时强调围绕核心课，学生完成真实实践项目课题，做出一套应用性强的作品；"实践不断线，实践体系科学"，从专业岗位认知实习、调查实习、策划实习、创意文案实习、摄影实习、专题策划实习到顶岗实习、毕业设计等，三年期间，根据学期、课程、学生能力成长等，设计了科学的

---

① 根据对河北软件职业技术学院数字传媒系影视多媒体技术专业负责人宋洪英的访谈记录整理。

实践体系,保证了人才能力培养质量;"学生就业竞争力强,成长发展后劲足",毕业生工作后,一般 2~3 年成为岗位骨干,3~5 年成为公司中高层,8~10 年成为领导层或者合伙人。该专业立足邢台,面向石、京、津,为广告、传媒类、营销策划类机构或者大中型企业市场部提供复合型高素质高技能广告营销专门人才。该专业的发展目标与规划:人才培养质量位居全省同类专业前三名;专业内涵建设不断提高,专业师资、课程建设、教学科研成果、校企合作成果位居全省同类前三名;人才培养规格明确,人才专业能力不断提升,就业率、就业对口率力争全省前三名。①

3.4 河北省新闻传播教育及专业定位研究

河北省新闻传播教育最早出现在 20 世纪 40 年代,但是未能延续下来。1980 年河北大学创办新闻学专业拉开了改革开放之后河北省新闻传播教育的序幕。时至今日,作为地方院校的新闻传播类专业应该如何定位?面向哪些地区?培养什么规格的人才?随着新闻行业的发展和新媒体、融媒体、大数据、虚拟现实等技术的影响,地方新闻传播类专业应该如何应对?地方院校的新闻传播教育如何应对国际化?河北省新闻传播教育如何服务雄安新区的建设?带着以上问题,通过深度访谈河北省新闻传播院校的 30 余位老师,笔者尝试对以上问题进行回答。

3.4.1 研究思路与研究设计

1. 研究缘起

河北省境内最早的新闻传播教育可以追溯到 20 世纪 40 年代,当时

---

① 根据对邢台职业技术学院艺术与传媒系营销与策划专业教研室主任李红强的访谈记录整理。

有两所学校与新闻传播教育发生关联,河北大学的前身天津工商学院和华北联合大学。1980年河北大学创办新闻学专业,20世纪90年代后河北省各个学校陆续开办相关专业。根据教育部官方网站数据,截至2017年5月31日,河北省共有127所高等学校,其中普通高等学校121所,成人高等学校6所。121所普通高等学校之中有61所本科院校、60所专科院校。据统计,全省有25家本科院校、21所高职高专开设有新闻传播类专业或者设置有新闻传播类院系(见图3-7)。①

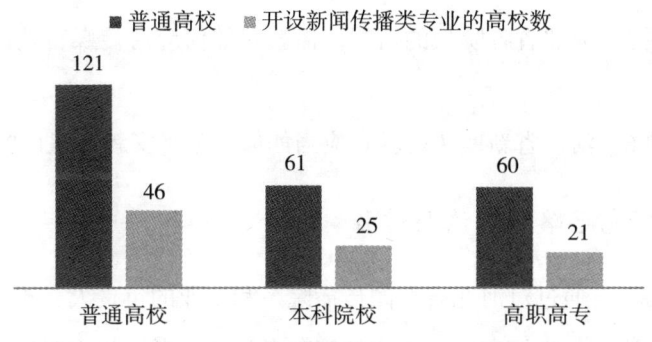

图3-7 河北省高校新闻传播类专业开设情况柱状图

然而,河北省的新闻传播教育存在学术博士、学术硕士、专业硕士、本科、应用本科、高职等多种层次和类型,开设学校的层次、类型和定位也有较大差别。河北省环抱京津,受益于近年来开始实施的京津冀协同发展战略,2017年中央又在河北省设立了雄安新区,河北省面临独特的区位优势和发展机遇。近年来,新闻传播教育又面临着新媒体、新技术以及国际化带来的冲击。凡此种种,河北省的新闻传播教育应当如何应对?又当如何定位?

---

① 薄立伟,商建辉.河北省新闻传播教育发展综述[M]//中国新闻史学会新闻传播教育史研究委员会.中国新闻传播教育年鉴(2018).武汉:武汉大学出版社,2018:40-53.

2. 研究问题

问题1：河北省各院校的新闻传播类专业应该如何定位？

问题2：河北省新闻传播教育应该面向哪些地区培养人才？

问题3：河北省新闻传播教育应当培养什么"规格"的人才？

问题4：随着新闻事业、传播行业的发展，以及新媒体、融媒体、大数据、虚拟现实等技术的影响，河北省各院校新闻传播类专业应该如何应对？

问题5：河北省各院校的新闻传播教育如何应对传媒行业的国际化趋势？

问题6：河北省新闻传播教育应当如何服务雄安新区建设？

3. 研究思路、方法与过程

本书主要通过对河北省新闻传播院系和专业的负责人、授课教师进行质性访谈，从中探究新闻教育的管理者和从业者心目中对河北省新闻传播教育的定位。

主要使用了访谈法、话语分析、参与式观察等质化研究方法。

具体实施过程为，首先通过文献梳理和前期研究，形成调研提纲，然后将调研提纲与部分被调研对象进行沟通，对质性问卷进行调整。通过判断抽样选定被访问对象，在微信中对受访对象进行说明，结合微信访谈，邀请受访者完成网络问卷（见表3-12）。

表3-12　　　　　　　　受访对象信息列表

序号	姓名	单位	时任职务	职称
1	白贵	河北大学新闻传播学院	特聘教授	教授
2	韩立新	河北大学新闻传播学院	二级学院院长	教授
3	宋伟龙	河北大学新闻传播学院	专业主任	讲师

续表

序号	姓名	单位	时任职务	职称
4	张艳	河北大学新闻传播学院	专业副主任	副教授
5	白树亮	河北大学新闻传播学院	专业副主任	副教授
6	宋维山	河北师范大学新闻传播学院	专业主任	副教授
7	黄先超	河北师范大学汇华学院传媒学部	教师	助教
8	赵双阁	河北经贸大学文化与传播学院	专业主任	教授
9	邸敬存	河北经贸大学文化与传播学院	教师	讲师
10	尹冠琳	河北科技大学文法学院	教师	讲师
11	韩文举	河北地质大学艺术设计学院	专业主任	讲师
12	秦福贵	河北地质大学艺术设计学院	教师	副教授
13	朱良志	河北传媒学院新闻传播学院	二级学院副院长	讲师
14	赵然	保定学院信息工程学院	专业主任	副教授
15	傅国春	保定学院信息工程学院	教师	副教授
16	白晓清	沧州师范学院齐越传媒学院	二级学院副院长	副教授
17	郑雨茜	沧州师范学院齐越传媒学院	教师	讲师
18	冯诚	邯郸学院软件学院	二级学院副院长	讲师
19	许莹莹	衡水学院文学与传播学院	专业主任	副教授
20	姚建惠	衡水学院文学与传播学院	教师	讲师
21	陈娟	衡水学院文学与传播学院	教师	讲师
22	王玲	廊坊师范学院文学院	专业主任	讲师
23	刘涛	廊坊师范学院文学院	教师	讲师
24	张海馨	石家庄学院文学与传媒学院	专业主任	副教授
25	马韶培	石家庄学院文学与传媒学院	专业主任	副教授
26	刘华欣	唐山师范学院中文系	专业主任	副教授
27	王志国	唐山学院传播与动画系	二级学院副主任	副教授
28	薛澈	保定职业技术学院传媒艺术系	专业主任	讲师
29	刘新乐	河北工艺美术职业学院	专业主任	副教授
30	席晓华	河北艺术职业学院	教师	副教授

30名受访对象涉及18个二级学院。其中,有学校二级学院的院长、副院长(副主任)和曾任院长6人,占比为20%;有专业主任和副主任14人,占比为46.67%;有教师10人,占比为33.33%。有教授3人,副教授14人,讲师12人,助教1人。

3.4.2 研究发现与讨论

1. 河北省各院校新闻传播类专业定位

关于河北省高等院校新闻传播类专业定位问题,受访对象主要关注和探讨了以下问题:结合办学层次和类型进行专业定位;服务地方经济发展;培养适应新媒体的传媒人才;培养具有正确政治方向、价值导向,传播正能量的人才;培养应用人才和研究人才的问题。

(1)结合办学层次和类型进行专业定位。2013—2019年,河北省有56所院校连续或曾在某些年份开办某一层次或类型的新闻传播类专业,包括博士、硕士、本科、高职等层次以及学科型专业和应用型专业等类型。同时,即使在同一类型和层次内部不同院校的定位也不相同,例如河北大学定位于"研教型",而部分本科院校则是定位于"教学型"。将不同层次和类型分开考虑定位问题是必要的也是可行的。

其中学术型硕士、博士教育应当以培养科研型人才为目标,专业硕士、应用本科和高职专业应当培养应用型、技能性人才为主,一般本科应该重点培养学生的人文和社会科学基础,为学生提供未来发展的多种可能性,例如就业、考取专业硕士或学术硕士等。

论及结合办学层次和类型进行定位的代表性访谈记录:

①"每个院校应根据自身环境进行定位,河北大学应定位研究型,其他院校应结合自身优势定位于为社会培养实践性新闻人才,比如,河北经贸大学中经济、管理、法律是强势学科,新闻传播专业可以结合这些优势学科培养具有跨学科背景的新闻传播人才。"

②"河北省地方高校的新闻传播类专业应结合院校层次、经费情况、所在区域等因素进行定位。河大、河师大新闻传播专业应力争进入一流学科；河北经贸类院校应力争提升学科专业影响力，提升专业层次，发展为河北省高级研究人才培养基地；2000年后升本的院校根据国家导向要走应用型发展路径，结合传媒业发展现状定位应确定为培养高素质、可持续发展的应用型公共信息传播人才，面向传媒、广告、公共信息传播等行业。在自媒体发展强劲的背景下，尤其可以侧重培养具有新闻素养的公共信息传播人才，为政府、企业、组织输送该类人才。职业技术类院校培养强技能、高水平的应用型公共信息传播人才。"

③"应该根据自己招生的类型和所在院校的特点以及师资力量情况，确定自己新闻传播类专业的定位。"

(2) 服务地方社会经济发展。谈到河北省高等院校新闻传播类专业的定位问题，很多受访者提到了立足河北、服务地方社会经济发展这一议题。全国开设新闻传播类专业的院校数量大、分布广泛，这就给各地高等院校开设的新闻传播类专业提出了要求，就是专业要结合当地社会经济发展开展建设。其中包含几个层面，首先是专业人才培养目标的设置要面向地方社会经济发展，面向地方或区域培养人才；其次是可以与地方政府、行业、企业开展多层次的"校政行企"合作，尤其是应用本科和高职专业；再次是专业发挥自身优势面向地方开展社会服务，服务地方社会经济发展。

涉及服务地方社会经济发展的代表性访谈记录：

①"结合京津冀一体化的战略发展规划，从服务地方的角度寻求自身的特色发展。"

②"培养能够适应融媒体环境，愿意扎根基层，服务地方经济发展的应用型人才。"

③"首先应该定位于河北省及周边省市,媒体以及企事业单位从事新闻及宣传工作的人员。其次是为高校输送合格的研究生生源,然后是培养公务员。"

④"从自身实际出发,面向当地社会经济发展,直接为地方社会经济文化服务。首先对当地新闻传播人才市场进行研究,以需求为导向,找准办学特色。在媒介融合背景下,拓宽培养路径,除了新闻记者,考虑传媒策划、公共关系、文化传播、媒介管理等方向。"

⑤"地方院校应该本着服务地方社会经济,着力打造地方特色专业的角度定位。"

⑥"高校建设应紧密围绕高校的几个基本职能,即人才培养、科学研究、社会服务和文化传承。而地方院校,就要以培养地方所需人才,开展地方所需科研,服务地方产业发展,传承地方特色文化为核心思维出发点。"

也有受访者谈到在自主就业的前提条件下,专业不用过多考虑地域定位问题,而是应该主要考虑以专业标准为定位导向。这一说法有一定道理,那就是全国传媒行业的工作要求和作业要求比较一致,差异不大,并不需要特别考虑地域性问题,并且毕业生在离校之后就业的自主选择权较大。但是应该看到毕业生的就业主流去向,并且专业建设过程中也应该多与地方社会经济结合。例如:

"在自主就业的时代,应以专业标准为定位导向,地域不再是核心考虑因素,专业的必定是地域的。"

(3) 培养适应新媒体的传媒人才。传媒行业发展受到技术、资本和需求的驱动,媒体形式更新速度快、商业模式创新频率高。在传媒行业剧烈变革,尤其是处于移动互联网的成长期,受到区块链、大数据、人工智能、虚拟现实、增强现实的影响，给传媒教育带来了颠覆性冲击，因而不论是处于何地的新闻传播类专业，都要认真考虑应对新媒体所带来的变化。

强调培养适应新媒体专门人才的代表性访谈记录：

①"高职类应该面向传媒行业，特别是新媒体行业培养实践型技能人才；综合类本科院校应该在注重专硕教育的同时向传统媒体，比如电视台、杂志社、报社输送内容生产方面的编辑、编导、策划等创作型人才；面向新媒体培养一专多能的人才。"

②"强化新媒体和网络传播的教学与研究，既强调应用性，又重基础。"

(4) 培养具有政治方向、价值导向，传播正能量的人才。为谁培养人才，培养什么样的人才，这是教育要面临和回答的基本问题，无法逃避，只能明确回答。河北省新闻传播教育也要明确自己的培养方向，贯彻落实习近平总书记有关新闻舆论工作的重要讲话、有关教育的重要讲话和有关社会科学研究的重要讲话精神，明确人才培养的方向性问题，同时选用"马工程"教材，把握新闻传播人才培养的方向性问题。

有关代表性的访谈记录：

①"坚持以马克思主义为指导，培养学生具有坚定的政治方向，以国家政治、经济、文化建设发展需求为基本原则，主要培养具有全媒体新闻传播知识和能力，具有地域性的应用型、复合型、创新型合格人才。"

②"弘扬社会正能量，树立正确的价值观，以政治、文化为中心，发挥导向作用。"

(5) 培养应用人才和研究人才的问题。新闻传播教育培养应用型人才还是学术型人才是被访谈对象关心的问题,有不少被访谈对象自觉提到了培养应用人才和实用人才的问题。不少被访谈对象提倡培养实用型、应用型人才。

①"应用型,地域性,专注新闻传播实操能力、专业技术。"
②"面向本地区培养新闻传播专业人才,如技能型人才和复合型人才。"
③"应用型,面向新媒体,适应社会需求,培养全媒体人才。"

2. 河北省新闻传播教育的区域面向

关于河北省新闻传播教育的区域面向,受访者主要提到了12个关键词,分别是"京津冀""河北省""全国""本地""不限区域""一线城市""京津""生源地""省会石家庄""北上广""雄安新区""国际"。16人次提到了"京津冀",8人次提到了"河北省",6人次提到了"全国",5人次提到了"本地"。如果将"京津冀"和"河北省"加到一起将有24人次提到了这两个概念。可见,受访者对于河北省新闻传播教育的区域面向有着比较接近的判断。区域面向最大的价值在于有利于院系和专业明确定位、差异化竞争,在全国各个省市几乎都有新闻传播类专业,如果所有的专业和院系都面向全国培养同质化的人才,既浪费教育资源,也不利于各个专业的发展。主动面向区域培养人才,服务地方社会经济发展是凝练专业特色的有效办法(见表3-13)。

表3-13　河北省新闻传播教育区域面向词频统计表

词汇	频次
京津冀	16
河北省	8

续表

词汇	频次
全国	6
本地	5
不限区域	3
一线城市	2
京津	2
生源地	2
省会石家庄	2
北上广	1
雄安新区	1
国际	1

(1)面向京津冀,辐射全国。受访者对于河北省新闻传播教育的区域面向的判断具有较强的共性,很多观点认为河北省新闻传播教育应该"立足河北、面向京津、辐射全国"。

①"京津冀协同发展的区域规划来看,未来在京津冀区域内的新闻传播学人才的需求仍在上升,为这一范围服务的人才培养应该是重点。"

②"河北省新闻传播教育总体来讲应面向全国进行人才培养,这是现状也是大势所趋。河北省大多数高校的新闻专业是面向全国招生的,生源地就业也是占主流的就业区域导向。而且河北及周边区域的传媒市场容纳度有限,北京地区竞争激烈。但可以以京津冀地区的人才培养和输送为主,各高校再结合自己所在区域,生源情况,加强与所在区域地方政府及企事业单位的联系,以所在区域为核心培养区域内所需的公共信息传播人才,提高区域就业率。"

③"京津冀协同发展区域:北京的各级媒体单位或企业;河北

电视台、天津电视台；河北和天津的报社；河北省的各地级市电视台；河北和天津的新媒体企业。"

④"立足河北，面向京津，辐射全国。主要还是为河北本地培养人才。"

(2) 不应该限定区域的观点。随着科技和交通的快速发展，"地球变小了、距离缩短了"，跨区域就业成为常态。面对整个行业培养人才，不应限制区域的观点也有一定代表性。

①"面向专业而不面向区域，去哪儿就业是学生的事，不是学校的事。"

②"人才流动是必然的趋势，所以，即使是地方的院校也应有大人才观念，培养的学生不一定非要在河北就业，只要能服务社会都是对社会和国家有价值的。而且，河北培养的人才最终还是会在不同方面带给河北帮助和支持。所以，河北的新闻传播人才培养又不应有特殊的地区指向。"

③"今天，新闻传播教育培养的人才，应该突破地域性。"

3. 河北省新闻传播教育人才培养规格定位

有关河北省新闻传播教育人才培养规格定位的描述，受访对象主要从人才规格的概括描述、人才的学历层次探讨、以就业为导向的人才培养观三个方面进行了阐述。

(1) 人才规格的概括描述。被访者对于人才规格的描述使用词频最高的是"复合型人才"，也有用"综合人才"这一词汇描述。另外，提到较多的还有"应用型人才"，受访者对新闻传播人才的应用性重视程度较高。有关人才规格的概括性描述代表性的访谈记录有：

①"基础扎实，头脑灵活，动手能力强，具有多种知识的复合型人才。"

②"应培养适应新媒体环境的复合型高端人才。"

③"利用本校优势专业，实施跨学科培养，加强新闻传播学与其他学科的交叉融合，培养复合型新闻传播人才。"

(2)人才的学历层次探讨。受访者提到较多的是"本科教育"，强调对本科的重视。也有观点认为不同层次和类型应该有不同的规格定位，将不同类型和不同层次分别进行了描述。这样的观点有利于新闻传播类专业内部差异化发展，有利于不同教育类型和不同学历层次的学科专业共同构建立体化的人才培养体系，发挥教育资源最大的价值，满足社会和行业对人才的多样化需求。有关人才的学历层次代表性的访谈记录有：

①"本科为主，硕士为辅。"

②"优质的本科生应具备优秀的通识知识、扎实的专业基础能力、一定的新闻情怀。"

③"高职类院校培养技术技能型人才；本科以上教育培养创意、创作型人才和管理型人才，特别是内容创作与舆论导向。"

④"本科教育是重点，满足社会传媒用人需求；研究生教育是亮点，满足新闻教育、科研等更高层面的用人需求。"

⑤"专科院校应以实用性应用型人才为主，本科院校旨在培养高级专业性人才为主，研究生及以上层次的培养应重视专业科研型人才的培养为主。"

(3)以就业为导向的人才培养观。有关就业导向的人才观，有的提到了新闻行业的需求；有的把就业去向高度概括为媒体后备人才、研究生后备人才、企事业宣传工作人员等；有的描述新闻媒体单位对人才的

总体要求。代表性的访谈记录有:

①"首先是媒体后备人员,其次是研究生后备人员,然后是企事业宣传工作人员。"
②"强基础,宽口径,重能力。强调应用为主,文理并用。"
③"具有良好新闻素养、媒介素养,有较强采编报道的实践能力或新闻传播研究型人才,能够满足省级新闻媒体及高校教学和科研院所需求。"

4. 河北省各院校新闻传播类专业应对行业新变化、新媒体和新技术

面对新技术带来的压力和挑战,受访对象提出了较多的应对策略,其中提到最多的是"校企合作",高职、应用本科以及专业硕士等层次的职业教育教学理念的推广和传播起到了一定的作用,促使作为一线教师的受访对象普遍开始重视与行业企业的合作,面对新技术带来的压力,校企合作应该是解决难题的有效方法之一。

(1)与行业企业合作。校企合作是职业教育提高育人质量、培养适用人才的基本法宝和经验之一。近年来,随着专业硕士和应用本科两个职业教育层次的补充和完善,河北省大部分的新闻传播院系涉及职业教育这一类型。职业教育所倡导的基本理念与新闻传播学这一应用性学科具有天然的契合度。"春江水暖鸭先知",行业企业对于新媒体、新技术带来的变化感知更迅速、反应更快捷,企业的观念、设备、项目跟进的也更加及时,因而校企合作确实是较为理想的解决方案之一。

面对行业新变化、新媒体和新技术带来的挑战和压力,倡导与行业企业加强合作的代表性观点有:

①"在掌握基础理论的基础上,以教学课程教改为工具进行融合,将最新的技术、资源引入课堂,更要把一线的企业、专门人才引入课堂,以免固步自封。"

②"迎合新技术的发展趋势,积极和业界开展合作,接触最新的技术,通过企鹅学院等在线课程,丰富教学方式,保障人才质量和前沿视野。"

③"加速教学转型,加强与企业的深度对接;加强教师培养,更新教师知识更新;整合资源,合理利用资金的各方调配。"

④"争取学界与业界联合联动的培养模式,设立产学研基地或改进实习方式。"

⑤"打破高校与行业人才培养的壁垒,打通行业沟通协作的渠道。邀请行业专家修订培养方案,基于OBE理念设置课程体系,实现产学研整合、内外联动,将理论知识与实践技能提供给学生。通过双创项目,培养新媒体人才。"

⑥"与时俱进地增设相关课程和内容,引导学生的创新性思维,培养学生的实践能力和变通能力。"

⑦"与时俱进,校企合作。"

⑧"设置"新媒体"专业;师资应真正熟悉新媒体、融媒体、大数据、虚拟现实等技术应用情况,鼓励到名校或大型知名网站进行访学或调研;校企联合办学。"

(2)加强师资队伍建设。面对行业新变化和新媒体、新技术带来的挑战,受访对象对师资队伍提出了意见和建议。在这一问题上,组建"双师型"教学团队是基本的解决方案,专职教师需要加强紧跟行业最新要求的职业技能的培训和进修,从合作企业聘请行业一线兼职教师也势在必行,兼职的优势是"校企两栖"的工作状态有利于兼职教师不断更新知识和技能,保持紧跟行业企业的状态。专兼结合的教学团队可能是最为有效的办法之一。

面对行业新变化、新媒体和新技术带来的挑战和压力，有关加强师资队伍建设的代表性访谈记录有：

①"首先应该加强相关板块的师资队伍建设，没有师资队伍，光开设相关课程也解决不了问题。另外需要在招生的过程中，尤其是硕士生、博士生的招生培养过程中，加强专业融合，强化跨专业招生。"

②"不宜盲目追逐新技术，应该结合自身师资情况量力而行。"

③"加速教学转型，加强与企业的深度对接；加强教师培养，加快教师知识更新；整合资源，合理利用资金的各方调配。"

④"设置'新媒体'专业；师资应真正熟悉新媒体、融媒体、大数据、虚拟现实等技术应用情况，鼓励到名校或大型知名网站进行访学或调研；校企联合办学。"

(3) 加强相关专业和课程建设。面对传媒行业新变化、新媒体和新技术带来的挑战，在专业改革和课程建设方面也有比较一致的观点。受访者倡议设立网络与新媒体专业，从实质上加强课程建设。从最近几年河北省各高校备案审批的新专业也可以印证这一观点。从2011年至2018年的8年间，河北省各高校共新增备案或审批通过了15个新闻传播类本科专业，其中包含9个网络与新媒体专业。

①"应当学一些计算机技术之类的课程。"

②"优先发展网络与新媒体。不具备条件的院校，加强综合知识与能力，侧重培养研究生后备人员。"

③"培养人才可在具备基本新闻传播素养基础上开设适应新形势发展的课程，或分方向培养，并多提供社会实践的机会。"

④"改革是必然。但怎么改是大问题。改革不会有统一的方向也不会有唯一的结果，各学校应因地制宜探索适合自己的改革方向

和措施。切忌一个模式生搬硬套。而且要聚焦学生核心能力的培养，避免只在课程名称上下功夫的假改革，乱改一气。起一堆冒似很新鲜的课程名，看似紧跟潮流，却无法培养学生的核心能力。这是本末倒置，哗众取宠。"

(4)加强实验室建设。新媒体和新技术对于实验室建设的要求显而易见，最大的挑战就是更新快，从实验室规划到招标完成，本身也需要流程和时间，最为尴尬的是有的实验室在规划时尚能跟上行业甚至有所超前，等履行完招标程序，建设完成时就已经落后行业很多了。因而，受访者对于实验室建设提出的建议比较冷静和理性。

①"加大新闻传播类的教育投入，建设综合型实验室，让学生掌握相关技能，否则无法适应市场人才需求。但也不能一味追逐技术发展，大学教育还应以培养学生的可持续发展能力为主，为学生建立知识体系，培养学生的思辨能力，培养学生持续学习的学习能力。"

②"加强实验室建设。"

(5)强化专业基础能力培养。面对令人眼花缭乱的行业新变化，"以不变应万变"也是受访者给出的策略之一。作为全日制教育和社会力量组织的短期技术培训有着本质的区别。"十年树木，百年树人"，需要了解行业的新变化、学习以及掌握新技术，但是不能盲目追求这一方面，打牢根基，加强基本理论和基本技能的培养也是必不可少的。

关于强化专业基础能力和学生基本素质教育的代表性观点：

①"第一，面对现实，加强对新技术条件下的媒体研究，归纳新的新闻传播规律。第二，要求学生继续巩固传统新闻传播基础理论知识的学习，同时提高基本新闻业务能力的培养。"

②"与时俱进，但是始终要培养学生过硬的采写编评摄录基础技能。"

③"首先不要急于跟进这些新技术，最主要和最基础的工作还是要做好基本人才的培养。比如说要让学生掌握最基本的采编、运营等技巧。其次就是在有可能有条件的基础之上，再逐渐地引入一些先进技术提高学生的综合素质。"

④"新技术为用，内容与思想为体。增加新技术、新媒体相关课程，特别是以算法不同造成的传播效用变化或接受习惯变化的新媒体理论与实践；强化内容生产与舆论导向，着重培养充分利用新技术为内容服务的能力。"

⑤"培养人才可在具备基本新闻传播素养基础上开设适应新形势发展的课程，或分方向培养，并多提供社会实践的机会。"

5. 河北省各院校的新闻传播教育应对传媒行业的国际化趋势

随着经济全球化趋势的日益加强和我国改革开放的不断深入，传媒行业本身也在逐步凸显全球化的特征。我国需要加强国际传播能力的建设，传媒教育需要积极应对和主动承担责任，河北省的新闻传播教育也必然面临国际化这一基本问题。关于这一问题，受访者主要从以下四个方面展开讨论：师资队伍的培养与引进；加强外语能力培养，促进学生国际化；加强与域外相关院校的合作和交流；加强文化自信、立足本土文化对外传播。

（1）师资队伍的培养与引进。为适应新闻传播教育的国际化，充分运用"请进来、走出去"两条腿走路，引进和培养并重，师资队伍的国际化是新闻传播教育国际化的前提条件。

面对国际化，有关师资队伍的代表性观点主要有：

①"引进外教；鼓励本校老师国外访学；与外国院校建立联合

培养机制。"

②"在现有人才培养的基础上,既要促进教师队伍的国际化接轨,也要促进学生的国际化发展,可以采用国内外联合培养的方式。"

③"首先要提升教师的相关方面的业务素质,组织教师多进行学术交流、多参加学术会议。"

(2)加强外语能力的培养,促进学生国际化。在培养学生方面,注重外语能力的培养。外语专业学生和新闻传播类专业学生在思维方式、知识储备、专业技能等方面都存在着差异。外语专业学生和新闻传播类专业学生都存在较为明显的优缺点,加强新闻传播类专业学生外语能力和跨文化传播能力的培养是必要的。

①"在现有人才培养的基础上,既要促进教师队伍的国际化接轨,也要促进学生的国际化发展,可以采用国内外联合培养的方式。"

②"提升学生外语能力和跨文化传播水平。"

③"课程上强化专业英语,熟悉国际新闻惯例,对外国历史有所了解。此外,先提高师资水平。"

④"强化双语教学和学生的语言能力加强,对外交往,加强国际性的合作办学。尤其是要实现研究生和本科生的跨国交换交流。"

(3)加强与域外相关院校的合作和交流。面对国际化,加强与域外高校的深入合作,可以开展教师互访、青年教师队伍培养、学生交换、开展国际学术研讨会等方式,促进专业建设、课程改革、师资队伍、人才培养全方位的国际化。

①"传媒教育国际化方面可通过举办国际学术会议、开展系列国际学术访问与交流活动、邀请海外学者讲学、送青年教师赴海外攻读博士学位与访学、与国外高校合作建立研究机构、招收海外留学生等方式。"

②"走出去,请进来。接触国际传媒院校,积极开展合作,同时通过人才引进、访学交流等邀请国际学者开展学术交流。通过合作办学的形式,促进学生培养的国际化。"

③"人才培养国际化,进行海外院校合作。"

(4)加强文化自信、立足本土文化对外传播。国际化过程也是中国文化对外传播的机会和渠道,要加强文化自信首先是加强中国文化和中国国情教育,让广大师生了解中国、理解中国,才能更好地向世界传播中国,真实、客观、全面地展示中国。

①"面对国际化趋势,首先,要坚定信心,对本学科本地区的核心价值领域充满自信,这样才能拥有国际化趋势的对话基础。其次,要加强对自我核心价值的国际宣传与交流,多种形式参与或组织各种对外活动,活跃往来。"

②"要注重培养学生的传媒本土化意识,增强意识形态领域的培养,吸收国外媒介先进的传播技术和理念,但要与本国国情相适应。"

③"国际化和逆国际化是并存的,国际化的核心不是开两门课就能解决的,也不是所有的学校都具有国际化发展的资源和储备。要以准确定位、找准方向、办出特色为前提。真正要国际化发展的院校,也要重要视野和思路的国际化,真正用国际化的视野开展科学研究,用国际化的内容进行教学培养,以国际化的手段传播中华文化,而不能狭隘地讲国际化,更不能沦为国外高校的预科班。"

6. 河北省新闻传播教育服务雄安新区建设

2017年4月1日，雄安新区的横空出世是全国瞩目的大事，而雄安新区的设立和建设对于河北省新闻传播教育也意味着很多。河北省新闻传播教育不能对雄安新区置若罔闻，而是应该积极拥抱新区、建设新区、宣传新区。

(1) 为雄安新区培养人才。首先是河北省新闻传播教育应该为雄安新区培养人才，研究和把握雄安新区对人才的需求状况和需求规格。

①"准确把握雄安新区的发展规划，满足其对这方面人才的需求，培养适应能力强、应用能力强的人才。"

②"还是要深挖本地特色，立足地方实际，为雄安建设献计献策。同时注重订单式培养，根据雄安新区的建设需求，加大对口专业人才的培养力度，加强培养的针对性和有效性。"

③"第一个就是学校学院引领学生，真正走入雄安新区，创造各种便利的条件，让学生对雄安新区有一个全面立体直观的感受。第二个就是可以尝试在雄安新区建立教学实验基地，定期派出学生参与重大项目。"

(2) 开展科学研究，献言献策，发挥智库功能。社会服务是高等学校的基本功能之一，为雄安新区的规划、建设献计献策，发挥智库作用进行智力支持。

①"人才培养与输送；成立组织新型智库进行智力支持；加强各种形式的合作与交流。"

②"为雄安新区的相关行业建设献言献计，积极参与，向雄安新区输送相关行业所需的人才。"

(3)联合开展项目合作。围绕雄安新区建设的需求,结合各高校新闻传播类专业的研究特长和专业特色,对接雄安新区建设,力所能及地主动承担建设项目和建设任务,结合实际问题开展学术研究,"把论文写在中国大地上"。

①"建立对接合作项目。"
②"紧跟政策,在雄安新区设置联络点、实习基地、研究中心等。"

(4)陪伴和记录雄安成长,宣传地方文化。新闻传播类专业的特点是记录、报道、宣传,在雄安新区建设的过程中,积极发挥专业特长,通过新闻报道、纪录片、微电影等多种形式记录雄安新区的历史、乡愁,报道、宣传雄安新区的建设过程。

①"记录雄安发展历程,宣传雄安地方文化。"
②"第一,准确把握雄安新区的建设定位,从国际化城市群中心城市的视角看待雄安新区的建设。第二,厘清雄安新区建设带给我们的机会和巨大发展压力;厘清雄安新区建设过程中我们能发挥的作用是什么,雄安新区建设过程中我们能利用的发展机遇有哪些。支持雄安新区、服务雄安新区建设不能停留在口头,要落到实处,要落到一点一滴的行动上。第三,从点滴做起,陪伴雄安共同成长,利用河北高校距离雄安最接近的地理优势,结合自身学科特点,记录和陪伴雄安新区的成长变化。"
③"通过新闻报道、纪录片、微电影的实践;通过横向课题研究的方式;通过政策研究的方式;通过人才培养的方式。"

(5)国际眼光和全球视野看待雄安新区。雄安新区是"国家大事、千年大计",在建设过程中坚持"世界眼光、国际标准、中国特色、高点定位"。这些为河北省提供了难能可贵的发展契机和与世界对话的机会。

①"雄安镶嵌在河北这片土地上,既可以看作是河北新闻传播教育的一部分,更是河北新闻传播教育伸向外界的触角。"
②"国际眼光,前沿科技。"
③"雄安新区是面向全球的,应该以全球视野和国际化的理念对待这些问题;审时度势地进行跨界跨区合作。"

(6)与有关单位和部门联合办学。联合办学是资源配置的有效方式之一,能够有效对接不同主体的需求与资源。河北省新闻传播类专业院系可以与雄安新区有关单位和部门进行接洽,开展联合办学、共建研究中心、推行订单培养等。

①"紧跟政策,在雄安新区设置联络点、实习基地、研究中心等。"
②"可让具备实力的院校进行人才定向培养,鼓励进行和雄安新区相关的科研课题的研究;雄安新区有关单位或部门和高校新闻传播类院系进行联合办学。"

3.5 本章小结

河北省新闻传播类专业建设方面,40年来取得了巨大的发展,现在已经具备了类型丰富、结构齐全的专业结构。本科、硕士、博士一应俱全,高职专科、应用本科、专业硕士的职业教育体系也建立了起来。

1. 专业建设上存在的问题

(1) 主要新闻传播院系没有开办网络与新媒体等新专业。2011年以来，全国范围内蜂拥开设网络与新媒体专业，最后又涌现出了数字出版、国际新闻与传播、时尚传播等新专业。目前河北省只有河北传媒学院新闻传播学院开设了传播学、数字出版两个专业，而还没有院系开设国际新闻与传播、时尚传播两个专业。目前河北省新闻传播教育面临的紧迫问题是河北大学新闻传播学院、河北经贸大学文化与传播学院、河北师范大学新闻传播学院等主要的新闻传播院系还没有开设网络与新媒体专业。在全国范围内，每年都有广告学、编辑出版学和广播电视学专业点取消，进而每年大量新增网络与新媒体专业。河北省也在此期间开设了10个网络与新媒体专业，但是河北大学、河北师范大学、河北经贸大学等"老牌劲旅"按兵不动，在新的竞争格局中将错失良机。

(2) 尚无博士后科研流动站，硕博士点偏少。目前，河北省只有河北大学新闻传播学院具备申请新闻传播学博士后流动站的资格，但是迟迟未能达成目标，这对于各大高校逐渐实施的"师资博士后"这一策略来说，河北大学或者说河北省的高校没能抓住这一有利机会。师资博士后的实施有利于引进高水平师资队伍，更有利于充分发挥流动高水平人才的科研创新能力，为博士后流动站所在院系创造具备竞争力的高水平科研成果。

(3) 专业特色化、国际化不足。目前，河北省大部分新闻传播类专业都已经具备了打造特色的意识，但是只有少数几个专业拥有一些特色，大部分专业只是存在，但是远没有达到"特色发展"的要求，这在短期内尚能生存，长期来看是巨大的隐患。另外，在全球化日益成为时代主题的当下，河北省新闻传播教育的国际化水平亟待提高。国际化是一个综合指标，师资共享、学生交流、学术研究国际化等多方面需要实现对接、交流、超越。"随着以全球受众为指向的全球媒体代替了仅以国外受众为指向的国际媒体，随着新闻生产走向'全球化'，即从采集、编写、流通到接受等诸环节逐渐'去疆界化',随着中国选择主动融入这一全球新闻传播的'话语场',中国新闻传播学的教学和科研应当紧紧围绕媒体/文化全球化的主题进行调整和变革。"①如虽然河北大学新闻传播学院在师资队伍培养、留学生培养、国际学术交流方面取得了一些成效,但在这一方面,河北省各个高校还有很长的路要走。

2. 专业发展定位建议

河北省新闻传播教育应当紧密结合和服务地方社会经济发展,结合办学层次和类型分别进行定位,培养具有正确政治方向、价值导向,传播正能量的适应新媒体的传媒人才,以培养应用人才为主,适当培养学术研究型人才。立足河北,面向京津,辐射全国。适当照顾生源地就业,鼓励学生在择业时不要受地域的限制。河北省新闻传播教育应当着重培养复合型人才、重视本科教育、以媒体单位为主要就业单位,适当照顾升学、考公务员和企事业单位宣传企划部门就业。

面对传媒行业新变化以及新媒体、新技术带来的挑战,河北省新闻传播各院系应当加强与行业企业合作、加强师资队伍建设、加强网络与新媒体相关专业和新技术课程建设、加强实验室建设,同时高校和专业不能忽视专业基础能力的培养。在人工智能时代,新闻传播教育人才培养目标需要转变、育人模式要进行升级,应坚守对学生专业内容生产基本功底的培养,应坚守对学生道德修养、通识能力、实践能力的培养。② 同时,"新闻传播教育改革不应重弹'技术决定论'的老调,而是要认清并遵循其自身的逻辑,即教育的规律、业界的变化、社会的需求,三者缺一不可。新闻传播教育改革的着力点应包括固本与求变。固

---

① 史安斌. 全球·全民·全媒:国际新闻传播教育与研究的路径与前景——以新闻传播大变局中清华大学国际新闻传播教育与研究为例[J]. 新闻界,2012(10):10-13.

② 杨妮,孙华. 变革与坚守:人工智能时代的新闻传播教育[J]. 出版广角,2019(1):40-42.

本即是在全人教育的基础上寻求专业特色,求变则是基于新媒体技术变革培养多元化传播人才"。①

面对传媒行业的国际化趋势,河北省新闻传播院系专业要加强师资队伍的培养与引进;加强外语能力的培养,促进学生国际化;加强与域外相关院校的合作和交流;加强文化自信、立足本土文化对外传播与交流。2018年9月17日,《教育部 中宣部关于提高高校新闻传播人才培养能力 实施卓越新闻传播人才教育培养计划2.0的意见》中提出要"培养造就一大批具有家国情怀、国际视野的高素质全媒化复合型专家型新闻传播后备人才"。面对这样的培养任务,"我们的国际新闻传播教育要……通过国情教育和职业精神教育来让学生坚定国家立场、提高家国情怀,同时借助媒体融合大潮的澎湃之势,结合新技术和多维学科知识来引导学生关注环球时事,并且透过复杂的国际事件与现象看到全球政治经济发展面临的深刻问题,向世界发出中国声音,让世界了解中国故事"。②

面对雄安新区建设的历史机遇,河北省新闻传播院系专业应当为雄安新区培养人才;结合雄安新区建设开展科学研究,献言献策,发挥智库功能;与雄安新区政府、企业联合开展项目合作;陪伴和记录雄安成长,宣传地方文化;以国际眼光和全球视野看待雄安新区;与有关单位和部门联合办学。

---

① 何志武,董红兵. 新闻传播教育改革的逻辑[J]. 新闻与传播评论, 2019, 72(5): 37.

② 张龙. 新时代国际新闻传播教育的使命与作为[J]. 现代出版, 2019(3): 13-15.

第 4 章 河北省新闻传播师资队伍

4.1 河北省新闻传播院系师资队伍研究

4.1.1 师资队伍基本状况

教学团队建设是当前高等教育改革的着力点,是高等教育回归以育人为本、以本科为本的主要路径。在媒介转型、社会转型的大背景下,新闻传播教育面临着严峻的挑战,尤其需要借助于教学团队这一新的组织形式,激活新闻教育改革。[①] 师资队伍状况是人才培养的基本保障条件,河北省新闻传播教育自河北大学 1980 年开始创办新闻学专业以来发展迅速,师资队伍逐步壮大。

2019 年 4 月,笔者对河北省主要开设新闻传播类专业的部分院系师资队伍状况进行了问卷调查,主要涉及河北省新闻传播类教师的数量、年龄结构、学历学位结构、职称结构。全省自 2013 年以来,共有 56 所院校曾经开设过新闻传播类专业,其中有的院校曾经短暂开设且后来停办,有的院校一直开设但是专业数量少,没有形成规模和影响力。本部分的调查主要涉及新闻传播类专业开设时间较长、专业数量较多、影响力大或具有代表性和典型性的 24 个院、系或专业(见表 4-1)。

---

① 张昆. 论高校新闻专业的教学团队建设[J]. 新闻与写作,2019(8):68-74.

第4章 河北省新闻传播师资队伍

表4-1 河北省部分新闻传播学类院系专业师资队伍年龄结构统计表

学校代码	学校名称	新闻传播类二级院系或专业名称	新闻传播类专任教师数量	年龄结构			
				56岁及以上人数	46~55岁人数	36~45岁人数	35岁及以下人数
10075	河北大学	新闻传播学院新闻传播类各专业	66	7	20	35	4
10077	河北地质大学	艺术设计学院广告学专业	9		2	2	5
10082	河北科技大学	文法学院新闻系	15	1	1	12	1
10094	河北师范大学	新闻传播学院	23	2	14	6	1
10096	保定学院	网络与新媒体	7		1	2	4
10098	河北民族师范学院	文学与传媒学院新闻学、网络与新媒体专业	18		6	5	7
10099	唐山师范学院	中文系广播电视学专业	6		2	1	3
10100	廊坊师范学院	传媒系	18	2	7	8	1
10101	衡水学院	文学与传播学院广告学、广播电视学专业	24	1	3	12	8
10102	石家庄学院	文学与传媒学院	14		5	7	2
10105	沧州师范学院	齐越传媒学院	27		3		24
10216	燕山大学	文法学院文学与新闻传播系	14		3	8	3
11033	唐山学院	传播与动画系	45	3	8	22	12
11238	石家庄职业技术学院	动画学院	18		2	9	7
11775	防灾科技学院	文化与传播学院	20		1	16	3
11918	河北经贸大学	文化与传播学院新闻传播类专业	32	3	17	10	2

续表

学校代码	学校名称	新闻传播类二级院系或专业名称	新闻传播类专任教师数量	年龄结构			
				56岁及以上人数	46~55岁人数	36~45岁人数	35岁及以下人数
12352	河北软件职业技术学院	数字传媒系影视多媒体技术专业	5			3	2
12543	保定职业技术学院	传媒艺术系新闻传播类专业	20		3	13	4
12784	河北传媒学院	新闻传播学院	58	7	10	19	22
12796	河北工程技术学院	人文学院	4			3	1
12885	河北艺术职业学院	河北艺术职业学院传媒系	9				7
13074	河北对外经贸职业学院	传媒系	13	4	2	4	3
13075	河北美术学院	传媒学院	7				7
13411	河北师范大学汇华学院	河北师范大学汇华学院传媒学部	11			4	7
		合计	483	30	110	203	140

通过表4-2可以看出,此次共调查统计了24个院系专业的483名教师的基本信息,其中河北大学新闻传播学院拥有66名新闻传播类专业教师,河北传媒学院新闻传播学院拥有58名专任教师,在数量上分列一、二位。超过20名新闻传播类专任教师的还有河北师范大学新闻传播学院、衡水学院文化与传播学院、沧州师范学院齐越传媒学院、唐山学院传播与动画系、河北经贸大学文化与传播学院等。

表 4-2 河北省部分新闻传播学类院系专业师资队伍学历学位结构统计表

学校代码	学校名称	新闻传播类二级院系或专业名称	新闻传播类专任教师数量	学历学位结构			其他人数
				博士学位人数	硕士学位人数	学士学位人数	
10075	河北大学	新闻传播学院新闻传播类专业	66	36	29	1	
10077	河北地质大学	艺术设计学院广告学专业	9	1	8		
10082	河北科技大学	文法学院新闻系	15	5	6	4	
10094	河北师范大学	新闻传播学院	23	7	12	4	
10096	保定学院	网络与新媒体	7	2	5		
10098	河北民族师范学院	文学与传媒学院新闻学、网络与新媒体专业	18	1	13	4	
10099	唐山师范学院	中文系广播电视学专业	6		3	3	
10100	廊坊师范学院	传媒系	18	2	13	3	
10101	衡水学院	文学与传播学院广告学、广播电视学专业	24	1	19	4	
10102	石家庄学院	文学与传媒学院	14	3	10	1	
10105	沧州师范学院	齐越传媒学院	27	3	22	2	
10216	燕山大学	文法学院文学与新闻传播系	14	8	6		
11033	唐山学院	传播与动画系	45	2	30	13	
11238	石家庄职业技术学院	动画学院	18		15	3	
11775	防灾科技学院	文化与传播学院	20	1	17	2	
11918	河北经贸大学	文化与传播学院新闻传播类专业	32	9	23		

续表

学校代码	学校名称	新闻传播类二级院系或专业名称	新闻传播类专任教师数量	学历学位结构			其他人数
				博士学位人数	硕士学位人数	学士学位人数	
12352	河北软件职业技术学院	数字传媒系影视多媒体技术专业	5		4	1	
12543	保定职业技术学院	传媒艺术系新闻传播类专业	20		11	9	
12784	河北传媒学院	新闻传播学院	58	2	31	23	2
12796	河北工程技术学院	人文学院	4		3	1	
12885	河北艺术职业学院	河北艺术职业学院传媒系	9		4	5	
13074	河北对外经贸职业学院	传媒系	13		8	5	
13075	河北美术学院	传媒学院	7		6	1	
13411	河北师范大学汇华学院	河北师范大学汇华学院传媒学部	11		8	3	
	合计		483	83	306	92	2

经过统计，483名教师中，56岁及以上的在职教师有30位，占受访总数的6%，46~55岁的教师有110人，占受访总数的23%，36~45岁的教师有203人，占受访总人数的42%，35岁及以下的有140人，占受访总人数的29%。在年龄结构上呈现出明显的"抛物线"结构，符合"正态分布"。通过调查数据可以推断，河北省新闻传播教育拥有一支年龄结构较为合理的师资队伍，36~45岁的教师所占比例较大(见图4-1)。

通过对483名教师的学历学位信息进行统计，可以看到拥有博士学

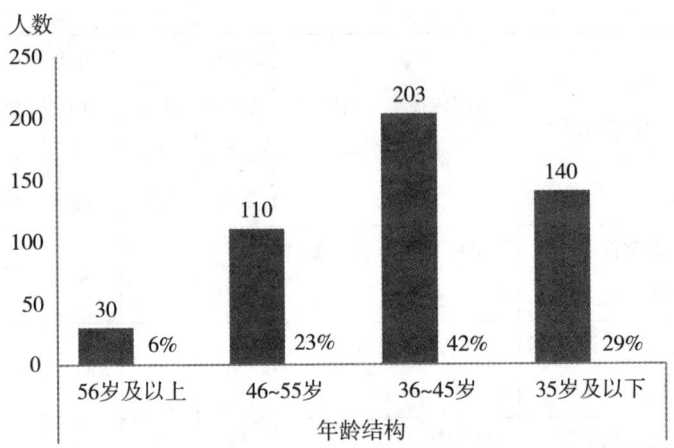

图 4-1 河北省部分新闻传播学类院系专业师资队伍年龄结构图

位的教师 83 人,拥有硕士学位的教师 306 人,拥有学士学位的教师 92 人,其他情况 2 人。其中河北大学新闻传播学院拥有博士学位的教师有 36 人,占据较大比例。河北经贸大学文化与传播学院、燕山大学文法学院和河北师范大学新闻传播学院的新闻传播类专业分别拥有博士学位教师 9 人、8 人和 7 人(见图 4-2)。

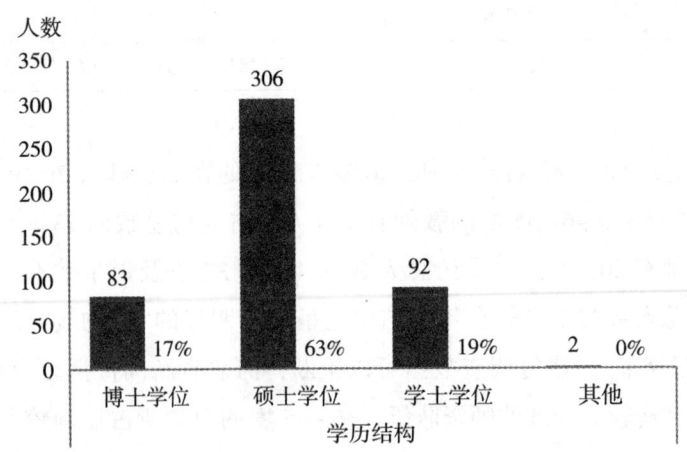

图 4-2 河北省部分新闻传播学类院系专业师资队伍学历学位结构图

从学历学位的百分比来看，拥有博士学位的专业教师占17%，学士学位的专任教师占19%。硕士学位教师占63%，是河北省新闻传播学类专业师资队伍的主体。其中也存在一些"本科学历、硕士学位"的专任教师，这部分教师通过高校教师在职攻读硕士和同等学力申请硕士学位等方式取得硕士学位。

在专业技术职务资格方面，调查所涵盖的483名教师之中，61名教师拥有教授专业技术职务资格，132人拥有副教授专业技术职务资格，221人拥有讲师专业技术职务资格，而拥有助教及以下专业技术职务共计69人。河北大学新闻传播学院教授最多，达到了20人。河北师范大学新闻传播学院、唐山学院传媒与动画系、河北经贸大学文化与传播学院、河北传媒学院新闻与传播学院拥有教授的数量排在前列，分别为6位、4位、5位和6位(见表4-3)。

表4-3 河北省部分新闻传播学类院系专业师资队伍职称结构统计表

学校代码	学校名称	新闻传播类二级院系或专业名称	新闻传播类专任教师数量	教授(正高)人数	副教授(副高)人数	讲师(中级)人数	助教(初级)人数	其他(初级)人数
10075	河北大学	新闻传播学院新闻传播类专业	66	20	31	14	1	
10077	河北地质大学	艺术设计学院广告学专业	9	1	3	4	1	
10082	河北科技大学	文法学院新闻系	15	1	6	8		
10094	河北师范大学	新闻传播学院	23	6	13	3	1	
10096	保定学院	网络与新媒体	7	1	1	5		
10098	河北民族师范学院	文学与传媒学院新闻学、网络与新媒体专业	18		3	13	2	

续表

学校代码	学校名称	新闻传播类二级院系或专业名称	新闻传播类专任教师数量	职称结构				
				教授(正高)人数	副教授(副高)人数	讲师(中级)人数	助教(初级)人数	其他(初级)人数
10099	唐山师范学院	中文系广播电视学专业	6		3	2	1	
10100	廊坊师范学院	传媒系	18	3	5	9	1	
10101	衡水学院	文学与传播学院广告学、广播电视学专业	24	3	5	16		
10102	石家庄学院	文学与传媒学院	14		5	9		
10105	沧州师范学院	齐越传媒学院	27	1	3	9	10	4
10216	燕山大学	文法学院文学与新闻传播系	14	2	5	4	2	1
11033	唐山学院	传播与动画系	45	4	7	30	4	
11238	石家庄职业技术学院	动画学院	18	1	4	10	3	
11775	防灾科技学院	文化与传播学院	20	1	5	14		
11918	河北经贸大学	文化与传播学院新闻传播类专业	32	5	11	14	2	
12352	河北软件职业技术学院	数字传媒系影视多媒体技术专业	5		2	1	2	
12543	保定职业技术学院	传媒艺术系新闻传播类专业	20	2	2	15	1	
12784	河北传媒学院	新闻传播学院	58	6	13	15	10	14
12796	河北工程技术学院	人文学院	4	1	1	1	1	
12885	河北艺术职业学院	传媒系	9		2	6	1	

续表

学校代码	学校名称	新闻传播类二级院系或专业名称	新闻传播类专任教师数量	职称结构				
				教授(正高)人数	副教授(副高)人数	讲师(中级)人数	助教(初级)人数	其他(初级)人数
13074	河北对外经贸职业学院	传媒系	13	3	2	8		
13075	河北美术学院	传媒学院	7			3		4
13411	河北师范大学汇华学院	河北师范大学汇华学院传媒学部	11			8	3	
合计			483	61	132	221	46	23

从职称结构比例来看，讲师占了河北省新闻传播类专任教师的46%，将近半数。副教授占了27%，教授的比例为13%，助教则为10%。在年龄结构、学历学位结构和职称结构之中，职称结构是比较失衡的，副教授所占比例较小，从结构图来看，没有达成"正态分布"（见图4-3）。

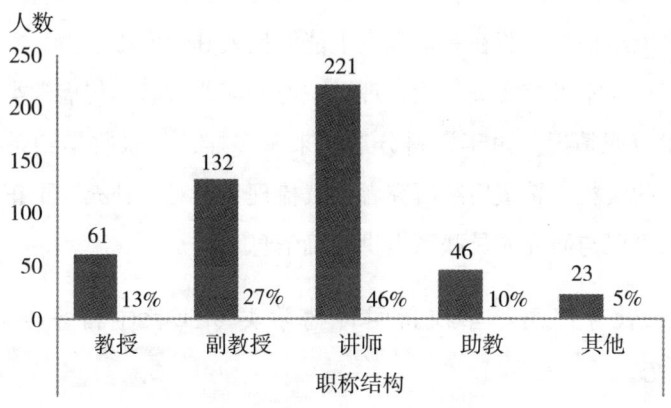

图4-3 河北省部分新闻传播学类院系专业师资队伍职称结构图

从各个学校人事部门网站的招聘信息来看,河北大学新闻传播学院和河北师范大学新闻传播学院对高端人才需求较大。河北师范大学2018年12月发布了公开招聘新闻传播学院院长的公告,要求应聘者具有高端学术成果、较高学术声誉和学术影响力。河北大学发布的招聘信息中对应聘者的国家级重点项目、省部级科研奖励、权威期刊论文提出了明确的要求。

目前本科院校的专任教师招聘需求普遍指向了具有博士学位人员,而当下全国新闻传播类博士点数量还不够多,加上河北省高校在人才招聘方面的吸引力已经普遍落后于南方各省市。例如,江西省、云南省、福建省有"二本"院校招聘博士的年薪甚至达到了50万元,其目标直指申请一级学科硕士点,在最近两年的国家社科基金项目申请方面已经初见端倪,一些南方的"二本"院校开始有所斩获。这为河北高校各新闻传播院系,尤其是大量的"二本"院校提出了更高的要求,即要加大人才引进和人才培养力度,不然在新一轮竞争中一旦落后,追赶起来难度颇大。随着2018年又有10所高校获得新闻传播学一级学科博士学位授予权,在未来五到十年后,招聘拥有博士学位教师的难度将大大降低。

4.1.2 专家组织任职和重要学术团体兼职

河北省新闻传播学类教师在全国或河北省内的主要学术组织、学术机构、专家组织的兼职在一定程度上能够反映其学术影响力。本节通过网络搜索、与本人核实等手段整理了一部分河北省新闻传播学类教师的重要学术兼职情况。由于资料分散、来源多样,很难收集到系统、全面、准确的资料,希望后续研究者继续梳理、核对、补充、更正,也希望当事人可以与研究人员联系提供准确信息。

1. 在教育部高等学校新闻传播学类专业教学指导委员会的任职情况

河北省新闻传播教育领域的专家学者在教育部高等学校"教指委"

先后任职的有白贵教授和韩立新教授。白贵教授自 2001—2017 年间，曾经连续担任了第二届、第三届、第四届"教指委"委员，韩立新教授自 2018 年开始担任第五届"教指委"委员至今。

表 4-4　河北省新闻传播学类教师在教育部高等学校"教指委"的任职情况

序号	姓名	届别	组织名称	职务
1	白贵	第二届	2001—2005 年教育部高等学校新闻学学科教学指导委员会	委员
2	白贵	第三届	2006—2010 年教育部高等学校新闻学学科教学指导委员会	委员
3	白贵	第四届	2013—2017 年教育部高等学校新闻传播学类专业教学指导委员会	委员
4	韩立新	第五届	2018—2022 年教育部高等学校新闻传播学类专业教学指导委员会	委员

2001 年 4 月 30 日，教育部在其官网发布了《关于成立 2001—2005 年教育部高等学校有关科类教学指导委员会的通知》(教高函〔2001〕11 号)，河北大学新闻传播学院时任院长白贵教授名列其中，在这一届"教指委"所有学科名单中，河北大学仅有 4 名教授入选。2001 年 10 月 20 日，新闻学学科第二届指导委员会委员聘任仪式在杭州举行，教育部高教司文科处阎志坚处长为委员们颁发了聘书。①

2005 年 12 月 20 日，教育部在其官网发布了《教育部关于成立 2006—2010 年教育部高等学校有关科类教学指导委员会的通知》(教高

---

① 关于成立 2001—2005 年教育部高等学校有关科类教学指导委员会的通知[EB/OL]．[2001-04-30]．http：//old.moe.gov.cn//publicfiles/business/htmlfiles/moe/s7056/201401/xxgk_162635.html.

函〔2005〕25号),河北大学新闻传播学院时任院长白贵教授继续入选。①

2013年4月9日,教育部公布了《教育部关于成立2013—2017年教育部高等学校教学指导委员会的通知》(教高函〔2013〕4号),白贵教授第三次入选"教育部高等学校新闻传播学类专业教学指导委员会"。②

2018年11月1日,2018—2022年教育部高等学校教学指导委员会成立会议在北京召开。会议宣读了《教育部关于成立2018—2022年教育部高等学校教学指导委员会的通知》。③ 河北大学新闻传播学院院长韩立新教授入选这一届新闻传播学类"教指委"。随后,2018年12月8日,2018—2022年教育部高等学校新闻传播学类专业教学指导委员会第一次全体会议在中国传媒大学召开。在会议上,教育部高等教育司吴岩司长、徐青森副司长与教指委主任委员、中国传媒大学新闻传播学部高晓虹教授为新一届委员颁发了聘书。④

此外,河北大学新闻传播学院的教授、博士生导师任文京担任了2013年成立的"全国高等学校出版专业教学指导委员会"委员,该委员会承担出版专业硕士学位研究生的培养指导工作。2013年3月22日,成立大会在北京印刷学院举办,由北京印刷学院担任教指委秘书处单位。

---

① 教育部关于成立2006—2010年教育部高等学校有关科类教学指导委员会的通知[EB/OL].[2005-12-20]. http://www.moe.gov.cn/srcsite/A08/s7056/200512/t20051220_80335.html.

② 教育部关于成立2013—2017年教育部高等学校教学指导委员会的通知[EB/OL].[2013-04-29]. http://old.moe.gov.cn/publicfiles/business/htmlfiles/moe/s7056/201304/150999.html.

③ 建设高水平专家队伍 振兴新时代本科教育[EB/OL].[2018-11-01]. http://www.moe.gov.cn/jyb_xwfb/gzdt_gzdt/moe_1485/201811/t20181101_353413.html.

④ 2018—2022年新闻传播学类专业教指委第一次会议隆重召开[EB/OL].[2018-12-10]. http://tvs.cuc.edu.cn/2018/1210/c242a78738/page.htm.

2. 在全国卓越新闻传播人才教育培养指导委员会的任职情况

2013年10月16日,教育部办公厅公布了"全国卓越新闻传播人才教育培养指导委员会、专家委员会"名单,河北大学新闻传播学院时任院长白贵教授当选该指导委员会委员。据悉,全国共有23位专家当选该指导委员会委员,其中11名专家来自高校,分别来自中国传媒大学、清华大学、中国人民大学、北京大学、复旦大学、武汉大学、暨南大学、华中科技大学、上海交通大学、四川大学、河北大学。"全国卓越新闻传播人才教育培养指导委员会"由教育部、中宣部、中央外宣办、国家新闻出版广电总局及有关新闻单位负责同志、高校新闻传播教育领域知名专家学者组成,负责制定教育培养规划和具体组织实施。另外,还设有专家委员会,有27名委员。

3. 在全国广播影视职业教育教学指导委员会的任职情况

2005年12月20日,教育部发布的《教育部关于成立2006—2010年教育部高等学校有关科类教学指导委员会的通知》(教高函〔2005〕25号)中,同时设置了38个"教育部高等学校有关科类教学指导委员会"和40个"2006—2010年教育部高等学校高职高专各类专业教学指导委员会",其中包含"2006—2010年教育部高等学校高职高专广播影视类专业教学指导委员会"。主任委员是"广播电影电视管理干部学院"的王建国,副主任委员是苏州大学的陈龙和南昌大学的陈信凌。7位委员分别是中央广播电视大学的张瑞麟、南京师范大学的毕一鸣、内蒙古民族高等专科学校的布和温都苏、中央广播电视大学的梁小庆、北京电影学院的谢晓晶、郑州大学的董广安、中国传媒大学的高晓虹。[1]

到了2010年,教育部首次由职业教育与成人教育司组织了"各行业

---

[1] 教育部关于成立2006—2010年教育部高等学校有关科类教学指导委员会的通知[EB/OL].[2005-12-20]. http://www.moe.gov.cn/srcsite/A08/s7056/200512/t20051220_80335.html.

职业教育教学指导委员会(简称行指委)",并于 2012 年进行了调整、增设和重组。2012 年 12 月 26 日,教育部发布了《教育部关于调整和增设全国行业职业教育教学指导委员会的通知》,保定职业技术学院传播技术系主任田建国教授首次入选全国广播影视职业教育教学指导委员会,被聘为专家委员。行指委每届任期四年,调整后和增设的该届行指委任期到 2014 年 1 月 31 日止。①

2015 年 6 月 8 日,教育部职业教育与成人教育司发布了《教育部关于公布全国行业职业教育教学指导委员会(2015—2019 年)组成人员的通知》,各行指委主任委员由教育部聘任,副主任委员、委员由相关行业主管部门、行业组织聘任。保定职业技术学院传媒艺术系主任田建国教授继续入选"广播影视职业教育教学指导委员会",该届行指委任期四年,至 2019 年 12 月 31 日止。②

表 4-5　河北省新闻传播学类教师在全国广播影视职业教育教学指导委员会的任职情况

序号	姓名	届别	组织名称	职务
1	田建国	第一届	全国广播影视职业教育教学指导委员会(2012—2014 年)	委员
2	田建国	第二届	全国广播影视职业教育教学指导委员会(2015—2019 年)	委员

2016 年 8 月 19 日,国家新闻出版广电总局人事司召开第二届全国

---

① 教育部关于调整和增设全国行业职业教育教学指导委员会的通知[EB/OL].[2012-12-31]. http://old.moe.gov.cn/publicfiles/business/htmlfiles/moe/moe_958/201301/xxgk_146769.html.

② 教育部关于公布全国行业职业教育教学指导委员会(2015—2019 年)组成人员的通知[EB/OL].[2015-06-29]. http://www.moe.gov.cn/srcsite/A07/moe_953/201507/t20150710_193364.html.

广播影视职业教育教学指导委员会(简称广播影视行指委)成立大会暨 2016 年工作会议。会议聘任了第二届广播影视行指委委员,审议通过了广播影视行指委工作章程和 2016—2017 年工作计划,研究部署了教育部高等职业教育创新发展行动计划(2015—2018 年)等相关工作任务。①

4. 在中国新闻史学会及其分会的任职情况

河北省新闻传播学类专任教师最早在中国新闻史学学会担任职务的是河北大学新闻传播学院乔云霞教授。在 1980 年河北大学成立新闻学专业筹备组时,乔云霞老师被安排主攻新闻史方向并且到中国人民大学新闻学院进修相关课程,1998 年就开始在中国新闻史学会第二届理事会担任理事,2004 年开始在第三届理事会担任常务理事和团体理事代表。在 2004 年第三届理事会中,胡连利教授也开始担任团体理事代表。在 2009—2014 年第四届理事会中,乔云霞教授开始担任特邀理事,胡连利教授开始担任常务理事。在 2014 年开始的第五届理事会中,乔云霞教授和胡连利教授均连任原学会职务。白贵教授因担任中国新闻史学会少数民族新闻传播史研究委员会会长,于 2016 年也开始担任中国新闻史学会常务理事(见表 4-6)。

表 4-6　河北省新闻传播学类教师在中国新闻史学会的任职情况

序号	姓名	届别及时间	组织名称	职务	任职时间
1	乔云霞	第二届理事会 (1998—2002)	中国新闻史学会	理事	1998—2002

---

① 第二届全国广播影视职业教育教学指导委员会成立大会暨 2016 年工作会议召开[EB/OL].[2016-08-24]. http://www.sarft.gov.cn/art/2016/8/24/art_114_31514.html.

续表

序号	姓名	届别及时间	组织名称	职务	任职时间
2	乔云霞	第二届理事会[调整]（2002—2004）	中国新闻史学会	理事	2002—2004
3	乔云霞	第三届理事会（2004—2009）	中国新闻史学会	常务理事、团体理事代表	2004—2009
4	胡连利	第三届理事会（2004—2009）	中国新闻史学会	团体理事代表	2004—2009
5	胡连利	第四届理事会（2009—2014）	中国新闻史学会	常务理事	2009—2014
6	乔云霞	第四届理事会（2009—2014）	中国新闻史学会	特邀理事	2009—2014
7	胡连利	第五届理事会（2014—2019）	中国新闻史学会	常务理事	2014—
8	乔云霞	第五届理事会（2014—2019）	中国新闻史学会	特邀理事	2014—
9	白贵	第五届理事会（2014—2019）	中国新闻史学会	常务理事	2016—

河北省新闻传播学类教师在中国新闻史学会各二级分会亦有很多任职，多达17人次。其中白贵教授自2016年开始担任中国新闻史学会少数民族新闻传播史研究委员会会长，他还曾于2011—2016年担任该分会副会长，2017年之前一直担任中国新闻史学会传播学研究专业委员会副会长。韩立新教授从2016年开始担任中国新闻史学会新闻传播教育史研究委员会副会长，2017年接替白贵教授担任中国新闻史学会传播学研究专业委员会副会长。详细情况如表4-7所示。

表 4-7 河北省新闻传播学类教师在中国新闻史学会各分会的任职情况

序号	姓名	届别及分会成立时间	组织名称	职务	任职时间
1	白贵	第二届（2016— ）	中国新闻史学会少数民族新闻传播史研究委员会	会长	2016—
2	白贵	第一届	中国新闻史学会传播学研究专业委员会	副会长	—2017
3	白贵	第一届（2011—2016）	中国新闻史学会少数民族新闻传播史研究委员会	副会长	2011—
4	韩立新	第二届	中国新闻史学会传播学研究专业委员会	副会长	2017—
5	韩立新	第三届（2017— ）	中国新闻史学会新闻传播教育史研究委员会	副会长	2017—
6	韩立新	第二届（2013—2017）	中国新闻史学会新闻传播教育史研究委员会	副会长	2016—2017
7	孙旭培	第一届（2016— ）	中国新闻史学会媒介法规与伦理研究委员会	学术顾问	2016—
8	金强	第二届（2016— ）	中国新闻史学会少数民族新闻传播史研究委员会	常务副秘书长	2017—
9	韩立新	第二届（2013—2017）	中国新闻史学会新闻传播教育史研究委员会	常务理事	2013—2016
10	彭焕萍	第一届（2015— ）	中国新闻史学会公共关系史研究委员会	常务理事	2015—
11	田建平	第一届（2017— ）	中国新闻史学会党报党刊研究委员会	常务理事	2017—
12	王秋菊	第一届（2010— ）、第二届（— ）	中国新闻史学会网络传播史研究委员会	常务理事	2010—
13	王秋菊	第一届（2015— ）	中国新闻史学会舆论学研究委员会	常务理事	2015—
14	甄巍然	第三届（2015— ）	中国新闻史学会外国新闻传播史研究委员会	常务理事	2015—
15	金强	第一届（2016— ）	中国新闻史学会编辑出版史研究委员会	常务理事	2018—

续表

序号	姓名	届别及分会成立时间	组织名称	职务	任职时间
16	赵双阁	第一届（2015—）	中国新闻史学会舆论学研究委员会	理事	2015—
17	赵双阁	第一届（2016—）	中国新闻史学会媒介法规与伦理研究委员会	理事	2016—

5. 其他主要任职

河北省新闻传播学类教师除了在中国新闻史学会及其分会任职外还有一些比较重要的国家一、二级学会、协会的任职。详细情况如表4-8所示。

表4-8　河北省新闻传播学类教师在其他学会的任职情况

序号	姓名	届别	组织名称	职务
1	白贵	第三届（2014—）	中国新闻文化促进会传播学分会（中国传播学会）	副会长
2	白贵	—	中国回族学会	副会长
3	白贵	—	"海峡两岸华文出版论坛"理事会	理事长
4	白贵	—	"海峡两岸华文出版论坛"理事会	副理事长
5	白贵	第一届、第二届（2006—2014）	中国新闻文化促进会传播学分会（中国传播学会）	副理事长
6	白贵	第七届	中国高等教育学会新闻学与传播学专业委员会	监事
7	白贵	—	中国高校影视学会	常务理事

续表

序号	姓名	届别	组织名称	职务
8	白贵	—	中国高教学会播音与主持艺术专业委员会	常务理事
9	韩立新	第八届	中国高等教育学会新闻学与传播学专业委员会	常务理事
10	吴庚振	第一届（1984— ）	中国新闻教育学会	理事
11	张金桐	第七届	中国高等教育学会新闻学与传播学专业委员会	理事
12	仝文瑶	—	中国教育学会影视艺术教育分会	理事
13	彭焕萍	（2017— ）	中国高校影视学会媒介文化专业委员会	理事
14	刘玉清	—	中国高等教育学会新闻学与传播学专业委员会编辑出版学研究分会	常务理事
15	位迎苏	—	中国认知传播学会	理事
16	宋维山	—	中国广告协会学术委员会	委员
17	王俊杰	—	中国高校影视学会民族影视专业委员会	理事
18	田建国	—	中国电视艺术家协会	会员
19	田建国	—	中国民俗摄影协会	会员

4.2 河北省新闻传播学教授研究

4.2.1 教授名录及学术简历

该部分收录了在河北省具有一定影响力和代表性院系专业的新闻传播类教授，共分为四个类型，分别是在职教授、调离教授、退休教授和已故教授，每一类型教授的排序按照姓氏拼音顺序排列。

1. 河北省新闻传播领域在职教授

（1）白贵。1956年出生于内蒙古呼和浩特。河北大学新闻传播学院首任院长（2000—2015），河北大学首批特聘教授，博士生导师。1982年1月毕业于河北大学中文系，到内蒙古大学中文系工作，历任助教、讲师、副教授。1992年开始担任内蒙古大学中文系新闻专业负责人。1999年调入河北大学，被评、聘为教授，从事新闻学概论、报纸编辑学等课程的教学，并任新闻学硕士生导师。2000年10月，河北大学新闻传播学院成立，自此担任首任院长至2015年10月。2003年6月，开始担任博士研究生导师。2010年河北大学新闻传播学学科被国务院学位委员会批准增列为一级学科博士点，白贵教授作为学科创始人担任该学科带头人、博士生导师。① 主要兼职有教育部新闻传播学学科教学指导委员会委员（第二、三、四届）；中国传播学学会副理事长；中国新闻史学会少数民族新闻史研究委员会会长；中国高校影视学会常务理事；中国高教学会播音与主持艺术专业委员会常务理事；中国回族学会副会长；河北省新闻传播教育学会会长；河北日报报业集团首席专家；河北省报业协会副会长；河北省新闻道德委员会委员。在其他高校兼职主要有：中国传媒大学特聘研究员；武汉大学客座研究员；浙江大学客座研究员；华中科技大学兼职博士生导师；北京语言大学阿拉伯研究中心学术委员会委员；台湾南华大学客座教授；河南大学兼职教授；郑州大学兼职教授；内蒙古大学客座教授；内蒙古师范大学兼职教授；沈阳师范大学兼职教授；河北师范大学兼职教授；河北经贸大学兼职教授；河北科技大学兼职教授；河北传媒学院客座教授；石家庄学院兼职教授；廊坊师范学院兼职教授；衡水学院兼职教授；唐山师范学院特聘教授；吉林工程技术师范学院客座教授；新乡学院客座教授。担任的评委

---

① 中国社会科学院新闻与传播研究所．中国新闻传播学年鉴2017[M]．北京：中国社会科学出版社，2018：612-613．

主要有：中国新闻奖审核委员会委员；国家广播电视奖评委；国家社科基金课题评委；教育部社科基金课题评委；河北省社科基金课题评委；河北省社科优秀成果奖评委、河北省新闻奖评委；河北省广播电视奖评委；河北省广播电视播音主持双十佳评委；"感动河北年度人物评选"评委（1—16届）；"河北十大新闻、年度十大新闻人物评选"评委（1—11届）。在学术刊物的兼职有：《新闻与传播研究》首批匿名审稿专家；《中国报业》学术顾问；《河北大学学报》编委。

（2）贲春明。出生于1967年7月。河北对外经贸职业学院传媒系教授。1990年毕业于河北师范大学。2003年毕业于新西兰怀卡托大学，获得教育学硕士学位。2004年起在教务处工作，2008年在学院职业教育研究中心工作。曾获得省级教学成果奖三等奖（第四名）；主持完成"十五"和"十一五"河北省教育科学规划课题各一项；主持完成市教育科学规划课题一项；在省级以上刊物发表论文十余篇；2次年终考核获得优秀，并记三等功一次；先后十余次获得教学质量评比优秀奖；获得学院职业教育先进个人称号。

（3）曹茹，女，1963年3月出生，河北滦县人。河北大学新闻传播学院教授、博士研究生导师、新闻系主任。兼任河北大学传播心理研究所所长、中国社会心理学会理事、中国社会心理学会传播心理专业委员会委员等职。1982年考入河北大学新闻学专业，是河北大学新闻学专业第一届学生，1986年7月毕业后留校任教至今。2006年7月毕业于中国传媒大学电视与新闻学院应用传播学专业，获博士学位。在2018年年底，通过评选开始担任博士研究生导师。主要研究领域是应用传播、传播心理学、网络舆论。主讲课程为传播学概论、新闻心理学。2017年主持国家社科基金"新闻媒体'讲好中国故事'的无意说服模式研究"。2016年曹茹等人著《心理学视野中的网络舆论引导研究》（人民出版社2013年10月出版）获得第十五届河北省社会科学优秀成果二等奖；2010年独著《新闻从业者职业倦怠研究》（专著）获河北省第十二届社科优秀成果二等奖；2008年参与项目"河北省党报新闻改革研究"（河北省社科基金项目)获河北省第五届社会科学基金项目优秀成果二等奖；2000年合著《河北省舆论监督状况调查报告》(调研报告)获河北省第七届社科优秀成果二等奖。

(4)陈娟，女。河北大学新闻传播学院教授。1995年毕业于西北大学，获工学学士学位，2004年毕业于中国人民大学，获文学硕士学位，2012年毕业于暨南大学，获文学博士学位。主要研究领域为传媒实务，开设课程有新闻采写案例、新闻标题制作艺术。主持国家社科基金一般项目"新时期我国涉农媒体战略转型研究"(项目编号13BXW050)；2013年2月出版专著《中国农村类报纸转型研究》(中国传媒大学出版社)，2014年6月出版编著《港澳台报业》，2013年6月出版教材《新闻写作》。代表论文《中国农村类报纸的历史变迁——基于媒介社会角色的视角》，原载2012年6月刊《国际新闻界》，同年10月被"中国人民大学复印报刊资料"之《新闻与传播》全文转载。

(5)陈玉，女，1969年出生，教授、硕士生导师、博士。现任燕山大学出版社社长、燕山大学文法学院文学与新闻传播系教授、燕山大学艺术与设计学院教授。1989—1993年在河北师范大学中文系学习，获文学学士学位，1993—1996年在四川大学中文系学习，获文学硕士学位，2010—2014年在中国人民大学新闻学院学习，师从郑保卫教授，获文学博士学位。1996年在秦皇岛日报社工作，任助理记者、记者。2001—2006年在新华通讯社工作，任记者。2006年4月至今在燕山大学文法学院任教。2010—2013年期间担任文学与新闻传播学系系主任。研究方向为新闻理论、融媒体新闻出版实务、传媒与社会治理，主讲新闻评论、高级新闻写作、新闻理论等学科基础课。主持教育部人文社会科学研究专项任务项目"网络社会环境下高校舆论危机事件应对机制——基于传播动力理论的研究"；主持河北省社科基金项目"全媒体语境下河北主流媒体舆论引导方式创新"。2013年获得河北省教学成果三等奖，2016年著作《大转型与新闻记者的角色冲突》获得河北省社会科学优秀成果三等奖。兼任河北省新闻传播教育学会副会长、秦皇岛市委特邀咨询研究员等社会职务。

（6）丁立捷，1971年7月出生，生于沧州市中捷友谊农场，中共党员。河北师范大学新闻传播学院教授。1993年7月毕业于河北大学中文系，河北大学新闻传播学院在职研究生学历。曾任石家庄广播电视台新闻综合频道总监、台节目编审委员会编委、石家庄广播电视台副总编辑。1993年7月—2002年8月，任石家庄电视台新闻部记者、组长、制片人；2002年8月—2005年1月，任石家庄电视台新闻部副主任；2005年1月—2007年3月，任石家庄电视台新闻综合频道副总监，主持创办《民生关注》，策划并实施了"感动省城十大人物评选"活动；2007年3月—2013年1月，任石家庄电视台（2010年6月后为石家庄广播电视台）新闻综合频道总监。2013年1月—2017年6月任石家庄广播电视台副总编辑，兼任石家庄市新媒体产业发展研究院院长，并入选河北省第三批"燕赵文化英才"。2017年7月到河北师范大学新闻传播学院工作。

（7）杜浩，河北大学新闻传播学院副院长、教授、博士生导师。主要研究领域是文化创意产业规划发展与策划传播，开设有市场营销学、文化创意产业概论、广告学研究等课程。主持在研教育部社会科学规划项目，主持完成河北省社会科学基金项目、河北省教育厅重大攻关课题等多项。兼任河北省新型智库·河北省文化产业研究中心主任、河北省文化产业与社会服务研究基地负责人和河北大学文化创意产业研究中心主任等职务。出版《营销策划与传播》《广告文案写作》等多部著作，在核心期刊发表论文多篇。2000年获中国美容化妆品十大策划专家称号，2015年获河北省社会科学基金优秀成果奖，2016年获得第十五届河北省社会科学优秀成果二等奖，其团队被河北教育厅评为李保国式科技服务团队。

（8）韩立新，1966年12月生，河北大学新闻传播学院教授、院长、博士生导师。1989年7月毕业于河北大学哲学系哲学专业，获哲学学士学位。毕业后进入新闻媒体工作15年，曾先后担任报社多个编辑部门的负责人，熟悉各种新闻体裁的写作，累计创作了数百万字的新闻作品，先后有50余篇新闻作品获省级以上新闻奖。① 兼任教育部新闻传播学类教学指导委员会委员、中国高等教育学会新闻学与传播学专业委员会常务理事、中国新闻史学会新闻传播教育史分会副会长、中国新闻史学会传播学分会副会长。出版有《文化经纪人》（人民日报出版社，2017）、《新闻舆论监督对象应对行为研究》（人民日报出版社，2010）、《唐代干谒诗中的士人形象研究》（人民出版社，2015）、《新闻评论学教程》（郑州大学出版社，2008）等。代表性论文有《时空转移与智慧分流：媒体的分化与重构》（《新闻与传播研究》2016年第5期）等。在研国家社科基金项目为"传统媒体的分化与跨界融合研究"（起讫时间2017—2019年）及原文化部文化艺术人才中心的招标项目"文化艺术人才职业社会化评价体系建设工程［职业：文化经纪人（演出及艺术品方向）］"等。

（9）胡连利，1965年5月出生，河北东光人，1985年5月加入中国共产党，保定学院党委书记，二级教授，河北大学新闻传播学院博士生导师，享受国务院政府特殊津贴专家、"新世纪百千万人才工程"国家级人选。1985年7月，毕业于河北大学并留校任教，1996年起，历任河北大学新闻系副主任、研究生处副处长、研究生学院党委书记、学科建设与学位管理处处长、校长助理兼学位办公室主任等职务；2010年9月—2011年6月，任北京工商大学校长助理（挂职）；2011年4月，任沧州师范学院党委委员、副院长；2012年11月，任保定学院党委常委、副书记；2015年2月，任保定学院党委副书记、院长；2019年3月，任保定学院党委书记。教学科研成果先后获河北省优秀教学成果奖一等奖，河北省思想政治工作创新奖一等奖，河北省第十届社会科学优秀成果一等奖，河北省第十二届、十三届社会科学优秀成果奖二等奖。

---

① 中国新闻史学会新闻传播教育史研究委员会．中国新闻传播教育年鉴（2016）［M］．武汉：武汉大学出版社，2016：564．

获得的个人荣誉有：河北省有突出贡献的中青年专家、河北省社会科学优秀青年专家、河北省新世纪"三三三人才工程"第一层次人选、"河北中青年社科专家五十人工程"人选、河北省学位与研究生教育管理优秀工作者、河北省"三育人"先进个人。担任河北大学新闻传播学一级学科博士点学术(方向)带头人、省级重点学科现当代文学学术(方向)带头人。主要研究领域：新闻史论、文化传播。主要讲授课程：外国新闻事业史(本科)、公共关系(本科)、外国新闻事业研究(硕士)、公共关系研究(硕士)、文化传播(博士)。兼任中国新闻史学会常务理事等。

(10)贾奎林，1969年出生，河北邯郸人。廊坊师范学院传媒系教授。北京广播学院(现中国传媒大学)新闻学硕士。在核心期刊、报纸、网站发表学术论文及新闻稿件百余篇。编著出版教材《新闻评论应用教程》，由北京大学出版社于2009年和2012年两次出版。出版的专著有《论辩传播述评：游说·社会·人生》《传播：主体间意义建构与共享》。

(11)李丽，女，廊坊师范学院传媒系教授。1985年毕业于山东大学中文系，曾任文学院新闻系文秘教研室主任，主讲秘书学、秘书实物、商务文书写作、商务谈判等课程。2005年12月被教育部聘请为高等学校文秘专业教育指导委员会委员。先后发表学术论文20篇，主持、参与科研课题5项，主编、参编教材5种。

(12)李亚虹，女，河北大学新闻传播学院教授、硕士生导师。1994年本科毕业于河北大学新闻学专业，2004年硕士研究生毕业于河北大学新闻学专业，2012年博士研究生毕业于中国传媒大学广播电视新闻学专业。研究领域为播音主持、广播电视新闻、海洋新闻。开设课程有即兴口头表达与思维训练、广播编辑与主持、电视节目主持、播音创作基础、普通话语音知识、播音发声学等。主持了河北省社科基金项目"河北电台'即通'移动客户端研究"(HB15XW020)和"河北广播的'蓝海'战略与频率专业化研究"(HB09BXW002)。2012年8月出版了《21世纪我国海洋产业报道研究》(河北大学出版社)，该成果获得了保定市第十一届社会科学优秀成果一等奖。

(13)李亚男,女,河北大学新闻传播学院教授、硕士生导师。1986年毕业于河北大学中文系汉语言文学专业,获文学学士学位,1994年3月—7月在北京广播学院广告学进修班学习,1996年4月—1998年3月在中国社会科学院研究生院主办的"新闻与大众传播"硕士研究生班学习。2008年7月—2010年7月在河北大学艺术学院学习艺术学硕士研究生课程,获艺术学硕士学位。主要研究领域为广告学,开设课程为广告文案写作、广告媒体研究、广告学研究等。近年来主持完成了河北省哲学社会科学规划项目"河北广播电视发展策略研究"、河北教育厅重点社科项目"河北易县战国影视城经营模式研究"及省级横向课题"河北康隆韦尔医疗器械贸易有限公司及河北中康韦尔健康环境科技有限公司形象传播推广"、国家级横向课题"阜平县互联网扶贫战略规划及相关实施方案"。近年来主要撰写了《文化创意产业营销与传播》《地产广告写作》《创意思维与文化传播的实践与运用——现代企划实证报告II》等著作,主编了《广告文案写作教程》等教材。2014年获保定市第一届哲学社会科学规划课题优秀成果奖一等奖,2015年获第九届河北省社会科学基金项目优秀成果奖三等奖,2016年获第十五届河北省社会科学成果奖二等奖。

(14)李颖杰,唐山学院传播与动画系教授。毕业于河北师大政教系。在唐山学院教授新闻传播学数十年。教授公关策划、CIS策划与设计等课程。专业研究方向为企业策划。编著高校教材有《秘书公关协调》《秘书公关工作与实务》,主持省级科研课题"河北省养老体系构建研究"。曾获得个人三等功等优秀共产党员称号,并获全国首届公关案例大赛优秀奖、唐山市市直机关党工委党建工作研究论文一等奖。

(15)刘晓岚,女,1974年10月出生,防灾科技学院文化与传播学院院长、党总支副书记、教授,首都师范大学现当代文学专业毕业,文学硕士,院级教学团队"广告学专业新闻传播学课程组教学团队"负责人,灾害舆情研究所负责人。主要研究方向:灾害信息传播的相关研究。主要承担课程:传播学概论、网络传播、新闻史等。近

5 年主持并完成以灾害信息传播研究为主题的省(部)级科研项目 1 项、厅级科研项目 2 项。公开发表学术论文 20 多篇,其中中文核心期刊论文 12 篇;出版教材 1 部(主编)。2013 年获防灾科技学院优秀教学成果二等奖。

(16)刘玉清,1959 年 4 月生人,河北经贸大学文化与传播学院教授,编辑出版学系主任、硕士生导师、传播学学术型研究生导师组组长。1983 年 7 月毕业于陕西师范大学中国语言文学系,2008 年 1 月获北京师范大学文学硕士学位,所学专业为新闻学。主持河北省社会科学基金项目 4 项,参与河北省社科规划办项目 10 余项,1 项成果获河北省优秀社科成果二等奖(第二完成人)。在《中国编辑》《编辑学报》《实验技术与管理》《经济日报》等报刊发表论文 100 余篇,其中两篇被"中国人民大学复印报刊资料"全文转载。主编参编专著和教材 10 余部。代表成果:主持完成 2015 年度河北省社会科学基金项目"河北省平面媒体与新兴媒体融合发展研究",主持完成 2017 年度河北省社会科学基金项目"河北省借力复合出版推动媒体整合的路径"。著有《对接京津冀:河北省高校人才培养适应社会发展研究》(河北教育出版社,2017)。主要贡献:入选 2011—2012 学年、2012—2013 学年、2013—2014 学年、2014—2015 学年河北经贸大学校内有突出贡献专家第二层次。兼任中国高等教育学会新闻学与传播学专业委员会编辑出版学研究分会常务理事。

(17)马瑞,女,1968 年出生。河北经贸大学文化与传播学院副院长、教授。研究方向为传播学,主持河北省科技厅软科学项目两项:"河北休闲旅游品牌传播战略研究""品牌亲和力研究";主持河北省社科基金项目三项:"河北中小企业品牌传播战略研究""旅游目的地品牌形象因素结构研究""关于河北品牌健康成长问题研究""河北旅游文化品牌构建研究"。同时还作为主要参加人,参与 5 项河北省社科基金项目研究:"关于品牌信息的研究""建立全方位品牌预警管理新机制""跨文化视角下的广告传播研究""河北生态旅游发展战略研究""旅游传播策略研究"。撰写传播学类著作6部:《品牌亲和力研究》《有效的品牌传播》《河北休闲旅游品牌传播战略研究》《品牌信息论》《河北文化旅游品牌建设研究》《新媒体视域下河北城市旅游目的地品牌形象建设研究》,均获得教育厅或学校出版基金资助出版,其中《品牌信息论》获得河北省哲学社会科学优秀成果三等奖。研究成果获中国高校人文社会科学研究优秀成果奖。

(18)默书民,1969年9月出生,河北经贸大学文化与传播学院教授、硕士生导师、博士。研究方向为元代史、传播史。2004年7月暨南大学古籍所博士研究生毕业,进入河北经贸大学人文学院工作。2005年离职,入中国社会科学院历史所从事博士后研究工作。2007年7月出站后,回河北经贸大学人文学院。在《中国史研究》《元史论丛》等期刊、集刊发表论文20余篇,其中核心期刊8篇;出版专著一部(合著);参与国家社科基金课题一项、省级社科基金课题一项,主持完成教育部社科基金项目一项,国家社科基金项目一项。目前担任中国元史研究会理事。

(19)彭焕萍,女,河北大学新闻传播学院副院长、教授、博士生导师。本科毕业于河北大学新闻学专业,硕士毕业于四川大学新闻学院新闻学专业,博士毕业于四川大学文学与新闻学院文化与传媒专业。兼任中国新闻史学会公共关系学分会常务理事、中国新闻史学会媒介文化专业委员会理事。主要研究领域为新闻采写业务、媒介伦理与法规、文化研究。主讲本科生课程:新闻采访与写作;新闻法规与新闻职业道德;广播电视新闻采访写作;大众文化与传媒。主讲研究生课程:经济新闻研究;新闻业务改革研究。其中新闻采访写作2008年被评为省级精品课,2013年入选"河北省精品资源共享课",2018年入选"首批河北省高校精品在线开放课程"。主持国家社科基金项目1项:"网络空间未成年人保护的法律规制研究"(16BXW069)。主持完成省部级课题5项、厅级项目2项,获得河北省社科成果奖励4项,其中一等奖1项,二等奖1项,三等奖2项。出版学术专著2部,发表学术论文40

余篇,代表著作有与白贵合著的《当代新闻写作》,独著《媒介与商人——1983—2005〈经济日报〉商人形象话语研究》等。

(20)齐贵来,1963年9月出生,衡水学院文学与传播学院院长、广告学专业教研室教授。1984年7月毕业于河北师范大学中文系,获文学学士学位。1989—1991年在北京师范大学中文系进修硕士研究生主要课程。从事高校教学工作近30年,主要教授现代汉语、形式逻辑、普通话、中国传统文化概论。兼任衡水地方文化研究所所长、衡水市散文学会副会长。主编《普通话口语教程》(河北教育出版社)、《简明实用逻辑教程》(现代教育出版社);任《普通话强化训练教程》(北京高等教育出版社)的副主编;参加了《现代汉语》(河北人民出版社)、《董仲舒集》(学苑出版社)、《中国传统文化概论》(学苑出版社)等书的编写。近期发表了论文20余篇。近年来,主持省市级研究课题5项,作为主研人员参加省市级课题研究10项。历年来,获曾宪梓教育基金会颁发的曾宪梓奖一次,市政府记大功一次、市政府记三等功两次、市政府嘉奖四次,获优秀教师称号两次,市委宣传部和市语言文字工作委员会授予推普先进个人称号一次,被市语委、市教委评为先进工作者一次,被评为学校优秀党务工作者一次。

(21)任翠英,女,1966年1月生,河北清苑人,汉语言文学学士。保定职业技术学院传媒艺术系教授,曾担任电视节目制作专业教研室和主持与播音专业教研室主任,为新闻采编与制作、广播影视节目制作等专业主讲基础写作、新闻采访与写作、应用文写作等课程。主持省级课题多项,在核心期刊及省级刊物发表论文数篇。担任副主编的《大学语文》由中国文史出版社于2004年12月出版,担任副主编的《应用文写作》由中国商业出版社于2005年2月出版,担任主编的"十二五"职业教育国家规划教材《电视新闻采访与写作》由中国传媒大学出版社于2015年9月出版。

(22)任文京,1955年出生,博士。1978年3月入河北大学中文系学习,1982年3月毕业留校任教。曾任河北大学出版社总编辑,现为河北大学新闻传播学院二级教授，博士研究生导师，主要研究方向为编辑出版学、文化传播及中国古代文学。曾获河北省第三届社会科学优秀专家特别提名、河北省有突出贡献中青年专家、河北省宣传文化系统首届"四个一批人才"等荣誉称号。主要社会兼职：全国高等学校出版专业教学指导委员会委员、国家新闻传版广电总局出版产品质量监督检测中心专家委员会编校专家、河北省出版审读专家、河北省印刷产品质量监督检验站专家委员会编校专家、海峡两岸华文出版论坛副理事长。主持并完成国家社科基金项目《唐宋诗序跋研究》以及省部级科研项目5项，出版专著5部，发表学术论文50余篇，其中《论编辑的学养》《数字时代阅读方式的选择》被《新华文摘》全文转载，《微信社交化阅读困扰与突破路径——兼论"微出版"的可能性》《论图书出版传播正能量》被"中国人民大学复印报刊资料"《出版业》全文转载。《唐代边塞诗的文化阐释》2006年被评为河北省优秀博士学位论文。"数字时代阅读方式的选择"等5项成果获河北省社科优秀成果奖或河北省社科基金项目优秀成果奖，两次荣获中国图书奖，两次荣获全国优秀畅销书奖，四次荣获河北省优秀图书奖和优秀畅销书奖，连续三届荣获河北省社会科学优秀图书编辑奖。①

（23）商建辉，1977年出生，河北蠡县人。1999年毕业于西北大学经济管理学院投资经济专业，获经济学学士。2002年毕业于河北大学新闻传播学院新闻学专业，取得文学硕士学位。2007年毕业于中国传媒大学电视与新闻学院传播学专业，获得文学博士学位。现任河北大学新闻传播学院教授、硕士生导师，担任河北大学艺术学理论博士生导师，兼任河北省新型智库·河北省文化产业发展研究中心副主任、河北省传媒与社会发展研究基地副主任、保定社会发展研究院文化产业发展研究中心主任。出版专著两部：《媒介问题内容产制研究———一种批判

---

① 中国新闻史学会新闻传播教育史研究委员会.中国新闻传播教育年鉴(2016)[M].武汉：武汉大学出版社，2016：522.

的视角》《共赢：京津冀传媒战略联盟研究》。在《当代传播》《中国出版》《现代传播》《编辑之友》《出版发行研究》《新闻界》等杂志上发表学术论文百余篇，所撰论文先后被"中国人民大学复印报刊资料"《新闻与传播》《出版业》以及《中国新闻年鉴》等全文转载或收录。主持国家社会科学青年基金项目"为盈利诉求与公共利益的平衡求解：媒介商业化的陷阱与出路"、河北省社科基金项目"京津冀传媒一体化发展研究""基于战略联盟的媒介融合研究"、河北省高等学校青年拔尖人才项目"共赢：京津冀传媒战略联盟的构建、运营与管理研究"、河北省社会科学发展委托课题"完善河北文化产业投融资体制研究"等。主持横向课题"邯郸市丛台区文化产业十三五规划""保定日报社《莲池周刊》发展战略研究"等。①

(24)申玉山，1970年1月出生，河北经贸大学文化与传播学院教授，硕士生导师、博士。主持或参与省部级、国家级课题多项，出版专著3部，发表论文20余篇，其中被CSSCI收录3篇，核心期刊10余篇。著有《抗日战争时期华北经济研究》（与戴建兵合著）、《长芦盐税研究1912—1928》《华北"无人区"研究》；主编《日本侵略华北罪行档案2战犯供述》《日本侵略华北罪行档案4无人区》。

(25)宋兆宽，1954年出生，文学博士，河北传媒学院新闻传播学院教授、学院学术指导委员会成员，曾就职于浙江传媒学院新闻与文化传播学院。主要从事新闻学与传播学研究工作。1988年毕业于沈阳师范学院政教专业，2006年毕业于中国传媒大学新闻学专业。还曾先后就读于吉林大学中文系、中国社会科学院研究生院新闻系。在思想教育学、新闻学、传播学等领域出版《新闻采访概论》《新闻写作艺术》《新闻研究文集》等8部专著、4部教材、2部其他书籍，发表论文260余篇，获省部级以上科研成果奖20项。

---

① 中国新闻史学会新闻传播教育史研究委员会. 中国新闻传播教育年鉴(2018)[M]. 武汉：武汉大学出版社，2018：561.

(26)孙会,女,中国近现代经济史博士,河北师范大学新闻传播学院教授,硕士生导师。主要研究方向:广告史、电视广告及消费行为研究。主讲课程:电视广告学、中外广告史、消费行为研究等。2001年到河北师范大学广告系任教至今,多次被评为校、院级优秀党员。在国家核心期刊等刊物上发表文章50余篇。编有《电视广告》(第二版)、《电视广告》两部教材。著有《〈大公报〉广告与近代社会(1902—1936年)》《电视广告叙述与批评》等著作,其中《〈大公报〉广告与近代社会(1902—1936年)》获得2012年第十三届河北省哲学社会科学优秀成果三等奖。

(27)田建国,1966年4月出生,汉族,河北省安新县人,1986年8月参加工作,大学本科学历,新闻学硕士。中国共产党党员,教授,河北省教学名师、国家精品资源共享课程主持人。现任保定职业技术学院传媒艺术系主任、党总支副书记。兼任保定市影视家协会主席、河北省高职高专艺术类专业教学指导委员会委员、教育部全国广播影视职业教育教学指导委员会委员。主要讲授电视摄像、电视新闻、传播学概论等课程,主持国家精品资源共享课程电视摄像、中央财政支持提升专业服务社会能力重点及建设专业、河北省高职高专教育教学改革示范专业(广播影视节目制作专业)等项目,公开发表论文20多篇。主编"十二五"职业教育国家规划教材《实用摄影技术》;主持编写广播影视类"十二五"应用型规划系列教材(共8部),主编了其中的《电视摄像实务》《电视新闻采访与写作》《电视节目剪辑》。先后被评为河北省优秀教师、河北省师德先进个人、河北省教育工作先进个人、河北省德育和思想政治教育工作先进个人、河北省"三三三人才工程"第三层次人选,2011年获得"河北省高等学校教学名师奖"。2001—2004年曾任中央电视台第七套农业节目河北工作站记者,拍摄了近百集农业科教片在CCTV-7农业节目播出并由农业教育音像出版社出版发行。主持的"高职广播影视节目制作专业人才培养模式探索与实践"获国家级教学成果二等奖和全国广播影视职业教育教学成果特等奖,主持的教学成果"传媒艺术类专业群人才培养模式改革创新与实践"荣获河北省第八届高等职业教育教学成果奖二等奖。兼任中国电视艺术家协会会员；河北省影视家协会会员；河北省摄影家协会会员；中国民俗摄影协会会员；河北省新闻传播教育学会理事；保定市新闻工作者协会理事；河北大学新闻与传播学院兼课教师。

(28)田建平，出生于1963年5月，内蒙古包头人。历史学博士。现为河北大学新闻传播学院编辑出版研究所所长、教授、博士研究生导师，河北大学宋史研究中心研究员。中国新闻史学会党报党刊研究委员会常务理事。1985—2001年，主要从事报纸采编工作，兼任出版社编辑。从事柔然史、编辑学及中华文明史研究。发表系列论文，出版学术著作《东亚文明系统论》。2001年迄今，主要从事新闻传播学研究，具体研究方向为：新闻出版史、媒介史、编辑出版学、报纸副刊、宋史。出版学术著作8部，包括《元代出版史》《当代报纸副刊研究》《出版传媒研究》《晋察冀抗日根据地新闻出版史研究》《宋代出版史》(上、下册)等。迄今发表学术文章160余篇，其中中文社会科学引文索引(CSSCI)40余篇。部分论文被《新华文摘》《中国历史学年鉴》《中国史研究动态》、"中国人民大学复印报刊资料"，以及日本、英国、匈牙利等国学术书刊转载、评介。主持人文社科课题有：2008年教育部人文社会科学研究规划基金项目"晋察冀抗日根据地新闻出版史研究"，2012年国家社会科学基金项目"宋代出版史研究(960-1279)"。

(29)仝文瑶，女，1963年3月出生，河北师范大学新闻传播学院院长、教授、硕士生导师，国家级实验教学示范中心——河北师范大学新闻与传播综合实验中心主任，兼任河北师范大学汇华学院传媒学部主任。1984年毕业于河北师范大学汉语言文学专业，获学士学位。曾任河北省新闻传播教育学会副会长、中国教育学会影视艺术教育分会理事、河北省广告研究院院长、河北省文艺评论基地执行主任、河北省文艺评论家协会理事；主要从事公共关系学、艺术创意与传播、组织传播的教学与研究工作；曾主持教育部课题"IMC的'中国式生存'——中小型饮料企业的品牌破局(以'养元六个核桃'为例)"、省级课题"河北元素纪录片创作研究"等多个课题。曾出版《幻象与真实间的舞蹈》《公关实务操作艺术》《演讲艺术概论》等专著,成功策划并实施数十项省市级重大公共关系传播推广活动。主要讲授公共关系学、创新思维训练、电视节目策划等课程。研究成果涉及广播影视的内容生产、媒介融合研究以及组织传播研究等,其中《媒介角色转换的成功范本》获得第八届河北省文艺评论奖一等奖;承担的"北戴河同道电影工坊运营企划及技术研发"、河北省宣传部委托项目"河北省互联网发展研究"等多项重大课题研究,取得了良好的应用成果;主创音乐舞蹈史诗《西柏坡》、歌舞音诗画《天耀中华》、实景歌舞《大美湖城》等十余项大型文演项目。先后荣获河北省优秀教学成果奖、河北文艺振兴奖、河北省首届"河北文艺贡献奖"、河北师范大学"卓越教师奖"等。

(30)王宝昌,1960年2月生,汉族,内蒙古突泉县人,中共党员,教授。现任河北对外经贸职业学院传媒系主任、河北新闻传播教育学会理事、秦皇岛市影视家协会理事。内蒙古民族师范学院本科毕业,吉林大学研究生毕业。1983年7月本科毕业后留校,先后担任过内蒙古民族师范学院电教馆主任、教育系副主任、内蒙古民族大学远程教育中心副主任(主持工作)、教育学院院长、网络中心主任等职。发表论文20多篇,主编职业教育"十三五"规划教材《无人机航拍技术》。设计安装了传媒系演播厅、研制了8信道全高清移动演播室系统。2008年、2010年两次获秦皇岛市优秀教师称号。

(31)王国洪,1967年出生,河北省故城县人,衡水学院文学与传播学院副院长、广告学专业教研室教授,承担专业基础课的教学工作。河北省作家协会会员,河北省莎士比亚研究会会员,衡水市散文学会秘书长。1990年毕业于河北师范学院,2004年获得河北师范大学文学硕士学位,主要研究方向:中国现当代文学、莎士比亚研究等。由于年度考核优秀被衡水市人事局授予嘉奖奖励7次,记市政府三等功一次。课堂教学质量评估连续多年被评为优秀。在省级以上刊物发表论文30余篇,其中国家核心期刊论文6篇;主持或参与省、市和校级课题20余项；主编高校教材《西方文化简论》，已由国家级出版社昆仑出版社于2006年7月出版。

（32）王俊杰，河北大学新闻传播学院教授、硕士研究生导师，广播电视研究所所长，曾任河北大学新闻传播学院广播电视新闻学系系主任。主要研究领域为广播电视、新媒体。1986年本科毕业，专业为光学专业；1991年研究生毕业，专业为教育技术学。开设课程主要有广播电视概论、电视编辑与节目制作、电视广告创作、DV制作与作品分析、数字媒体虚拟仿真与可视化技术等。所主持电视编辑与节目制作课程于2006年被评为省级精品课程。近年主持的项目有河北省科技厅软科学项目"河北省动漫产业发展的核心竞争力研究"、河北省社科基金项目"国际视野下河北省动漫产业发展模式研究"。社会兼职有：中国高校影视学会民族影视专业委员会理事、国家艺术基金专家委员会评审委员、教育部人文社科基金通讯评审专家、河北电视台节目评议专家组成员。曾获河北省高等学校中青年骨干教师荣誉称号，2014年入选教育部中宣部组织的高等学校与新闻单位从业人员互聘"千人计划"。主编全国广播电视新闻学专业系列教材一套，出版《影视艺术论稿》《美英报刊新闻作品选读》《广播电视法规与职业道德》等专著。指导学生创作纪录片《那人 那鸟 那湖畔》，获得第六届国际大学生微电影盛典微视频类一等奖。指导学生创作专题片《传承的味道》，获得首届全国大学生少数民族题材影视作品大赛优秀奖。

（33）王明好，女，河北师范大学新闻传播学院新闻系教授、中国古代文学博士、硕士生导师；曾长期担任邢台电视台新闻频道制片人，博士毕业后开始执教生涯，主要为新闻专业本科学生讲授新闻写作、新闻纪录片、广播电视新闻实务等课程。近年来主持国家级课题2项、省级课题4项，在核心期刊发表论文十余篇，出版专著1部。获河北省社会科学优秀成果二等奖，河北省新闻奖一等奖。

（34）王秋菊，女，1964年生于河北省保定市，现为河北大学新闻传播学院教授，网络新闻方向硕士研究生导师，主要研究方向为新媒体和社会舆情。2009年入选国内青年骨干教师访问学者计划,后进中国人民大学新闻学院访学,主修网络传播。主要社会兼职:中国新闻史学会网络传播史研究委员会常务理事、中国新闻史学会舆论学研究委员会常务理事、新浪微博社区委员会专家成员、艾利艾(IRI)咨询特约分析师(2015—2016)、河北省青少年理论研究会理事、中国编辑学会电子与网络编辑专委会常务委员。2013—2014年度被评为河北大学模范教师、"三育人"先进教职工。著有《大数据视阈下微博舆情研判与疏导机制研究》《解密网编——网络编辑职业调查与分析》《网络舆论生成机制与引导研究》,出版教材《多媒体及常用软件应用》。主持"网络舆情研判与风险规避研究""河北省网络文化产业创新发展策略研究""网络舆论生成机制与引导规律研究""微博舆情研判与疏导机制研究"等省级项目;在核心期刊发表了《Alexa在媒体网站传播效果分析中的应用》等系列论文。著作《网络舆论生成机制与引导研究》获2012年网络传播学会年度学术大奖、第十四届河北省社科优秀成果奖。① 与曹茹合著《心理学视野中的网络舆论引导研究》(人民出版社2013年10月出版),获得第十五届河北省社会科学优秀成果二等奖。

(35)王雪梅,女,河北大学新闻传播学院教授、硕士生导师、广播电视系系主任。1985年毕业于河北大学,获学士学位;2004年毕业于河北大学,获硕士学位。1985—1994年在保定广播电视大学工作,1994—2003年在保定有线电视台工作,2003年至今在河北大学新闻传播学院任教。研究领域为新闻实务、新闻现象研究。为本科生开设电视写作、外国文学课程,为研究生开设广播电视新闻研究课程。曾主持河北省哲学社会科学规划课题"女性电视节目对女性期刊的借鉴与思考",主持河北省教育厅课题"从收视率看电视受众的收视兴趣变化"。2000年应邀去美国参加专题片《美国大学巡礼》拍摄,1994—2003年期间所

---

① 中国新闻史学会新闻传播教育史研究委员会. 中国新闻传播教育年鉴(2018)[M]. 武汉:武汉大学出版社,2018:568.

拍摄的专题片多次获得全国三等奖、河北省新闻一等奖。在《电视研究》《青年记者》《出版广角》等刊物发表论文多篇。

(36)王玉蓉，女，河北大学新闻传播学院教授、硕士生导师。1991年7月留校任教，研究领域为传播学，开设的课程主要有广告学概论、广告调查。主持课题"清末民国时期期刊商业广告研究"，著有《清末民国时期〈东方杂志〉商业广告研究（1904—1937）》，2016年获得第十五届河北省社会科学优秀成果三等奖。

(37)王志敏，唐山学院传播与动画系教授。毕业于河北大学艺术设计专业，硕士学位。从事影视动画、影视广告教学数十年，发表专业论文数十篇。参加指导学生多次获国家级、省级大赛奖项。主要讲授课程：电脑手绘、平面广告设计、图形设计、影视剪辑等。

(38)位迎苏，女，1972年11月出生。1994年毕业于河北师范大学英语教育专业，获学士学位；2002年毕业于河北师范大学英语文学专业，获硕士学位；2009年毕业于四川大学文艺与传媒专业，获博士学位。现任河北师范大学新闻传播学院新闻系主任、教授、硕士生导师；兼任河北师范大学汇华学院传媒学部新闻学专业主任、中国认知传播学会理事。主讲传播学概论、实践中的马克思主义新闻观、传播理论研究、艺术批评等课程。主持或参与省部级课题五项，主要研究传播理论、文化传播、国际传播、电视理论、新媒体等。曾主持河北省社科基金项目"网络群体性事件的生成路径和引导策略研究"等课题。著有《伯明翰学派的受众理论研究》。在《中国广播电视学刊》《河北学刊》《新闻界》等核心刊物发表论文数十篇。

(39)吴海涛，河北深州人。衡水学院文学与传播学院副院长、广播电视学专业教研室教授，承担专业基础课、专业课。1990年毕业于河北师范学院中文系，取得学士学位。主要研究方向为写作、中国传统文化。主要讲授的课程有：基础写作、秘书写作、语言艺术与写作、大学语文、中国传统文化概论、金庸小说与中国传统文化等。所讲授的课程深受学生欢迎，连续多年被评为优秀。在2008年度、2009年度荣立三等功，并获得2008年度、2009年度衡水学院优秀教师、优秀辅导员称号。在省级以上刊物上发表论文20余篇。2006年主持衡水学院院级课题"广电文秘专业实践性教学环节研究"，2009年主持河北省社会科学基金项目"古城改造与燕赵文化软实力的提升"。

（40）向淑君，女，廊坊师范学院传媒系教授、博士。从事新闻理论、广播电视新闻方向的教学和科研，华中师范大学中文系本科毕业，1998年于北京师范大学获得硕士学位，后于武汉大学获新闻学博士学位。在《中国出版》《现代广告》《新闻与写作》《暨南学报》等刊物上发表论文20余篇。参编高等教育系列教材1部，参与国家级项目1项，独自完成院级课题2项。

（41）杨金花，女，河北大学新闻传播学院教授、硕士生导师。1994年本科毕业于河北师范大学中文系，1997年硕士研究生毕业于河北大学中文系，2007年博士毕业于河北大学人文学院。研究领域为编辑出版理论与实务、阅读推广，开设课程主要有出版学概论、书籍编辑学。主持了2017教育部人文社会科学研究规划基金项目、2017河北省社科基金项目"数字时代图书选题决策模式研究"。在《出版发行研究》《出版广角》等刊物发表论文多篇。

（42）杨秀国，1954年出生。1982年毕业于上海复旦大学新闻系，获学士学位。现任河北大学新闻传播学院教授、博士生导师、新闻研究所所长。学新闻、教新闻、干新闻、教新闻，是杨秀国的主要人生轨迹。自1982年从复旦大学新闻系毕业，先到高校新闻学专业任教10年，再到省级媒体从事采编13年，继而被引进到高校再度从事新闻教学和科研，经历了从学界到业界，再从业界到学界的两次转型。由于具有较为深厚的学术积累和较为丰富的媒体经验，因而在课题申报、科研教学等方面取得了较为突出的业绩。2009年、2013年，先后主持两项国家社科课题："新闻报道亲和力研究"和"新闻报道正能量传播研究"，主持一项省级社科课题"河北媒体经济报道前瞻性贴近性研究"。此外，还在《新闻战线》《新闻与写作》等新闻传播类核心期刊发表学术论文40

多篇。主要研究方向为新闻传播业务。媒体融合、新闻生产和消费的流程再造等为重点关注领域。同时，正能量传播以及新闻报道亲和力研究已形成阶段性成果。在教学上，所主讲的新闻采访写作课程，被评为河北省精品课、河北省精品资源共享课。本人被评为河北省优秀教师、河北大学教学名师。2007年以来，先后出版专著《新闻采访学通论》《新闻报道策划》《新闻报道亲和力》。其中，《新闻采访学通论》被评为河北省社科优秀成果一等奖。

（43）尹亚辉，女，河北邯郸人，1974年出生，河北地质大学艺术设计学院教授。河北大学新闻传播学院硕士毕业，曾在河北日报报业集团工作5年。主要讲授传播学、广告学、广告经营管理等课程。主持省部级社科项目两项，在核心期刊发表论文多篇，2010年，参编著作《当代中国传媒社区新进路》获得第十二届河北省社会科学优秀成果一等奖，2014年，著作《中国媒介竞争下的传播偏向》获得第十四届河北省社会科学优秀成果三等奖。指导学生获得学院奖铜奖、大广赛河北赛区三等奖等。获得第九届河北省社会科学优秀青年专家特别提名奖。兼任河北电视台专家评议团成员。

（44）张海燕，女，沧州师范学院齐越传媒学院执行院长、教授。1989年大学毕业，2000年考入中国传媒大学播音主持艺术学院语言学及应用语言学专业，取得硕士学位后，回学校继续从事一线教学工作，担任汉语口语教研室主任。2004年通过了国家汉办主持的"对外汉语教学资格"考试，2009年在国家语委和文明办举办的《中华颂》经典诗文朗读比赛中获河北省教师组一等奖。2010年被评为沧州市第六批专业技术拔尖人才，2012年晋升为教授。出版了《经典诗文台词朗诵技巧》《话务语言传播方略》等学术著作，主编"十二五"规划教材《教师口语训练教程》，参编河北省导游人员资格考试教材《导游基础》，参与录制《教师口语音像教材》，在全国核心期刊发表学术论文多篇。

（45）张金桐，教授，现任河北经贸大学文化与传播学院院长。兼任全国财经类院校语文研究会副会长、国家公共文化服务体系建设专家库成员、教育部学位中心专家库专家、全国新闻传播教育学会理事、河北省社科课题评审专家库专家、河北省职称评审专家库专家、河北省推荐国家公共文化服务体系专家库首席专家、河北省新闻传播学学会副会长、河北省教学指导委员会委员等。曾获河北省"三育人先进个人"、河北省第十一届高校"教学名师"荣誉称号。近年来，主持省部级科研立项、教学立项20余项，出版专著3部，参撰、参编著作6部，发表学术论文50余篇。主持国家级特色专业和省级重大招标项目各一项；主持国家外专局"新闻传播学人才培育"赴美国培训项目一项；执笔"河北省哲学社会科学研究'十二五'规划"。专著、论文多次被《光明日报》《人民政协报》《新华文摘》以及"中国人民大学复印报刊资料"转载、摘录、评论。多次获得省社科成果二等奖、三等奖，还曾获得省高教学会教学成果奖二等奖、省教学成果评奖三等奖、"WTO与中国"国际会议优秀论文二等奖。

(46)张巨才，1967年11月生人，研究生学历、硕士学位，教授职称，硕士生导师，河北师范大学骨干教师。1997年研究生毕业分配到广告系任教至今，2003年9月—2005年1月在中国人民大学商学院做高级访问学者。主要从事营销传播、广告、管理等方面的研究，曾在某地产集团和营销公司任广告总监、策划总监、广告公司总经理等职。参与和主持横向课题十几项。主持并完成省部级纵向课题3项，主持其他不同级别的纵向课题10多项。2004年至今，以第一作者或独立作者身份在《中国广告》《学术交流》等核心期刊上发表文章近30篇，以独立作者身份在河北师范大学三类以上核心期刊上发表文章5篇。获得河北师范大学教学成果奖一项，主持并完成教改课题一项。2006年4月，被遴选为河北师范大学骨干教师。被多家不同级别的广告大赛（含国家级）、广告招标会邀请为专家委员和专家评委，被多家不同级别的专家论坛邀请做主题演讲。主讲课程：整合营销传播、广告管理；曾经讲授课程：市场调查、广告学概论、经济学、文化学、市场营销学等。

(47)张明霞，女，唐山学院传播与动画系教授。毕业于北京师范大学，在唐山学院教授新闻传播学数十年。所授课程：广告心理学、消费心理学。专业研究方向：心理学。近年来，在国家核心期刊及国家级、省级学术刊物上发表学术论文和出版论著共40余篇（部）。论文《论可持续发展的消费理念及方式》被"中国人民大学复印报刊资料"《商贸经济》2002年第1期全文转载。主持国家级、省级科研课题3项。其中主持的"大学生心理素质教育研究及应用"系全国哲学社会科学"十五"规划项目子课题；主持的"大学生心理健康教育理论与实践体系构建研究"参与了教育部哲学社会科学研究重大课题的立项投标。曾获唐山市百名社科人才库优秀人才、唐山市第五届优秀社科青年专家称号。

（48）张培成，1961年2月生，中共党员，河北对外经贸职业学院传媒系教授。现任传媒系新闻采编与制作、摄影摄像技术专业专任教师。曾任抚宁广电局、电视台总编室主任兼新闻部主任，主任编辑职称；广西师范学院中文系广播电视新闻教研室主任，副教授；湖州师范学院文学院传播系主任、副院长。1982年2月毕业于哈尔滨师范大学，学士学位。主讲课程：电视摄像，新闻摄影，广播电视基础，电视节目制作实训等。曾负责湖州师院新闻专业与当地广电集团教育合作、实践基地建设项目；曾组织指导学生参加浙江省大学生DV设计竞赛6年，有11部电视专题片、剧情片获一、二、三等奖。科研情况：主持教育部广播影视类教指委"十一五"规划课题"合作式立体化广播电视新闻人才培养模式研究"（2009年6月结题），主持湖州市哲学社会科学规划课题"湖州传媒业发展现状及趋势"（2011年2月结题）等；参与浙江省自然科学基金项目1项，浙江省教育厅项目1项，湖州市课题2项，完成教学成果"与媒体合作共建新闻人才培养新机制"获校级优秀教学成果一等奖。发表北大核心期刊论文8篇，国家级、省级期刊论文10余篇。

（49）张雅明，博士，河北大学新闻传播学院教授、硕士生导师，1992年本科毕业于河北师范大学，获学士学位，1998年毕业于河北大学心理学专业，获硕士学位，2005年毕业于中国科学院心理研究所，获博士学位。研究领域为传播理论与方法、社会心理学。1992—1998

年任教于保定高等师范专科学校，1998年至今任教于河北大学新闻传播学院。为本科生开设普通心理学、广告心理学、社会心理学等课程，为研究生开设社会科学中的量化研究与统计应用课程。参与的著作和参编的教材主要有《理论社会心理学》《新课程与学生发展》《教育社会心理学——理论探讨与专题研究》《现代心理健康教育——心理卫生问题对社会的影响及解决对策》等。在《心理科学》《心理学报》等国内外刊物发表论文多篇。2016年主持国家社科基金"十三五"规划教育学单列项目"新媒体对青年学生心理健康发展的影响研究"，还主持了2009年全国教育科学"十一五"规划项目教育部重点课题"学业不良儿童自我同一性状态、风格及心理救助问题研究"（课题编号：DBA090291）。

（50）赵凤华，女，汉族，1960年5月出生于河北省涿鹿县，1983年毕业于河北大学哲学系，现任河北科技大学文法学院新闻系主任、教授、硕士生导师、校学术委员会委员。兼任河北省新闻传播教育学会副会长、河北省社会学会理事、中国高教公关教育研究会理事。近年来，主持省级科研课题8项，国家级子课题1项，在省级以上刊物公开发表论文50余篇，其中国家级核心期刊30余篇；出版教材、教参6部，其中主编2部，副主编4部。研究方向为新闻传播学、中国传统文化与思想政治教育。曾获河北科技大学教学名师称号。

（51）赵然，女，1974年11月出生，保定学院信息工程学院教授。1997年6月本科毕业于河北大学中文系汉语言文学专业，2007年6月硕士研究生毕业于河北大学艺术学院艺术学专业，2013年考取河北大学古代文学方向博士研究生。主要从事新闻学与传播学教学工作，研究方向为新媒体传播。2010年、2011年制作的课件分获全国二等奖和一等奖，主持校级教学质量工程和教改项目。2011年、2012年指导的学生作品荣获河北省广播电视节目技术质量二、三等奖。在核心期刊发表论文12篇，3篇被CSSCI收录。先后主持10余项科研项目，其中2016年至今主持在研国家社会科学基金艺术学项目"晋察冀戏剧研究"。

（52）赵树旺，博士，河北大学新闻传播学院教授、硕士生导师，兼任现代出版杂志社编辑。2011年9月至2014年6月就读于中国传媒大学传播研究院，获博士学位。主要研究领域为数字出版、国际传播，开设课程有出版社经营管理、畅销书策划与案例分析、外国广播电视史、新闻传播学专业英语、编辑出版学专业英语、广告英语等。主持2018年国家社科基金项目"'一带一路'战略背景下中国出版走出去研究"、2018年横向项目"河北大学出版社数字出版发展与路径研究"、河北省社科联2014年度项目"河北出版'走出去'策略研究"、河北省教育厅2014年度项目"全球化背景下河北出版集团数字出版发展策略研究"等。近年来著述、合著、参编的著作和教材主要有：《数字出版：国际化变革与发展》《中国数字出版内容国际传播研究》《编辑出版学专业英语》《新闻传播学专业英语》《传播学研究方法——讨论与评价》《美国社交媒体的冲击与影响》等。在《现代出版》《出版发行研究》等核心刊物上发表论文多篇。2016年获第十五届河北省社科优秀成果三等奖，2015年获第十二届保定市社会科学成果二等奖。

(53)赵双阁，河北经贸大学文化与传播学院教授，硕士生导师，武汉大学新闻学博士，中南财经政法大学出站博士后。现任河北经贸大学新闻教研室主任，省特色专业新闻学专业负责人，河北省融合媒介发展研究所所长。社会兼职有：中国新闻史学会舆论学研究委员会理事、中国新闻史学会媒介法规与伦理研究委员会理事；中南财经政法大学知识产权研究中心兼职研究员、河北广播电台新闻评议中心评议专家、河北电视台新闻评议中心评议专家。2015年12月，参加国家专家局"融媒时代新闻传播应用型人才"出访美国培训项目。近年来，在《国际新闻界》《武汉大学学报(社会科学版)》《上海交通大学学报(哲学社会科学版)》《现代传播》《新闻与传播评论》《当代传播》《学术论坛》等核心期刊发表专业论文50余篇，出版3部专著：《政治文明视阈下舆论监督法治建设研究》(河北省社科三等奖)、《法治视阈下大众传媒与政治文明建设研究》《传媒产业的法律规制研究》。其博士后出站报告被全国博士后管理办公室与中国社科院联合遴选进入《第五批中国社会科学博士后文库》(该批次在全国范围共遴选出 35 部),并荣获《优秀博士后成果》证书。共主持国家社科、中国博士后面上资助项目、省哲学规划项目等 7 项课题,以第一人或第二人身份全程参与"985"工程二期项目、司法部科研项目等 10 余项省部级课题研究。

(54)甄伟锋,1978 年出生,河北工程技术学院人文学院教授、院级重点专业网络与新媒体专业负责人。2001 年毕业于河北师范大学广告学专业,获文学学士学位;2009 年毕业于中国传媒大学传播学专业,获文学硕士学位。主持省社科基金 1 项、省科技厅课题 1 项、省社科联课题 3 项、厅级课题 6 项。出版专著 1 部,中文核心期刊论文 6 篇,其他论文 10 篇。主要从事新媒体、公益广告研究。

(55)朱正基,唐山学院传播与动画系教授。毕业于河北科技大学艺术设计专业。从事影视动画、影视广告教学研究数十年,发表著作、论文数十部(篇)。获多项教学成果和指导教师奖。曾任全国三维数字创新设计大赛专家评委。主要讲授课程有:动画概论、影视艺术概论、剧作、影视表演、新闻采写、广播电视概论等。

2. 河北省新闻传播领域调离教授

(1)杜恩龙,现就职于浙江传媒学院新闻学院,三级教授,编辑出版专业硕士生导师;兼任中国传播学会编辑出版史分会常务理事、中国音像协会数字出版教学指导委员会理事、国家社科基金项目匿名评委、教育部社科基金项目评委、教育部学位与研究生教育发展中心论文评委、河北省新闻奖评委、河北省科技厅专家库专家。曾任河北大学新闻传播学院编辑出版学系系主任、硕士研究生导师。曾在台湾南华大学、台中科技大学、淡江大学举办"出版经纪人研究""编辑的最高境界"等讲座。发表各类文章 150 余篇,其中 CSSCI 文章 26 篇,北大核心期刊文章 34 篇,教学改革类文章 11 篇。有三篇文章分别获得河北省社会科学优秀成果三等奖,1 篇文章被《新华文摘》全文转发,2 篇文章被《新华文摘》摘登,11 篇文章被"中国人民大学复印报刊资料"《出版业》转发。

承担国家社科基金课题"出版经纪人研究";作为第一参研人参与文化部文化艺术中心项目国家职业大典:"文化艺术人才职业社会化评价建设工程"。出版有《文化经纪人》一书。承担1项河北省社科规划课题。策划、编辑、出版过《中国名画宝鉴》《中国寺观壁画典藏》等80余种图书。

(2)杜国清,女,中国传媒大学教授、博士生导师。1998—2003年在河北师范大学任教,2003年至今在中国传媒大学任教。中国广告学专业的第一位博士,中国传媒大学公共关系系主任、广告主研究所所长,《新趋势》主编,电通·中国广告人才培养基金项目专家,中国国际公共关系协会理事、学术委员会委员,中国金融品牌营销专家委员会常务副主任,品牌战略与大数据传播研究中心主任。主要从事广告主营销传播活动研究、品牌传播理论与实务研究、企业文化与企业形象传播战略研究、公共关系研究等。连续多年承担了"中国广告生态调查""中国营销传播实践与趋势研究""广告主新媒体策略研究""央企品牌建设与传播研究"等重点课题。著有《广告即战略》,连续出版《广告主蓝皮书:中国广告主营销传播趋势报告》等。

(3)杜友君,1972年1月出生,教授,博士,博士生导师。2013年6月至今担任上海体育学院传媒与艺术学院(原体育新闻传播与外语学院)院长兼体育新闻系主任。在中国传媒大学电视学院取得博士学位,后进入复旦大学管理学院博士后流动站工作。社会兼职:中国体育科学学会新闻传播分会副会长、上海市新闻传播教学指导委员会委员、上海市艺术教学指导委员会委员、中国高校影视学会常务理事兼体育影视分会秘书长、中国体育新闻工作者协会理事、上海市新闻工作者协会理事。研究领域:广播电视、体育传播、体育媒介管理。所开课程:广电采访、广播电视研究、大学生媒介素养。学术成果:主持和参与了多项国家和省级科研课题,包括国家社科基金项目"为盈利诉求与公共利益的平衡求解:媒介商业化的陷阱与出路"、上海市哲社项目"长三角地区互联网体育媒体'生态圈'构建与发展路径研究"、河北省社科规划课题"'钻石体系'与河北文化产业竞争力的提升"、河北省社会科学界联合会课题"构建有利于河北文化产业发展的文化生态框架";执笔完成《河北省广告业"十二五"发展规划》。有40余篇论文发表,主编、参编著作3部。曾于2002年6月至2013年6月担任河北大学新闻传播学院副院长,硕士生导师,兼任河北省新闻传播教育学会秘书长、河北省青年新闻工作者协会副主席、河北大学人民武装学院副院长。曾获得河北大学青年教师课堂大赛一等奖、二等奖。曾被评为河北大学"三育人"先进个人、河北大学育人标兵等。

(4)郝一民,曾用笔名郝雨、郝亦民等,河北昌黎人,上海大学影视学院教授,新闻传播学博士生导师。1995—2001年在河北大学新闻传播学系和河北大学新闻传播学院任教,2001年由河北大学新闻传播学院调至上海大学。在《现代传播》《当代传播》《新闻记者》等核心期刊发表新闻传播学论文50余篇,被《新华文摘》、"中国人民大学报刊复印资料"全文转载多篇。自1997年至2010年期间,出版专著《新闻,如何改变世界》《新闻学:世纪性开拓与重建》《媒介批评与理论原创》《当代传媒与人文精神》《新闻学引论》《新闻学概论》《中国现代文化的发生与传播》《告别世纪》等十余部,曾获河北社会科学优秀青年专家提名奖、河北省新闻一等奖,上海市社会科学界第七届学术年会优秀论文奖等奖项。

(5)余人,曾于2013年至2018年担任河北大学新闻传播学院教授。1990年9月至1993年6月研究生就读于广西师范大学中文系,2009年9月至2013年6月,博士研究生就读于北京大学新闻与传播学院。研究领域为新闻传播、编辑出版、新媒体传播,在河北大学开设畅销书策划与案例分析、版权与版权贸易、出版社经营管理、书评写作、编辑文案写作、出版前沿问题、现代图书营销学等课程。主持河北省社科基金项目、河北省社会科学发展研究课题、河北省新闻出版广播电视研究项目多项。出版著作《中国少儿出版新进程》《出版与融合——新媒体环境下的出版创新思考》,出版教材《畅销书选题策划与市场营销》。曾获得保定市第十二届哲学社会科学优秀成果奖二等奖。

（6）张威，现任汕头大学长江新闻与传播学院教授、硕士生导师。资深记者、编辑，澳大利亚悉尼理工大学新闻学博士，曾任澳大利亚国立大学人文社会科学研究院研究员，在CSSCI期刊上发表过数十篇论文，并主持国家教育部"十五"人文社科课题"比较新闻学：方法与考证"，其多部学术专著荣获国内国际最佳图书奖项。研究领域：比较新闻学、中外名记者研究、环境新闻学、澳大利亚研究。张威是河北省新闻传播教育学界第一位拥有博士学位的教师。1997年到河北大学新闻传播学系任教，于2000年10月至2006年11月担任河北大学新闻传播学院副院长。1997年7月3日，河北大学新闻传播学系吴庚振、胡连利、李广增代表新闻系与澳大利亚留学归国人员张威博士谈判到系工作问题，初步达成任教意向，有可能结束河北大学新闻传播学系没有博士的历史。同年7月28日，胡连利将张威从北京接来，正式签订了录用协议。根据协议，张威博士任副教授，协议期5年。从此结束了河北大学新闻传播学系没有博士的历史，师资力量得到明显加强，为申报硕士点创造了更为有利的条件。同年12月19日，张威博士从澳大利亚回国，正式加入河北大学新闻传播学系。河北大学新闻传播学系主任吴庚振教授在其博客中提到此事时说道："据说，当时全国新闻学'海归'博士只有8名，我们这里有一名，实属不易。这位博士的学术水平和科研能力还是公认的，他在教学、科研方面所做的大量工作，特别是他对新闻系成功申报新闻学和传播学两个硕士点所做的贡献，我们应该铭记。"①

3. 河北省新闻传播领域退休教授

（1）陈燕，女，1955年出生，河北大学新闻传播学院教授。曾任河北大学新闻传播学院编辑出版研究所副所长、硕士研究生导师和河北大

---

① 吴庚振. 主持创建新闻传播学硕士点［EB/OL］.［2013-08-25］. http://blog.sina.com.cn/s/blog_49f376d10101h1wb.html.

学学报编辑部主任、副主编、编审,兼任中国高等学校自然科学学报研究会常务理事、版权工作委员会副主任,河北省高校学报研究会秘书长、常务理事。长期从事科技期刊编辑学、科技传播学、出版学、科技写作方面的研究。出版译著1部、著作6部,其中《科技期刊编辑方法研究》获河北省社科优秀成果三等奖,《超越时空——媒介科技史论》,《传播学方法研究》为河北省社科资助课题专著。在《编辑学报》《编辑之友》《中国科技期刊研究》《出版发行研究》等核心期刊上发表论文40余篇。主持承担省教育厅人文社科课题2项,主持中国高校学报研究会编辑学课题1项。负责的自然科学学报获教育部优秀高校学报一等奖(等同于教育部科技进步奖),个人被中国科协、中国科技期刊编辑学会授予长期从事编辑工作并作出突出贡献"银牛奖"。

(2)郭有献,男,1958年出生,河南省内乡县人。河北地质大学艺术设计学院原院长、教授、广告专业学科带头人。1999年被评为教授,2000年创办广告学专业,2005年创建中央与地方共建的广告实验室。2009年被评为校级教学名师,2011年7月创建艺术设计学院。主讲广告学概论、广告文案写作、广告创意、传播学概论等课程。兼任中国作家协会河北分会会员、中国国土资源作家协会原理事、中国广告教育研究会理事、河北省新闻传播教育学会常务理事、中国大学生广告艺术节"学院奖"全国评委、教育部"全国大学生广告艺术大赛"华北及河北赛区决赛评委、河北电视台专家评议团成员等。主要著作有《广告文案写作教程》(中国人民大学出版社2017年出版,已经再版四次,被教育部选为普通高等教育本科"十二五"规划国家级教材)、《中国元素与广告创意》《中华传统文化概论》《现代广告学》(参编)、《学位论文写作指导》等。完成省市级学术研究课题10余项;发表学术论文40多篇,出版长篇小说和中篇小说集各一部。指导学生参加"大广赛""学院奖"获得国家级、省级奖几十项。应邀在北京大学、中国人民大学、武汉大学、暨南大学、澳门科技大学、华南理工大学、郑州大学等20多所高校举办学术讲座30多场。

（3）焦国章，1947 年 10 月生人，曾任河北大学新闻传播学院教授、硕士生导师。1982 年毕业于复旦大学新闻系，毕业之后到河北大学中文系新闻学专业任教至退休，1996 年 3 月开始担任新闻教研室副主任。主讲报纸编辑学课程。代表论文是 1997 年发表在《新闻大学》的《准确是标题的生命》；代表著作是 2001 年 11 月内蒙古人民出版社出版的《报纸编辑学通论》，其后又于 2008 年 5 月主编并出版《新闻编辑学教程》，2018 年与和曼联合主编《新闻编辑学教程》(新版)。2000 年获得河北省第七届社会科学优秀成果二等奖。

（4）乔云霞，女，河北大学新闻传播学院教授，新闻史论专家，河北大学新闻学专业创建人之一，曾任河北大学新闻传播学院新闻学系主任。创建并主持省级精品课"中国新闻事业史"，还主讲中国广播电视史、名记者与名作品、新闻学专题等本科课程，曾为研究生主讲中国新闻事业史专题研究、名记者研究、社会新闻研究等。1999 年开始担任硕士生导师，主持完成多项国家级、省部级课题，其中于 2000 年主持了河北省新闻传播领域第一个国家社科基金课题"舆论监督研究"，主要研究领域为新闻史。曾在《新华文摘》《新闻与传播研究》等刊物发表论文 150 余篇，是河北省第一位在《新闻与传播研究》上发表论文的学者。出版《中国广播电视简史》，主编《中国名记者传略与名篇赏析》《中国广播电视史》《新闻传播学辞典》与《中国传媒人物志》丛书十卷等。成果获得河北省社科成果二等奖 3 次，三等奖 2 次。曾兼任国家一级学会——中国新闻史学会常务理事，兼任河北省女新闻工作者协会常务理事等。曾经于 1993 年获得河北省高等学校首届优秀教学成果一等奖。担任河北大学 92 级新闻专业班主任，该班级获得全国先进班集体。2008 年 64 岁时退休，退休后仍然活跃在学术界，授课、讲座、参加学术研讨会，参与评审硕博论文和论文答辩，继续在《中国出版》《新闻爱好者》等核心期刊上发表论文，被河北科技学院聘为学术带头人，继续担任河北大学新闻界人物研究所所长、河北大学老教授协会理事、郑州大学新华社穆青研究中心研究员、中国新闻史学会特邀理事等职务。

(5)孙旭培,安徽怀宁人,1944年12月生。1981年毕业于中国社会科学院研究生院新闻系。曾任中国社会科学院新闻与传播研究所所长、研究员,华中科技大学新闻与信息传播学院特聘教授。2010年河北大学新闻传播学院设立一级学科博士点之后,孙旭培受聘河北大学新闻传播学院,任特聘教授、博士生导师、比较新闻法研究所所长。曾兼任中国新闻学会联合会常务理事兼副秘书长、中国新闻法起草小组成员等。著有《当代中国新闻改革》《新闻传播法学》《中国新闻自由的展开与命运》(日文,东京都)、《新闻自由在中国》(中国香港,大世界出版公司),以及论文选集《新闻学新论》《自由与法框架下的新闻改革》《通向新闻自由与法治的途中——孙旭培自选集》《多种声音交响乐——拓展中国的言论与新闻自由》(英文,美国Praeger Publisher)等。主编《华夏传播论》《中国传媒的活动空间》《规矩与方圆——新闻传播学研究方法与规范》等。

(6)陶丹,女,河北大学新闻传播学院教授、博士生导师。研究方向为科技传播、媒介产业的经营与管理。兼任台湾南华大学出版事业管理研究所客座教授,韩国政经研究所客座研究员,中国印刷博物馆兼职馆员。主持完成了2007年立项的国家社科基金项目"中国出版企业多元化经营的途径",2005年11月参与完成了国家社科基金项目"中国出版集团现状与发展模式研究"国外出版集团发展途径研究的子课题任务。在科学出版社出版多部专著,在《中国出版》《中国记者》等刊物发表论文百余篇。

(7)吴庚振,1937年10月生,河北定州人,河北大学新闻传播学院教授。1962年毕业于河北大学中文系,同年留校任教,2004年1月退休。曾担任河北大学中文系主任、河北大学新闻传播学系主任兼系党总支书记,兼任河北大学学术委员会委员、河北大学学位委员会委员等职务。新闻传播学院成立后担任河北大学新闻学专业硕士研究生导师组组长、新闻研究所所长。先后为本科生和研究生主讲基础写作、文学创作、应用写作、新闻学概论、新闻评论学、传播学研究、新闻业务专题研究等课程。致力于辞章学、文艺学和新闻传播学的教学与研究。在《新闻与传播研究》《中国记者》《新闻战线》《现代传播》等报刊发表学术论文、学术随笔等文章近200篇。独著或主编、参编的专著、教材、工具书共计24部，主要著作有：《新闻评论学通论》《说理艺术漫谈》《广播电视评论学》《新时期新闻学论稿》《古代文章学概论》《人生如歌》等。《新闻评论学通论》一书被《河北日报》《新闻战线》《采写编》等报刊重点推介，在学术界产生较大影响。有9项成果获省部级以上奖励，包括河北省优秀教学成果一等奖1项，中国新闻奖学术论文奖1项，河北省社科优秀成果二等奖3项，河北省社科优秀成果三等奖2项，河北省优秀新闻学论文一等奖2项。曾兼任的社会职务有：中国古代写作理论研究会副会长、中国新闻教育学会理事、河北省记协及河北省新闻学会常务理事、河北省新闻学术委员会副主任、河北省新闻奖评审委员会副主任等职务。1993年起享受国务院政府特殊津贴，1996年荣获全国新闻教育系统韬奋"园丁奖"，2008年被评为全国新闻教育贡献人物、保定市劳动模范。1993年获得教授任职资格，是河北省第一位新闻学教授。主持创建了河北大学新闻传播学系，并于1995年6月至2000年10月担任河北大学新闻传播学系主任，任期贯穿整个河北大学新闻传播学系组建到河北大学新闻传播学院成立这一段时间。吴庚振是河北省新闻传播学教育和研究的开拓者和奠基人之一。

（8）徐永泉，1958年生，唐山师范学院中文系新闻学教研室教授。1982年7月毕业于河北师范大学中文系。1986—1987年在武汉大学中文系文艺学研究班学习。1999—2000年在北京师范大学中文系做文艺学访问学者。长期从事文学概论、美学、西方文论、儿童文学、马列文论等课程的教学工作。所任文学概论课程于1993年被评为学院优秀教学奖，2003年荣获省级优秀教学二等奖，2007年被评为省级优质课。2010—2017年担任新闻学教研室主任，从事新闻史、传播学等课程的教学，同时从事相关学科的科研。主编《新编文学理论教程》等专著两部；独立承担"冀东民间故事研究"科研立项；在《高等师范教育研究》

《当代文坛》《文艺争鸣》等核心期刊发表文艺学、儿童文学、幻想文学、诗歌评论、传播学研究等学术论文数十篇。

(9)甄增荣,女,河北经贸大学文化与传播学院教授、硕士生导师,2018年8月退休。曾在《出版发行研究》《河北学刊》《中国编辑》《首都经济贸易大学学报》《河北经贸大学学报》等刊物上发表论文30余篇。

4. 河北省新闻传播领域已故教授

(1)李广增,1953年出生,2003年因病去世。河北石家庄市辛集人,生前为河北大学新闻传播学院教授,享受河北省政府特殊津贴专家。1982年3月由北京大学中文系新闻专业毕业后分配到河北大学新闻专业工作,1983年9月至1984年7月赴中国人民大学新闻系进修,1993年7月开始担任新闻教研室主任,1995年6月至2000年9月担任河北大学新闻传播学系副主任。出版全国通用教材《新闻传播学》(河北大学出版社)、《新闻心理学概论》(河北大学出版社)、《传播研究方法导论》等,还著有《舆论导向50年》《新时期新闻学论稿》(与吴庚振合著,河北教育出版社1997年)等论著。1991年论文《马克思主义的新闻自由观》获得河北省第三届社会科学优秀成果三等奖,1996年论文《论舆论导向的结构模式》获得河北省第五届社会科学优秀成果三等奖。

(2)刘豁轩(?—1976),毕业于南开大学新闻学专业,不但担任过民国时期天津《益世报》的社长和总编辑,还担任过燕京大学新闻系的系主任。刘豁轩是新闻专业科班出身,担任过报社社长和总编辑,同时还在大学新闻系担任过系主任和教学工作。力主抗日,曾被日本宪兵队关押。1944—1945年,1947—1948年先后担任河北大学前身天津工商学院新闻学、广告学教授。

(3)楼沪光,1933年出生,2012年去世。浙江永康人,1955年毕业于北京大学新闻专业。曾任《河北日报》副总编辑兼《杂文报》总编辑、光明日报社河北记者站站长等职务。1972—1981 年在河北大学工作，1980 年 5 月，原国家教委批准河北大学建立新闻学专业，同年 7 月成立筹备组，楼沪光担任筹备组副组长，参与筹建河北大学新闻学专业。

（4）罗夫，曾用名肖孟璞和萧朴石，江苏宿迁人，共产党员。1937 年开始参加抗日救亡活动，1938 年夏天到延安抗日军政大学学习，1938 年年底到晋察冀边区工作，担任晋察冀通讯社编辑科长和报社特派记者。1946 年任华北联合大学新闻系副主任，后来担任过涞源县副书记。同时，仍为报社特约记者。1948 年 8 月，与国民党特务遭遇，不幸牺牲，时年 28 岁。

（5）谢国捷（1915—1989），字戍生，河南安阳人，祖籍江苏武进。河北大学新闻学专业创始人之一。就读于北平辅仁大学哲学系，毕业后一直从教，中华人民共和国成立后调到天津师范学院（河北大学前身），1960 年之后担任河北大学中文系及新闻专业教授。谢国捷长期担任河北大学中文系写作教研室主任，60 年代末指导学生写作并在报纸上发表作品，1973 年曾派青年教师到《河北日报》进行各种新闻文体的写作实践锻炼。他曾组织河北大学中文系写作教研室老师编写了《写作基础知识》，并于 1979 年 9 月由河北人民出版社出版。该书是全国"文革"后第一部写作教材，第一版就印了 60 万册。[①] 1980 年 5 月，原国家教委批准河北大学新闻学专业成立，同年 7 月成立筹备组，谢国捷担任筹备组组长，组织筹备组进行了师资引进、师资培养、教学计划制定等一系列筹备工作，新闻专业正式建立后担任河北大学新闻教研室第一任主任，任期为 1981 年 9 月至 1982 年 12 月。

4.2.2 在职教授知网论文研究

为了对河北省新闻传播教育学领域的各位教授的研究领域和论文影

[①] 乔云霞. 河北大学新闻学科创建人谢国捷先生——纪念谢国捷先生逝世 25 周年[J]. 采写编，2013(6)：59-61.

响力有一个更加全面、客观的认识，笔者于2019年9月25日在中国知网上摘录了河北省新闻传播领域55位在职教授①的相关信息，按照各位教授姓氏拼音首字母的排序进行了列表统计。主要呈现了姓名、单位、研究领域、被中国知网收录的论文数量、论文被下载次数、被引次数、H指数②、G指数③等。这一数据能够补充前文中对各位教授的简介所无法体现出来的一些信息，例如表格中的研究领域就是中国知网通过论文发表情况统计出来的，可能比教授自己的判断更加客观。但是也有一些缺憾和片面之处，首先是有的教授产出的著作、咨政建言或者横向课题成果比较多，使用中国知网这些指标和数据难以衡量和呈现。其次是对于有过单位调动或者学校更名的教授来说，无法将其在不同学校的数据进行完美合并，因而也无法全面呈现各位教授被中国知网收录论文的数量和质量(见表4-9)。

表4-9 河北省新闻传播学类在职教授被中国知网收录论文数据汇总表

序号	姓名	单位	研究领域	被收录论文数量	论文被下载次数	被引次数	H指数	G指数
1	白贵	河北大学	新闻与传媒；中国文学；出版	104	33979	481	7	8
2	贲春明	河北对外经贸职业学院	中等教育；生物学；中国语言文字	5	511	1	0	1
3	曹茹	河北大学	新闻与传媒；出版；文化	16	8566	149	3	6

---

① 这一部分统计到的教授名单与表4-1中统计的教授61人有些出入，其中河北传媒学院新闻传播学院统计时为6位教授，在此落实了1位，石家庄职业技术学院动画学院此前统计时为1位教授，在此统计时没能落实到具体人选。
② H指数是一个评价研究人员成果数量和成果质量的综合评价指标。
③ G指数是H指数的衍生指数，为了弥补H指数的不足，主要是体现被引量排序靠前的文章的被引次数的指数。

续表

序号	姓名	单位	研究领域	被收录论文数量	论文被下载次数	被引次数	H指数	G指数
4	陈娟①	河北大学	新闻与传媒	5	507	6	—	—
5	陈玉	燕山大学	新闻与传媒；高等教育；建筑科学与工程	25	3731	53	3	2
6	丁立捷	河北师范大学；石家庄电视台	新闻与传媒	2	70	0	0	1
7	杜浩	河北大学	中国文学；文化；文化经济	15	4055	25	2	2
8	韩立新	河北大学	新闻与传媒；中国文学；高等教育	39	14859	303	5	8
9	胡连利	河北大学保定学院	新闻与传媒；高等教育；文化	32	11412	300	7	12
10	贾奎林	廊坊师范学院	新闻与传媒；戏剧电影与电视艺术；中国古代史	19	4659	111	2	2
11	李丽	廊坊师范学院	中国文学；企业经济；管理学	25	6677	54	3	3
12	李亚虹	河北大学	新闻与传媒；戏剧电影与电视艺术；思想政治教育	18	3021	58	2	3
13	李亚男	河北大学	高等教育；文化经济；中等教育	19	3862	31	1	1
14	李颖杰	唐山学院	教育理论与教育管理；心理学；贸易经济	8	1598	39	3	3

---

① 陈娟是从暨南大学调到河北大学工作的，知网中的数据只能呈现一部分。另外，疑似因为河北大学有其他的老师与陈娟同名，知网没有呈现陈娟的H指数和G指数。

续表

序号	姓名	单位	研究领域	被收录论文数量	论文被下载次数	被引次数	H指数	G指数
15	刘晓岚	防灾科技学院	新闻与传媒；管理学；高等教育	28	4647	85	4	3
16	刘玉清	河北经贸大学	出版；新闻与传媒；贸易经济	58	7460	213	7	4
17	马瑞	河北经贸大学	企业经济；贸易经济；新闻与传媒	20	5397	103	6	3
18	默书民	河北经贸大学	中国古代史；中国近现代史；考古	8	1530	9	1	2
19	彭焕萍	河北大学	新闻与传媒；高等教育；出版	39	11432	119	3	4
20	齐贵来	衡水学院	文化；新闻与传媒；高等教育	19	3321	25	2	2
21	任翠英	保定职业技术学院	中国语言文字；职业教育；中国文学	16	1520	12	2	2
22	任文京	河北大学	中国文学；出版；图书情报与数字图书馆	40	12954	176	6	4
23	商建辉	河北大学	新闻与传媒；文化经济；出版	84	14533	145	5	3
24	申玉山	河北经贸大学	中国近代史；财政与税收；法理、法史	10	1027	25	3	2
25	宋兆宽	河北传媒学院	新闻与传媒；美术书法雕塑与摄影	2	82	0	0	1
26	孙会	河北师范大学	贸易经济；新闻与传媒；中国近代史	51	19857	335	5	3
27	田建国	保定职业技术学院	新闻与传媒；职业教育；教育理论与教育管理	18	2446	50	3	3

续表

序号	姓名	单位	研究领域	被收录论文数量	论文被下载次数	被引次数	H指数	G指数
28	田建平	河北大学	出版；新闻与传媒；中国古代史	78	20212	196	3	4
29	仝文瑶	河北师范大学	新闻与传媒；贸易经济；戏剧电影与电视技术	8	1321	20	3	2
30	王宝昌	河北对外经贸职业学院；河北外国语职业学院	戏剧电影与电视艺术；新闻与传媒；文化经济；职业教育	5	751	14	2	2
31	王国洪	衡水学院	文化；高等教育；文化经济	28	5285	47	2	2
32	王俊杰	河北大学	新闻与传媒；法理、法史；哲学	32	8155	167	6	4
33	王明好	河北师范大学	中国文学；新闻与传媒；高等教育	22	2218	22	2	2
34	王秋菊	河北大学	新闻与传媒；文化；中国政治与国际政治	41	19191	338	4	5
35	王雪梅	河北大学	新闻与传媒；考古；思想政治教育	17	5186	55	1	1
36	王玉蓉	河北大学	新闻与传媒；贸易经济；出版	20	3782	57	3	4
37	王志敏	唐山学院	美术书法雕塑与摄影；戏剧电影与电视艺术；高等教育	6	127	0	0	1
38	位迎苏	河北师范大学	新闻与传媒；戏剧电影与电视艺术；中国语言文字	25	5124	51	4	3
39	吴海涛	衡水学院	高等教育；文化；文化经济	23	2427	31	3	2

续表

序号	姓名	单位	研究领域	被收录论文数量	论文被下载次数	被引次数	H指数	G指数
40	向淑君	廊坊师范学院	新闻与传媒；出版；高等教育	17	4532	50	5	3
41	杨金花	河北大学	出版；中国文学；市场研究与信息	22	3815	30	1	1
42	杨秀国	河北大学	新闻与传媒；高等教育；民商法	30	5594	81	3	5
43	尹亚辉	河北地质大学	新闻与传媒；出版；贸易经济	14	4185	74	3	3
44	张海燕	沧州师范学院；沧州师范专科学校	教育理论与教育管理；高等教育；中国文学	16	4548	39	3	3
45	张金桐	河北经贸大学	新闻与传媒；中国文学；高等教育	44	14751	185	6	4
46	张巨才	河北师范大学	贸易经济；企业经济；投资	43	10100	123	5	3
47	张明霞	唐山学院	教育理论与教育管理；心理学；贸易经济	30	7353	123	2	2
48	张培成	河北对外经贸职业学院；河北外国语职业学院	新闻与传媒；互联网技术；企业经济	6	261	1	1	1
49	张雅明	河北大学	心理学；新闻与传媒；教育理论与教育管理	28	12394	190	4	7
50	赵凤华	河北科技大学	新闻与传媒；企业经济；文化	53	6370	77	3	2
51	赵然	保定学院	戏剧电影与电视艺术；新闻与传媒；出版	32	4746	59	5	3
52	赵树旺	河北大学	出版；新闻与传媒；高等教育	42	10126	93	5	3

续表

序号	姓名	单位	研究领域	被收录论文数量	论文被下载次数	被引次数	H指数	G指数
53	赵双阁	河北经贸大学	新闻与传媒；民商法；出版	43	15374	160	6	4
54	甄伟锋	河北工程技术学院	新闻与传媒；法理、法史；贸易经济	4	826	14	2	2
55	朱正基	唐山学院；河北科技大学唐山分院	美术书法雕塑与摄影；旅游；戏剧电影与电视艺术	9	1632	22	2	2

通过表 4-9 中的数据可以看出，白贵、商建辉、田建平、刘玉清、赵凤华、孙会 6 位教授被中国知网收录的论文数量超过了 50 篇，可以反映出这些教授的论文产量较高。其中白贵教授更是以超过百篇的论文数量排在榜首，商建辉教授的论文数量也相当惊人，达到了 84 篇。从论文被下载次数来看，白贵、田建平、孙会、王秋菊、赵双阁 5 位教授的论文被下载超过了 1.5 万次，排在前 5 位。其中白贵教授的论文被下载了将近 3.4 万次，田建平教授的论文下载次数也超过了 2 万次。在论文被引用次数方面，白贵、王秋菊、孙会、韩立新、胡连利 5 位教授的论文被引用次数超过了 300 次。排在第一位的依然是白贵教授，他的论文被引用次数是 481 次。在 H 指数方面，白贵、胡连利、刘玉清 3 位教授的中国知网论文 H 指数是 7，并列榜首。在 G 指数方面，胡连利、白贵、韩立新、张雅明、曹茹 5 位教授的中国知网论文 G 指数超过了 5，分别为 12、8、8、7、6。

对表 4-9 中的数字统计后可以得出，河北省新闻传播学院系专业的 55 位教授被中国知网收录的论文总数是 1463 篇，平均每位教授被收录 27 篇；55 位教授论文被下载总次数为 364099 次，平均每位教授的论文被下载总次数为 6620 次；55 位教授的论文被引用总次数为 5227 次，平均每位教授的论文被引用次数为 95 次。除陈娟教授外的 54 位教授中国知网收录论文的 H 指数和 G 指数的平均数分别为 3.22 和 3.11。

对河北省新闻传播学教授的研究领域进行统计分析会发现 55 位教授的研究领域共涉及"新闻与传媒""高等教育""出版"等 32 个关键词。其中"新闻与传媒"共出现 38 次,是出现频率最高的词汇,也说明所涉及的 55 位教授之中有 38 位的研究领域包含新闻与传媒。有 16 位教授的研究领域涵盖"高等教育",14 位教授的研究领域涉及"出版";"中国文学"和"贸易经济"出现的频率为 10,"文化"和"戏剧电影与电视艺术"出现的频率为 8,"文化经济"一词出现了 6 次,"企业经济""教育理论与教育管理"两个词汇出现的频率为 5,详细情况见图 4-4。

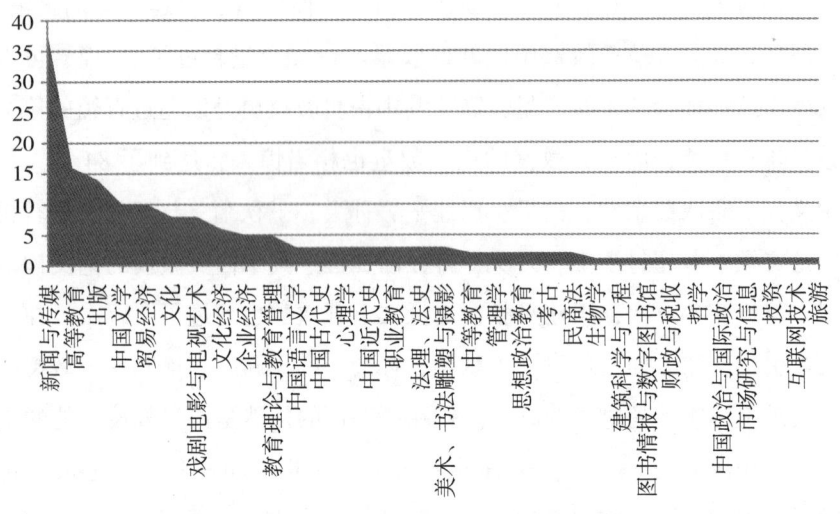

图 4-4　河北省 55 位新闻传播学教授的研究领域频次面积图

4.3　本章小结

河北省新闻传播院系教师队伍基本与河北省新闻传播教育的发展状况相一致,自 1980 年 5 月河北省新闻传播教育第一个专业被批准以来的发展历程也是教师队伍逐渐壮大的过程。总体而言,现在的专业教师

队伍呈现出如下特点:

1. 教师队伍逐渐壮大,师资力量愈见雄厚

在河北省第一个新闻传播学专业建立之初,师资队伍是最棘手的问题之一。通过师资外派进修培训,全国高水平新闻传播类学院毕业生分配,自行选拔和培养等手段,经过多年的积累和发展,终于形成了一支结构较为合理的师资队伍。其中,吴庚振、乔云霞、胡连利、杜浩等人在专业建设之初分别被派往中国人民大学、中国社科院、北京广播学院等单位进修学习;李广增、杨秀国、焦国章分别是由北京大学、复旦大学新闻专业本科毕业后经分配来到河北大学担任新闻学专业教师;后来河北大学、河北师范大学又选拔优秀本科生在本科阶段第四年到北京广播学院学习,返校后担任教师,河北大学新闻传播学院的杜友君、丁晓正、李亚虹,河北师范大学新闻传播学院的杜国清就是以这种形式留校任教的。后来在河北大学新闻传播系拥有硕士点后,分批次以"保研留校"的方式留任了多名自己的优秀毕业生充实到教师队伍。

2. 在全国范围内的名师数量较少、分布集中

河北省新闻传播类师资队伍经过近40年的发展,取得了丰硕的成果,已经逐步形成了一支结构较为合理、水平较高的教师队伍,但是总体来看,还缺乏在全国范围内有较大影响的教师。以担任教育部高等学校新闻传播学类专业教学指导委员会委员和全国行业职业教育教学指导委员会委员为例,40年来只有河北大学新闻传播学院的白贵教授和韩立新教授担任过教育部高等学校新闻传播学类专业教学指导委员会委员,只有保定职业技术学院传媒艺术系田建国教授担任过教育部全国广播影视职业教育教学指导委员会委员。虽然不能单以此为标准来判断教师在全国的学术声誉和学术地位,但是这确实是一个重要指标。除此之外,河北省新闻传播类教师在中国新闻史学会以及各个分会还有一些任职,但是大多集中在河北大学新闻传播学院。

3. 结构有待改善，在新一轮竞争中有所落后

在结构方面还有较大的改善空间，例如年龄结构总体偏年轻，在本书所调查的部分新闻传播院系的教师队伍中36~45岁的教师占到了42%，加上35岁以下教师所占的29%的比例，45岁以下教师占到了整体教师的71%。如果说年轻不是师资队伍的问题，那么这个年龄结构相对应的就是学历结构和职称结构的不甚合理，具有硕士学位的教师占到了63%，而拥有博士学位的教师只占17%。对于很多新闻传播学院都在达成"全博化"师资队伍的历史节点上，河北省新闻传播教育的师资队伍建设需要快马加鞭了。而职称结构中副教授的占比为27%，也明显低于讲师所占比例46%，也有较大的提高空间。单看河北省还不觉得问题很明显，如果对照全国其他省市高校的情况，就会意识到河北省高校在师资队伍建设方面已经有所落后，尤其是在引进具有博士学位教师方面需要下大气力。不然，不只是师资队伍一个方面落后，而是会影响到教学、科研一系列的指标。

4. 总体发展不平衡，学缘、业缘结构不够多样化

如果从各个院系来看，河北大学新闻传播学院、燕山大学文法学院等少数院系的师资队伍是比较强大的，但是大部分院校在师资队伍建设上还存在较大的发展空间。另外的问题主要有：河北省各个高校师资队伍中的学缘结构不够多样，尤其是名牌院校的毕业生数量较少；专业类别、业缘结构比较单一，难以适应目前传媒行业对人才的需求。"高校在教师选聘方面要进一步解放思想，从新时代的实际出发，抓住特色、谋划科学合理的师资结构，以切实适应'新文科'转型的要求，避免因为师资的知识结构、学科结构的滞后，使'新文科'建设流于形式。"[①]

[①] 白贵，杨强."新文科"背景下新闻传播教育的新形势与新进路[J]. 出版广角，2019(9)：29-32.

第5章 河北省新闻传播教学条件

5.1 河北省新闻传播学类课程建设

5.1.1 课程建设基本情况

课程建设是专业建设和学科建设的基本着力点，是教师传授知识和学生获得专业技能的重要载体。因而在学科建设和专业建设中，课程改革一直都是重要的内容。武汉大学新闻与传播学院周茂君教授和郑州大学新闻与传播学院罗雁飞基于国内55家新闻传播院校的调研数据显示：本科专业核心课程范围在扩大，"跨学科"特征愈加明显，课程"存量"与"增量"之间矛盾突出，不同专业对学院平台课程的评价不同，不同专业面临的突出问题排序亦有差异，国内新闻传播教育界对本科专业核心课程设置的自我满意度普遍不高。① 河北大学2018届新闻与传播硕士研究生安陆飞在导师杨秀国教授的指导下撰写了硕士毕业论文《河北高校新闻课程设置与改革的调研报告》，该文调研整理了河北大学、河北经贸大学、河北师范大学、燕山大学、河北科技大学、河北师范大学汇华学院和燕山大学里仁学院新闻学相关专业的课程开设基本情况。安陆飞研究发现，河北大学新闻学专业新媒体相关课程逐渐增多；河北经

---

① 周茂君，罗雁飞. 我国新闻传播学本科专业核心课程设置研究——基于55家院校调查数据[J]. 现代传播（中国传媒大学学报），2019，41（8）：157-162，168.

贸大学开办了经济新闻方向，是河北省唯一一家开办特色新闻专业教育的学校；河北师范大学新闻学专业课程种类多，比例均衡；燕山大学新闻学相关专业的课程中文学课程比重比较大。

在不同学校和不同类型的学科专业，课程的分类标准和类别名称不尽相同，在此选择几个院系专业进行举例说明。河北大学新闻传播学院广告学专业2019级人才培养方案中的课程体系主要包括通识教育课程、学科基础课程和专业发展课程三大类课程，毕业需要第一课堂达到165学分。该专业的核心课程有传播学概论、广告学概论、中外广告史、广告策划与创意、广告心理学、市场营销学、应用统计学、消费者行为学、美术基础、计算机辅助设计等。该专业的主要实践性教学环节有市场调查与分析实践、计算机辅助设计实践、影视广告创作、广告文案写作、平面广告创作、广告业务综合实践、毕业实习等。

河北师范大学新闻传播学院广告学专业2019级人才培养方案要求毕业学分第一课堂不低于166学分，第二课堂不低于4学分。课程分为通识平台课程、大类平台课程、学科平台课程、专业平台课程、实践教学课程、综合素质课程六大类。专业必修课程包含市场营销学、中外广告史、市场调查与数据分析、公共关系学、广告心理与消费者行为学、广告策划、广告创意、广告文案写作、全媒体广告传播、广告经营与管理、品牌管理、品牌实务、毕业论文写作等。

河北大学工商学院人文学部网络与新媒体专业2016级人才培养方案中将课程分为平台必修课和模块选修课两大类。而其中平台必修课又包含通识教育平台、专业基础平台和专业核心课程平台三个类别，模块选修课包含专业拓展模块、实践教学模块、通识教育选修模块、素质拓展模块四个类别。该专业的核心课程包含新闻采访与写作、新闻评论学、网络编辑实务、新媒体产品策划与运营、网络传播技术、网络媒介经营与管理、新媒体经济。河北大学工商学院新闻学专业2016级人才培养方案也列出了核心课程，它们是新闻学概论、传播学概论、新闻采访与写作、新闻编辑学、新闻评论学、中国新闻事业史、外国新闻事业史。两相对比，差异明显。

在保定职业技术学院传媒艺术系广播影视节目制作专业 2018 级人才培养方案中要求学生修完 150 学分才能达到毕业条件。课程分为"公共基础和基本素质课程体系""专业课程体系"两大类别，每个大类又细分为必修和选修。主要核心课程包括电视编导、电视摄像、讯道技术、影视节目剪辑技术、影视节目包装等。

本专科专业课程注重基础理论和专业实践能力的培养，硕博士的培养目标就有很大区别了，表 5-1 是从河北大学新闻传播学《申报博士学位授权一级学科点简况表》中选取的河北大学新闻传播学一级学科博士点拟开设的课程列表，可以从中了解博士研究生的课程情况。

表 5-1　河北大学新闻传播学一级学科博士点拟开设主要专业课程列表

主要课程名称	主讲教师			学时	注明已开设或拟开设
	姓名	专业技术职务	所在单位		
宗教文化与跨文化传播	白贵	正高级	河北大学新闻传播学院	54	拟开
新闻业务与舆论引导研究	杨秀国	正高级	河北大学新闻传播学院	36	拟开
英法美日报业发展研究	胡连利	正高级	河北大学新闻传播学院	48	拟开
媒介经营管理	陶丹	正高级	河北大学新闻传播学院	48	拟开
新闻舆论监督专题研究	韩立新	正高级	河北大学新闻传播学院	40	拟开
新闻心理学专题研究	曹茹	正高级	河北大学新闻传播学院	48	拟开
电视新闻改革与发展研究	王俊杰	正高级	河北大学新闻传播学院	36	拟开
出版管理研究	任文京	正高级	河北大学新闻传播学院	48	拟开
古代出版史专题	田建平	正高级	河北大学新闻传播学院	48	拟开
定性研究与定量研究方法	张雅明	副高级	河北大学新闻传播学院	54	拟开
新闻传播法规与伦理	彭焕萍	副高级	河北大学新闻传播学院	54	拟开
危机传播研究	商建辉	副高级	河北大学新闻传播学院	48	拟开

5.1.2 国家级、省级精品课程建设

教育部于 2003 年 4 月 8 日下发了《教育部关于启动高等学校教学质量与教学改革工程精品课程建设工作的通知》，吹响了精品课程建设的号角，也提出了要建立校、省、国家三级精品课程体系。精品课程建设的全称是"高等学校教学质量与教学改革工程精品课程建设工作"，精品课程是在师资队伍、教学内容、教学方法、教材、教学管理等方面具有示范引领作用的课程。

2002 年白贵教授主持的新闻学概论被批准建设为省级精品课程，自 2002 年至 2010 年 9 年间，河北省新闻传播学类院系专业一共建设了 7 门省级及以上精品课程，有 1 门国家级精品课程——保定职业技术学院田建国教授主持的"电视摄像"。7 门之中有 4 门本科院校的课程和 3 门高职院校的课程，共涉及 3 所院校——河北大学、保定职业技术学院和河北青年管理干部学院(见表 5-2)。

表 5-2　　　　　　　　河北省省级以上精品课程统计表

序号	课程名称	主持人	二级学科	所在单位	批准年度	类别
1	电视摄像	田建国	广播电视类	保定职业技术学院传播技术系	2010	国家精品课程
2	电视画面编辑	王　敏	广播电视类	河北青年管理干部学院教育传媒系	2010	省级精品课程
3	电视摄像	田建国	广播电视类	保定职业技术学院传播技术系	2009	省级精品课程
4	新闻采访写作	杨秀国	新闻传播学类	河北大学新闻传播学院	2008	省级精品课程
5	电视编辑与节目制作	王俊杰	新闻传播学类	河北大学新闻传播学院	2006	省级精品课程

续表

序号	课程名称	主持人	二级学科	所在单位	批准年度	类别
6	中国新闻事业史	田建平	新闻传播学类	河北大学新闻传播学院	2003	省级精品课程
7	新闻学概论	白贵	新闻传播学类	河北大学新闻传播学院	2002	省级精品课程

由上表可知，2002—2008年，河北大学新闻传播学院有4门课程陆续被遴选为省级精品课程。各级精品课的建设对于提高课程建设水平、完善教学资料、发挥引领作用具有一定的促进作用。

2009年7月，据冀教高〔2009〕38号文件公布，保定职业技术学院田建国副教授主持的电视摄像课程被确定为2009年度省级精品课程。2010年5月，电视摄像课程被确定为国家级精品课程。河北青年管理干部学院的广播影视节目制作专业开设于1999年，是河北省开设较早的同类专业之一，2010年由工敏副教授主持的电视画面编辑课程被列为省级精品课程。

5.1.3 在线开放课程

21世纪的第二个十年，教育部逐步完善和改进了课程建设的思路，精品课程建设发展到了"2.0版本"，开始由之前注重课程建设发展到了注重课程资源、注重课程被学习频度和学习效果。从而开始倡导建设在线共享课程、视频公开课、慕课等。

1. 国家级精品资源共享课——电视摄像

2013年12月，教育部公布第三批国家级精品资源共享课立项项目名单，保定职业技术学院传播技术系主任田建国教授负责的电视摄像课程获得立项。精品资源共享课建设是国家精品开放课程建设项目的组成部分，对于推动高等学校优质课程教学资源共建共享，促进教育教学观念转变、教学内容更新和教学方法改革，提高人才培养质量等具有重要意义。教育部为每门课程划拨10万元经费用于课程建设，并对上网后的课程进行追踪监测，对于社会反响良好的课程授予"国家级精品资源共享课"称号。

2. 河北省高等学校省精品资源共享课——新闻采访写作

2013年末，河北省教育厅下发了《关于公布2013年河北省高等学校省精品资源共享课程名单的通知》（冀教高〔2013〕57号）文件，河北大学新闻传播学院杨秀国教授主持的新闻采访写作课程入选2013年度河北省精品资源共享课程。精品资源共享课是在精品课的基础上择优转型升级，此次河北省共评选出38门省精品资源共享课程，本科18门，高职20门。①

3. 首批河北省高校精品在线开放课程

根据河北省教育厅发布的《关于公布首批河北省精品在线开放课程立项建设名单的通知》（冀教高函〔2018〕7号）文件精神，共有河北大学、河北师范大学、河北传媒学院、石家庄学院4所院校的新闻传播类课程获准立项，成为首批立项建设的河北省高校精品在线开放课程（见表5-3）。

表5-3 首批河北省高校精品在线开放课程立项建设名单（新闻传播学类部分）

学校名称	课程名称	课程类别	课程层次	课程负责人	课程平台
河北传媒学院	融媒体综艺节目制作	全日制	本科	杨博	超星泛雅
河北大学	新闻采访与写作	全日制	本科	彭焕萍	爱课程

---

① 我院"新闻采访写作"课程入选河北省高等学校省精品资源共享课［EB/OL］.［2014-01-18］. http://jc.hbu.edu.cn/xyxw/1132.jhtml.

续表

学校名称	课程名称	课程类别	课程层次	课程负责人	课程平台
石家庄学院	数字媒体概论	全日制	本科	张哲	爱课程
河北师范大学	影像剪辑与合成（非线性编辑）	全日制	本科	刘成锁	学堂在线

4. 河北省职业院校在线开放课程

2019年4月30日，河北省教育厅发布了《关于公布2018年河北省职业院校在线开放课程评选结果的通知》，在2018年河北省职业院校在线开放课程征集评选活动评选结果列表中有3门新闻传播类课程，分别是河北对外经贸职业学院的颜秉忠负责的影视栏目包装课程、康永斌负责的非线性编辑课程、河北软件职业技术学院宋洪英老师负责的影视后期编辑课程(见表5-4)。

表5-4　2018年河北省职业院校在线开放课程征集评选活动评选结果
（新闻传播类）

学校	课程	负责人	获奖
河北对外经贸职业学院	影视栏目包装	颜秉忠	三等奖
河北软件职业技术学院	影视后期编辑	宋洪英	三等奖
河北对外经贸职业学院	非线性编辑	康永斌	三等奖

5. 视频公开课——中国新闻事业史

河北大学新闻传播学院开设了"中国新闻事业史"视频公开课。课程负责人为河北大学新闻传播学院教授田建平，课程组成员包括都海虹、张金凤、刘莹、张晓伟、乔云霞。该课程主要讲述报刊、广播、电视、新闻网络发展演变的规律，历史的经验与教训，前辈新闻工作者的好思想、好作风,启迪学生的心灵,为学生毕业后从事新闻工作打下基础。该课程的主要内容涉及中国古代的新闻传播事业、近代新闻事业的传入、民族近代新闻事业的产生、清末民初新闻事业的发展、新民主主义时期的新闻事业、大革命时期的新闻事业、十年内战时期的新闻事业、抗日战争时期的新闻事业、人民解放战争时期的新闻事业、中华人民共和国成立初期的新闻事业、全面建设社会主义时期的新闻事业、"文化大革命"时期的新闻事业、社会主义现代化建设时期的新闻事业等。

5.2 河北省新闻传播学类教材建设

5.2.1 教材编写与出版

1. 教材编写与出版情况

河北省新闻传播教育在将近40年的时间里,全省各个新闻传播学类院系教师主编、参编了大量的教材。笔者通过查阅图书资料、浏览各院系网站和对部分专任教师进行访谈,整理出一些使用较为广泛、影响较大的教材(见表5-5)。

表5-5　河北省新闻传播院系编写并出版的部分教材列表

序号	教材名称	作者姓名	作者分工	出版社	出版年月	所属单位(现名)	备注
1	新闻编辑学教程	焦国章 和曼	主编	郑州大学出版社	2018年7月	河北大学新闻传播学院	
2	当代新闻写作	白贵 彭焕萍	著	中国人民大学出版社	2018年4月	河北大学新闻传播学院	

续表

序号	教材名称	作者姓名	作者分工	出版社	出版年月	所属单位(现名)	备注
3	进路：广告新锐养成攻略	宋伟龙	著	河北人民出版社	2018年4月	河北大学新闻传播学院	
4	电视广告（第二版）	孙会	著	中国传媒大学出版社	2018年3月	河北师范大学新闻传播学院	
5	畅销书选题策划与市场营销	余人 白贵	主编	高等教育出版社	2017年11月	河北大学新闻传播学院	
6	无人机航拍技术	王宝昌	主编	西北工业大学出版社	2017年1月	河北对外经贸职业学院传媒系	
7	传播符号学教程	冯月季	著	重庆大学出版社	2016年12月	燕山大学文法学院文学与新闻传播学系	第十六届河北省社会科学优秀成果奖二等奖(2018)
8	传播学研究方法：讨论与评价	[美]董庆文主编；赵树旺、栗文达译	译著	南京大学出版社	2015年12月	河北大学新闻传播学院	
9	电视节目剪辑	田建国 胡明锦	主编	中国传媒大学出版社	2015年9月	保定职业技术学院传媒艺术系	广播影视类"十二五"规划应用型教材
10	电视新闻采访与写作	田建国 任翠英	主编	中国传媒大学出版社	2015年9月	保定职业技术学院传媒艺术系	广播影视类"十二五"规划应用型教材

续表

序号	教材名称	作者姓名	作者分工	出版社	出版年月	所属单位(现名)	备注
11	编辑出版学专业英语	赵树旺	编著	南京大学出版社	2015年8月	河北大学新闻传播学院	
12	广告文案写作教程(第三版)	郭有献	编著	中国人民大学出版社	2015年7月	河北地质大学艺术设计学院	"十二五"普通高等教育本科国家级规划教材
13	新闻传播学专业英语	赵树旺 栗文达 白 杨	编著	中国传媒大学出版社	2015年1月	河北大学新闻传播学院	第十五届河北省社会科学优秀成果奖三等奖(2016)
14	实用摄影技术(第二版)	田建国	主编	中国农业出版社	2014年10月	保定职业技术学院传媒艺术系	"十二五"职业教育国家规划教材
15	地产广告写作	李亚男 杜 浩	著	河北大学出版社	2014年8月	河北大学新闻传播学院	
16	影视分镜头设计与应用	马世昌 李 赢 陈素霞	主编	航空工业出版社	2014年1月	河北师范大学新闻传播学院	
17	电视摄像实务	田建国	主编	中国传媒大学出版社	2013年10月	保定职业技术学院传媒艺术系	广播影视类"十二五"规划应用型教材
18	电视编导实务	李 林 刘万军	主编	中国传媒大学出版社	2013年10月	保定职业技术学院传媒艺术系	广播影视类"十二五"规划应用型教材

续表

序号	教材名称	作者姓名	作者分工	出版社	出版年月	所属单位(现名)	备注
19	当代新闻写作	白　贵 彭焕萍	著	中国人民大学出版社	2013年8月	河北大学新闻传播学院	第十四届河北省社会科学优秀成果奖一等奖(2014)
20	新闻写作	薛国林 张晋升 陈　娟	编著	暨南大学出版社	2013年6月	河北大学新闻传播学院	
21	影视导演艺术	王　列	主编	重庆大学出版社	2013年4月	河北师范大学新闻传播学院	
22	新闻编辑学教程(第二版)	焦国章 和　曼	主编	郑州大学出版社	2012年12月	河北大学新闻传播学院	
23	新闻报道策划	杨秀国	著	人民日报出版社	2012年8月	河北大学新闻传播学院	
24	平面广告设计	赵国祥	主编	机械工业出版社	2012年7月	保定职业技术学院传媒艺术系	
25	新闻评论应用教程(第二版)	贾奎林	编著	北京大学出版社	2012年5月	廊坊师范学院传媒系	
26	电视广告	孙　会	著	中国传媒大学出版社	2012年2月	河北师范大学新闻传播学院	
27	广告文案写作教程(第二版)	郭有献	编著	中国人民大学出版社	2011年6月	河北地质大学艺术设计学院	

续表

序号	教材名称	作者姓名	作者分工	出版社	出版年月	所属单位(现名)	备注
28	报纸编辑精品导读	白贵	主编	人民日报出版社	2011年5月	河北大学新闻传播学院	
29	中国元素与广告创意	郭有献 郝东恒	著	北京大学出版社	2010年1月	河北地质大学艺术设计学院	
30	品牌信息论	吕海平 马瑞 张建生 张倩	著	吉林大学出版社	2009年12月	河北经贸大学文化与传播学院	第十二届河北省社会科学优秀成果三等奖(2010)
31	当代中国传媒社区的新进路	白贵 等	著	河北人民出版社	2009年8月	河北大学新闻传播学院	第十二届河北省社会科学优秀成果奖一等奖(2010)
32	新闻评论应用教程	贾奎林 张雪娜	编著	北京大学出版社	2009年8月	廊坊师范学院传媒系	
33	广告策划实务	赵国祥	主编	科学出版社	2009年4月	保定职业技术学院传媒艺术系	
34	新闻评论学教程	韩立新	主编	郑州大学出版社	2008年9月	河北大学新闻传播学院	
35	新闻编辑学教程	焦国章	主编	郑州大学出版社	2008年5月	河北大学新闻传播学院	
36	新闻学学科精要与经典案例分析	赵凤华 李彦峰	主编	河北人民出版社	2007年12月	河北科技大学文法学院	
37	广告文案写作教程	郭有献	编著	中国人民大学出版社	2007年11月	河北地质大学艺术设计学院	

5.2 河北省新闻传播学类教材建设

续表

序号	教材名称	作者姓名	作者分工	出版社	出版年月	所属单位(现名)	备注
38	中国广播电视史	乔云霞	主编	中国广播电视出版社	2007年8月	河北大学新闻传播学院	高等院校广播电视新闻传播系列教材
39	新闻采访学通论	杨秀国	著	人民出版社	2007年5月	河北大学新闻传播学院	第十一届河北省社会科学优秀成果奖一等奖(2008)
40	美英报刊新闻作品选读	王俊杰 赵树旺 栗文达	编著	中国广播电视出版社	2006年8月	河北大学新闻传播学院	
41	实用摄影技术	田建国	主编	中国农业出版社	2006年8月	保定职业技术学院传媒艺术系	普通高等教育"十一五"国家级规划教材
42	电视文艺学导论	王艳玲	编著	四川大学出版社	2006年1月	河北大学新闻传播学院	
43	电视纪录片创作教程	王 列	主编	中国广播电视出版社	2005年11月	河北师范大学新闻传播学院	高等院校广播电视新闻传播系列教材
44	影视艺术论稿	王俊杰	主编	中国广播电视出版社	2005年6月	河北大学新闻传播学院	高等院校广播电视新闻传播系列教材

续表

序号	教材名称	作者姓名	作者分工	出版社	出版年月	所属单位(现名)	备注
45	播音创作理论基础	严三九 李亚虹	主编	中国广播电视出版社	2005年4月	河北大学新闻传播学院	高等院校广播电视新闻传播系列教材
46	广播电视评论学	吴庚振	著	河北人民出版社	2005年2月	河北大学新闻传播学院	
47	广告文案写作教程	李亚男 杜浩	主编	河北人民出版社	2005年1月	河北大学新闻传播学院	
48	中国传统文化概论	张红保 郭有献 孙万国	编著	新华出版社	2004年7月	河北地质大学艺术设计学院	
49	中国名记者传略与名篇赏析	乔云霞	主编	新华出版社	2003年4月	河北大学新闻传播学院	乔云霞担任执行主编
50	口才艺术通论	张波	著	远方出版社	2003年3月	河北经贸大学文化与传播学院	
51	传播学研究方法	陈燕 陶丹 李广增等	著	科学出版社	2002年6月	河北大学新闻传播学院	第九届河北省社会科学优秀成果奖三等奖(2004)、河北省社科资助课题专著
52	最新编辑实用写作	陶丹 白贵	著	科学出版社	2002年3月	河北大学新闻传播学院	

续表

序号	教材名称	作者姓名	作者分工	出版社	出版年月	所属单位(现名)	备注
53	中国广播电视简史	乔云霞	著	内蒙古人民出版社	2001年12月	河北大学新闻传播学院	
54	报纸编辑学通论	焦国章	著	内蒙古人民出版社	2001年11月	河北大学新闻传播学院	
55	现代公共关系学	张 波 曲 谏	主编	河北人民出版社	2001年9月	河北经贸大学文化与传播学院	
56	新媒介与网络广告	陶 丹 张浩达	著	科学出版社	2001年6月	河北大学新闻传播学院	第八届河北省社会科学优秀成果奖三等奖(2002)
57	新闻评论学通论	吴庚振	著	河北大学出版社	2001年5月	河北大学新闻传播学院	第八届河北省社会科学优秀成果奖二等奖(2002)
58	新闻传播学	李广增	著	河北大学出版社	2000年3月	河北大学新闻传播学院	
59	学位论文写作指导	郭有献 等	编著	北京邮电大学出版社	1999年6月	河北地质大学艺术设计学院	
60	美学基本原理	白 贵 任 贵	主编	内蒙古大学出版社	1999年1月	河北大学新闻传播学院	第七届河北省社会科学优秀成果奖三等奖(2000)
61	公关实务操作艺术	鲍日新	编著	军事科学出版社	1998年1月	河北青年管理干部学院	
62	新闻心理学概论	李广增	著	河北大学出版社	1997年12月	河北大学新闻传播学院	

续表

序号	教材名称	作者姓名	作者分工	出版社	出版年月	所属单位(现名)	备注
63	新闻传播学	李广增	著	河北大学出版社	1997年12月	河北大学新闻传播学院	
64	学报编辑学导论	何锡源 刘亚民 夏巨敏等	主编	河北教育出版社	1997年4月	河北地质大学艺术设计学院	第六届河北省社科优秀成果奖三等奖(1998)
65	演讲艺术概论	陈世佐 仝文瑶 祝寿春	主编	天津人民出版社	1994年5月	河北师范大学新闻传播学院	
66	杂文评论写作	吴庚振	主编	河北教育出版社	1991年7月	河北大学新闻传播学院	
67	电视新闻学	王泽华	编著	河北人民出版社	1990年11月	河北省社会科学院新闻与传播学研究所	第三届河北省社会科学优秀成果奖三等奖(1991)
68	毕业论文写作	吴庚振	主编	经济管理出版社	1988年4月	河北大学新闻传播学院	
69	当代新闻学	吴庚振	副主编	长征出版社	1987年3月	河北大学新闻传播学院	
70	写作基础知识	河北大学中文系写作教研室	编著	河北人民出版社	1979年9月	河北大学新闻传播学院	谢国捷、吴庚振、乔云霞等合编

2. 教材编著者分析

通过对以上70部教材的著作者、译者进行研究分析，一共涉及64

位著作者,其中一个署名为"河北大学中文系写作教研室"。作者承担的任务包括著、编著、主编(含 1 位副主编)、译著等,不论署名第几位的著作者都分别计算 1 部,同时再版的教材,也重新计算 1 部。根据以上统计规则,可用表 5-6 表示:

表 5-6　　河北省新闻传播学类教材编著者完成部数统计表

姓名	部数	姓名	部数	姓名	部数	姓名	部数
白　贵	7	王俊杰	2	河北大学中文系写作教研室	1	仝文瑶	1
郭有献	6	王　列	2	胡明锦	1	王宝昌	1
田建国	5	杨秀国	2	李　林	1	王艳玲	1
吴庚振	5	张　波	2	李亚虹	1	王泽华	1
焦国章	4	赵国祥	2	李彦峰	1	夏巨敏	1
李广增	4	白　杨	1	李　赢	1	薛国林	1
赵树旺	4	鲍日新	1	刘万军	1	严三九	1
栗文达	3	陈　娟	1	刘亚民	1	余　人	1
乔云霞	3	陈世佐	1	吕海平	1	张浩达	1
陶　丹	3	陈素霞	1	马　瑞	1	张红保	1
杜　浩	2	陈　燕	1	马世昌	1	张建生	1
和　曼	2	董庆文	1	曲　谏	1	张晋升	1
贾奎林	2	冯月季	1	任翠英	1	张　倩	1
李亚男	2	韩立新	1	任　贵	1	张雪娜	1
彭焕萍	2	郝东恒	1	宋伟龙	1	赵凤华	1
孙　会	2	何锡源	1	孙万国	1	祝寿春	1

其中,白贵教授 7 部排名第一,郭有献教授 6 部排名第二,田建国教授和吴庚振教授分别完成了 5 部并列排名第三,焦国章教授、李广增教授、赵树旺教授分别完成 4 部教材而并列第五。以上 7 位教授来自 3

个单位,分别是河北大学、河北地质大学和保定职业技术学院。

3. 教材编著单位分析

所收集到的河北省新闻传播学类 70 部教材为 11 家新闻传播院系所完成,其中河北大学新闻传播学院是主要的贡献单位,一家就完成了其中的 39 部,超过了半数。保定职业技术学院传媒艺术系完成了 8 部,位居第二。河北地质大学艺术设计学院和河北师范大学新闻传播学院分别完成了 7 部和 6 部,位居第三和第四,详情如图 5-1 所示。

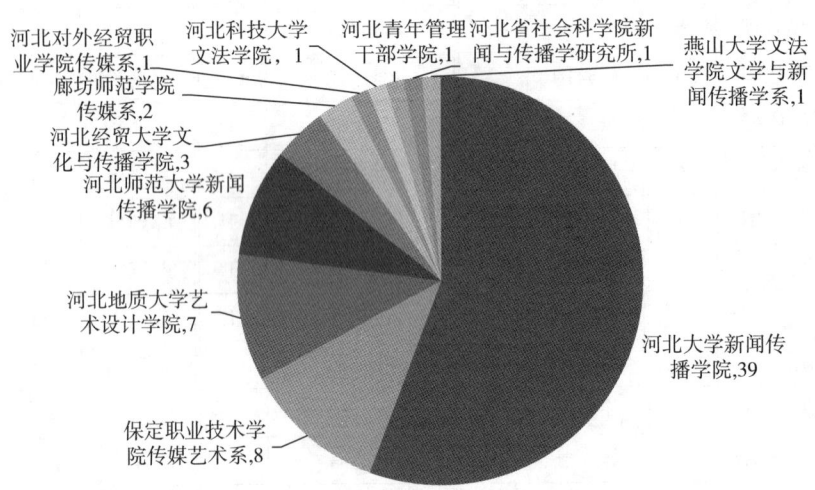

图 5-1 河北省新闻传播学类教材编著单位完成部数饼形图

当然,限于收集资料的方法、对各个新闻传播院系的熟悉程度以及对教材和著作的区分标准都会影响到数据的统计和排序,难免会有遗漏。但是总体上应该可以反映河北省新闻传播院系的大体情况,与实际情况不会有大的差异。

4. 出版教材的出版社分析

出版这 70 部教材的出版社比较分散,共有 30 家出版社。其中河北人民出版社、中国传媒大学出版社排名前二，分别出版了其中的8部和7部。河北大学出版社、中国广播电视出版社、中国人民大学出版社三家分别出版了其中的5部教材，并列第三位。通过排名靠前的出版社来看，有两个特征比较突出，出版社的权威性和出版社的地域接近性是河北省新闻传播院系教师出版教材时选择出版社的主要考量因素（见表5-7）。

表5-7　河北省新闻传播学类教材出版社出版教材部数统计表

出版社名称	部数	出版社名称	部数	出版社名称	部数
河北人民出版社	8	内蒙古人民出版社	2	暨南大学出版社	1
中国传媒大学出版社	7	人民日报出版社	2	经济管理出版社	1
河北大学出版社	5	新华出版社	2	军事科学出版社	1
中国广播电视出版社	5	中国农业出版社	2	内蒙古大学出版社	1
中国人民大学出版社	5	重庆大学出版社	2	人民出版社	1
科学出版社	4	北京邮电大学出版社	1	四川大学出版社	1
郑州大学出版社	4	高等教育出版社	1	天津人民出版社	1
北京大学出版社	3	航空工业出版社	1	西北工业大学出版社	1
河北教育出版社	2	机械工业出版社	1	远方出版社	1
南京大学出版社	2	吉林大学出版社	1	长征出版社	1

5. 教材出版年份统计

1979年，也就是改革开放后，河北省新闻传播教育正式开端之前就出版了一本跟新闻传播相关度很高的教材。这本教材是由河北大学中文系写作教研室集体编写的《写作基础知识》。1987年3月，由吴庚振担任副主编，"20所大学联编最新教材"——《当代新闻学》由长征出版社出版，这应该是河北省新闻传播教育的第一本专业教材。在此后的40年间，教材出版的数量震荡上升，1996年之前每年最多也就出版1

本，中间也有多年没有出版。而在1997年一年出版3本之后，每年都有教材出版，至少1本，2001年、2005年、2012年和2013年4个年份每年都出版了5本教材，2015年更是以年出版6本达到了数量的最高点。相对于国家社科基金项目，教材的规律出版起步更早(见图5-2)。

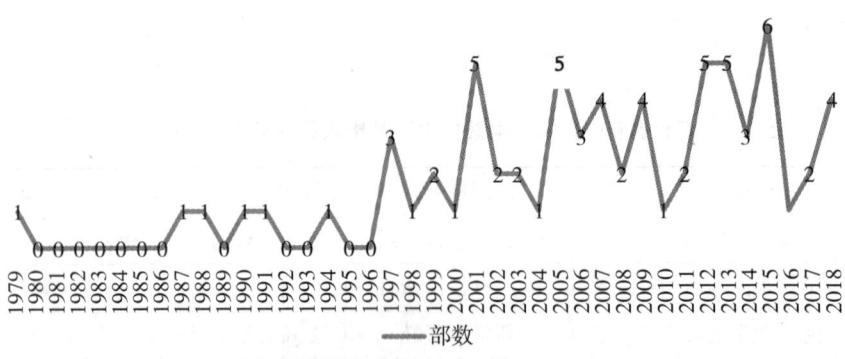

图5-2　河北省新闻传播学类教材分年度出版数量折线图

5.2.2　代表性教材研究与评述

1. 学科性、学术型教材评述

1979年9月，由河北大学中文系写作教研室集体编写、河北人民出版社出版的《写作基础知识》，主要编著者有谢国捷、吴庚振和乔云霞等。这几位主要的编著者也都是河北大学新闻学专业筹备小组的主要成员，在这本书出版一年之后的1980年河北大学新闻学专业正式创立。这本由谢国捷等人主持编写但是并未署名的基础写作教材吹响了新闻学专业创办的号角。

《当代新闻学》，由长征出版社于1987年3月出版，时任南京政治学院新闻系主任郑旷大校担任主编，时任河北大学新闻教研室主任吴庚振等人担任副主编、编委。这本书联合了南京大学、华中科技大学、四川大学、兰州大学、河北大学、郑州大学等20所大学的新闻系(专业)

的27名教师共同编写，吴庚振副教授承担了第十二章"新闻传播中的典型和典型报道"将近2万字的撰写任务。这本"20所大学联编最新教材"是由一批在改革开放之初创建新闻学专业（包括河北大学在内）的高校联合编写的，具有一定的标志性和历史意义。

《当代新闻写作》，作者为河北大学新闻传播学院教授白贵和彭焕萍，第一版由中国人民大学出版社于2013年8月出版，2018年4月进行了再版。该教材学理性和实用性兼备、强调特稿写作的重要性、注重新闻报道方式的变化、关注新媒体新技术视域下的新闻写作。该教材入选了中国人民大学出版社的"21世纪新闻传播学系列教材"，在全国高校中被选用率较高、影响较大。该教材还多年入选河北大学研究生招生入学考试参考书目，其第一版获得2014年第十四届河北省哲学社会科学优秀成果奖一等奖。

《广告文案写作教程》，编著者是河北地质大学教授郭有献，由中国人民大学出版社七年内出版三次，印刷五次，发行数万册，还被许多高校选为本科教材和研究生入学考试必读书目。郭有献在多年广告文案写作课程的教学过程中发现很多教材用起来"不顺手"，通过博采众长、日积月累，逐渐形成了这本教材的编写素材，最终成书。该教材入选了中国人民大学出版社的"21世纪新闻传播学系列教材"，其第二版被遴选为"普通高等教育'十二五'本科国家级规划教材书目（新闻传播类）（第二批）"。

《新闻评论学教程》，作者为河北大学新闻传播学院教授吴庚振，由河北大学出版社于2001年6月出版。该书被作者认定为自己的"代表作"，既是一本教材，同时也是一本学术著作。该书由著名学者、中国人民大学新闻学院教授方汉奇先生作序，也得到了学者、报刊的广泛推介，在学术界产生了较大影响。该书被许多高校选定为新闻传播学科本科生或研究生教材，其关于"新闻评论"的定义被高中语文课本所采纳，多年入选河北大学研究生招生入学考试参考书目，并获得2002年第八届河北省哲学社会科学优秀成果奖二等奖。

《新闻传播学》，作者李广增，由河北大学出版社于 1997 年 12 月出版，第二版于 2000 年 3 月出版。这本著作是李广增的代表作，也是国内较早出版的新闻传播学概论类专著和教材，在学术界有一定的影响。

《新闻采访学通论》，作者杨秀国，由人民出版社于 2007 年 5 月出版。杨秀国教授"学新闻——教新闻——干新闻——再教新闻"，其独特的工作经历对于完成这样一本教材非常有益。白贵教授为该教材作序，在序言中，白贵教授总结了该教材的三个特点："道""术"结合，既注重理论研究，又注重采访方法和技巧的运用与传授；注重典型案例分析，就案说理，深入浅出；力求创新，见解独特。该教材多年入选河北大学研究生招生入学考试参考书目，并获得 2008 年第十一届河北省哲学社会科学优秀成果奖一等奖。

《报纸编辑学通论》，作者焦国章，由内蒙古人民出版社于 2001 年 11 月出版。全书分为报纸与报纸策划、报纸编辑人员的职业道德和修养、选择稿件、修改稿件、稿件的配置与配合、新闻标题、制作标题、设计封面八章内容。该教材多年入选河北大学研究生招生入学考试参考书目。

2005—2007 年，由白贵、王俊杰主编，中国广播影视出版社出版了《高等院校广播电视新闻传播系列教材》，该系列教材由全国多所大学广播电视新闻学相关专业教师联合编写，涵盖了广播电视史、电视新闻学理论与法规、广播电视学实务三个层面，前后共出版了 10 种，在全国广播电视新闻学专业中产生了一定的影响(见表 5-8)。

表 5-8　　高等院校广播电视新闻传播系列教材列表

序号	教材名称	作者及编著方式	出版社	出版时间
1	现代电视新闻学	叶子 著	中国广播影视出版社	2005 年 3 月
2	当代广播电视新闻评论	杨新敏 主编	中国广播影视出版社	2005 年 3 月

续表

序号	教材名称	作者及编著方式	出版社	出版时间
3	广播电视法规与职业道德	王天定、王俊杰、卢焱等 著	中国广播影视出版社	2005年3月
4	播音创作理论基础	严三九、李亚虹 主编	中国广播影视出版社	2005年4月
5	影视艺术论稿	王俊杰 主编	中国广播影视出版社	2005年6月
6	广播电视新闻采访写作教程	刘仁圣 主编	中国广播影视出版社	2005年10月
7	电视摄像艺术新纶	周毅 主编	中国广播影视出版社	2005年11月
8	电视纪录片创作教程	王列 主编	中国广播影视出版社	2005年11月
9	广播电视经营管理	刘立刚、卢颖、郑保章等 著	中国广播影视出版社	2006年8月
10	中国广播电视史	乔云霞 主编	中国广播影视出版社	2007年8月

2. 职业性、应用型教材评述

相对于学科性、学术型的专业和学科，应用本科、高职高专等职业教育类型的专业有自己的特点，也呼唤更加适合自己特点的教材。2009年6月26日，中国传媒大学出版社一行10人到保定职业技术学院，与传播技术系电视节目制作专业教师就高等职业教育教材建设问题座谈交流。2010年暑假期间，电视节目制作专业在系主任、专业带头人田建国的带领下，与中国传媒大学出版社合作，共同研讨专业核心课程系列教材编写事宜，丛书拟出版核心课程系列教材八种。

2013年10月，保定职业技术学院传播技术系主任田建国教授主编的《电视摄像实务》由中国传媒大学出版社出版。保定职业技术学院传播技术系教师刘万军副教授担任第二主编的教材《电视编导实务》由中国传媒大学出版社出版。2015年,保定职业技术学院传媒艺术系田建国教授、任翠英教授主编的教材《电视新闻采访与写作》由中国传媒大学出版社出版;田建国教授、胡明锦讲师主编的教材《电视节目剪辑》由中国传媒大学出版社出版。

中国传媒大学高晓虹教授和保定职业技术学院田建国教授共同主持开发的广播影视类"十二五"规划应用型系列教材,填补了国内广播影视类专业职业教育系列教材的空白。教材累计销售50000多册,在全国36所高校中应用,为提升各院校新闻传播类专业的教学水平及人才培养质量作出了贡献(见表5-9)。

表5-9　　广播影视类"十二五"规划应用型教材列表

序号	教材名称	主编	出版社	出版时间
1	电视摄像实务	田建国	中国传媒大学出版社	2013年10月
2	电视编导实务	李林、刘万军	中国传媒大学出版社	2013年10月
3	视听语言	周振华	中国传媒大学出版社	2013年10月
4	电视画面编辑	谢红焰	中国传媒大学出版社	2013年10月
5	电视新闻采访与写作	田建国、任翠英	中国传媒大学出版社	2015年9月
6	电视节目剪辑	田建国、胡明锦	中国传媒大学出版社	2015年9月

《实用摄影技术》,由保定职业技术学院田建国教授主编,由中国农业出版社于2006年8月首次出版,该教材首版就被评为普通高等教育"十一五"国家级规划教材。到了2014年10月,田建国教授主编的《实用摄影技术》(第二版),继续由中国农业出版社出版,该版被评为"十二五"职业教育国家规划教材。

《新闻评论应用教程》,首版编著者是廊坊师范学院传媒系贾奎林和张雪娜,由北京大学出版社于2009年8月出版。其后于2012年5月,《新闻评论应用教程(第二版)》由贾奎林修订于北京大学出版社再次出版。该书是普通高等教育"十二五"规划教材和全国高校应用型人才培养规划教材。

5.2.3 教材选用情况

1. 教材选用基本原则

教材建设是课程建设的重要内容，教材编写能够体现教师的教学科研水平和课程建设的成果，教材选用同样是教材建设的一项重要工作。在此摘选河北大学 2017—2018 学年春学期的教材选择原则，以窥见教材选用的基本要求："所选用的教材应思想观点正确，无政治性和政策性错误；符合教学规律和认知规律，富有启发性，有利于激发学生学习兴趣。符合学校人才培养目标要求，注重素质教育，能满足教学计划、课程要求和教学大纲的要求。能科学系统地表达本学科的理论和概念，并反映本学科国内外科学研究和教学研究的先进成果，能够理论联系实际。优先选用国家规划教材、重点推荐教材、获奖教材等优质教材，哲学社会科学相关专业应按照《教育部　中共中央宣传部关于高校哲学社会科学相关专业统一使用马克思主义理论研究和建设工程重点教材的通知》（教高函〔2013〕12 号）要求选用教材。各专业在可选的教材范围中优先选用近三年出版的新教材，理工类、财经政法类专业选用近三年出版的教材比例应达到 50% 以上。"[1]

本科院校如是，同时应用本科和高职高专新闻传播类相关院系一般会按照要求选用适合职业教育类型的专用教材，一般是鼓励院校与合作企业共同开发符合岗位工作要求的教材。首先是专业人才培养方案的制定就要紧密结合行业、岗位需要，然后课程体系的开发需要将工作领域开发成学习领域课程，并将学习领域课程作为核心课程构建整个课程体系，教材的开发和课程建设是紧密联系的。同时提倡结合校本教材、校

---

① 关于 2017—2018 学年春学期教材选用工作的通知[EB/OL]. [2017-12-19]. http://jwc.hbu.edu.cn/info_show.asp?infoid=3540.

企合作开发教材建设教学资源库，例如"云教材"、案例库等。

2. 研究生入学考试参考书目

对于很多经历过新闻传播学专业考研的师生来说，研究生入学考试参考书目是大家深入学习的系列教材，会给人留下深刻的印象，对知识结构的影响比较明显。更为重要的是，研究生入学考试参考书目连接着本科和研究生两个学习阶段，这些参考书目通常也是招生学校本科经常选用的教材。在此收集了部分院系的研究生入学考试参考书目，对其进行一些研究和分析。

(1) 河北大学新闻传播学院。河北大学新闻传播学院的研究生入学考试参考书目的选择跟河北大学硕士点的变化有关系，1998年、2000年该校分别获得了新闻学和传播学二级学科硕士学位授权点，直至2005年获得新闻传播学一级学科硕士点为第一个时期，这一时期开始确定了入学考试的基本科目：新闻学硕士的初试科目是文史综合、新闻学综合；传播学硕士的入学考试分别是文史综合、传播理论与实务。2006—2010年为第二个时期，2005年申请下来一级学科硕士点之后，参考书目进行了比较大的调整。2011年至今为第三个时期，2010年申请到了新闻与传播、出版两个专业硕士点，主要是增加了这两个专业的初试和复试书目。没能完全找到1999年以来每年的参考书目，但是好在三个时期都找到了代表年份，第一阶段代表年份是2003年，第二阶段代表年份是2009年，第三阶段的资料比较完整，这样就基本上可以把握河北大学新闻传播学院研究生入学考试参考书目的情况。

(2) 河北经贸大学文化与传播学院。河北经贸大学文化与传播学院的研究生入学考试参考书目资料比较欠缺，在这里以2019年为例，初试时新闻学等专业没有给出参考书目，只有传播学专业的考试范围列出了郭庆光的《传播学教程》(中国人民大学出版社，2011)。复试参考书目按照专业、复试考试科目、参考书目进行了列表。

表 5-10　　河北大学新闻传播学院研究生入学考试参考书目

考试科目	参考书	出版社	版次	作者	使用年限
文史综合	中国文学史(1-4)	高等教育出版社	2000、2005	袁行霈	2003—2019
文史综合	中国现代文学三十年	北京大学出版社	1998、2005	钱理群等	2003—2019
文史综合	中国通史简编	山东教育出版社	修订版	安作璋	2003
新闻学综合、传播理论与实务	新闻传播学	河北大学出版社	2000	李广增	2003
新闻学综合	中国新闻事业简史	中国人民大学出版社	1995	方汉奇	2003
新闻学综合	新闻评论学通论	河北大学出版社	2001	吴庚振	2003
新闻学综合	新闻采访学	中国人民大学出版社	2000	蓝鸿文	2003
新闻学综合	报纸编辑学通论	内蒙古人民出版社	2001	焦国章	2003—2009
传播理论与实务	传播学教程	中国人民大学出版社	1999	郭庆光	2003—2009
传播理论与实务	现代广告学	中国人民大学出版社	1994	苗杰	2003
传播理论与实务	新编现代公共关系学	中国社会科学出版社	1992	刘玉铃	2003
传播理论与实务	最新编辑实用写作	科学出版社	2002	陶丹、白贵	2003
新闻传播综合	中国新闻传播史	中国人民大学出版社	2002	方汉奇	2009—2019
新闻传播综合	新闻学概论(第二版)	复旦大学出版社	2005	李良荣	2009—2010
新闻传播综合、新闻与传播专业基础	新闻学概论(第三版)	复旦大学出版社	2009	李良荣	2011—2019
新闻传播综合	新闻采访学通论	人民出版社	2007	杨秀国	2009—2019
新闻传播综合	当代传媒社区的新进路	河北人民出版社	2009	白贵	2010—2013

续表

考试科目	参考书	出版社	版次	作者	使用年限
新闻传播综合	传播学教程	中国人民大学出版社	2007	郭庆光	2010—2019
新闻传播综合、新闻与传播专业综合能力	当代新闻写作	中国人民大学出版社	2013	白贵、彭焕萍	2014—2019
新闻与传播专业综合能力	新闻报道策划与新闻资源开发	中国人民大学出版社	2004	蔡雯	2011—2013
新闻与传播专业综合能力	新闻采访学通论	人民出版社	2007	杨秀国	2011—2019
新闻与传播专业基础	传播学纲要	中国人民大学出版社	2007	陈力丹	2011—2019
出版综合素质与能力	出版专业基础(初级)	崇文书局	2007	中国编辑学会、全国出版专业职业资格考试办公室	2011—2019
出版综合素质与能力	出版专业实务(初级)	崇文书局	2007	中国编辑学会、全国出版专业职业资格考试办公室	2011—2019
出版专业基础	中国编辑出版史(上)(第二版)	辽海出版社	2005	肖东发	2011—2019
出版专业基础	中国编辑出版史(下)(第二版)	辽海出版社	2006	肖东发	2011—2019
出版专业基础	现代出版学	苏州大学出版社	2003	张志强	2011—2019
加试科目2	报纸编辑学通论	内蒙古人民出版社	2002	焦国章	2013—2019
新闻传播综合(复试)	新闻理论十讲	复旦大学出版社	2008	陈力丹	2013—2019
编辑实务	报纸编辑精品导读	人民日报出版社	2011	白贵	2013—2019

续表

考试科目	参考书	出版社	版次	作者	使用年限
编辑实务	图书编辑校对实用手册(第二版)	广西师范大学出版社	2006	黎洪波	2013—2019
文史基础	中国文化概论	北京师范大学出版社	2004	张岱年、方克立	2013—2019
中国出版文化	中国编辑出版史	辽海出版社	2005	肖东发	2013—2019

该表统计了2003—2019年部分年份的教材使用情况，2019年研究生入学考试书目是在2018年公布的，所以在此进行了统计。另外此表中终止时间为2019的，只是统计时间的截止，并非使用年限的终止，大部分书目还会继续沿用。

表5-11 河北经贸大学文化与传播学院2019年研究生入学考试复试参考书目

专业	复试考试科目	参考书目
050301 新闻学	新闻史论基础	《中国新闻传播史》，方汉奇，中国人民大学出版社，2009年 《新闻学概论》，李良荣，复旦大学出版社，2009年
050302 传播学	出版学广告学基础	《现代出版学》，师增志，北京大学出版社，2006年 《广告学教程》，倪宁，中国人民大学出版社，2009年
0503Z1 跨文化传播	跨文化传播学	《中国文化概论》，张岱年、方克力，北京师范大学出版社，1994年 《跨文化传播学》，孙英春，北京大学出版社，2015年
0503Z2 影视文化传播	影视传播学	《影视传播学》，史可扬，中山大学出版社，2011年
0503Z3 视听新媒体传播	新媒体理论与技术	《新媒体理论与技术》，匡文波，中国人民大学出版社，2014年

（3）河北师范大学新闻传播学院。河北师范大学新闻传播学院2016年成功获得新闻与传播专业硕士学位授予权，2017年开始招生，在《河北师范大学2019年硕士研究生招生考试参考书目》中列出了两门考试科目，分别是新闻与传播专业综合能力、新闻与传播专业基础两门课，但是这两门考试科目对应的参考书目一栏均为"新闻学、传播学相关书目"，也就是没有列出参考书目。复试考试科目为"新闻与传播业务"，也没有列出具体参考书目。这对于想报考河北师范大学新闻传播学院研究生的同学来说只能通过往年考试真题来开展复习。

表5-12 河北传媒学院新闻与传播专业学位硕士研究生招生考试初试业务课参考书目

专业代码与名称	研究方向代码与名称	初试业务课名称	初试业务课参考书目	招生年份
055200 新闻与传播	01 媒介融合与媒体转型	334 新闻与传播专业综合能力 440 新闻与传播专业基础	①《媒介融合导论》，杨溟，北京大学出版社，2013年 ②《传播学概论》，胡正荣，高等教育出版社，2017年 ③《新闻学概论》，李良荣，复旦大学出版社，2013年	2018、2019
	02 舆情分析与危机公关			
	03 新媒体视频创意与制作			
	01 媒介融合与媒体转型		①《媒介融合导论》，杨溟，北京大学出版社，2013年 ②《传播理论——起源方法与应用》，[美]沃纳·赛佛林（Werner J. Seern）、[美]小詹姆斯·坦卡德（James W. Tankard, Jr.）著，郭镇之等译，华夏出版社，2006年 ③《媒介融合——跨媒体的写作和制作》，[澳]奎因、[美]费拉克著，任锦鸾译，人民邮电出版社，2009年	2015、2016、2017

（4）河北传媒学院。河北传媒学院的新闻与传播专业硕士学位授权点是 2014 年批准的，2015 年开始第一次招生。2015—2017 年硕士研究生招生简章中新闻与传播专业硕士只有一个方向——媒介融合与媒体转型。2018 年和 2019 年硕士研究生招生简章中新闻与传播专业硕士又增加了两个研究方向，共分为媒介融合与媒体转型、舆情分析与危机公关、新媒体视频创意与制作三个研究方向。自开办以来，两门专业课考试科目一直为新闻与传播专业综合能力、新闻与传播专业基础，参考书目自 2018 年开始有所调整。

3. "专接本考试"参考书目

新闻传播学类专接本主要涉及的本科专业有新闻学专业、广告学专业、广播电视学专业、网络与新媒体专业。其中广播电视学、网络与新媒体、新闻学三个专业联考，2019 年招考学校有保定学院、沧州师范学院、河北传媒学院、河北外国语学院、衡水学院、廊坊师范学院、唐山师范学院等，共计招生 245 人；2019 年招收广告学专业的是河北传媒学院和衡水学院，计划招收 35 人。近年来的考试科目和参考书目见表 5-13。

表 5-13　河北省新闻传播类"专接本考试"专业课参考书目

招考专业	考试科目	参考书目
广播电视学/网络与新媒体/新闻学	新闻史论	《新闻学概论》，李良荣，复旦大学出版社；《中国新闻传播史》，方汉奇，中国人民大学出版社
	新闻采访与写作（曾用名新闻业务）	现用书目：《新闻采访与写作（第三版）》，丁柏铨，高等教育出版社；曾用书目：《新闻采访学》，蓝鸿文，中国人民大学出版社

续表

招考专业	考试科目	参考书目
广告学	传播学	《传播学教程》,郭庆光,中国人民大学出版社
	广告学概论	《现代广告通论(第二版)》,丁俊杰、康瑾,中国传媒大学出版社
	广告策划创意学(曾设置)	《广告策划》,黄升民、段晶晶,中国传媒大学出版社
	广告文案写作(曾设置)	《广告文案创作》,陈培爱,厦门大学出版社

5.2.4 课件和电子教材建设

教材应该包括教学参考书、学材、课件、电子教材等形式,在信息化教学条件下,开发多种形式的教材有利于学生学习,近年来也有很多的相关部门和相关公司倡导、组织和推广各种形式的教材,开展多媒体课件制作培训,组织相关比赛。表 5-14 是部分河北省新闻传播类获奖多媒体课件。

表 5-14　河北省新闻传播学类部分获奖多媒体课件

序号	比赛名称	比赛级别	作品名称	作者姓名	获奖级别	参赛学校
1	2013 第十三届全国多媒体课件大赛	河北赛区	幽默广告专题研究	相喜伟等	一等奖	河北大学
2	2018 年第二十二届全国教育教学信息化大奖赛	全国	幽默广告的表现技巧	相喜伟 李世前 王秋菊	高等教育组微课三等奖	河北大学

续表

序号	比赛名称	比赛级别	作品名称	作者姓名	获奖级别	参赛学校
3	2018年第二十二届全国教育教学信息化大奖赛	河北赛区	幽默广告的表现技巧	相喜伟 李世前 王秋菊	高等教育组一等奖	河北大学
4	2014第十四届全国多媒体课件大赛	河北赛区	广告策划课程导学	薄立伟 卢建华 赵国祥 李 敏 都亚京	微课(高教)一等奖	保定职业技术学院
5	2014第十四届全国多媒体课件大赛	河北赛区	广告提案工作流程	赵国祥 薄立伟 左飞飞 李 毅 任 欢	微课(高教)三等奖	保定职业技术学院

5.3 河北省新闻传播学类实验条件建设

5.3.1 实验条件建设基本状况

实习条件和实验中心建设是培养学生的基本保障条件和重要实现途径。根据国务院批转给教育部的文件《2003—2007年教育振兴行动计划》和教育部召开的第二次普通高等学校本科教学工作会议的精神,为了推动各高校加强学生实践能力和创新能力的培养,加快实验教学改革和实验室建设,促进优质教学资源整合和资源共享,提升本科办学水平和教育质量,教育部决定自2005年开始在高校实验教学中心建设的基础上,评审建立一批国家级实验教学示范中心。①

河北省教育厅和河北省财政厅也陆续发布了相关文件,开展相关实验条件建设工作。例如,2007年河北省教育厅、河北省财政厅根据教育部相关文件联合发布了《河北省教育厅、河北省财政厅关于实施高等学校本科教学质量与教学改革工程的意见》,2012年联合发布了《河北省教育厅、河北省财政厅关于实施"十二五"高等学校本科教学质量与教学改革工程的意见》(冀教高〔2012〕36号)等,以上文件对遴选建设省级实验教学示范中心作了明确要求。

河北大学新闻传播学类的实验室和其他文科专业实验室一起建在河北大学文科综合实验教学中心,该中心获批"2009年度国家级实验教学示范中心建设单位",2012年正式成为"国家级实验教学示范中心"。河北大学新闻传播类实验室也都在该中心统一规划、统一建设、统一管理,实现了教学资源的集约化。

河北师范大学新闻传播学院根据传媒行业的特点,加强校内外实践教学基地建设,与30余家省内媒体单位、大型网络公司、专业公司、大中型企业签订了实习合作协议;建设了品牌研究中心、春秋广告学院、藏诺营销学院等7个校内实训平台。2016年该院新闻传播综合实验中心获批国家级实验教学示范中心;2018年河北省广告研究院、河北省文艺评论基地落户河北师范大学新闻传播学院,助力校内实训平台建设。

河北经贸大学文化与传播学院拥有1个省级实验教学示范中心——新闻传播学实验教学示范中心,获批一个国家虚拟仿真实验教学项目和一个省级虚拟仿真实验教学项目。实验中心投资近1500万元,建有新闻中心实训室、编辑排版实验室、广告实验室、摄影实验室、非线性编辑实验室、演播厅、录音棚8个实验室,占地面积650平方米,仪器设

---

① 教育部关于开展高等学校实验教学示范中心建设和评审工作的通知[EB/OL].[2005-05-12]. http://www.moe.gov.cn/srcsite/A08/s7056/200505/t20050512_79341.html.

备先进程度达到省内主流媒体水平。学院探索建设全媒体实验教学平台，新闻传播学模拟传媒集团实验教学平台建设获中央财政支持地方高校建设经费300万元。2012年，依托实验教学中心成立了河北经贸大学新闻中心，新闻中心与实验教学中心同步建设，有利于发挥校内实习基地的作用，同时建有32家校外实习基地，共同为培养学生的专业实践能力服务。

河北科技大学文法学院新闻系建有报纸编辑实验室、电视采编制作实验室、摄影实验室等基础实验室，实验设备总值100余万元。

河北地质大学艺术设计学院广告学专业建有广告与艺术设计实验室，该实验室获得中央与地方共建经费资助。

石家庄学院文学与传媒学院实训基地数量充足、教学实验设施完备。拥有新闻电子采编、非线性编辑、摄影、摄像、虚拟演播室和数字媒体等16个实验室，设备总值达740余万元。2008年，文学与传媒实验教学中心被教育厅批准为河北省高校实验教学示范中心。拥有各类教育、实验、实习和就业实训基地22个，为学生的学习和就业提供了有力保障。

保定学院信息工程学院建有物联网综合实验室、数字媒体实验室、虚拟现实云计算智能平台、摄录编实验室、教学媒体实验室、摄影实验室、专业演播厅等十余个实验实训场所，占地面积2334平方米，设备总值1600万元。先后与凌阳爱普科技有限公司、中兴云泰互联科技有限公司、凤凰数媒(北京)教育科技有限公司等国内知名企业建立课程实训合作关系，将模块教学、实习实训与毕业设计相结合，有效地提升了学生的专业技能和就业质量。另建有校外实习实训基地14个，以充分满足专业实践教学的需要。

唐山学院传播与动画系建有广告设计与制作实验室(图形图像制作实训室)、数字艺术实验室、定格动画工作室、二维动画工作室、影视传媒工作室、摄影棚、原画室等实验实训工作室，可为课内实践和见习实训提供设备保障，并能在高清摄影、数字特技制作、电脑动画、蓝屏抠像、栏目包装等方面实现技术支持。依托学院的师资条件和硬件设施，申建了华岳传媒数字艺术制作中心。

防灾科技学院文化与传播学院现有6个实训室、4个工作室和1个小剧场，包括电脑图文、画室、摄影摄像、苹果机房、灾害文献实训室、影视文学实训室、视觉设计工作室、非线性编辑工作室、数字传媒工作室、传播效果工作室和人文小剧场，教学仪器设备值1000余万元。

河北传媒学院新闻传播学院大楼总建筑面积18000平方米（另有资料显示为14723平方米），其中包括融媒体新闻实验室、传播学实验室、编辑出版教学实验室、新媒体实训室、媒介融合云实验中心、多功能表演教室、微电影实训室、口述历史实训室、虚拟演播室、实景演播室、录音棚、配音室、拟音室、展览解说实验室、婚庆主持模拟实验室以及10个演播实训室和24个基础播音教室等。此外，河北传媒学院拥有"媒介融合云实验教学示范中心"和"全媒体数字音乐实验教学示范中心"2个省级实验示范中心建设项目，2个省级大学生校外实践教育基地，1个省级专业学位研究生培养实践基地。

保定职业技术学院传媒艺术系建有艺术与传媒实训中心。该实训中心根据市场调研结果，邀请企业专家共同参与建设，最后按照行业要求并根据公司工作流程及业务范围，建设了全媒体新闻中心、纪录片工作室、微电影工作室、影视动画工作室、广告设计工作室、影视节目剪辑、摄影工作室、演播室、产品输出机房等15个实训室，拥有2000平方米的校内实训基地及行业领先的教学仪器设备1200台套，总价值近1000万元，既保证了教学、生产、培训、科研与技术服务以及职业技能鉴定的需要，又满足了各专业学生的实训项目要求。在硬件实训条件建设的同时，该中心还丰富了实训中心的内涵建设，首先引入企业管理机制，制定了每个实训室的管理制度，采取公司化的管理模式，在每个实训室安排学生值班，使实训室能够实现全程向学生开放，学生不但可以在课内进行企业项目制作，课余时间可以自主进行项目制作，这样就延长了学生的学习时间，使学生真正感受到企业文化氛围。

石家庄职业技术学院动画学院拥有设备精良、功能齐全的动画制作实训基地，能够开展一系列实际工作任务的生产性教学活动。具备"MAYA 和 MAX"高级三维动画师、Adobe 高级平面设计师认证资质。

5.3.2 国家级、省级实验教学示范中心建设

根据公开资料显示，河北大学文科综合实验中心和河北师范大学新闻与传播综合实验中心先后被批准为"国家级实验教学示范中心"。河北师范大学、河北大学、河北经贸大学、石家庄学院、河北传媒学院分别建有"河北省实验教学示范中心"（见表5-15）。

表 5-15　　河北省新闻传播学类实验室建设成果列表

序号	名称	所属或对应院系	建设成果	获批年份
1	河北经贸大学文化与传播学院新闻传播学实验教学示范中心	河北经贸大学文化与传播学院	河北省高等学校实验教学示范中心	2008
2	石家庄学院文学与传媒实验教学中心	石家庄学院文学与传媒学院	河北省高等学校实验教学示范中心	2008
3	河北师范大学新闻与传播综合实验中心	河北师范大学新闻传播学院	河北省高等学校实验教学示范中心	2009
4	河北大学文科综合实验中心	河北大学新闻传播学院	2009年国家级实验教学示范中心建设单位	2009
5	河北传媒学院媒介融合云实验教学示范中心	河北传媒学院新闻传播学院	河北省高等学校实验教学示范中心	2015
6	河北传媒学院全媒体数字音乐实验教学示范中心	河北传媒学院新闻传播学院	河北省高等学校实验教学示范中心	2015
7	河北师范大学新闻与传播综合实验中心	河北师范大学新闻传播学院	2015年国家级实验教学示范中心	2016

1."国家级实验教学示范中心"——河北大学文科综合实验教学中心

河北大学的实验教学实验室建设分为各院系实验室分散建设阶段、文科实验室初期整合阶段以及文科综合实验教学中心创建阶段。2007年3月,河北大学决定成立"文科综合实验教学中心"。

2009年11月28日,教育部和财政部联合发布了《教育部 财政部关于批准2009年度国家级实验教学示范中心建设单位的通知》,该通知公布了"2009年度国家级实验教学示范中心建设单位"名单。河北大学文科综合实验中心名列其中,属于"文科综合类"。同期批准的"传媒类"建设单位有复旦大学新闻传播实验教学中心、深圳大学传媒实验教学中心和云南大学新闻传播实验教学中心。①

该中心"传媒实验平台"所属实验室能够完成新闻传播类各专业的主要实训项目。河北大学在新世纪以来逐步开始注重文科学生实践能力和创新精神的培养,深入开展文科实践教学改革,加大投入力度,强化文科实验室建设。该中心拥有独立的文科实验教学楼,总面积8000多平方米,资产近3000万元。建有传媒、经济、管理、艺术等实验平台,包含各类实验室40多个。能够承担全校包括新闻传播学院在内6个学院,包括新闻学、广播电视学、广告学、编辑出版学、播音与主持艺术等专业在内23个本科专业的实验教学任务。该中心传媒平台主要包括:标准录音室、播音教室、高清虚拟演播厅、全媒体全时空实验室、数字影像与视频创作实验室、苹果机房、影视编辑实验室、新闻编辑实验室、审片室、实验电视台、境外频道接收与分析实验室、广告摄影实验室、艺术摄影实验室、文化创意与广告合成实验室、数字图书编辑与印

---

① 教育部 财政部关于批准2009年度国家级实验教学示范中心建设单位的通知[EB/OL].[2009-12-08]. http://www.moe.gov.cn/srcsite/A08/moe_736/moe_735/s5661/200912/t20091208_120832.html.

刷实验室等。①

2."国家级实验教学示范中心"——河北师范大学新闻与传播综合实验中心

河北师范大学新闻与传播综合实验中心于2016年获批"2015年国家级实验教学示范中心"。河北师范大学新闻与传播综合实验中心于2009年被河北省命名为省级实验教学示范中心。该中心总面积达到了4300平方米，设备总价值近2000万元，建有融媒体共享平台、大型演播室、高标准非线性编辑实验室、虚拟演播室等20多个专业实验室、实训室，设备及设计理念与行业高度匹配，可以开展全媒体实验教学。河北师范大学新闻与传播综合实验中心始建于2001年，实行学校和学院两级管理和中心主任负责制。

该中心建有演播厅、新闻演播室、广告摄影实验室、融媒体实验室、媒介融合实验室、舆情调查实验室、虚拟演播室、仿真演播室、深度访谈实验室、影视化妆实验室、形体训练室、人像摄影实验室、影视数字采集实验室、录音室、数字音频制作室、非线性编辑实验室、非线性编辑制作室、三维影视数字包装实验室、语音训练室等20多个教学实验室和8个创新实训平台。在承担河北师范大学新闻传播类课程的实验教学的同时，也承担艺术学类课程、管理类课程、汉语言文学类课程以及教育技术类课程的实验教学及应用传播项目的实施运作。实验室门类齐全，以新闻传播学类实验教学为主，同时能够承担其他文科类课程的实验教学，也相当于"文科综合实验中心"。

5.3.3　国家虚拟仿真实验教学项目建设

2017年7月11日，教育部办公厅下发了《教育部办公厅关于2017—2020年开展示范性虚拟仿真实验教学项目建设的通知》，提出为

---

① 根据对河北大学文科综合实验中心教师刘洪流的访谈记录整理。

了深入推进信息技术与高等教育实验教学的深度融合,加强实验教学优质资源的建设与应用,提高实践教学质量和实践育人水平,拟于2017—2020年在普通高等学校开展示范性虚拟仿真实验教学项目建设工作。

2018年5月30日,教育部下发了《教育部关于开展国家虚拟仿真实验教学项目建设工作的通知》。为适应信息化条件下知识获取方式和传授方式、教与学关系等发生的革命性变化,深化信息技术与教育教学深度融合,决定在示范性虚拟仿真实验教学项目建设工作的基础上开展国家虚拟仿真实验教学项目。①

根据教育部文件,河北省教育厅于2017年开展了教育部示范性虚拟仿真实验教学项目推荐和省级示范性虚拟仿真实验教学项目认定工作;于2018年和2019年组织开展了国家虚拟仿真实验教学项目推荐和省级虚拟仿真实验教学项目认定工作。

在2019年公布的"2018年度国家虚拟仿真实验教学项目名单"中,河北经贸大学文化与传播学院杨磊博士主持的"融媒体新闻制作流程虚拟仿真项目"被认定为2018年度国家虚拟仿真实验教学项目。该项目为新闻传播学类,对应专业为广播电视学。这是全国第二批国家虚拟仿真实验教学项目,也是河北省新闻传播学类的第一个国家虚拟仿真实验教学项目。同时,河北经贸大学文化与传播学院张金桐教授负责的"高校融媒体运营虚拟仿真项目"等被认定为河北省省级虚拟仿真实验教学项目。

5.4 本章小结

经过40年的发展和积累,河北省新闻传播教育在课程建设、教材

---

① 教育部关于开展国家虚拟仿真实验教学项目建设工作的通知[EB/OL].[2018-06-05]. http://www.moe.gov.cn/srcsite/A08/s7945/s7946/201806/t20180607_338713.html.

编写与选用、实验条件建设方面都有亮眼的表现,但是也存在一些困难和不足。

1. 课程建设成果和课程改革困局

课程建设方面取得了不错的成绩,河北大学新闻传播学院自 2002 年开始共建成了新闻学概论等 4 门省级精品课,保定职业技术学院传媒艺术系和河北青年管理干部学院教育传媒系分别建有一门新闻传播类省级精品课,保定职业技术学院传媒艺术系还建有一门国家级精品课程和国家级精品资源共享课。河北大学新闻传播学院 2013 年末建成了河北省精品资源共享课程。2018 年首批河北省高校精品在线课程立项建设的新闻传播类课程有河北大学、河北师范大学、河北传媒学院、石家庄学院的 4 门课程。2019 年 4 月公布的 2018 年河北省职业院校在线开放课程评选结果中,河北对外经贸职业学院和河北软件职业技术学院的 3 门新闻传播类课程获奖。

虽然有以上成绩,但在课程改革方面存在诸多困境,例如对于新媒体、新技术课程的需要与师资队伍不匹配之间的矛盾,课程名称更换但是教师难换人和课程内容变化不大的实际问题,课程内容陈旧难以适应新媒体、新岗位的尴尬,课程改革跟不上行业发展变化速度的窘境等。这些困境可以在实践中去解决,与媒体单位和传媒公司、广告公司、出版单位、新媒体公司等开展有效合作或许是解决问题的有效方法之一。另外,河北省新闻传播类教师所开设的"慕课"等公开课还比较缺乏,这也是需要加强的方面之一。

2. 教材建设的成绩和不足

在教材建设方面也取得了不错的成绩,涌现出了一批在全国有影响力的教材或系列教材。比较突出的有白贵、彭焕萍的《当代新闻写作》,郭有献的《广告文案写作》,吴庚振的《新闻评论学教程》,李广增的《新闻传播学》,杨秀国的《新闻采访学通论》,另有中国传媒大学高晓虹教授和保定职业技术学院田建国教授共同主持开发的广播影视类"十二五"规划应用型系列教材、田建国的《实用摄影技术》、贾奎林和张雪娜的《新闻评论应用教程》等。

但是这些只是占河北省新闻传播类教材的一小部分,更多的教材只是包括自己学校在内的少数院校选用,选用范围小,影响力较弱,没有被广泛采用或被其他学校确定为研究生入学考试用书等。在教材建设方面,"云教材"、数字教材等方面还比较落后;根据已掌握的资料,河北省新闻传播类教师还没有人参与编写"马工程"教材,这也是一大遗憾;实质性的校企联合开发教材还比较缺乏,难以满足人才培养需要。

3. 实验条件建设的得与失

在实验条件建设方面,建成了河北师范大学新闻与传播综合实验中心和河北大学文科综合实验中心两家国家级实验教学示范中心(建设)单位,河北传媒学院媒介融合云实验教学示范中心等5家省级高等学校实验教学中心,取得了不错的建设成绩。但是也存在实验设备更新速度慢,建设理念落后于业界,较少开展生产性实验实训,实验实训效果不佳等诸多问题。深入开展校企合作,建设"厂中校、校中厂"或许是解决问题的有效途径。

新闻学科是实践性较强的学科,高校要着力搭建多元化的教学实践平台,为学生创造机会开展新闻实践,让学生在实践中建构知识和能力,提升新闻素养和业务水平。高校应当把打造校内媒体纳入教学计划,由专业老师引导,以实战带动教学,充分发挥学生的能动性和创造性。①

---

① 白贵,杨强."新文科"背景下新闻传播教育的新形势与新进路[J]. 出版广角,2019(9):29-32.

第6章 河北省新闻传播人才培养

6.1 河北省新闻传播人才培养研究

6.1.1 人才培养理念与实践

河北大学新闻学专业始建于1980年，1995年成立新闻传播学系，2000年成立新闻传播学院，2014年被确定为河北省委宣传部与河北大学共建单位；拥有新闻学、广播电视学、广告学、编辑出版学等4个新闻传播学类本科专业，拥有新闻传播学一级学科博士点、一级学科硕士点，曾获批过新闻学、传播学两个二级学科硕士点；还拥有新闻与传播、出版两个专业硕士学位授予权。多年来，河北大学新闻传播学院为国家培养了近万名毕业生，遍及《人民日报》、中央电视台、新华社、中新社、《光明日报》《经济日报》《中国青年报》《科学时报》《中国教育报》《南方周末》《新京报》、新浪、搜狐、雅虎、阿里巴巴、腾讯、今日头条及河北各类媒体，并为高校输送了几十名教师，得到了社会的认可和好评。[①]

河北师范大学新闻传播学院正式成立于2004年，2014年被确定为河北省委宣传部与河北师范大学共建单位，现有新闻学、广告学两个新闻传播类本科专业，拥有新闻与传播专业硕士授权点。学院的人才培养

---

① http://jc.hbu.edu.cn/xyjj/211.jhtml, 2019-09-12.

目标是面向现代传媒行业，培养政治素质过硬、职业素养达标、传播理念先进，具有国际视野，熟练掌握新闻传播技术的高层次应用型专门人才。重视本科教育教学改革，实施专业班主任制度，畅通师生互动交流，深挖技术型课程，调动学生学习积极性，开展了前置专业技能课程、学术培训、商业特训、结合专业开展田野调查等特色人才培养环节。按照行业人才需求培养学生，毕业生在新闻媒体、机关、企事业单位、传媒公司、公关公司、广告公司、大型网络公司等就业。2004年至今，为国内外媒体单位和大中型企事业单位培养了近3000名毕业生，400余名毕业生考取了国内外知名院校的硕士和博士研究生。

河北经贸大学文化与传播学院现有全日制研究生、普通本科生1100人。近年来，学院接收来自尼泊尔、土耳其、蒙古、印尼、韩国、菲律宾等国留学生学习进修。学院现有质量工程项目34项，其中国家特色专业建设点1个，省级本科教育创新高地1个，省级品牌特色专业建设项目2个，省级实验教学示范中心1个，省级专业综合改革试点1个；省级大学生创新创业训练项目22项，国家级大学生创新创业项目5项。2015年，学院组团完成了"融媒时代新闻传播应用型人才培养"美国培训项目，与康伯斯威尔大学就本科层次3+1和研究生联合培养等合作项目达成意向，正式签订设立"河北经贸大学文化与传播学院美国康伯斯威尔大学实习基地"的协议；2016年，中外联合办学正式签约，赞比亚大学汉语专业(2+2)班于2017年春季开班，尼泊尔加德满都大学汉语专业(2+2)班于2017年秋季开班；河北经贸大学赞比亚大学孔子学院、尼泊尔加德满都大学孔子学院的师资主要由文化与传播学院的教师构成。

河北地质大学艺术设计学院广告学专业是主要学习和研究广告活动的历史、理论、策略、制作与经营管理的新闻传播学类专业。该专业成立于2000年，目前拥有专业教师10人，其中博士及博士在读2人、教授1人，所有任课老师均具有硕士学位，还拥有河北省"三三三人才工程"第二层次人选1人。该专业为本科一批招生，目前已拥有毕业生超

1000人，该专业学生生源由省内和省外各一半组成。在就业地点方面北京和上海占比为25%，石家庄占比为25%，生源地及其他地方占比为50%。近三年主要就业单位包括一点资讯、今日头条、国家信息管理中心、蓝色光标、奥美、京东等行业领军企业，同时还包括春秋广告、中仁广告、众美广告、糖烟酒周刊等省内营销与媒体类公司。典型岗位：广告优化师、营销策划、市场专员、公关经理等。代表毕业生：刘斌（百孚思总监）、苗向南（一点资讯商业化部）。社会评价方面，对该校广告学专业学生的总体评价为：能吃苦、能动手、能思考，可塑性强等。①

河北科技大学文法学院新闻系重视通识教育、能力培养和创新型素质，着重培养知识领域宽、专业素养强，能适应融合媒体发展要求，能够在媒体单位、政府部门以及企事业单位从事新闻宣传工作的应用型人才。2013年，新闻系入选"河北省卓越新闻传播人才培养计划"。在教育教学方面，按照要求开展教学活动，钻研教材教法，提升教学质量。尤其重视新闻专业的实践性特点，开展教学改革，推进校内外实践教学基地的建设，构建兼顾理论教学和实践教学的教学体系。

保定学院信息工程学院在提升大学生专业技能和实践水平的同时，高度重视学生健康人格的养成和综合素质的提升，规划实施"思想引领、立德树人、综合提升"的学风建设工程，深入开展"讲传统、讲感恩、讲文明、讲法制、讲修身"五讲主题教育，积极组织丰富多彩的文体活动，鼓励引导学生参加各类科技竞赛、志愿服务和社会实践活动。近年来，先后在省级以上的应用技术、社会实践等比赛评选中获得表彰40余项。

河北民族师范学院于2000年创办主持与播音专科专业，2002年开办新闻采编与制作专科专业，2017年停止招生。2015年、2016年招收

---

① 根据对河北地质大学艺术设计学院广告学教研室主任韩文举的访谈记录整理。

新闻学专业专接本学生两届。2013年新闻学专业本科招生，2016年组建文学与传媒学院，2018年网络与新媒体专业本科招生。目前各层次新闻传播学相关专业累计培养毕业生1000余人。主要就业区域为京津冀地区，总体就业情况较好，就业率高。代表性就业单位有河北省网信办、石家庄腾讯网、长城网等。主要的就业岗位为新闻编辑、记者等。随着本科专业招生，人才培养质量的提高，有一定数量的学生读研深造或考取公务员等。①

廊坊师范学院传媒系新闻学专业于2007年开始向社会输出新闻学专业本科毕业生，截至2018年12月已输送1300余人。主要就业于京津冀地区媒体、文化传媒公司、新媒体公司、大中专院校、中小学等。如中央电视台、《工人日报》、新华社河北分社、河北电视台、《河北青年报》、新浪网、网易、网信办、国家广电总局、廊坊日报社、廊坊电视台、中国人民公安大学、中国社会科学院、廊坊师范学院、沧州师范学院等，社会评价较好。②

石家庄学院文学与传媒学院拥有广告学、广播电视学两个新闻传播学类专业，并曾开设三年制专科新闻采编与制作专业（2005—2011年招生）。广告学专业于2007年开设，现有9届毕业生共637人（含专接本），主要就业区域为河北、北京，主要在广告、传媒类公司从事文案、活动策划与执行及新媒体运营工作。广播电视学于2010年开设，现有6届毕业生共382人。新闻采编与制作专业7届毕业生共547人。广播电视学专业和新闻采编与制作专业毕业生主要就业区域为河北、北京，主要在传媒公司及企业从事影视摄制及其他宣传推广工作。学院各专业毕业生就业情况良好，如2009级广告学专业徐玮已成长为知名广告公司赞意互动中层骨干；2010级广播电视学专业赵华积极创业，业绩斐然；2011级广播电视专业孙金石毕业即在河北人民广播电台担任

---

① 根据对河北民族师范学院文学与传媒学院网络与新媒体专业教研室主任吴琳的访谈记录整理。

② 根据对廊坊师范学院传媒系新闻学专业负责人王玲的访谈记录整理。

音乐节目主播，成长迅速。①

沧州师范学院网络与新媒体专业于2016年开始招生，2017年正式创建齐越传媒学院，第一届学生到2020年6月毕业。2018年备案审批了广告学专业，2019年开始招生。

唐山学院传播与动画系于2004年招收广告设计与制作专业学生，2009年开始招收广告学本科生。根据学校应用型本科院校的定位，以培养应用型人才为目标，采用"情景体验、以赛代练"的教学模式，毕业生总体就业状况良好，专科累计320人，本科累计560人，总人数共计880左右。主要就业区域为京津冀和环渤海地区，部分学生也到上海广州等地就业。代表性单位有传媒公司、媒体单位、事业单位等，亦有毕业生考取公务员或经营公司。毕业生在社会上的评价较好。②

河北传媒学院新闻传播学院开设新闻学、广播电视学、广告学、传播学、编辑出版学、网络与新媒体、数字出版等本科专业和新闻采编与制作、主持与播音两个三年制专科专业，在校生3340余人。各专业总体就业状况良好，并且积极地向相关行业和岗位输送优秀人才，毕业生主要就业于各县、市的广播电视台，企事业单位的宣传部门等。③

河北师范大学汇华学院传媒学部开设的新闻传播学类本科专业为新闻学和广告学。新闻传播学专业总体就业情况较好，一次性就业率均在95%以上。新闻学专业自2002年开始招生，累计向社会输送新闻学专业毕业生1280人。广告学专业自2002年开始招生，累计向社会输送广告学毕业生824人。主要就业区域为河北省，尤其是石家庄市，省外主要是北京市。就业单位类型为各大广告公司、媒体机构、私人企业等，例如央视、蓝色光标集团、今日头条以及河北省内大型广告公司和文化传播公司。典型岗位主要是策划、新媒体运营、广告文案、新闻编排和

---

① 根据对石家庄学院文学与传媒学院副院长田建恩的访谈记录整理。
② 根据对唐山学院传播与动画系副主任王志国的访谈记录整理。
③ 根据对河北传媒学院新闻传播学院副院长朱良志的访谈记录整理。

采访、出镜记者等。社会对该校新闻传媒类学生的评价主要集中在两点：一是踏实、务实、虚心。二是肯干活、不抱怨。①

保定职业技术学院传媒艺术系源于1996年，现在开设有广播影视节目制作、广播影视节目制作(编导)、广播影视节目制作(动画)、新闻采编与制作、广告设计与制作5个专业，在校生500余人。该系始终坚持"以人为本、德育为先"的育人理念，倡导"先做人、后做事，先成人、后成才"的人才观，毕业生以综合素质较高而深受用人单位欢迎。主要面向北京、石家庄、保定等地的影视、广告和动画等行业就业。该系成立20余年来，为京津冀影视传媒行业培养了3000余名毕业生。据不完全统计，有70名毕业生在央视平台或者央视合作企业就业，毕业生中有30名央视驻各省记者站记者。有10余名毕业生曾经在国际4A公司、阿里巴巴、百度、腾讯等公司就业。有多达50名毕业生在京津冀等地创办影视传媒公司，成功创业、吸纳就业，为社会作贡献。

河北艺术职业学院传媒系设置的新闻传播类专业主要有主持与播音、摄影摄像技术、影视多媒体等高职类专业，三个专业培养的毕业生数量分别为190人、140人和66人，累计毕业生近400人。学生毕业后自主择业，主要是在河北省内就业，分布于河北省内及县市级媒体和文化传播公司。就业岗位主要包括主持人、文职人员、摄像师、后期剪辑等。少量学生专接本后又继续考研究生。学生比较踏实，就业后受到用人单位好评。②

石家庄职业技术学院动画学院通过校企合作开展人才培养，探索实施了"生产与育人相结合，教育教学与技术服务相促进"的创意型高技术人才培养模式。提高了学生的职业能力，增强了学生的就业竞争力，缩短了学生的后熟期。毕业生主要在北京、上海、深圳等动漫产业发达地区就业，就业质量较高。自2003年创建专业以来，已经为社会培养

---

① 根据对河北师范大学汇华学院传媒学部教师黄先超的访谈记录整理。
② 根据对河北艺术职业学院传媒系办公室主任席晓华的访谈记录整理。

动漫人才 2500 余人。

6.1.2 人才培养成果

1985 年 11 月 27 日，河北大学中文系吴庚振同志起草了《河北大学与河北日报社联合办好新闻专业协议书》，这应该是全国最早的联合办好新闻专业的协议书。《河北日报》原总编辑叶臻同志原则同意协议书内容，河北大学当时的校领导也批示同意。国家教委于 1988 年 11 月在南宁召开的全国新闻教育座谈会上，介绍了河北大学新闻专业与新闻单位联合办学的经验，国家教委在《关于全国高校新闻教育改革的调查》中，肯定了这一经验。1990 年 10 月，河北大学与河北日报社正式签订了联台办学协议书，这在全国高校中是第一家。1992 年 10 月，河北大学与河北省广播电视厅签订了联合办学协议书。1992 年 10 月 28—29 日，召开了《建立实习基地，深化教学改革》优秀教学成果鉴定会。以方汉奇任组长的专家组对这项成果给予高度评价，认为在全国具有首创意义。1993 年 4 月 12 日，省教委批准河北大学新闻学专业"建立实习基地，深化教学改革"项目获省级优秀教学成果一等奖。

2013 年，河北大学新闻传播学院再获教学成果奖。经过组织申报材料、校内评审答辩、河北省教学成果专家评审委员会评审等环节，河北大学新闻传播学院由时任院长白贵教授领衔的"河北大学新闻学专业特色的培育与创新"（项目编号 GDJY—20132001）获得河北省第六届高等教育教学成果二等奖。主要完成人为白贵、韩立新、杜友君、杨秀国、彭焕萍。河北大学新闻学专业在 1993 年获得省级教学成果奖之后的 20 年又取得了长足的发展。分别于 1995 年和 2000 年组建了新闻传播学系和新闻传播学院，先后拥有了新闻学、传播学二级学科硕士点，新闻传播学一级学科硕士点，新闻与传播、出版两个专业学位硕士点，新闻传播学一级学科博士点。同时在 1996 年、2000 年和 2001 年先后举办了广告学、广播电视新闻学（2013 年之后改为广播电视学）、编辑出版学本科专业。此外，2007 年河北大学新闻学专业成为第一批"教育部国家级特色专业建设点",新闻学专业又获批 2012 年"河北省高等学校省级重点学科"。同时在科学研究方面,高水平论文和有影响力的著作、教材产出数量可观。自 2000 年开始,尤其是 2007—2012 年,河北大学新闻传播学院获得了近 10 项国家社科基金课题。自 2001 年开始,尤其是 2008—2012 年也获得了 7 项"教育部人文社会科学研究项目"。20 年间,更是为社会培养了大批有用人才,赢得了广泛的社会声誉。这些成果的取得都是教学成果奖获得的依据,这也标志着河北大学新闻学专业建设进入了新阶段。

同样地处河北省保定市的另一所新闻传播院系——保定职业技术学院传媒艺术系开办的是高等教育层次、职业技术教育类型的新闻传播类专业。发端于 1996 年的新闻传播类高职高专专业群所组成的传媒艺术系也取得了良好的教学效果。该系在 2017—2018 年先后获得了河北省第七届高等教育教学成果二等奖、2018 年全国广播影视职业教育教学成果特等奖和 2018 年第八届国家级教学成果二等奖。连续取得三项重要教学成果奖并不是偶然的,该系在 20 余年的时间内深耕新闻传播教育,专注做好人才培养工作。该系取得的主要成果如下:2002 年电视节目制作专业获批首批"河北省高职高专教育教学改革试点专业",2007 年该专业被认定为首批"河北省高职高专教育教学改革示范专业"。随后该专业又成为中央财政支持提升专业服务社会能力重点建设专业。专业核心课程电视摄像 2010 年建成省级精品课程,2011 年成为国家级精品课程,2013 年又被批准立项国家精品资源共享课程。系主任田建国教授主持编写、中国传媒大学出版社出版的《广播影视类"十二五"规划应用型教材》一套 8 册填补了高职高专类新闻传播专业系列教材的空白。同时,该系多年来坚持校企合作、工学结合,通过专业师生为社会提供了大量专业服务。典型的合作有为中央电视台农业频道摄制电视节目,与保定电视台开展双元制合作,与保定市广告协会深入开展合作等(见表 6-1)。

表 6-1　河北省新闻传播学类国家级、省级教学成果奖一览表

奖项名称	年份	获奖人	工作单位	成果题目	等级
2018年第八届国家级教学成果奖	2018	田建国、赵国祥、薛澈、周彦珍、田钰滢、薄立伟、黄超、刘万军、梁沧、胡明锦、刘继忠、高博、宋晓丽、左飞飞、任欢	保定职业技术学院、保定广播电视台	高职广播影视节目制作专业人才培养模式探索与实践	二等奖
2018年全国广播影视职业教育教学成果奖	2018	田建国、赵国祥、薛澈、周彦珍、田钰滢、薄立伟、黄超、刘万军、梁沧、胡明锦、刘继忠、高博、宋晓丽、左飞飞、任欢	保定职业技术学院、保定广播电视台	高职广播影视节目制作专业人才培养模式探索与实践	特等奖
河北省第七届高等教育教学成果奖	2017	田建国、赵国祥、薄立伟、薛澈、周彦珍	保定职业技术学院	传媒艺术类专业群人才培养模式改革创新与实践	二等奖
河北省第六届高等教育教学成果奖	2013	白贵、韩立新、杜友君、杨秀国、彭焕萍	河北大学新闻传播学院	河北大学新闻学专业特色的培育与创新	二等奖
河北省高等学校首届优秀教学成果奖	1993	吴庚振、张松之、李广增、乔云霞、杜浩	河北大学中文系	建立实习基地，深化教学改革	一等奖

6.1.3　硕博研究生培养

河北省有河北大学、河北经贸大学、河北传媒学院与河北师范大学四所院校拥有了新闻传播类硕士或博士学位授予权。其中，河北大学新闻传播学院拥有新闻传播学一级学科博士点、新闻传播学一级学科硕士点、新闻与传播专业硕士学位点、出版专业硕士学位点，还曾拥有新闻学和传播学两个二级学科硕士点。河北经贸大学文化与传播学院拥有一

级学科硕士点,河北传媒学院和河北师范大学先后拥有了新闻与传播专业硕士学位点。表6-2和表6-3是河北大学新闻传播学院部分年份的硕士研究生招生人数、在校生人数以及授予学位人数,从中可以窥见硕士、博士的招生规模(见表6-2、表6-3)。

表6-2 河北大学新闻传播学院硕士招生及授予学位人数表(2005—2009)①

类别		五年人数合计	2005年	2006年	2007年	2008年	2009年
硕士	招生人数	477	78	89	117	96	97
	授予学位人数	356	55	72	62	78	89

表6-3 河北大学新闻传播学院硕、博士在校生及授予学位人数表(2016—2019)②

类别		人数合计	2016年	2017年	2018年	2019年
硕士	2019在校生人数	416				
	授予学位人数	503	139	131+2	109+5	117
博士	2019在校生人数	25				
	授予学位人数	19	6	3	3+2	3+2

河北大学2011年正式取得了新闻传播学一级学科博士学位授予权,2012年招收了第一届博士研究生。2015年开始有博士研究生陆续毕业。截至2018年年底,河北大学新闻传播学院共有15位博士研究生通过了学位论文答辩,取得了博士学位。表6-4是获得博士学位研究生的基本信息,从中可以了解他们的姓名、导师、论文题目、取得学位年份等。

---

① 该数据来源于河北大学新闻传播学一级学科博士点《申报博士学位授权一级学科简况表》。
② 根据对河北大学新闻传播学院科研秘书苏敏的访谈记录整理。

表 6-4　　河北大学新闻传播学院博士研究生论文列表①

通过年份	论文题目	作者	指导教师	专业
2018	媒介现代化进程中的中国民族主义思想研究	曹磊	白贵	新闻学
2018	雾霾风险议题的主流媒体建构——以《河北日报》为中心	韩韶君	陶丹 白贵	新闻学
2018	《北洋官报》研究	都海虹	白贵	新闻学
2018	《妇女杂志》女性形象研究	刘伟娜	任文京	新闻传播学
2017	媒体表达侵害公共秩序的主要类型及其规制	邸敬存	孙旭培	新闻传播学
2017	全媒体环境下我国电视体育节目的发展与创新研究	肖钧	胡连利	新闻传播学
2017	越南新闻出版职业道德建设研究	阮黄梅	任文京 白贵	新闻传播
2016	中国大陆媒体对伊斯兰国家报道研究(2001—2015)	金强	白贵	新闻传播学
2016	《纽约时报》受众拓展研究	高菲	杨秀国	新闻传播学
2016	大众媒体对科学的误读与重建问题研究	李占军	胡连利	传播学
2016	土耳其执政党(正义与发展党)与大众媒体关系研究(2002—2016)	Osman Erol	白贵	新闻学
2016	数据新闻研究	任瑞娟	白贵	新闻学
2016	澳大利亚媒体法保障表达自由研究	王释云	孙旭培	新闻传播学
2015	发展传播学视域下《人民日报》"厂长负责制"报道研究(1978—1988)	韩利红	白贵	新闻传播学
2015	我国图书出版责任伦理研究	甄巍然	任文京	新闻传播学

① 根据中国知网有关数据及河北大学新闻传播学院官网等公开资料整理。

6.2 河北省新闻传播类技能大赛参赛和获奖情况

6.2.1 全国大学生广告艺术大赛

1. 基本情况

全国大学生广告艺术大赛(简称"大广赛")创办于2005年,该赛事的指导单位是教育部高等教育司,前四届比赛获奖证书的用章就是"教育部高等教育司"。主办单位是教育部高等学校新闻传播学类专业教学指导委员会和中国高等教育学会广告教育专业委员会,承办单位是中国传媒大学和全国大学生广告艺术大赛组委会。截至2018年12月,共举办了十届十一次赛事。前四届是每两年举办一届,2012年举办了"2014南京青奥会专题设计竞赛"。2013年举办第五届比赛,并自此开始每年举办一届比赛。河北赛区的承办单位是河北师范大学新闻传播学院。

2. 河北省高校参赛成绩

河北省高校自2005年全国大学生广告艺术大赛首届比赛就开始参赛并获奖,十届以来从未间断。其间,共获得155项等级奖(见表6-5)。其中一等奖共有5项,由河北大学艺术学院、衡水学院美术系、保定职业技术学院传媒艺术系在第六届、第七届和第八届赛事取得。需要说明的是,在统计过程中面临河北工业大学和华北电力大学两所学校较难处理,河北工业大学在天津市,且在天津赛区参赛,未统计在内。华北电力大学有三个院系参加比赛,其中华北电力大学人文与社会科学学院实际在北京校区,也在北京赛区参赛,所以未统计在内。

6.2 河北省新闻传播类技能大赛参赛和获奖情况

表 6-5 全国大学生广告艺术大赛河北省高校等级奖获奖作品一览表

序号	届别（年份）	参赛类别	奖项等级	作品名称	作者姓名	指导教师	所属单位
1		平面类	二等奖	舌头的渴望	李靖花	马珥丽	石家庄工商职业学院
2		平面类	二等奖	爱华仕表情包	朱雨婷、胡靖	高承珊	燕山大学艺术与设计学院
3		视频类影视作品	二等奖	元来只要1分钟	冯天赐、苏聪、史可鑫、左晨玉、马召冬	宋伟龙	河北大学工商学院人文学部
4		广播类	二等奖	娃哈哈-完美搭配	刘梦雅、刘雨琪	郭燕、陈丹	河北大学艺术学院
5	第十届（2018）	广播类	二等奖	北区楼四在这里等你	包芸昕、王雪欣、陈嘉文	陈静、陶朋	河北大学艺术学院
6		平面类	二等奖	藤娇	赵雪晴	焦晶晶	华北理工大学轻工学院影视与艺术设计学院
7		平面类	三等奖	不安分的头发	姜立萍、张志学	高艳	华北电力大学科技学院机械工程系
8		平面类	三等奖	爱华仕"玩酷"系列	吕晶萌	王卫军	河北大学艺术学院
9		平面类	三等奖	爱华仕世界旅途包装设计	赵子溪	刘静	华北电力大学(保定)能源动力与机械工程学院
10		平面类	三等奖	治愈	安庭瑞、于洋洋	王卫军	河北大学艺术学院

237

续表

序号	届别（年份）	参赛类别	奖项等级	作品名称	作者姓名	指导教师	所属单位
11	第十届（2018）	视频类影视作品	三等奖	藤娇如此多娇	张笑萌、李海河、刘宁、谢国威、王迎	邵建业、陶朋	河北大学艺术学院
12		视频类微电影作品	三等奖	给"他"一个微笑的加油	张志学、姜立萍、胡帅、王超平、杨燕	高艳	华北电力大学科技学院机械工程系
13		互动类	三等奖	"善"村	霍亚丽	韩翠霞	衡水学院美术学院
14		策划案类	三等奖	年轻就耀潮我看	李思维、张明枫	—	河北师范大学新闻传播学院
15		文案类	三等奖	有梦，有藤娇	刘彦、迟明雪	姜茜	石家庄学院文学与传媒学院
16		文案类	三等奖	元气满满做自己	付帆	黄鹏	石家庄邮电职业技术学院
17		平面类	二等奖	平遥平遥	李海河、杨倩倩	陶朋	河北大学艺术学院
18		平面类	二等奖	多样平遥	刘宇芳	甄永亮	河北民族师范学院美术与设计学院
19	第九届（2017）	平面类	二等奖	装得下，世界就是你的	王炼、宋雪	刘维尚	燕山大学艺术与设计学院
20		平面类	二等奖	花海·云海·大海	霍亚丽	韩翠霞	衡水学院美术学院
21		平面类	三等奖	共同的哈姆雷特	杜郑欣然	焦晶晶	华北理工大学轻工学院影视与艺术设计学院

6.2 河北省新闻传播类技能大赛参赛和获奖情况

续表

序号	届别（年份）	参赛类别	奖项等级	作品名称	作者姓名	指导教师	所属单位
22		平面类	三等奖	照亮世界	李峥	甄永亮	河北民族师范学院美术与设计学院
23		平面类	三等奖	美丽的你	张子旭、张先端	刘静	华北电力大学（保定）能源动力与机械工程学院
24		平面类	三等奖	平遥古城logo	刘希坤、褚亚楠	王卫军	河北大学艺术学院
25		平面类	三等奖	阅读平遥	王宇晴	甄永亮	河北民族师范学院美术与设计学院
26	第九届（2017）	平面类	三等奖	情系平遥	赵昆	甄有亮	河北民族师范学院美术与设计学院
27		平面类	三等奖	爱华仕之动物篇章	闫茜茜、宋博昀	王卫军	河北大学艺术学院
28		平面类	三等奖	心之所筋	刘云鸽、孙永俊	欧新菊	燕山大学艺术学院
29		平面类	三等奖	无所畏惧	刘方博、刘静贤	王卫军	河北大学艺术学院
30		视频类影视作品	三等奖	历史古城，时尚魅力	王格	石宏伟、李志好	廊坊师范学院文学院
31		视频类微电影作品	三等奖	我的世界，一路有你	倪磊、何子豪、张海欧、马淼	刘成锁	河北师范大学新闻传播学院

续表

序号	届别(年份)	参赛类别	奖项等级	作品名称	作者姓名	指导教师	所属单位
32	第八届(2016)	平面类	一等奖	前胸篇、后胸篇	窦朝晖、靳雅暄	李毅	保定职业技术学院传媒艺术系
33		视频类	一等奖	金薇	贾若凡、刘洁莹	陶朋、郭燕	河北大学艺术学院
34		平面类	二等奖	告别不快系列	郭文	刘静	华北电力大学(保定)能源动力与机械工程学院
35		平面类	二等奖	披萨如此多娇	王琳	甄永亮	河北民族师范学院美术系
36		平面类	二等奖	亲吻你的每一天	李佳佳、郭文	刘静	华北电力大学(保定)能源动力与机械工程学院
37		广播类	二等奖	陪伴,才是最长情的告白	俞昌宗、黄亚星、吴瑞阳	郄建业、郭燕	河北大学艺术学院
38		广播类	二等奖	人祖皆思	俞昌宗、王文慧、王波	郄建业、郭燕	河北大学艺术学院
39		广播类	二等奖	美美,给你一个美丽的未来	于洁	陈静	河北大学工商学院传播与动画系
40		平面类	三等奖	手·语	张文雅	王志国	唐山学院传播与动画系
41		平面类	三等奖	vivo告别不快	侯意超、张天懿	刘静	华北电力大学(保定)能源动力与机械工程学院
42		平面类	三等奖	折叠即艺术	王然	—	衡水学院文学与传播学院
43		平面类	三等奖	关爱三部曲	邱晓娜、武小月	王卫军	河北大学工商学院人文学部
44		平面类	三等奖	胃疼胃酸胃胀就用999	张欢、李莎莎	高艳	华北电力大学科技学院机械工程系

续表

序号	届别（年份）	参赛类别	奖项等级	作品名称	作者姓名	指导教师	所属单位
45		平面类	三等奖	洁婷	王慧	甄永亮	河北民族师范学院美术系
46		平面类	三等奖	美丽不靠穿越	张梁美子、杨洁	王卫军	河北大学艺术学院
47		平面类	三等奖	金薇KIVIE	陈鑫前	甄永亮	河北民族师范学院美术系
48		平面类	三等奖	不再用手	高畅	高艳	华北电力大学科技学院机械工程系
49		平面类	三等奖	轻松瘦身，只需一粒！	张梦琪	高艳	华北电力大学科技学院机械工程系
50		平面类	三等奖	不同味道可比克	郭岩然	甄永亮	河北民族师范学院美术系
51		平面类	三等奖	和平与你相爱相依	张雅琪	张玲潇	华北理工大学研究生学院
52		平面类	三等奖	中国梦?生态梦	刘志强、刘星池	甄永亮	河北民族师范学院美术系
53		平面类	三等奖	中国梦	关秋培	甄永亮	河北民族师范学院美术系
54	第八届（2016）	视频类	三等奖	洁婷	张鹤、张金雨、许晨明、许铁梁、李丛婧	陶朋、郭燕	河北大学艺术学院
55		视频类	三等奖	原因	陈陶菡、曾珠	王莉	河北美术学院传媒学院
56		广播类	三等奖	加菲猫能吃下一个星球的披萨	王璐、翟广田、赵烨琳	陈静	河北大学工商学院人文学部
57		广播类	三等奖	只为遇见你	武汉霞、凡志莹	陶朋	河北大学艺术学院
58		广播类	三等奖	盼卿来	俞昌宗、黄亚星、田薇	陶朋	河北大学艺术学院
59		广播类	三等奖	北京家圆医院，圆你一家的梦	田晔、吴艳乔	郜建业	河北大学艺术学院
60		广播类	三等奖	一天一片 爱的陪伴	刘学华、刘梦雅、刘雨琪	陈静、陶朋	河北大学艺术学院

续表

序号	届别（年份）	参赛类别	奖项等级	作品名称	作者姓名	指导教师	所属单位
61		平面类	一等奖	是Ta需要你	段接接	刘飞	衡水学院美术学院
62		平面类	二等奖	极致青柏	白学珍、尼玛次仁	郭有献	石家庄经济学院艺术设计学院
63		影视类	二等奖	C驱动之拳皇	戴星博、梁宏胜	邵珠峰、乔强成	河北美术学院传媒学院
64		综合创意类	二等奖	测试你是不是好男友	韩晓辉、徐佳亮	宋维山、王志东	河北师范大学新闻传播学院
65	第七届（2015）	综合创意类	二等奖	助力自媒体，刷爆朋友圈	张水平、刘雅敏妓	郭有献	石家庄经济学院艺术设计学院
66		平面类	三等奖	中国梦	安文、范婉如	赵新伟	河北传媒学院艺术设计学院
67		平面类	三等奖	中国梦纸盒包装	安文	赵新伟	河北传媒学院艺术设计学院
68		平面类	三等奖	善、合	丁思瑶	李翠轻	石家庄铁路职业技术学院
69		平面类	三等奖	柠檬篇、椰子篇、苹果篇	曹密	李毅	保定职业技术学院
70		平面类	三等奖	你负了吗？加乐活把你正过来	许婵嫒、成鹏琪	马玮丽	石家庄工商职业学院

续表

序号	届别（年份）	参赛类别	奖项等级	作品名称	作者姓名	指导教师	所属单位
71	第七届(2015)	平面类	三等奖	艳遇中国，"音"遇世界	侯晓洁	樊东宁	衡水学院文学与传播学院
72		平面类	三等奖	老K	冯云鹏	高艳	华北电力大学科技学院机械工程系
73		影视类	三等奖	艺动随梦，情动随心	乔栩佳、周方文	陶朋、郭燕	河北大学艺术学院
74		动画类	三等奖	不感冒先生的感冒之恋	董梦怡、李斌	张宁	衡水学院美术学院
75		动画类	三等奖	花儿旅行陪伴你	戴星博、梁宏胜	邵珠峰、乔强成	河北美术学院传媒学院
76		广播类	三等奖	哇哈哈	郭明伟、赵天浩、杨丽华	高艳	华北电力大学科技学院机械工程系
77		广告策划类	三等奖	肤不一样	张林悦、姜妍、吴越、杨金月	李振国、陈娜辉	河北师范大学新闻传播学院
78		广告策划类	三等奖	待在里面，遇见自在	苏永贵、庄敏、杨星默、马壮	朱红亮、杨英新	河北师范大学新闻传播学院

续表

序号	届别（年份）	参赛类别	奖项等级	作品名称	作者姓名	指导教师	所属单位
79	第六届（2014）	平面类	一等奖	独家秘方	刘双意、王瑞鹏	李彦彬	河北大学艺术学院
80		广播类	一等奖	Bling Blink	田月、宁芊芳、肖依阳	陶朋、陈丹丹	河北大学田家炳艺术学院
81		平面类	二等奖	不凡于心，追求至美系列	李景龙、胡艳昭	高艳	华北电力大学科技学院机械工程系
82		平面类	二等奖	易信，让沟通更有趣！	孙迎丽	赵超	燕山大学艺术与设计学院
83		影视类	二等奖	玩味果粉	邸聪、谭敬阳、杨童	刘育涛	河北师范大学新闻传播学院
84		广播类	二等奖	够闪够咪冰力克	任静媛	朱江、陶朋	河北大学田家炳艺术学院
85		平面类	三等奖	舞动不凡	陈芳	甄永亮	河北民族师范学院美术系
86		平面类	三等奖	中华人祖文化苑	刘中秋	马帅	华北电力大学（保定）机械工程系
87		平面类	三等奖	呵护与尊重	陈俊、王慧君	高艳	华北电力大学科技学院机械工程系
88		平面类	三等奖	样样精通	李姗	高艳	华北电力大学科技学院机械工程系
89		平面类	三等奖	美丽之源	孙迎丽	赵超	燕山大学艺术与设计学院
90		平面类	三等奖	我的美丽秘笈	吕春霞、崔思奇	李霞	邢台职业技术学院

6.2 河北省新闻传播类技能大赛参赛和获奖情况

续表

序号	届别（年份）	参赛类别	奖项等级	作品名称	作者姓名	指导教师	所属单位
91		平面类	三等奖	迷宫篇	郭韩鹜	王晓红	保定职业技术学院传播技术系
92		平面类	三等奖	我就喜欢	司哲瑞、郑铁楠	李彦彬	河北大学艺术学院
93		影视类	三等奖	易信时代——信息有多快	王喆、王会媛、王亦凡	—	河北师范大学新闻传播学院
94		微电影类	三等奖	麦田舞者	贾美、田子轩、梁亚、解媛媛	许广彤、胡国宁	石家庄职业技术学院
95		微电影类	三等奖	666	王子毅、董晨曦、刘英	陶朋、朱江	河北大学工商学院人文学部
96	第六届(2014)	微电影类	三等奖	告白	张瀚一	陶朋	河北大学工商学院人文学部
97		广告策划类	三等奖	OPPO N1 美，尽在掌控	任浩然、李媛媛、苏永贵、程泽鹏、王子朋	仝文瑶、张学军	河北师范大学新闻传播学院
98		广告策划类	三等奖	"通关密码"冰力克年度营销策划	戢勋、刘丽华、齐彦丽、昌蕾	李振国	河北师范大学新闻传播学院
99		广告策划类	三等奖	"爱咋拌咋拌"海天招牌拌饭酱	韩晓辉、庄敏、张帆、李莲	朱红亮、杨英新	河北师范大学新闻传播学院
100		广告策划类	三等奖	桃花宝点	高翠、张秀雅	李振国	河北师范大学汇华学院传媒学部

续表

序号	届别（年份）	参赛类别	奖项等级	作品名称	作者姓名	指导教师	所属单位
101		平面类	二等奖	生活其实可以很简单	程国宁、伊商举	赵超	燕山大学艺术与设计学院
102		平面类	三等奖	新形象，新锦江	刘峰	王晓梅	邯郸学院艺术与传媒学院
103		平面类	三等奖	晋"彩"	钟文澜	甄永亮	河北民族师范学院美术系
104		平面类	三等奖	能量之源	司哲瑞、王馨瑶、郑铁楠	王卫军	河北大学艺术学院
105		平面类	三等奖	王老吉——迸发出你的激情	陈艳艳	王卫军	河北大学艺术学院
106		平面类	三等奖	激情梦想王老吉系列	刘振、崔彤彤	王卫军	河北大学艺术学院
107		平面类	三等奖	国画	高颜	高艳	华北电力大学科技学院机械工程系
108	第五届（2013）	平面类	三等奖	红色正能量	侯善文、王晓萌、卢文博	刘静	华北电力大学（保定）
109		平面类	三等奖	停滞不前	王亚琴	王卫军	河北大学艺术学院
110		平面类	三等奖	温度不叫事	王钦、范海娜	高艳	华北电力大学科技学院机械工程系
111		平面类	三等奖	扇子篇、电脑篇	郭申哲	薄立伟	保定职业技术学院传播技术系
112		平面类	三等奖	借笔篇、借拍儿篇	郝宗泽、李帅、李旭云	薄立伟	保定职业技术学院传播技术系
113		广告策划案类	三等奖	心灵凉茶	张子茜、沈艳云	李振国	河北师范大学汇华学院传媒学部
114		广告策划案类	三等奖	我的青春我的团	张攀举、李璐、夏菲菲、齐佳	宋维山、振国	河北师范大学新闻传播学院
115		公益平面类	三等奖	公益·爱国守法	王飞圆	赵新伟	河北传媒学院艺术设计学院

6.2 河北省新闻传播类技能大赛参赛和获奖情况

续表

序号	届别（年份）	参赛类别	奖项等级	作品名称	作者姓名	指导教师	所属单位
116	"南京青奥会"专题设计竞赛（2012）	主题动画短片	二等奖	传承	张天祥、崔玮龙、赵士雄、李集涛、王海涛	姜妮	河北大学
117		主题动画短片	二等奖	青奥积木	王鑫、张子洲、吕娜	姜妮	河北大学
118		颁奖礼仪服装、颁奖台和托盘	二等奖	青春的活力	郭凤娇	李丰	河北科技大学
119		吉祥物	三等奖	欢乐之门——南南	谢建银	李彦斌	河北大学
120		吉祥物	三等奖	吉祥物——圆圆	董丽	李彦斌	河北大学
121		吉祥物	三等奖	吉祥物梅梅	刘卿	侯志刚	河北大学工商学院
122		吉祥物	三等奖	吉祥物	刘然然	侯志刚	河北大学工商学院
123		吉祥物	三等奖	楠楠婧婧	李晓娜	赵超	燕山大学艺术与设计学院
124		体育图标、文化教育图标	三等奖	青春奥运	高虹	侯志刚	河北大学工商学院
125		体育图标、文化教育图标	三等奖	"南京青奥会"体育图标	陈建男	—	河北大学工商学院
126		体育图标、文化教育图标	三等奖	雨花小健将	黄冉	侯志刚	河北大学工商学院

续表

序号	届别（年份）	参赛类别	奖项等级	作品名称	作者姓名	指导教师	所属单位
127	"南京青奥会"专题设计竞赛（2012）	体育图标、文化教育图标	三等奖	体育图标	高悦轩	侯志刚	河北大学工商学院
128		体育图标、文化教育图标	三等奖	悦动南京	方圆	赵超	燕山大学艺术与设计学院
129		体育图标、文化教育图标	三等奖	体育图标；文化教育图标	吴梅梅	赵超	燕山大学艺术与设计学院
130		招贴	三等奖	力传递	刘卿	侯志刚	河北大学工商学院
131		招贴	三等奖	南京！南京！	王燕鹏、卜昕宏	赵超	燕山大学艺术与设计学院
132		主题动画片	三等奖	乐享青奥	闫翠云、赵彩凤、高燕	姜妮	河北大学
133		主题动画片	三等奖	汗滴精灵	陈菲、朱艳锦、刘天琪	姜妮、杨静	河北大学
134		主题动画片	三等奖	迷宫	张红、李强	姜妮、李伟	河北大学艺术学院
135		推广策划案	三等奖	两"青"相悦——2014年南京青奥会会前推广方案	张俊、程鸿云	李振国	河北师范大学新闻传播学院
136		推广策划案	三等奖	向上吧！少年	温月、刘末姗、李阳、李妃	薄立伟	保定职业技术学院

续表

序号	届别(年份)	参赛类别	奖项等级	作品名称	作者姓名	指导教师	所属单位
137		平面类	二等奖	e网打尽	周子涵	侯志刚	河北大学艺术学院
138		平面类	二等奖	艳遇	周子涵	侯志刚	河北大学艺术学院
139		平面类	二等奖	露友健步系列《豹篇》《马篇》	韩晓霞、刘琳琳	于洋	河北软件职业技术学院
140		平面类	二等奖	思维导图之服装设计篇	张霜、商晶、张振龙	吴蒙、李霞	邢台职业技术学院
141	第四届(2011)	平面类	三等奖	衣架篇	苗美超、董振华	赵国祥、薄立伟	保定职业技术学院
142		平面类	三等奖	魅	雷婧	张琳琳	河北传媒学院
143		平面类	三等奖	可持续包装	许叶湘	侯志刚	河北大学艺术学院
144		平面类	三等奖	小光大热	张硕	高艳	华北电力大学科技学院
145		平面类	三等奖	品位 艺术 浪漫	孟衍、陈静、刘海龙	高艳	华北电力大学科技学院

续表

序号	届别（年份）	参赛类别	奖项等级	作品名称	作者姓名	指导教师	所属单位
146		平面类	二等奖	蒙娜丽莎	张姚	李彦彬、侯志刚	河北大学艺术学院
147		策划类	二等奖	我的心情，我的流动咖啡馆	姜丽婧、吴美玲、刘赛彤、靳永娜	郭有献	石家庄经济学院人文与社会科学学院
148		平面类	三等奖	霍金篇·海伦·凯乐篇	续翠翠	侯志刚、李彦斌	河北大学艺术学院
149	第三届（2009）	平面类	三等奖	享受灵感	靖铮、宋跃	李振国、祁凤霞	河北师范大学汇华学院
150		策划类	三等奖	风景名胜区推广策划案	付智瑞、张萌、刘娜、郭伟	李振国、朱红亮	河北师范大学新闻传播学院
151		策划类	三等奖	古洞仙山	于月、郑方圆、李静	郭有献	石家庄经济学院人文与社会科学学院
152		平面类	三等奖	向往篇	邢占安	李彦彬、侯志刚	河北大学艺术学院
153	第二届（2007）	平面类	三等奖	鼠标篇	张凯	林凡	河北科技大学
154		策划类	三等奖	接触新时代	胡建军、陈海远、封丽慧、吕晓博	郭有献	石家庄经济学院
155	第一届（2005）	公益类	三等奖	结婚证篇	冯旭、李丹丹	商杰、祁凤霞	河北师范大学新闻传播学院

3. 河北省高校参赛及获奖数据分析

通过对河北省高校"大广赛"在全国总评审中获奖数据进行挖掘整理，学校院系名称存在更改、合并、新组建、学生填写不规范等现象，对以上数据进行了适当的清洗，尽可能使用了2018年12月时的学校院系名称。在参赛成绩统计上，每一个全国一等奖记3分，二等奖记2分，三等奖记1分，以此标准计算出各学校院系和指导教师自2005年以来参加大广赛取得的总成绩。其中，河北工业大学虽然是属于河北省高校，但是在大广赛的比赛中属于天津赛区，因而没有统计在内(见表6-6)。

表6-6 全国大学生广告艺术大赛河北省参赛学校院系成绩排名

序号	学校院系	一等奖	二等奖	三等奖	得分
1	河北大学艺术学院	3	11	26	57
2	河北师范大学新闻传播学院	0	2	12	16
3	华北电力大学科技学院机械工程系	0	1	14	16
4	河北大学工商学院人文学部	0	2	11	15
5	河北民族师范学院美术与设计学院	0	2	10	14
6	燕山大学艺术与设计学院	0	4	6	14
7	保定职业技术学院传媒艺术系	1	0	6	9
8	河北地质大学艺术设计学院	0	3	2	8
9	华北电力大学(保定)能源动力与机械工程学院	0	2	4	8
10	衡水学院美术学院	1	1	2	7
11	河北传媒学院美术与设计学院	0	0	4	4
12	河北美术学院传媒学院	0	1	2	4
13	河北科技大学	0	1	1	3
14	河北师范大学汇华学院传媒学部	0	0	3	3

续表

序号	学校院系	一等奖	二等奖	三等奖	得分
15	石家庄工商职业学院	0	1	1	3
16	邢台职业技术学院艺术与传媒系	0	1	1	3
17	河北软件职业技术学院	0	1	0	2
18	衡水学院文学与传播学院	0	0	2	2
19	华北理工大学轻工学院影视与艺术设计学院	0	0	2	2
20	邯郸学院艺术与传媒学院	0	0	1	1
21	华北理工大学研究生学院	0	0	1	1
22	廊坊师范学院文学院	0	0	1	1
23	石家庄铁路职业技术学院	0	0	1	1
24	石家庄学院文学与传媒学院	0	0	1	1
25	石家庄邮电职业技术学院	0	0	1	1
26	石家庄职业技术学院	0	0	1	1
27	唐山学院传播与动画系	0	0	1	1
	合　　计	5	33	117	198

从表6-6可以看出，自"大广赛"创办以来，河北省有27个院系获得过全国等级奖，其中河北大学艺术学院、河北师范大学新闻传播学院、华北电力大学科技学院机械工程系、河北大学工商学院人文学部、河北民族师范学院美术与设计学院、燕山大学艺术与设计学院、保定职业技术学院传媒艺术系、河北地质大学艺术设计学院(原石家庄经济学院艺术设计学院、石家庄经济学院人文与社会科学学院)、华北电力大学(保定)能源动力与机械工程学院、衡水学院美术学院排名前十。而在这其中，河北大学艺术学院表现最为突出，在平面广告、视频类和广播类各获得一次一等奖。河北师范大学新闻传播学院、河北地质大学艺术设计学院在广告策划案类别表现比较突出。保定职业技术学院传媒艺

术系在高职高专院系中表现较为突出。

在 2016 年第八届全国大学生广告艺术大赛中，保定职业技术学院传媒艺术系李毅老师指导，窦朝晖、靳雅暄两位同学创作的广告作品《前胸篇》《后背篇》获得了平面类一等奖，这说明制订合理的人才培养计划，开展专业改革和课程建设，高职学生同样可以创造杰出成绩(见图 6-1)。

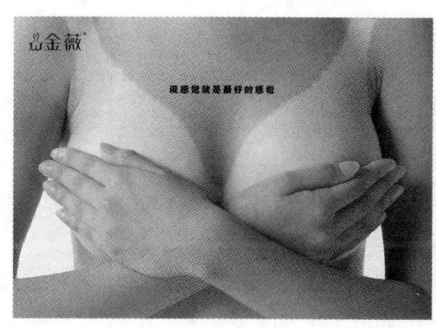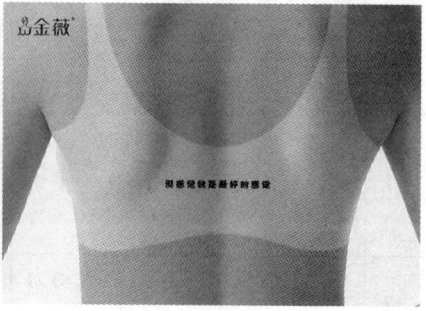

图 6-1　2016 年第八届全国大学生广告艺术大赛一等奖获奖作品《前胸篇》《后背篇》

表 6-7　全国大学生广告艺术大赛河北省参赛指导教师成绩排名

序号	指导学生所在学校	指导教师姓名	一等奖	二等奖	三等奖	得分
1	河北大学艺术学院、河北大学工商学院人文学部	陶朋	2	3	9	21
2	河北大学艺术学院、河北大学工商学院人文学部	侯志刚	0	3	9	15
3	华北电力大学科技学院机械工程系	高艳	0	1	13	15
4	河北民族师范学院美术与设计学院	甄永亮	0	2	10	14
5	河北大学艺术学院	郭燕	1	3	3	12

续表

序号	指导学生所在学校	指导教师姓名	一等奖	二等奖	三等奖	得分
6	河北大学艺术学院、河北大学工商学院人文学部	王卫军	0	0	11	11
7	河北大学艺术学院	李彦彬	1	1	5	10
8	燕山大学艺术与设计学院	赵超	0	2	5	9
9	河北大学艺术学院、河北大学工商学院人文学部	陈静	0	2	4	8
10	河北地质大学艺术设计学院	郭有献	0	3	2	8
11	河北师范大学新闻传播学院、河北师范大学汇华学院传媒学部	李振国	0	0	8	8
12	华北电力大学(保定)能源动力与机械工程学院	刘静	0	2	4	8

在2005年至2018年间举办的十届"大广赛"和一届专题设计竞赛中，全省有64位指导老师所指导的作品获得了全国等级奖。按照每指导获得一项一等奖记3分，一项二等奖记2分，一项三等奖记1分，两至三人共同指导获奖的，每位指导教师都按照以上规则计分，陶朋指导学生在河北省参赛高校中取得了更好的成绩，他指导的作品在"大广赛"中获得全国一等奖2项，二等奖3项，三等奖9项。侯志刚、高艳、甄永亮、郭燕、王卫军、李彦彬、赵超、陈静、郭有献、李振国、刘静等11位老师分列第二至第十二位(见表6-7)。

在历时性上，河北省高校总体表现越来越好，尤其是在2012年举办的"2014南京青奥会"专题设计竞赛之后，连续七届比赛总体处于一个较为平稳的阶段。值得注意的是，第六届至第八届还连续三届获得了一等奖(见图6-2)。

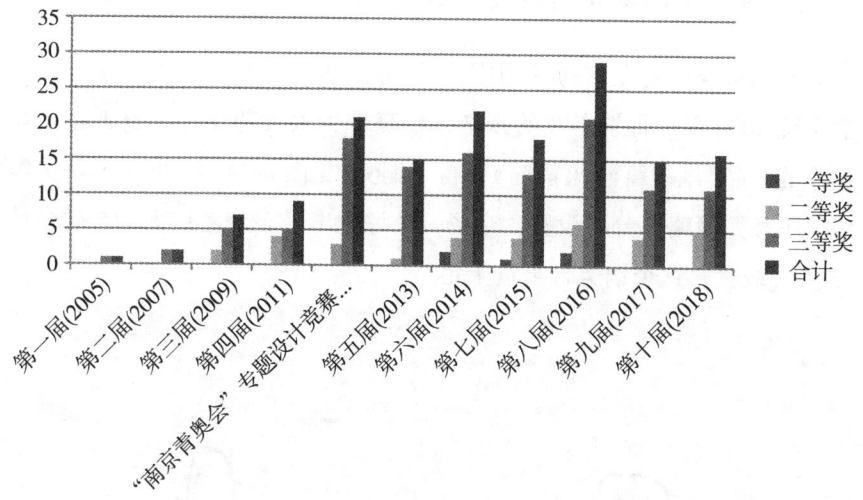

图 6-2 全国大学生广告艺术大赛河北省参赛高校成绩走势图

6.2.2 中国广告协会大学生广告艺术节学院奖

1."学院奖"基本情况

中国大学生广告艺术节学院奖,简称"学院奖",由厦门大学创办于1999年,主办单位是中国广告协会。2001年厦门大学继续举办了第二届赛事。2003年第三届赛事由南京财经大学承办,2004年第四届学院奖由江苏广播电视总台承办,2005年第五届赛事由中国传媒大学和校园先锋公司共同承办。

自2007—2008年举办第六届学院奖之后,广告人杂志社一直连续承办学院奖各届赛事,在2015年之前是每年举办一届赛事,2015年开始举办秋季赛,之后每年举办春季赛和秋季赛两次比赛。2018年举办了第十六届赛事的春季赛和秋季赛。

2. 河北省高校获奖情况分析

有据可查的是在2003年中国广告协会学院奖上，河北大学新闻传播学院2000级广告学专业的张皓、杨晓玲为太太药业——鹰牌花旗参创作的作品《汽车篇》《火箭篇》获得了铜奖(见图6-3)。① 当年学院奖等级奖不按照策略单分项设置，全场一共评选出了2金、8银、15铜合计25项等级奖，这个铜奖含金量十足。

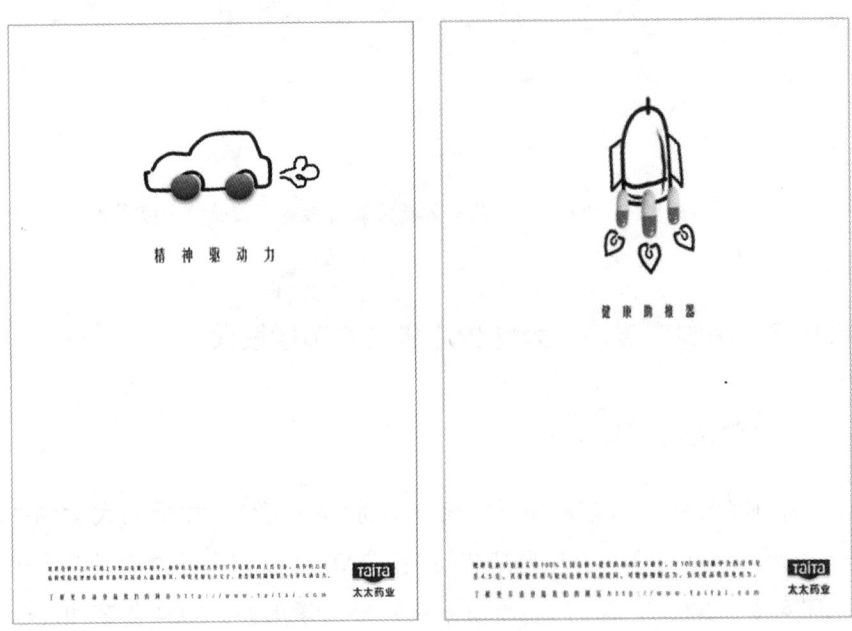

图6-3　2003年中国广告协会学院奖铜奖作品《汽车篇》《火箭篇》

河北省高校自从广告人文化集团连续承办学院奖之后，开始踊跃参加学院奖。表现活跃的高校有河北大学、华北电力大学、河北地质大学（石家庄经济学院）、河北大学工商学院、保定职业技术学院、衡水学院等。在这一赛事中新闻传播类院系专业表现总体较好(见表6-8)。

---

① 2003年中国广告协会学院奖等级奖选登[J]. 中国广告, 2003(10)：114-121.

6.2 河北省新闻传播类技能大赛参赛和获奖情况

表6-8 中国大学生广告艺术节学院奖河北省高校等级奖获奖列表

序号	届数（年份）	常规奖项	作者学校院系	作者	指导老师	作品类别	作品名称	命题企业
1	第16届秋（2018）	银奖	河北工业大学	吕甜娜	侯力丹	平面广告	好肌肤，自在"晒"	伊贝诗
2		金奖	唐山学院	岑越雯、王宏铭、冯晔、崔彤彤、李修鑫、高雪萌	郑红	营销策划	小极白，我们"泡"在一起	极白
3		金奖	河北工业大学	王艺、谌彦丰	曹艳芳、厉载	平面广告	say no	碧生源
4		银奖	河北工业大学	赵佳璐、郭悦靓	厉载、曹艳芳	平面广告	来托纳"穿越一起吧！"	托纳
5		银奖	衡水学院	王月影	韩翠霞	九宫格模板设计	世界那么大	艺豆
6	第16届春（2018）	银奖	河北大学	宋小美、陈玥、李晓蓓、王超琼	宋伟龙、张艳、相喜伟	营销策划	一时区的能量差	托纳
7		银奖	衡水学院	孙晓蒙	韩翠霞	九宫格模板设计	芒果咪咪的二维码	艺豆
8		铜奖	衡水学院	杨泽华	韩翠霞	九宫格模板设计	六宫格美味披萨	艺豆
9		铜奖	河北大学	梁春雨、王畅、许海艳、刘响、周铂洋	张艳、薄立伟、相喜伟	营销策划	棉小柔守护行动	佰安七度空间
10		铜奖	河北科技学院	高鑫	王熙尧	广告文案	京东618制备你的从前	京东

257

续表

序号	届数（年份）	常规奖项	作者学校院系	作者	指导老师	作品类别	作品名称	命题企业
11	第15届秋(2017)	银奖	河北大学新闻传播学院	苏聪、冯天赐、楚静宇、王秀琪	张艳、相营伟	营销策划	丝人定制	丝路贵人
12		银奖	河北大学工商学院人文学部	陈发灿	张艳	平面广告	通缉令	京润珍珠
13		银奖	衡水学院美术学院	姚丹	韩翠霞	包装设计	百变锐澳	锐澳鸡尾酒
14		银奖	保定职业技术学院传媒艺术系	李鑫、朱新悦、陈婉莹、赵艳、张学同、赵金芝	薄立伟	营销策划	小浣末了	印赞
15	第15届春(2017)	铜奖	河北大学工商学院人文学部	王亚晨、黄志颖、刘美宏	薄立伟	营销策划	海滨消消乐活动营销策略方案	海滨消消乐
16		铜奖	河北大学新闻传播学院	于超屹、刘英楠、张一	张艳、薄立伟	营销策划	敢爱、享生活	印赞
17		银奖	河北大学新闻传播学院	张艺、康莉露、王书豪、赵兴丽、周子玉	宋伟龙、张艳、马咏佳	营销策划	独立宣言	华润紫竹·毓婷
18		银奖	衡水学院美术学院	李真瑞	王静	产品/包装设计	我们永远17岁	京润珍珠

258

续表

序号	届数（年份）	常规奖项	作者学校院系	作者	指导老师	作品类别	作品名称	命题企业
19	第14届秋（2016）	铜奖	唐山学院传播与动画系	马妮妮	王志国	平面广告	乐器说	999罗汉果薄荷糖
20		铜奖	唐山学院传播与动画系	张文雅	王志国	广告文案	一把好手	爱回收-口袋优品
21		金奖	河北大学新闻传播学院	李俊慧、张佳琦、王利辰、全林	相喜伟	营销策划	玩声物语	999罗汉果薄荷糖
22		银奖	河北大学新闻传播学院	钟艺玲、麦莉、李俊慧、袁雷、诸江滔、王明轩	薄立伟、相喜伟	营销策划	校邮驾到	中国邮政
23		金奖	河北地质大学艺术设计学院	李强	陈慧娟	互联网软文	达·芬奇厉害在哪里	创意星球网
24	第14届春（2016）	银奖	衡水学院美术学院	王良骅	韩翠霞	包装设计	海洋之心	锐澳鸡尾酒
25		银奖	衡水学院美术学院	张云洁	韩翠霞	包装设计	妙笔生花	锐澳鸡尾酒
26		银奖	衡水学院美术学院	罗鑫	韩翠霞	包装设计	RIO包装	锐澳鸡尾酒
27		铜奖	衡水学院美术学院	杨华	韩翠霞	包装设计	青春"炫"色	锐澳鸡尾酒
28		铜奖	衡水学院美术学院	张莹	韩翠霞	包装设计	心跳RIO	锐澳鸡尾酒

续表

序号	届数（年份）	常规奖项	作者学校院系	作者	指导老师	作品类别	作品名称	命题企业
29	第14届春(2016)	铜奖	河北大学工商学院人文学部	张卜兰	宋伟龙	平面广告	金箍篇、金箍棒篇、芭蕉扇篇	樱雪电器
30		铜奖	唐山学院	刘翠敏、霍晓灿、武晴晴、陈爽、许晓艺、胡越	郑红	营销策划	葫芦娃养成计划——关爱儿童成长	葫芦娃药业
31		铜奖	河北大学新闻传播学院	赖玉雪	宋伟龙	移动交互广告	那些年让我们不能忘怀的二狗子~	木疙瘩
32		铜奖	河北大学新闻传播学院	钟艺玲、袁睿、李俊慧、王明轩、诸江涛、麦莉	宋伟龙、薄立伟、赵新荅	营销策划	改变A计划	碧生源杯公益广告大赛
33		铜奖	河北大学工商学院人文学部	焦烁赟	宋伟龙	移动交互广告	每一个孩子都是祖国的花都是中国的娃	木疙瘩
34		铜奖	河北大学工商学院人文学部	刘真珍	宋伟龙	场景应用	愿为你做到万无一失	恒安七度空间

6.2 河北省新闻传播类技能大赛参赛和获奖情况

续表

序号	届数（年份）	常规奖项	作者学校院系	作者	指导老师	作品类别	作品名称	命题企业
35	第14届春(2016)	银奖	保定职业技术学院传媒艺术系	焦婷婷、仲向坤	李毅、薄立伟、赵国祥	平面广告	足球篇 篮球篇 赛跑篇	腾讯网里约奥运项目
36		铜奖	保定职业技术学院传媒艺术系	田贝贝	薄立伟、李毅、赵国祥	广告文案	在现场 零距离	腾讯网里约奥运项目
37		铜奖	唐山学院	马妮妮	王志国	平面广告	有英才网，找工作没那么难！	中华英才网
38		铜奖	河北美术学院传媒学院	吴婉毓、胡克梦、牛静雪、郑慧洁、喻萍	王莉	影视广告	想怎样睡，就怎样睡	恒安七度空间
39		等级奖	华北理工大学轻工学院	贾志欣	王景	广告文案	随性生活，遇见所爱	七度空间
40	第13届秋(2015)	等级奖	石家庄经济学院	郭春安	陈慧娟	平面广告	蘑菇贴，多一重保护，不过界	999红糖姜茶
41		等级奖	河北大学工商学院	李广、杨颖	宋伟龙、郭力生	平面广告	最美中国	中国邮政

261

续表

序号	届数（年份）	常规奖项	作者学校院系	作者	指导老师	作品类别	作品名称	命题企业
42		铜奖	燕京理工学院	张婉秋	陈旺	平面广告	草本相传，天然健康	碧生源公益命题
43		铜奖	河北师范大学新闻传播学院	左冬兴	王志东	广告文案	致前任	快克药业
44		银奖	华北理工大学轻工学院	郝智颖、张瑜、崔梦轩	陈桂兰、郭宇承	包装设计	蒙牛酸酸乳包装	蒙牛酸酸乳
45		铜奖	衡水职业技术学院	杨采琦	范晓英	平面广告	敢青春	蒙牛酸酸乳
46	第13届春(2015)	金奖	河北师范大学新闻传播学院	战勐、刘丽华、齐彦丽、吕蕾	李振国	营销策划	"梦想街区"腾讯NBA粉丝街区专项策划	腾讯NBA项目
47		金奖	石家庄东方美术职业学院	李彤、毛蒙蒙、段文元、肖荣姬、郭思达	乔强成、邵珠峰	网络微电影	闷汤的青春	王老吉
48		银奖	燕京理工学院	杨家欣、徐晔、雷思远	陈希	平面广告	有料十足	香飘飘奶茶
49		银奖	保定职业技术学院传媒艺术系	顾珊、宋莲杰	李毅、薄立伟、赵国祥	平面广告	口罩篇、打扫篇	修正药业
50		场景应用铜奖	河北大学新闻传播学院	徐阳阳	宋伟龙	场景应用	《遇见·河大》	自由命题

6.2 河北省新闻传播类技能大赛参赛和获奖情况

续表

序号	届数（年份）	常规奖项	作者学校院系	作者	指导老师	作品类别	作品名称	命题企业
51		铜奖	河北大学工商学院	杨瑞红、付蕊、何宏雯	宋伟龙、丁晓正	平面广告	一键到位	快克药业
52		银奖	保定职业技术学院	赵志媛、史浩然、孙小颖	李毅、薄立伟、赵国祥	平面广告	事实篇、真话篇	腾讯新闻客户端
53	第12届(2014)	金奖	河北大学工商学院	张志雪、鲁润、崔晓龙、王敬如	宋伟龙、丁晓正、李卫森	微视	色彩锐澳、缤纷我的世界	微视类
54		铜奖	保定职业技术学院	王鹤丹、王莹、刘朝辉	薄立伟、李毅、赵国祥	营销策划	真人真事真化肥	施可丰真化肥
55		铜奖	石家庄经济学院	邹欣、姚嘉韵	郭育献、秦亮	平面广告	MIGO 么么哒	曼卡龙珠宝
56		金奖	华北电力大学(保定)	宗朝阳	刘渊	平面广告	力不从心	碧生源
57		金奖	河北大学	李晓佳、石语琴、王紫恩、李长江、邓茜	宋伟龙、丁晓正	影视广告	斯达舒《打印机篇》	修正药业
58	第11届(2013)	铜奖	石家庄经济学院	刘静、胡晓彤、王谦、崔艳明	郭育献、李丽	营销策划	Ai 尚非奢	哎呀呀饰品
59		铜奖	保定职业技术学院	孙晓彤、刘莉、王美玲、高佳钗、吴星格	薄立伟、赵国祥、李毅	营销策划	敢爱、敢表白——朵唯女性手机营销策划书	朵唯女性手机

续表

序号	届数（年份）	常规奖项	作者学校院系	作者	指导老师	作品类别	作品名称	命题企业
60	第9届（2010—2011）	银奖	华北电力大学（保定）	牟萌萌	刘静、康辉	平面广告	情浓无缝	蒙牛真果粒
61		金奖	燕山大学	韩建伟	谷庆魏	平面广告	夜空、荷花篇	碧生源芙安颗粒
62		铜奖	石家庄经济学院	张向南、王亚丽、郝财娟、杨立园、温智永、史理宁	孙平	广告策划	我非等闲	盼盼食品
63		铜奖	河北师范大学	尹胜松、杨橙云、刘学敏、张炜、樊聪微	李振国、张巨才	广告策划	有机生活	友基科技
64	第8届（2009—2010）	银奖	石家庄经济学院	朱巧娟、吕长浩、刘兴华	秦亮	平面类	暖暖的关怀	月月舒
65		铜奖	石家庄经济学院	杨磊、黄志深、李勇、何海洁、罗皓泽	尹亚辉	策划类	视听魔方炫出我的精彩	中国网络电视台
66	第6届（2007—2008）	银奖	石家庄经济学院	胡建军、吕晓博、封丽慧、田栝	郭有献	策划书	视界管家	OpenV
67	第3届 2003	铜奖	河北大学	张皓、杨晓玲	—	平面广告	汽车篇、火箭篇	太太药业-鹰牌花旗参

3. 河北省高校参赛及获奖数据分析

通过对河北省高校"学院奖"等级奖(主要包括金奖、银奖、铜奖)获奖数据进行挖掘整理,学校院系名称存在更改、合并、新组建、学生填写不规范等现象,在整理过程中对以上数据进行了清洗,尽可能使用2018年12月时的学校院系名称,名单中涉及更名的主要有原石家庄经济学院更名为河北地质大学,原石家庄东方美术职业学院更名为河北美术学院。在参赛成绩统计上,每一项金奖记3分,银奖记2分,铜奖记1分,以此标准计算出各获奖学校和指导教师参加学院奖取得的总成绩。其中第1届、第2届、第4届、第5届、第7届等级奖获奖数据缺失,未能找到完整的官方获奖名单。河北省各高校在2012年举办的第10届学院奖中没能获得等级奖。

据能够找到的公开资料显示,河北省共有15所高校在学院奖中获得等级奖。河北大学新闻传播学院取得了最好的成绩,衡水学院美术学院、河北地质大学艺术设计学院、河北大学工商学院人文学部、保定职业技术学院传媒艺术系分列二至四位(后两个院系并列第四)。

表6-9 中国大学生广告艺术节学院奖河北省参赛学校成绩排名

序号	学校	金	银	铜	得分
1	河北大学	2	4	6	20
2	衡水学院	0	7	3	17
3	河北地质大学	1	2	5	12
4	河北大学工商学院	1	1	6	11
5	保定职业技术学院	0	4	3	11
6	河北工业大学	1	2	0	7
7	唐山学院	1	0	4	7
8	河北师范大学	1	0	2	5
9	华北电力大学(保定)	1	1	0	5

续表

序号	学校	金	银	铜	得分
10	河北美术学院	1	0	1	4
11	华北理工大学	0	1	1	3
12	燕京理工学院	0	1	1	3
13	燕山大学	1	0	0	3
14	河北科技学院	0	0	0	1
15	衡水职业技术学院	0	0	1	1
	合计	10	23	34	110

河北省高校共有41位教师指导学生参加中国大学生广告艺术节学院奖获得等级奖，按照每指导获得一项金奖记3分，一项银奖记2分，一项铜奖记1分，两至三人共同指导获奖的，每位指导教师都按照以上规则计分，总成绩排在前十名的教师名单如表6-10所示。

表6-10 中国大学生广告艺术节学院奖河北省参赛指导教师成绩排名

序号	参赛学生所在学校	指导教师	金奖	银奖	铜奖	得分
1	河北大学、河北大学工商学院	宋伟龙	2	2	8	18
2	保定职业技术学院、河北大学、河北大学工商学院	薄立伟	0	5	7	17
3	衡水学院	韩翠霞	0	6	3	15
4	河北大学、河北大学工商学院	张艳	0	4	2	10
5	河北大学	相喜伟	1	3	1	10
6	保定职业技术学院	李毅	0	3	3	9
7	保定职业技术学院	赵国祥	0	3	3	9
8	河北大学、河北大学工商学院	丁晓正	2	0	1	7
9	河北工业大学	曹艳芳	1	1	0	5
10	河北工业大学	厉戟	1	1	0	5

从成绩走势上来看,自 2010 年第 8 届以来总体成绩较为稳定。获得金奖最多的赛事有四届(季),分别为 2013 年第 11 届、2015 年第 13 届春季赛、2016 年第 14 届秋季赛、2018 年第 16 届秋季赛。获奖总数最多的一届是 2016 年第 14 届春季赛(见图 6-4)。

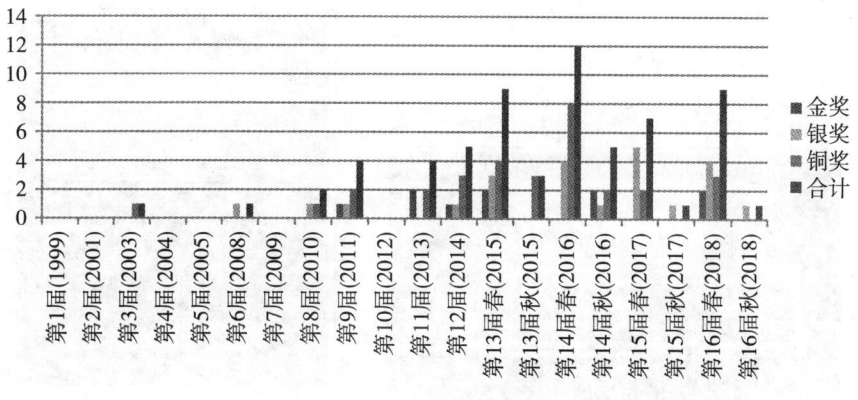

图 6-4 大学生广告艺术节学院奖河北省参赛高校成绩走势图

6.2.3 其他比赛及获奖状况

1. 时报金犊奖

时报广告金犊奖是一项起步非常早的面向整个华文地区大中学生的广告创意大赛,最初由中国台北的《中国时报》于 1992 年发起,1997—1998 年间开始面向大陆地区征集参赛作品,1999 年开始在北京举办初审环节,设置了"大陆金奖"奖项。在 2000 年第九届时报广告金犊奖大陆评审中河北大学广告学系 1997 级学生李卫森、栾毅敏分别为奔驰汽车和花式咖啡创作的平面广告作品获得了两项"大陆金奖"。这一次获奖大大鼓舞了他们的师弟师妹们,河北大学广告学系的参赛文化也就此奠定基础。在此后,河北大学广告学系 2000 级学生张皓、杨晓玲等同学也曾获得过银犊奖、铜犊奖等(见图 6-5)。2005 年之后,河北大学艺术学院开始注重参加金犊奖,参赛成绩也一路飙升,曾经获得过多项等级奖。2011年更是在第二十届时报广告金犊奖中以动画作品《别"豆"了》获得两项金犊奖,河北大学也因此获得了"2011年最佳学校金犊奖"。

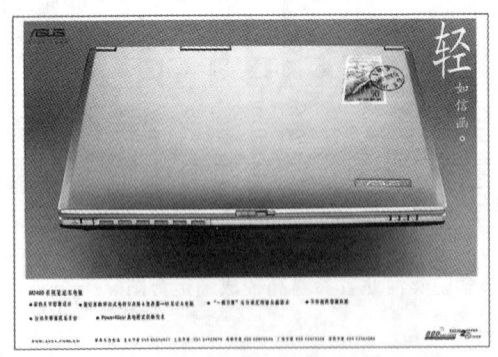

图6-5　2003年第十二届时报广告金犊奖之银犊奖作品《信函篇》《刀片篇》

2. 其他相关比赛

在国际大学生微电影盛典中,河北大学新闻传播学院广播电视学系的师生屡创佳绩,在2018年的比赛中2015级学生张培、宋石猛等人创作的雄安新区题材纪录片《匠心黑陶》获得第七届国际大学生微电影盛典纪实类单元三等奖,指导老师为王雪梅和谷雨。在2017年的第六届国际大学生微电影盛典中,2014级学生张文丽等人创作的雄安题材纪录短片《那人 那鸟 那湖畔》获得微视频类一等奖,指导老师为王俊杰、谷雨,河北大学新闻传播学院获得最佳组织奖。2016年在第25届中国金鸡百花电影节微电影展映单元及第五届(国际)大学生微电影盛典中,河北大学广播电视学专业2013级学生罗仁勇的作品《永不消失的糖画》

获得纪实类作品一等奖，河北大学新闻传播学院因此荣获最佳组织奖。2015年举办的第四届国际大学生微电影盛典中，河北大学新闻传播学院广播电视学专业2013级学生吴单参与制作的作品《暖冬》获得剧情类二等奖，河北大学新闻传播学院获得最佳组织奖。

此外，在2017年第24届北京大学生电影节第18届大学生原创影片大赛中，河北大学新闻传播学院广播电视学专业2014级学生彭琪月、李浩的纪录片《傩雕》入围纪录片单元。在2016年"美丽河湖·美丽乡愁"全国公益微电影·微视频比赛中，河北大学广播电视学专业2014级学生徐文静等人的微电影《回到源流》和2013级学生吴单的微电影《泉水之陂》获入围奖，河北大学新闻传播学院获得优秀组织奖。在2016年的万峰林国际微电影盛典中，河北大学广播电视学专业13级学生吴单的《萍乡傩韵——湘东傩面具》和张元卿等的《红旗印象》分别获得物质文化遗产类和纪实类作品二等奖。

近年来，面向大学生的各种专业技能大赛多如牛毛，质量也是参差不齐。适合新闻传播类学生参赛的比赛也有很多，本章所列比赛是根据主观判断选取的，限于专业接触范围和资料获取渠道，难以全面涵盖和准确反映整体状况，仅以以上所列比赛的参赛及获奖情况对河北省新闻传播类专业技能大赛的参赛和获奖情况略作讨论。

6.3 河北省新闻传播学类优秀校友

6.3.1 本科院校优秀校友及就业简况

通过对河北省部分新闻传播院系的院系负责人、专业负责人、专任教师的访谈，从各个院系选择具有一定代表性的毕业生信息进行呈现，在选择过程中考虑到了院校、专业、年代、届别、学历层次的覆盖面，以期能够从中窥见河北省新闻传播类毕业生的一些基本情况。

1. 董令仪

董令仪,女,2008—2012年就读于河北师范大学新闻传播学院广告系。2012—2015年在北京伟德福思文化传播有限公司从事影视行业新媒体营销宣传工作。主要营销电影项目包括《催眠大师》《一代宗师》《私人订制》《分手合约》《等一个人咖啡》《哆啦A梦：伴我同行》《霍比特人123》《超人：钢铁之躯》等；电视剧项目有《北京青年》《小爸爸》《失恋33天》等；活动项目北京国际电影节、中国导演协会表彰大会等。2015年与合作伙伴创立北京小桌文化传播有限公司,致力于影视全娱乐营销传播工作。2015—2019年主要服务项目有《疯狂的外星人》《大侦探皮卡丘》《摔跤吧爸爸》《神秘巨星》《哆啦A梦》系列电影、《起跑线》《快把我哥带走》《银魂》《摆渡人》《环太平洋：雷霆再起》《我的少女时代》等国产及海外电影项目。①

2. 杜金明

杜金明,出生于1985年2月,中央人民广播电台记者。2008年毕业于燕山大学广播电视新闻学专业,同年7月进入中央台工作,中央台驻宁波记者站记者。注重新农村建设等民生新闻研究,发表多篇新闻稿,多次获得中央广播电台的新闻奖。

3. 高群书

高群书,1966年出生,1982—1986年就读于河北大学中文系新闻学专业,毕业后分配至原石家庄地区广播电视局从事新闻采写工作,后进入石家庄电视台文艺中心,2015年担任游族影业首席内容官。中国内地著名导演、监制、制片人。因执导《命案十三宗》而成名,先后执

---

① 根据对河北师范大学新闻传播学院广告学系主任宋维山和董令仪的访谈记录整理。

导了《金豌豆》《命案十三宗》《中国大案录》《征服》《真相》《控辩双方》《1.2亿》《权力场》《冷锋》《绝不饶恕》《从爱情开始》等电视剧和《东京审判》《千钧一发》《风声》《西风烈》《神探亨特张》《一场风花雪月的事》《过年好》等电影。主要业绩：中宣部第十届精神文明建设"五个一工程""优秀作品奖"(《东京审判》)、第12届电影华表奖优秀导演奖、第15届上海国际电影节最佳导演奖、第13届华语电影传媒大奖最佳导演奖、第11届上海国际电影节评委会大奖(《千钧一发》)①、第49届台湾电影金马奖最佳影片奖(《神探亨特张》)、第20届北京大学生电影节评委会奖(《神探亨特张》)。

4. 韩娜

韩娜，女，河北邢台人，2003—2007年就读于廊坊师范学院新闻学专业，毕业后考取中国传媒大学硕士和博士。2014年开始就职于中国人民公安大学侦查与反恐怖学院，现为情报理论教研室副教授。主要讲授公安情报学总论、公安情报工作概论、大众传播学、传播与社会、中外警务情报史等课程。主要研究领域为：舆情传播、恐怖主义信息传播、公安情报理论等。主持1项国家社科基金项目，1项北京市社科项目，参与4项国家级、省部级项目，发表C刊及核心论文9篇。

5. 韩笑

韩笑，女，中国共产党党员，2010—2014年就读于河北经贸大学人文学院，在校期间曾获得"众美杯"新闻传媒技能大赛一等奖，连续两年获得"中华魂"主题征文活动省级一等奖。2016年进入北京出版集团任责任编辑，所参与编辑的系列主题出版项目《乡愁·中国》入选中央宣传部、国家新闻出版广电总局2016年主题出版重点出版物选题。2016年至2017年年底，在北京出版集团参与了《醉美中国》系列、《跑

---

① 白贵.河大走出的传媒人[M].北京：人民日报出版社，2011：9.

步点燃生活》《一路向心》《直到世界尽头》《大国工匠》系列等图书的编辑和策划。2018年入职中信出版集团任责任编辑，主要做亲子家教类和少儿科普类图书，目前已出版图书近20种。①

6. 胡涛

胡涛，2008—2012年就读于河北地质大学广告学专业，2013—2016年就读于武汉大学历史系中国史专业，从事中国流言史领域晚明流言问题研究。硕士毕业后，先南后北，在中国联通、互通国际传播集团工作，现任云拓整合营销资深文案指导。凭央视播出的五四青年节公益广告《我是新青年》打响个人品牌，先后创意撰写了居然之家品牌形象广告《父女篇》、银保监会《馅饼篇》、深交所&证监会《你不知道篇》等。出版个人作品《帝国夕阳：南明那些事儿》（106万字，三部曲）、《这个唐朝太有意思了》（235万字，7部）等历史通俗化长篇。主要业绩：2019迈阿密美洲·中国电视艺术周短视频金奖——金珍珠奖（公益MV《太极不太急》）、香港紫荆国际奖最佳社会化媒体大奖、2017科睿国际创新节营销创新类铜奖、京津冀第三届国际广告节暨第九届北京国际创意节公益广告银奖（央视公益广告《我是新青年》）。②

7. 李延超

李延超，1980年出生，1999—2003年就读于河北大学新闻传播学院新闻学专业，毕业后考入中央对外宣传办公室（国务院新闻办公室）网络新闻局工作，先后负责互联网宣传管理、信息安全、互联网从业人员培训等工作，参与了大量早期互联网发展管理相关法律法规的调研和制定工作。2011年参与国家互联网信息办公室的筹建，2013年进入中

---

① 根据对河北经贸大学文化与传播学院编辑出版学系原系主任刘玉清的访谈记录整理。
② 根据对河北地质大学艺术设计学院广告学专业教师秦福贵的访谈记录整理。

央网信办(国家互联网信息办公室)网络新闻协调局工作,先后负责搜索引擎、信息安全等工作。2015年辞去公职,加入阿里巴巴集团市场公关委员会,历任高级公关专家、资深公关专家,负责集团事宜PR。2019年兼任阿里巴巴全资子公司国民出行平台高德地图公关总监。①

8. 刘倩

刘倩,作品名字用"刘艺茜"。1987年生,河北石家庄人。2006—2008年就读于于保定学院新闻采编与制作专业(专科),2008—2010年就读于河北师范大学(本科),2010—2012年就读于中国传媒大学(硕士)。2010—2012年在中央新影集团任编导;2014—2016年在中央七套任编导;2016年年底从央视辞职,后创办个人传媒工作室。2017—2018年,拍摄制作纪录片《五百元的幸福》,担任总导演,九集均为个人独立完成。该片获得2018年中国纪录片学院奖"最佳创新奖",在"B站"播出后,获得9.6分好评。②

9. 刘晓玲

刘晓玲,女,2002—2005年就读于河北民族师范学院中文系新闻学专业,2005—2007年就读于河北师范大学新闻传播学院新闻学专业。毕业后一直在河北省互联网信息办公室从事网络舆情监看分析、新媒体研究、编辑撰写互联网信息专报、研报、年报等舆情产品工作。历年来参与编写了《河北省互联网舆情报告》《还互联网一片清朗的天空——"打击网络谣言 净化网络环境"网络问卷调研报告》;策划编辑河北省网络文化协会会刊《新媒体发展》,策划编写内部刊物《网络舆论引导典

---

① 根据对河北大学特聘教授白贵和阿里巴巴集团市场公关委员会资深公关专家李延超的访谈记录整理。
② 根据对保定学院信息工程学院网络与新媒体系主任王倩的访谈记录整理。

型案例》《2018年网络舆情典型案例解析》等。①

10. 马昌博

马昌博，知名媒体人，视知传媒创始人兼CEO。2001—2005年就读于河北大学新闻传播学院新闻学专业，2004年9月进入《时代人物周报》任记者，2005年毕业。同年12月进入《南方周末》任驻京记者，历任《南方周末》时局版资深编辑、部委观察栏目"府院新闻"主持人，并被评为南方报业传媒集团第一届"南方报业年度记者（2008年度）"。2011年年底创办壹读传媒，后任CEO、总编辑，2016年创办视知传媒。兼任国新办"全国新闻发言人培训班"和国家行政学院"司局级班"媒介沟通课程培训专家；国务院国资委新闻中心特约研究员、中国短视频研究中心常务理事、中国民营文化产业商会文化与传媒专业委员会副主任委员。2014年，成为国家新闻广电总局记者证官方宣传片6位代言人之一。代表作品有：山西黑砖窑系列之《风暴眼中的山西官员》、十七大报道系列之《中国官方智库调查》、有关全国两会的《你可能不知道的全国两会》、有关汶川地震的《地震预报的中国"江湖"》以及有关中纪委和全国人大立法的持续报道。②

11. 王仁贵

王仁贵，新华社记者、瞭望周刊社编辑。2008年毕业于燕山大学广播电视新闻学专业，毕业即在新华社工作。工作后一直关注国计民生等重大问题，先后在《人民日报》《光明日报》《瞭望》周刊发表新闻采访作品多篇，是新闻记者的新锐之秀。③

---

① 根据对河北民族师范学院文学与传媒学院网络与新媒体专业教研室主任吴琳的访谈记录整理。

② 白贵. 河大走出的传媒人[M]. 北京：人民日报出版社，2011：161-162. 与马昌博本人沟通补充了最新资料。

③ 根据对燕山大学文法学院文学与新闻传播学系副主任王天彤的访谈记录整理。

12. 吴国宝

吴国宝，社会公益文化项目设计人，北京艺栖地文化传播有限公司艺术总监，京文文化公司总经理。2007年毕业于河北地质大学（原石家庄经济学院）广告学专业。毕业后一直从事于社会文化公益项目、文化公共服务工作，曾获得北京市委宣传部优秀文化工作者称号。先后参与并主持的相关项目包括："2012 至 2014 北京欢乐社区行大型公益文化下乡项目、中国京剧艺术基金会大型公益演出走进北京城市副中心——通州行项目""第一届至第三届北京青年电影节项目"。曾参与设计北京宣传文化引导基金的制度规划，并服务资助电影《战狼2》、电影《赤焰》、京剧电影《谢瑶环》、京剧《江姐》《党的女儿》等。所经营的2家公司还致力于企业品牌文化提升，战略合作过拜耳医药、雀巢、灵北制药、华泰证券、中传北广、中粮集团等。①

13. 吴晓虹

吴晓虹，女，2009—2013 年就读于河北地质大学广告学专业。2014 年担任河北鹏祥展示广告有限公司活动策划师。曾负责红星美凯龙等家装行业、世界湾、长九中心等房产行业的商业活动及富乐资本、福瑞昕媛等企业的年会活动。2015 年到北京从事电视工作，担任中视前卫影视传媒有限公司电视包装策划师。参与《今夜不说爱》七夕晚会及《我有传家宝》《健康之路》《走进中国》《动物世界》等栏目的片头、宣传片、片尾等的策划工作，以及中国移动等企业新品展会、周年纪念视频策划工作。2016 年考取中国传媒大学新闻学院的硕士研究生，开始舆论学基础方向的学习。2018 年时申请硕博连读，成为本校 18 级新闻学的博士生。读研期间共发表文章 3 篇，参加学术会议 3 次。目前研究

---

① 根据对河北地质大学艺术设计学院广告学专业教师秦福贵的访谈记录整理。

兴趣为城市传播。①

14. 徐玮

徐玮,2009—2013年就读于石家庄学院文学与传媒学院广告学专业,毕业后曾入职赞意GOODidea等国内领先的数字营销广告公司,目前担任赞意上海分公司负责人一职。拥有超过7年的数字营销及广告创意经验,擅长品牌娱乐营销、互联网整合营销等领域,曾服务于腾讯、优酷、可口可乐、今日头条、美团等国内外知名品牌主。曾带领团队荣获多次行业奖项,包括腾讯QQ浏览器"我要的现在就要"campaign获《成功营销》年度最佳内容营销案、腾讯视频"不负好时光"品牌整合营销获中国品牌金象奖银奖、美团外卖奥运营销获梅花网最佳影视视频创新银奖、美团外卖《人民的名义》番外篇视频入围2017年艾菲奖等。②

15. 徐占品

徐占品,河北邢台人,2001—2005年就读于河北师范大学新闻学专业,后于首都师范大学获得硕士学位。现就职于防灾科技学院,担任党委宣传部副部长、风险传播研究所所长、文化与传播学院副教授。主要从事灾害信息传播、网络意识形态研究。主持完成国家社科基金青年项目1项、中宣部意识形态专项课题1项以及河北省社科基金、河北省马工程项目、河北省社会科学发展研究课题、河北省高教研究项目等省级课题8项。曾在《新闻记者》《新闻界》《重庆社会科学》《中国应急管理报》等报刊上发表论文80余篇,多篇研究成果获得中宣部领导、河北省委领导肯定性批示或被中央部委文件吸收采纳。作品曾获河北新闻奖一等奖、河北省社科优秀成果奖三等奖。入选河北省理论人才五十人

---

① 根据对河北地质大学艺术设计学院广告学专业教师秦福贵的访谈记录整理。
② 根据对石家庄学院文学与传媒学院副院长田建恩的访谈记录整理。

工程、中国地震局青年人才。①

16. 闫晓光

闫晓光,2007—2011 年就读于河北经贸大学人文学院编辑出版学专业。在校期间创作学生视频作品《又见塞罕》(诗歌散文)、《滕》(故事片)分别获得河北省第三、第四届数码剪辑大赛二等奖。2011 年 7 月至 2012 年 7 月,响应国家西部志愿者计划,前往贵州省毕节市亮岩镇后川小学任教,支教期间创作纪录片《志愿青年》获得河北省影像大赛一等奖。此后一直就职于广告行业,2016 年任安琪酵母集团旗下国内优秀 IP《贝太厨房》视频主管,2018 年 11 月起任职苏宁控股集团视频公司内容电商部门运营经理,从事内容创作与电商变现。②

17. 姚雪婧

姚雪婧,女,1987 年出生。2012 年本科毕业,获得河北省优秀大学毕业生称号,同年进入河北大学新闻传播学院攻读硕士学位,师从白贵教授。读硕士期间,曾赴美国加州大学伯克利分校访学半年,后硕士毕业论文荣获河北大学新闻传播学院优秀硕士论文奖。2014 年,到美国加州大学北岭分校继续深造,攻读传播学硕士。其间,第一篇传播学研讨会论文 Central State Communication Association 便获得了当年的论文首秀奖。2016 年,成为加州大学北岭分校肯·斯奈德奖学金的唯一受奖人。2017 年硕士毕业时,荣获加州大学北岭分校优秀硕士毕业生称号。2017 年,到密歇根州立大学(Michigan State University)攻读传播学博士,获全额奖学金。密歇根州立大学传播学院在全世界享有盛誉,拥有全球顶级的博士项目(全美排名第三、全球排名第四,信息来源:

---

① 根据对河北师范大学新闻传播学院新闻学系主任位迎苏和徐占品的访谈记录整理。

② 根据对河北经贸大学文化与传播学院编辑出版学系原系主任刘玉清的访谈记录整理。

ShanghaiRanking)。2019 年，国际传播学会（International Communication Association）游戏研究分会收到近三百篇论文投稿，姚雪婧的论文《对女性玩家的刻板印象——量表设计及效度检验》获得最佳学生论文奖。此篇论文是 2019 年密歇根州立大学传播学院全院师生中唯一的国际传播学会优秀论文奖。多次担任美国国家传播学会（National Communication Association）和国际传播学会（International Communication Association）的审稿人。2018 年，当选美国国家传播学会（NCA）游戏研究分会的学生代表。①

18. 叶俊

叶俊，江西玉山人，2006—2010 年就读于廊坊师范学院新闻学专业，后就读于中国人民大学，获得博士学位。现就职于中国社会科学院新闻与传播研究所，担任助理研究员。兼任教育部社科委新闻传播学科咨询组秘书。主要从事马克思主义新闻传播史论、中国共产党宣传观念与实践研究。主持国家社科基金青年项目在内的 3 项课题，参与了国家社科重大项目、国家社科基金一般项目在内的多项科研项目。参与全国统编教材《马克思主义新闻观十二讲》，曾在《新闻与传播研究》《国际新闻界》《新闻大学》《新华文摘》等学术报刊上发表论文 30 余篇。曾兼任媒体记者，发表文章 300 余篇。曾兼任中国人民大学新闻与社会发展研究中心秘书、全国新闻学研究会秘书、《新闻学论集》编辑、中国青年政治学院兼职教师等职。

19. 于立业

于立业，女，2007—2011 年就读于廊坊师范学院新闻学专业，曾就职于中共河北省委宣传部，2014 年通过中央网络安全与信息化领导小组办公室选调公务员考试，开始就职于中央网信办。

---

① 根据对河北大学特聘教授白贵和姚雪婧的访谈记录整理。

20. 张辰

张辰,河北邯郸人,1985年2月出生,文学学士、哲学硕士。2003—2006年就读于承德民族师范高等专科学校新闻采编与制作专业(专科)。2006—2008年就读于河北师范大学广播电视编导专业(本科)。2011年毕业于云南大学马克思主义哲学专业(硕士研究生)。现任教于云南师范大学传媒学院,讲师职称,担任校团委委员、传媒学院团委书记,云南省电影艺术家协会会员。承担本科生影视创作学、微电影创作训练、电视节目导播、广播电视概论、宣传片拍摄与制作等专业课程。2012年任编剧、导演的微电影《阿四》获全国首届公益禁毒微电影大赛最佳影片奖(奖金30万元)。2013年任编剧、导演的微电影《嗨,大学》获全国首届大学生微电影大赛优秀影片奖。2014年任编剧、导演微电影的《小小的孤单》获全国禁毒微电影大赛三等奖。2015年编导的党建电视专题《心桥》被中央组织部评选为全国先进基层党组织优秀专题片。2016年任编剧、导演的微电影《圊》获亚洲微电影节金海棠奖。2017年任编剧的12集精品剧集《猎捕》在中央电视台社会与法制频道播出。2018年任编剧的4集精品剧集《破晓》在中央电视台社会与法制频道立项并拍摄完毕,影片在2019年播出。2019年任编剧的4集精品剧集《舞者:大雨将至》在中央电视台社会与法制频道立项,影片在2019年播出。[①]

21. 赵兵

赵兵,女,1967年9月出生。1989年毕业于河北大学中文系新闻学专业,分配至《河北日报》从事新闻采编工作。历任《河北日报》文艺副刊部、社会新闻部主任,集团总编辑办公室主任,河北日报报业集团

[①] 根据对河北民族师范学院文学与传媒学院网络与新媒体专业教研室主任吴琳的访谈记录整理。

副总编辑。截至2011年有50多篇作品获得全国、省级新闻奖,其中特等、一等奖14篇。她还曾获得河北省有突出贡献的中青年专家、河北省新世纪三三三人才、河北省优秀共产党员、河北省巾帼建功先进个人、省直"三八"红旗手、河北省首届优秀大学毕业生、河北省首届优秀新闻编辑、河北省首届青年新闻名人等多项荣誉。由于卓有成效的环保报道,2000年被授予河北省首届"地球的女儿"环保宣传奖。她参与创办、主办的《河北日报》"周末生活""社会周刊"分别在全省第一、二届报纸质量评比中获得"优秀专刊"奖。由于业务成绩突出,她担任负责人的《河北日报》社会新闻部还获得了全国"三八"红旗集体、河北省关爱儿童突出贡献奖、省巾帼文明示范岗等多项荣誉。她在实践中也不断提高理论水平,2005年和2009年先后在《新闻战线》发表论文。①

22. 赵春雨

赵春雨,2010—2014年就读于衡水学院广告学专业,任班长。工作履历:2014年8月至2015年8月,担任大合至悦客户主管;2015年9月至2016年9月,担任际恒集团高级客户主管;2016年10月至2018年7月,担任银狐至尚客户经理;2018年8月至今,担任灵思云途高级客户经理。主要业绩:入行五年,曾服务于百度及百度系百度VR、百度小程序、百度输入法、百度知道等品牌传播。其中百度VR年框项目,成功助力客户从C端向B端转型。服务过IMAX大中华区的线上新媒体运营以及大型线下电影活动,成功重塑"小麦"形象,打通线上线下渠道连接。服务过比亚迪、东风日产、北汽昌河等汽车新媒体运营及重点项目传播,其中比亚迪项目帮助客户打造海外春节期间的借势传播,以及完成"元"上市新媒体传播。②

---

① 白贵.河大走出的传媒人[M].北京:人民日报出版社,2011:367-368.
② 根据对衡水学院文学与传播学院广告学教研室主任姚建惠的访谈记录整理。

23. 赵华

赵华，2010—2014年就读于石家庄学院文学与传媒学院广播电视新闻学专业。毕业后先后从事广播电影电视工作、互联网工作、房地产工作，几经周折于2016年2月18日作为创始人及法人代表创办沧州市宏深互动互联文化传媒有限公司，创业第一年营收33万余元，2017年2月27日由于业务需要公司变更为河北宏深文化传媒有限公司。公司和中央广播电视总台、河北广播电视台等媒体单位进行项目对接合作，独家制作出品了2016—2018年河北少儿文艺盛典、2016—2019年河北少儿网络春晚、2017年河北青少年庆祝中国共产党成立96周年大型文艺演出、2017年河北广播电视台少儿科教频道河北少儿艺术节、2018—2019年河北少儿网络春节联欢晚会等。①

24. 赵新宁

赵新宁，2013年毕业于燕山大学广播电视新闻学专业，同年考入河北大学新闻传播学院攻读硕士学位，2016年考入中国人民大学新闻学院师从著名新闻学者郑保卫教授攻读博士学位；2017年入选中国人民大学新闻学院学术拔尖人才培养计划；2018年密苏里大学新闻学院访问学者。②

25. 赵振鹏

赵振鹏，1978年1月出生。1998—2002年就读于河北师范大学广告系，2017—2019年就读于香港大学ICB中国商业学院，主攻整合营销传播。2002年加入TCL移动通信上海公司任市场主任，负责市场策划；2003年调入TCL移动通信营销总部策略本部任终端策略主管，负

---

① 根据对石家庄学院文学与传媒学院副院长田建恩的访谈记录整理。
② 根据对燕山大学文法学院文学与新闻传播学系副主任王天彤的访谈记录整理。

责全国零售终端策略制定及辅助执行；2004年调任TCL移动通信北京公司任营销部长，同期参加TCL集团世界管理大师彼得圣吉"学习型实验室"精英培养计划。2006年加入分时传媒集团，任职华北中心总经理助理，负责带领团队进行媒体销售，主要服务海尔、一汽等品牌。2009年联合创办LEEDE传播集团，任总经理，全面负责公司运营管理，主要服务天津一汽、一汽集团、一汽丰田、雷克萨斯等品牌。2014年联合创办BIGGER+体验营销服务公司至今，任总经理，全面负责公司运营管理，主要服务一汽丰田、北京奔驰、神州租车、滴滴快车、伊利、新加坡旅游局等。[1]

6.3.2 高职院校优秀校友及就业简况

英雄不问出处，在走上工作岗位后比拼的是工作能力，然而高职院校和本科院校在岗位面向、培养目标、培养方式等方面是存在区别的，同时毕业生的职业选择、岗位类型、成长路径也有明显不同。通过列举河北省部分高职高专新闻传播类典型毕业生的基本情况来呈现其特点。

1. 董泽华

董泽华，2003—2006年就读于邢台职业技术学院艺术系广告学专科专业。毕业后进入北京国安广告总公司从事策划工作，后在北广、北汽集团品牌管理部从事品牌管理、战略规划等相关工作。从业13年来聚焦汽车行业，曾先后帮助20多个汽车品牌完成整合营销传播、品牌规划等相关项目。曾全权负责一汽解放的营销策略代理业务，帮助解放连续5年位居行业榜首。北汽任职期间，针对品牌体系进行优化，梳理全新的品牌提升路径，实现北汽集团世界500强排名由2014年的第333位升至2018年的第124位。2018年在中国科学院大学攻读MBA学位，担任综合

---

[1] 根据对河北师范大学新闻传播学院原副院长李振国和赵振鹏的访谈记录整理。

二班班长、多门核心课案例研究负责人,被评为优秀学生干部。①

2. 郭强

郭强,1997—2000年就读于河北保定农业学校(现保定职业技术学院)农电教专业。毕业后经学校推荐到北京奥维讯科技有限公司工作。2008年创办北京中视天和文化传播有限公司,公司主要与中央电视台、北京电视台以及各卫视合作。央视合作重点项目:CCTV-2《赢在中国》《中国创业榜样》《完美婚礼》、CCTV-3《同一首歌》《网络春晚》、CCTV-5《青春嘉年华》《体坛风云人物颁奖盛典》、CCTV-6数字电影《盯住你不放》、CCTV-7《军营大拜年》《八一晚会》《长征路上的歌》《从这里走向战场》《乡村大世界》《田间示范秀》、CCTV-8《左手亲情右手爱》《一生只爱你》、CCTV-9《神秘大佛》《B29来华始末》、CCTV-10《中国影像方志》《我爱发明》、CCTV-12《平安365》《天网》;北京卫视《公益歌曲大擂台》;山东卫视《群演公社》《精彩中国说》;吉林卫视《家事》;天津卫视《创业中国人》;厦门卫视《新鲜音乐》;爱奇艺《博物奇妙夜》等。②

3. 洪艺苑

洪艺苑,2004—2007年就读于邢台职业技术学院艺术系广告学专科专业。大三实习期间进入数字营销公司科思世通实习,实习期满后就职于该公司从事客户服务部主管工作。先后负责统筹及建立一汽奥迪数字营销服务体系、数字营销策略规划、一汽奥迪后市场及大区数字营销业务开拓等工作。从业12年来,相继就职于华扬联众、电通数码、灵思云途等国内知名营销集团公司,曾先后服务一汽奥迪、东风日产、一汽大众、日产中国、本田中国、雷诺中国等国内国际一线汽车品牌,并

---

① 根据对邢台职业技术学院艺术系广告策划与营销专业教研室主任李红强的访谈记录整理。

② 根据对保定职业技术学院传媒艺术系主任田建国和郭强的访谈记录整理。

专注汽车行业数字营销领域,具备丰富的数字营销整合策略经验,对数字营销有独到的认知和理解。2012年曾为奥迪"卓·悦"服务获得DCCI"年度最佳移动营销技术大奖"。现任职于36氪集团汽车媒体事业部,担任高级总监。①

4. 李蒙莎

李蒙莎,女,2008—2011年就读于保定职业技术学院传播技术系电视节目制作专业。大二时期,经学院推荐进入校友创办的中视天合文化传媒有限公司实习,后转岗到编导岗位,从事前期节目策划和制作。参与制作项目有:吉林卫视《娱乐全频道》、北京财经频道《美丽乡村好计划》《品味消费在北京》、安徽卫视《鸿运当头》、重庆卫视《周末驾到》、旅游卫视《美酒天下》、中央电视台《出彩中国人》《中国达人秀》、腾讯视频直播节目《带你去见TA》、黑龙江卫视《爱笑会议室》、2014年土豆和深圳卫视联合主办的"青春的选择"年度盛典。现担任北京光影星空文化传媒有限公司副总经理、制片人,连续三年独立操盘中央电视台和公安部联合制作的《警察特训营》第2~4季节目。《警察特训营》节目荣获2017—2018年度全国电视节目创优评选活动"现场直播和特别节目类一等奖"。在《今日头条》《抖音》等短视频平台,《警察特训营》官方账号发布的节目内容在不到10个月时间内,已获点击量超过4亿,点赞量突破3000万,粉丝量达到315万,节目账号已经跻身全国媒体百强榜。②

5. 李盼

李盼,女,2007—2010年就读于邢台职业技术学院艺术与传媒系

---

① 根据对邢台职业技术学院艺术系广告策划与营销专业教研室主任李红强的访谈记录整理。

② 根据对保定职业技术学院传媒艺术系主任田建国和李蒙莎的访谈记录整理。

营销与策划专业。毕业后先后就职于香港太平洋投资顾问有限公司、河北鑫科集团等。现为河北富邦实业有限公司策划经理，主要从事房地产营销与策划及相关工作，对于全案营销与策划、产品研发与定位等有独到的见解。①

6. 李瑞鹏

李瑞鹏，2002年毕业于保定职业技术学院传播技术系，后续取得了本科学历和学士学位。自参加工作以来一直从事新闻宣传工作，现在作为河北广播电视台融媒体新闻中心骨干记者从事宣传报道工作。在工作中不断完善学习并取得一定成果，先后获得中国新闻奖三等奖3次、中国广播影视大奖广播电视节目奖提名奖4次、河北新闻奖一等奖5次、河北新闻奖二等奖1次、宣传河北好新闻一等奖2次、宣传河北好新闻二等奖4次、宣传河北好新闻三等奖5次。其中2006年7月，《钢铁大省的绿色之变》获中国新闻奖（2005年度）电视消息三等奖；2009年7月，《无名的志愿者》获河北新闻奖（2008年度）一等奖；2011年12月，《唐山开平："村官"公开晒权晒出清廉》获2009—2010年度中国广播影视大奖广播电视节目奖电视消息类提名奖；2013年10月，《滦南洼李的爱心小院》获中国新闻奖（2012年度）电视系列三等奖；2014年8月，《邢台：节能大比拼 比出好效益》获河北新闻奖（2013年度）一等奖；2015年7月，《善行河北——井陉：残疾老哥俩的绿色梦》获河北新闻奖（2014年度）一等奖；2015年7月，《科技支撑助力新兴产业发展——河北财政杠杆撬动新兴产业发展》获（2014年度）河北好新闻一等奖；2017年12月，《脱贫攻坚在阜平》获2015—2016年度中国广播影视大奖广播电视节目奖电视消息类提名奖；2017年10月，《脱贫攻坚在阜平》获中国新闻奖（2016年度）电视系列三等奖；2017年7月，《脱

---

① 根据对邢台职业技术学院艺术系广告策划与营销专业教研室主任李红强的访谈记录整理。

贫攻坚在阜平》获河北新闻奖(2016年度)河北新闻奖一等奖。①

7. 刘媚

刘媚,女,2008—2011年就读于河北艺术职业学院主持与播音专业。毕业后通过招聘进入石家庄广播电视台工作,现为石家庄音乐广播1067节目主持人,主持《音乐控 in car》等节目;FM106.7& 蜻蜓FM网络综艺节目《PUA姐泡泡堂》创办人。广播作品曾多次获得省级、国家级奖项,曾主持张宇歌友会、石家庄音乐节、1067听众日、伙伴日、跨年夜等大型活动,曾采访众多一线艺人,访谈经验丰富。②

8. 齐涛

齐涛,2004—2007年就读于保定职业技术学院传播技术系电视节目制作专业。毕业后在中央电视台四川记者站担任技术负责人一职,一直在新闻最前线从事新闻报道工作。先后报道过汶川5.12强烈地震,2010年和2013年两次参加"走进墨脱"大型直播报道,2012年和2013年两次参加"钱塘江观潮"大型直播报道,参加青海玉树7·1强烈地震报道,2012年参加大型直播报道"我们和藏羚羊",2012参加报道党的十八大开幕式,2017年参加报道党的十九大开幕式,2015年参加报道"反法西斯胜利70周年阅兵",2018年报道上海电影节开幕式、成都曹家巷拆迁、歌唱"我和我的祖国——宽窄巷子篇",2018年习近平总书记在四川考察跟踪报道,2019年参加报道"中国海军成立70周年青岛海上阅兵"等最前线报道。主要业绩:《成都曹家巷拆迁》荣获"中国新闻二等奖",《川藏电力联网今起五跨金沙江》荣获"宣传四川好新闻一等奖",《中央电视台技术大比武》荣获第一名,两次荣获"中央电视台

---

① 根据对保定职业技术学院传媒艺术系主任田建国和李瑞鹏的访谈记录整理。

② 根据对河北省艺术职业学院影视系教师席晓华的访谈记录整理。

全国记者站最佳技术称号"。①

9. 宋囿娴

宋囿娴,女,2012—2015年就读于河北对外经贸职业学院传媒系电视节目制作专业。毕业后在北京普诺达克国际文化传媒有限公司任职。参与大型历史纪录片《大宋》的制作,在横店影视城情景再现担任演员副导演与现场制片人;参与上海纪实频道《档案》战场系列的前期拍摄与后期制作,担任现场制片人和其中一集剪辑;参与蓟州宣传片拍摄制作,担任执行制片人;参与公司承制上海市委宣传部的纪录片《来自延安的报告》(获得上海十优十佳纪录片),担任制片人;参与泓硒泉广告和宣传片的拍摄制作,担任制片人,前期负责聘任导演摄像以及演员签约,组织队伍外拍,保质保量地完成后期的制作;参与惠尔有限公司宣传片的拍摄制作,担任执行制片人;参与秀兰房地产宣传片的拍摄制作,担任制片人;参与由公司承制中央电视台科教频道《探索发现》深海记忆的拍摄制作,担任现场制片人;参与由公司承制中央电视台纪录片频道《浴血中条山》的后期制作,担任责任编辑;参与由公司承制中央电视台科教频道《地理中国》栏目拍摄制作,担任执行制片人,前期统筹策划,带组外拍,与当地政府协调各项事宜,作为出镜记者完成对嘉宾的采访;参与由公司承制中央电视台科教频道《中国影像方志》栏目的拍摄制作,担任制片人;参与北京市国家保密局宣传片的制作,担任执行制片人。②

10. 田宇

田宇,1988年出生,2008—2011年就读于保定职业技术学院传播

---

① 根据对保定职业技术学院传媒艺术系主任田建国和齐涛的访谈记录整理。
② 根据对河北对外经贸职业学院传媒系广播影视节目制作专业负责人康永斌的访谈记录整理。

技术系。毕业后分配至中央电视台电影频道《流金岁月》《佳片有约》栏目组实习工作，后进入中央电视台纪录频道导演组工作，2016年、2017年参与纪录片《超级工程2》《超级工程3纵横中国》，担任助理导演。2018年参与江苏卫视系列纪录短片《我们正年轻》，参与编导工作。2015年创办"一人纪录"工作室，开始以个人名义摄制独立纪录片，先后完成纪录短片《我就是我》《在路上》《十月怀胎》、系列纪录短片《城市牧游》等纪录片作品。2018年摄制完成第一部纪录长片《我的九月》。主要业绩：第六届中国纪录片学院奖最佳国际传播奖(《超级工程2》)，第八届中国纪录片学院奖入围奖(《我的九月》)。①

11. 王之敬

王之敬，1998—2002年就读于河北保定农业学校(现保定职业技术学院)影视制作与广告策划专业。毕业后作为河北省高校优秀毕业生由学校推荐至农业部农民科技教育培训中心、中央农业广播电视学校编导室，从事中央电视台农业科教节目的一线摄制工作，后转战央视法制、经济等频道多档品牌栏目。在中央电视台节目制作一线从业的7年里，参与制作科教节目上百期，法治案件内参数十项，曾为多国元首政要做在华随行纪录。2008年组建北京光影联盟精品影像团队，为中央电视台、中国气象频道、中国教育频道、香港卫视、新疆卫视等多档栏目提供摄制支持。2011年创立北京光影奇兵视频制作机构，主要定位于教育、医疗、非遗、商宣四大视频板块。9年来，坚定地为中国教育和健康事业作着自己的贡献。团队连续9年肩负教育部主办的全国职业院校技能大赛护理技能和汽车维修、临床医学等多个赛项的直播、工作汇报和成果转化工作，并携手中华护理学会、中国SP教指委、北京协和医院、中国人民解放军总医院、中国中医科学院广安门医院等国家重要医疗机构及职业院校制作宣教、康复视频数百支，汇报视频数十部。完成

---

① 根据对保定职业技术学院传媒艺术系主任田建国和田宇的访谈记录整理。

国家"十二五"规划教材视频教材科目十余项。①

12. 韦丹丹

韦丹丹，女，2010—2013年就读于邢台职业技术学院营销与策划专业，2014—2016年就读于中国人民大学新闻传播学专业。并于2016年就职于蓝色光标传播集团，主要负责品牌创意策略及品牌公关。负责的客户主要有地产客户华夏幸福基业、金融客户中国银行、互联网客户百度、快消客户康师傅、电商客户京东，并连续三年参与京东618及京东双十一活动，出街作品获极大关注。②

13. 杨展

杨展，2005—2008年就读于保定职业技术学院传播技术系电视节目制作专业。毕业后经学校推荐到北京中视天和文化传播有限公司参加工作，2014年至今就职于北京千秋岁文化传播有限公司。从业十年来担任剪辑指导或后期总导演参与制作了数十档电视、网络节目，主要包括：中央广播电视总台节目《中央广播电视总台2019主持人大赛》《开学第一课》《最美我的家》特别节目，《挑战不可能》第1、2、3、4季，《欢乐中国人》第1、2季，《加油向未来》第1、3季，《CCTV网络春晚》；北京卫视节目《音乐大师课》第3季，《跨界喜剧王》第2季，《跨界歌王》第1、2季，《妈妈听我说》；安徽卫视《我们的征途》；东方卫视《女神的新衣》；江苏卫视《前往世界的尽头》；江西卫视《带着爸妈去旅行》；山东卫视《青春新主播》；湖北卫视《天下同名人》；爱奇艺《中国有嘻哈》《中国新说唱》第2季；腾讯视频《明日之子》第2季；优酷视

---

① 根据对保定职业技术学院传媒艺术系主任田建国和王之敬的访谈记录整理。
② 根据对邢台职业技术学院艺术系广告策划与营销专业教研室主任李红强的访谈记录整理。

频《这就是灌篮》等。①

14. 张栋超

张栋超，2011—2014年在河北对外经贸职业学院广播影视节目制作专业学习。毕业后先后在保定纵深影像、北京足坛之星投资有限公司、北京环宇体育文化传媒公司工作。2016年至今，在北京环宇体育文化传媒公司担任赛事转播车车长一职，先后参与中国篮球超级联赛CBA、天津全运会、中国大学生篮球超级联赛决赛、中国网球公开赛、2019年世界篮球锦标赛的赛事转播工作。②

15. 张向中

张向中，2010—2013年就读于邢台职业技术学院艺术与传媒系广告学专科专业。毕业后进入今麦郎面品有限公司沧州区域分公司从事销售管理工作，后进入人力资源部从事干部培养与管理工作。因业绩出色，2015年进入今麦郎饮品股份有限公司人力资源部任干部培养与管理主管，管理6人团队。2017年晋升经理，并负责全公司干部工时功效管理、考勤及相关规章制度，管理20人团队。2019年增加外部7000人工时功效管理，管理50人团队。主要业绩：2013年全年业绩达百、功效日评定考勤日推送提高干部功效、成功组织2000人经销商大会、汰换违纪或不作为干部100人、2017年优秀员工、2018年优秀员工。③

---

① 根据对保定职业技术学院传媒艺术系主任田建国和杨展的访谈记录整理。
② 根据对河北对外经贸职业学院传媒系广播影视节目制作专业负责人康永斌的访谈记录整理。
③ 根据对邢台职业技术学院艺术系广告策划与营销专业教研室主任李红强的访谈记录整理。

6.4 本章小结

1. 本科院校新闻传播学类毕业生就业分析

对河北省新闻传播院校本科毕业生的基本情况进行研究，最理想的数据是各个院系对全部毕业生的就业状况的跟踪统计调查结果。这项工作对某一个专业或院系来说难度就已经非常大，若要统计全省相关数据几乎是不可能完成的任务。鉴于这种情况，对于人才培养的研究选择了"退而求其次"的方法，那就是面向培养单位调研一些毕业生代表，发给各个院系的推荐标准是"典型的毕业生"，并没有要求一定是最优秀的毕业生。当然，优秀毕业生往往最能够体现具体专业最理想的培养目标。

从河北大学新闻学专业 1986 年第一届毕业生毕业算起，河北省新闻传播教育领域已经连续为社会提供了 30 多年的新闻传播类"科班"毕业生。在不同年代，毕业生面临的就业形势和就业机会非常不同，从以院系为主导进行毕业分配到自主双向选择，从"铁饭碗"到自由流动的人才市场。两者比较难说孰好孰坏，顺应社会发展趋势，适者生存也是很好的职场生存法则。

20 世纪八九十年代的毕业生在"分配"年代更多人的第一份工作是政府机关、新闻媒体单位。这一大批毕业生赶上了较好的就业机会，新闻媒体单位非常缺人，更缺少人才，很多人也可以在被分配到的单位之中坚守岗位、施展才华。在改革开放初期的那些年，报社、杂志社、电台、电视台等媒体单位可能是大学毕业生较为现实且不错的选择，也有人选择"下海"创业。

到了 21 世纪以后，毕业生面临的选择更加多样化，自由度也更高，不论是选择新闻媒体还是去媒体公司，不论是报考公务员还是考研深造，不论是出国留学还是到外企工作，毕业生们能够进行更加自主和充分的选择。这个时候，新闻学和广播电视新闻学两个专业的毕业生将进入知名媒体机构当做最大的梦想，例如很多毕业生愿意去到中央电视台、新华社、《南方周末》《新京报》等报刊媒体等。后来这一批记者、编辑们很多人选择了创办传媒公司，对接政府、企业的传播服务需求。广告学专业的毕业生以"4A公司"为就业目标，在大学期间西方舶来的知识、理论，包括广告英雄们的创意都是在这些"4A"公司生发出来的，后来也有不少人去公关公司就职。编辑出版学专业的毕业生也赶上了出版社的市场化大潮，很多人也到了出版社这一专业对口的单位去工作。

最近一个十年，民营科技巨头——"BAT"公司悄然成为毕业生们的理想就业目标，大家不再争着到媒体公司去捧"铁饭碗"，也不再迷信跨国公司，而是选择了把自己的青春和民营科技公司捆绑在一起。李彦宏、马云等一批创业先锋成为传媒学子们心目中的英雄。微博、微信、今日头条、抖音等社交媒体的崛起，共享单车、美团外卖等新事物的出现，又将传媒班毕业生的目光引向了新的方向。

2. 高职院校新闻传播学类毕业生就业分析

高职高专新闻传播类专业的毕业生就业状况如何？跟本科毕业生有何差别？专科从一开始就跟本科并存，很多年以来在大家印象中一直作为"低配版本科"而存在。部分学校也是把专科办成"压缩版本科"，大多数家长和考生选择高职专科也是因为分数达不到本科院校的提档线，把高职专科当做被动选项，而少有主动选择。

从世纪之交开始，国家就越来越重视职业教育。在高等教育大众化的过程中，很多高职高专院校通过升格、新建、借助民间力量兴办等方式如雨后春笋般涌现，为高等教育大众化作出了巨大贡献。到目前为止，高职高专院校数量和本科院校数量已经非常接近。与此同时，高职高专院校本身也没有停下探索的脚步，通过几轮"评估"确实达到了"以评促建、以评促改、评建结合、重在建设"的基本目标，规范了专业改革和课程建设。不断借鉴国外高职教育的做法，加上结合我国的实际情况进行创新性应用，高职高专逐步找到了自己的定位和发展道路。

从严格意义上讲，应用本科和"专硕"也都属于高等职业教育的类型范畴。这些年一些本科院校正在作为"试点单位"转型为应用型本科院校。这在某种程度上也是对职业教育类型的肯定。职业教育所强调和探索的"校企合作、工学结合"等培养方式为高技能人才的培养提供了保障。

高职高专毕业生在上学期间练就的动手能力为谋得第一份工作打下了坚实基础，更低的期望值往往也对应更务实的态度。有一批高职高专新闻传播类的毕业生也在较高的平台上成功就业、创业，但是跟本科毕业生在岗位上有所差异。以保定职业技术学院传媒艺术系广播影视节目制作专业为例，有一大批毕业生在央视平台或与央视合作的公司就职，岗位主要为摄像、节目剪辑和一部分编导；同时也有30余人在央视驻各省记者站就职，岗位也集中在技术部门负责人、摄像记者等岗位。这种差异化也许正是高职高专正确的发展道路，通过定位于更加实用的技能性岗位，实行差异化竞争上岗，也能够在较高的平台成功就业。

第 7 章 河北省新闻传播科学研究

7.1 河北省新闻传播学类科研与成果

7.1.1 科研机构与学术团体

高校具有教学、科研和社会服务三大功能，每一个新闻传播类院系专业同时也是科研单位，具有科研功能。在河北省新闻传播学类研究机构建设方面，2012—2016 年，河北大学新闻传播学院先后建成三个河北省哲学社会科学研究基地：河北大学传媒与社会发展研究中心、河北大学伊斯兰国家社会发展研究中心、河北省文化产业与社会服务研究基地。2016 年 4 月，河北大学所属的河北省文化产业发展研究中心获批为河北省新型智库建设试点单位，是河北省内文化产业领域唯一省级新型智库。河北文艺评论基地、河北省广告研究院、河北省广告协会学术委员会等研究机构由河北师范大学新闻传播学院牵头组织。河北经贸大学文化与传播学院建有河北省媒介融合发展研究中心、京津冀传统文化研究所、新闻学研究所等。

1. 河北省社会科学院新闻与传播学研究所

河北省社会科学院新闻与传播学研究所是经中共河北省委宣传部部务会提议与批准建立的，是河北省唯一的省级新闻专业学术科研机构。1988 年河北省编委下发通知，同意河北省社会科学院建立新闻与传播学研究所。自 2002 年开始正式设立了三个研究室：新闻与传播学理论研究室，主任为王全领；广播电视网络新闻研究室，主任为孙荣欣；新闻与传播学业务研究室，负责人为张芸。① 截至 2014 年年底，该所有工作人员 9 名，其中，研究员 2 名、副研究员 3 名、助理研究员 2 名、博士 2 名、硕士 2 名。② 2015—2016 年有在职人员 10 人，其中正高级职称 2 人，副高级职称 3 人，中级职称 5 人。时任所长田苏苏，副所长梁跃民。③

表 7-1　河北省社会科学院新闻与传播学研究所历任领导成员表

姓名	职务	任职时间
王泽华	所长	1989—2015
王新明	副所长	1989—1990
李合堂	副所长	1990—1996
王泽华	党支部书记	1992—2004
赵建国	副所长	1997—2001
谈明霞	党支部书记	2004—2005
王泽华	党支部书记	2005—
梁跃民	副所长	2012—
田苏苏	所长	2015—

河北省社会科学院新闻与传播学研究所多年来主要形成了以下五个研究领域：新闻学与传播学理论与业务研究；广播电视及网络新闻学研究；河北省新闻事业的历史、现状、改革与发展研究；河北文化大省与

---

① 中国社会科学院新闻与传播研究所．中国新闻传播学年鉴（2015）[M]．北京：中国社会科学出版社，2015：597．

② 中国社会科学院新闻与传播研究所．中国新闻传播学年鉴（2015）[M]．北京：中国社会科学出版社，2015：597．

③ 中国社会科学院新闻与传播研究所．中国新闻传播学年鉴（2016）[M]．北京：中国社会科学出版社，2016：662．

文化传播及黄绮研究；国际学术规范研究。

2. 河北省新闻传播教育学会

2008年5月18日上午，河北省新闻传播教育学会成立于河北大学新校区，并挂靠河北大学新闻传播学院。河北省新闻传播教育学会的成立是为了促进河北省新闻传播教育界与全国新闻传播教育界、河北省新闻传播教育界与传媒实务界的交流与合作，为河北省各高校新闻传播类院系专业和新闻媒体、广告传媒公司、出版社等搭建一个和谐交流的平台，推动新闻传播教育更好地贴近新闻传播实践，提升新闻传播人才培养质量。河北省新闻传播教育学会第一届理事会组成如下：河北大学新闻传播学院院长、博士生导师白贵教授任首届会长，河北大学新闻传播学院副院长、硕士生导师杜友君教授任首届秘书长，河北师范大学新闻传播学院牛炳文副教授、河北经贸大学人文学院杜莹教授、燕山大学文法学院文学与新闻传播学系陈玉副教授、河北科技大学文法学院赵凤华教授担任副会长。

2010年12月25日，河北省新闻传播教育学会在河北大学召开了第一届理事会第二次会议，共有15个理事单位的26名代表参加会议。会议由学会秘书长、河北大学新闻传播学院副院长杜友君教授主持，协会会长、河北大学新闻传播学院院长白贵教授进行了工作总结和工作部署。此次会议举办了首届河北省大学生新闻传播作品创作大赛，征集并评选了获奖作品。

2013年6月29日上午第二届理事会第一次全体会议召开，会议由河北大学新闻传播学院新闻系副主任商建辉副教授主持，会议选举河北大学新闻传播学院院长、博士生导师白贵教授为第二届会长，选举河北大学新闻传播学院副院长韩立新教授、河北师范大学新闻传播学院院长仝文瑶教授、河北经贸大学人文学院院长张金桐教授、燕山大学文法学院文学与新闻传播学系陈玉教授、河北科技大学文法学院赵凤华教授、河北传媒学院李锦云校长等人为副会长，选举河北大学新闻传播学院商建辉副教授为秘书长，河北大学新闻传播学院谷雨老师、河北传媒学院新闻传播学院副院长刘宇等人为副秘书长。同时，此届会议还增选了多名副秘书长、常务理事及理事，并新增了若干名会员。

2014年11月22日，河北省新闻传播教育学会第二届理事会第二次全体会议在河北经贸大学召开，河北经贸大学副校长武建奇，河北省新闻传播学会会长、河北大学新闻传播学院院长白贵，河北师范大学新闻传播学院院长仝文瑶，河北经贸大学人文学院院长张金桐，河北传媒学院副校长杨溟等省内新闻传播教育领域的专家、学者到会探讨新闻传播教育的现状与未来。白贵会长作第二届理事会2013—2014年度主要工作总结，并部署了2015年度学会工作计划，同时向到会专家、学者传达了教育部新闻传播学类专业教学指导委员会发布的《2014年度新闻传播学类专业教育教学改革热点难点问题研讨提纲》。这次会议还揭晓了第二届"河北省大学生新闻传播作品创作大赛"评选结果。

2017年6月30日，河北省新闻传播教育学会第二届理事会第三次全体会议暨第三届大学生新闻传播作品创作大赛在河北师范大学新闻传播学院举行，来自河北大学、河北经贸大学、河北科技大学、河北传媒学院、河北民族师范学院、保定学院、唐山师范学院、河北对外经贸职业学院、保定职业技术学院等15所高校的34位教师代表出席了会议。河北师范大学新闻传播学院院长仝文瑶在开幕式上致辞，河北省新闻传播教育学会会长白贵教授致辞并做学会工作报告。第三届大学生新闻传播作品大赛分为微视频、微广播、公益广告三个竞赛单元，征集到来自河北省15所高校选送的作品共计171部。

截至2018年年底，河北省新闻传播教育学会已有河北大学新闻传播学院、河北师范大学新闻传播学院、河北经贸大学文化与传播学院、河北科技大学文法学院、燕山大学文法学院文学与新闻传播学系、廊坊师范学院传媒系、河北民族师范学院文学与传媒学院、邢台职业技术学院艺术与传媒系、唐山学院传播与动画系、河北传媒学院新闻传播学院、保定职业技术学院传媒艺术系、保定学院信息工程学院、河北对外经贸职业学院传媒系等20多个成员单位。①

3. 依托河北大学新闻传播学院设立的各级研究机构

河北大学新闻传播学院经过多年的耕耘和积淀，学术研究在省内具备明显的优势，从全国范围来看，在理论新闻学、应用新闻学、文化传播学、编辑出版学四个方向上形成了一定的特色。从学院教师近些年所主持的30余项国家社科基金课题和教育部社科规划课题的研究主题来看，主要涉及舆论监督、新闻亲和力研究、网络传播、民族新闻学、断代出版史、晋察冀新闻史、媒介经济学等。出版了学术专著30余部，在权威及核心刊物发表论文400余篇。先后获得省级以上科研奖励40余项。依托河北大学新闻传播学院成立了一系列研究机构。

河北大学新闻传播学院设立有新闻研究所、编辑出版研究所和广播电视研究所，所长分别是杨秀国、田建平和王俊杰。这3个研究所分别与新闻学、编辑出版学和广播电视学相对应，所长也都是以上3个专业所对应系的前任系主任。

2013年4月，经由学校批准，河北大学传播心理研究所在河北大学新闻传播学院正式成立。曹茹教授担任所长，张雅明副教授担任副所长。该研究所为我国第四个传播心理研究机构，之前的三个为：中国传媒大学传播心理研究所、中国社会心理学会传播心理专业委员会和中国人民大学舆论研究所传播心理实验室。

河北大学文化创意产业研究中心，创立于2009年，主任为杜浩教授，河北大学文化创意产业研究中心以现代传播下的文化创意产业的开发性研究为宗旨。该研究中心对应广告学专业，顺应文化创意产业的快速发展，旨在通过研究和服务文化创意产业发挥高校的功能和作用。

河北大学传媒与社会发展研究基地成立于2010年12月29日，是

---

① 中国新闻史学会新闻传播教育史研究委员会. 中国新闻传播教育年鉴(2018)[M]. 武汉：武汉大学出版社，2018：466-467.

经河北省社科联批准，依托河北大学新闻传播学院的科研实力，由河北大学与河北省社科联共同建设的河北省哲学社会科学研究基地之一。主任为白贵教授，研究基地联络员为商建辉教授。基地以提升河北省新闻传播研究水平、塑造一支学术队伍，同时为社会服务为出发点和落脚点。主要研究方向为燕赵文化传播与河北社会发展、新闻传播与河北社会发展、河北文化创意产业。

河北大学伊斯兰国家社会发展研究中心成立于2014年10月，河北省人文社科重点研究基地，中心主任为白贵教授。该中心以伊斯兰国家为主要研究对象，以穆斯林为主要研究人群，以中伊（伊斯兰国家）外交关系为参照背景，以伊斯兰国家的社会发展为主要研究着力点。围绕传媒和文化研究为特点，形成了以下三个研究方向：伊斯兰国家传媒与社会变迁关系研究；新丝绸之路战略中的中伊关系以及媒体合作；伊斯兰国家宗教文化传播对政治、法律、金融之影响。

2015年1月，河北大学新闻传播学院与美国太平洋大学太平洋学院传播系联合创立了"河北大学中美媒介研究所"。该研究所的美方负责人为美国太平洋大学太平洋学院传播系主任董庆文，中方负责人为河北大学特聘教授、河北大学新闻传播学院教授、博士生导师白贵。研究所的主要研究人员还有赵树旺、邵宝辉、金强和高菲。致力于研究中美媒介发展、中美媒介发展之比较研究等。

2015年3月19日设立的河北省文化产业与社会服务研究基地，由河北省社科联与河北大学共建，主任为杜浩教授，联络员为宋伟龙。基地旨在依托河北省社科联，发挥联合优势，整合社科资源，为河北省的文化产业和文化创意提供智力支持，并鼓励和支持社科研究人员深入研究河北省经济社会发展中的重大问题，提升社科研究服务决策、服务基层、服务群众的能力和水平。

2016年4月河北大学新闻传播学院经由河北省委宣传部批准成立了河北省新型智库·河北省文化产业研究中心，负责人为杜浩教授。该中心旨在建设河北省特色鲜明的文化产业发展创新平台，成为河北省文化产业理论研究、咨政建言、应用研究、人才培养基地，打造国内一流、国际知名的文化产业高端智库，推动河北省文化产业创新发展。研究基地以新闻传播学、艺术学、管理学等重点学科为依托，主要研究方向有：艺术品文化产业、城市文化产业、影视文化产业、旅游文化产业、文化创意产品、出版业等。

2017年，根据教育部司局函件《关于公布2017年度国别和区域研究中心备案名单的通知》(教外司综〔2017〕1377号)，教育部批准了河北大学申报的教育部国别与区域研究中心——伊斯兰合作组织研究中心。教育部区域和国别研究中心是为了加强中国的区域和国别研究，服务国家发展战略和政策措施的制定。

河北省城市传播研究院依托于河北大学新闻传播学院，于2017年9月正式获河北省宣传部批准成立。它以发展传播学为研究视阈，关注城市发展与传播之间关系研究、研究城市形象的构建、提升、传播与品牌化战略与发展路径，是河北省重点培育智库。

4. 河北省其他新闻传播学类研究机构

(1)河北省广告研究院。2017年12月15日在河北省广告研究院成立，挂靠在河北师范大学新闻传播学院，由河北师范大学新闻传播学院院长仝文瑶担任首任院长，河北师范大学新闻传播学院广告学系主任宋维山担任执行院长。河北师范大学新闻传播学院副院长李振国和河北师范大学新闻传播学院副教授朱红亮担任副院长。河北大学新闻传播学院副院长杜浩教授担任主任研究员。研究员分为学界研究员、媒体研究员和业界研究员。在成立大会现场，发布了由刘烨、宋维山编著，河北人民出版社出版的《河北省广告业发展蓝皮书(2014—2016年)》。每两年发布河北省广告行业发展研究报告是河北省广告研究院的重点工作。

(2)河北省广告协会学术委员会。与河北省广告研究院同时成立，是河北省广告协会设立的专门委员会，首任主任由河北师范大学新闻传播学院广告学系主任宋维山担任。担任副主任的有河北大学新闻传播学院副院长杜浩,石家庄学院文学与传媒学院副院长田建恩,河北青年报社社长、河北河青传媒有限责任公司总经理魏文起,河北春秋文化传播有限公司总经理倪阳春,河北众美广告股份有限公司总经理蔡建平,河北省广播电视台广告经营管理中心主任刘欣。秘书长由河北地质大学艺术设计学院广告专业副主任韩文举担任。在成立大会现场组织了学术研讨会,发布了研究论文集《河北省广告业发展研究》,该书收集了杜浩、宋伟龙、宋维山等人撰写的论文21篇,对河北省广告业的发展进行了研究和阐述。

(3)河北经贸大学文化与传播学院设有两个非实体研究机构,分别是河北省媒介融合发展研究中心、京津冀传统文化研究所。学院积极引导和鼓励教师进行教学研究和科学研究。2010—2016年共获批课题130项,其中国家社科基金4项,教育部课题4项,省级项目72项。出版著作21部,发表论文309篇。

(4)防灾科技学院风险传播研究所。防灾科技学院风险传播研究所成立于2018年,挂靠在文化与传播学院。现任所长为徐占品副教授,副所长为彭麦福副教授、王姗博士。研究所的研究方向主要有三个:风险传播理论与实践研究、灾害信息传播研究和防灾科学素质调查研究。风险传播理论与实践主要从两个方面开展研究:一是开展风险传播理论研究,主要是在国家防范化解重大风险尤其是防范化解自然灾害风险的背景下,建构一套包括风险传播要素、风险传播功能、风险传播机制在内的完整理论框架。二是开展风险传播业务研究,主要包括突发事件新闻发布、信息传播风险识别与排查、自然灾害防治重点工程实施风险研判等内容。灾害信息传播研究包括灾害信息传播要素研究、灾害信息传播机制研究、灾害信息传播法规与伦理研究。其中灾害信息传播要素研究又包括五个方面,即灾害信息传播者、灾害信息传播媒介、灾害信息传播受众、灾害信息和灾害信息传播效果。灾害信息传播机制研究包括生产机制、发布机制和反馈机制。灾害信息传播法规与伦理研究又可以分为法律法规研究和职业道德研究两个方面。防灾科学素质调查主要开展以下研究：一是调查指标研究，制订一套完整的调查方案，确定调查的相关指标；二是开展科普调查，充分利用学生社会实践平台，开展全国范围内的特殊群体（如农村地区、青少年群体等）防灾减灾救灾科学素质调查，形成调查报告；三是根据调查结果开发科普产品，借助行业进行精准投送。目前研究所承担国家社科基金项目1项，省部级项目10余项，社会服务项目30余项，到账经费200余万元。①

(5) 防灾科技学院灾害舆情研究所。防灾科技学院灾害舆情研究所成立于2018年，挂靠在文化与传播学院。自2014年开始，防灾科技学院人文社科系（现文化与传播学院）开始承担中国地震局舆情监测、分析研判的工作任务，2016年成立涉震舆情研究室，2018年在涉震舆情研究室基础上成立灾害舆情研究所。现任所长为刘晓岚教授，副所长为迟晓明讲师。灾害舆情研究所为应急管理部门和地震部门提供舆情监测研判应对服务。目前，灾害舆情研究所主要承担中国地震局舆情监测任务。负责地震系统7*24舆情监测、地震系统舆情联动平台维护、舆情处置建议、新闻宣传效果评估等工作。与湖南、浙江、贵州等省地震局建立舆情合作机制，积极开拓行业服务领域。

灾害舆情研究所主要包括两个研究方向：灾害舆情理论研究和涉震舆情监测与应对。灾害舆情理论研究：网络舆情的监测预警、分析研判、处置应对等相关理论在自然灾害、社会安全生产及其他事故灾难舆情事件中的具象化、类型化表述，以及其对具体舆情监测、研判、应对工作的适用性指导；对灾害舆情事件进行数据、文本、案例分析研究，总结舆情的类型化规律，形成灾害舆情理论体系。涉震舆情监测与应对：在承担地震系统涉震舆情监测预警、分析研判实际工作任务的基础上，总结以往经验，分析存在问题，对涉震舆情案例进行深入研究，建立健全涉震舆情监测、研判、处置的机制标准，为地震系统舆情工作提

---

① 根据对防灾科技学院党委宣传部副部长、风险传播研究所所长徐占品的访谈记录整理。

供兼具科学性、实用性的参考体系。①

(6)唐山师范学院传媒与文化研究所。该所建在唐山师范学院中文系新闻学教研室,坚持以科研促教学,自2010年以来,主持省社科基金等省部级以上项目2项、参与3项,主持及参与市厅级以上项目10余项,出版专著1部,发表论文30余篇。该所结合城市文化建设与发展以及冀东文化发展与传承,逐步形成了带有浓郁地方特色的新闻传播研究方向,主要包括冀东地区传统文化研究、唐山地方名人思想研究、大众传媒与唐山近代工业文化遗产传播研究、唐山现代城市形象与文化传播研究,为专业学位硕士培养提供了依据区域媒体需要和个人兴趣爱好进行多种选择的条件和空间。

(7)衡水学院文学与传播学院广告经营与管理研究所。衡水学院文学与传播学院设有广告学、广播电视学两个新闻传播类本科专业和新闻采编与制作一个新闻传播类高职专业。主要依托广告学专业的师资力量组建了广告经营与管理研究所,开展相关科研工作。

7.1.2 科研课题

教学、科研和服务社会是高校的三项主要职能,作为高校师生也就必然要跟科研项目打交道。科研规划课题是各级各类课题规划部门面向科研工作者发布选题、遴选并立项资助的科研项目,通过这一形式政府部门可以有效引导广大科研工作者服务国家、服务社会。科研工作者也通过申请、开展课题研究工作来形成科研成果,报效国家、服务人民。同时,主持和参与科研工作、积累科研成果是职称晋升的必要条件,课题级别的高低、成果的多少也是体现研究者个人和其所在单位科学研究水平的重要标志。

尽管有一部分新闻传播学研究归属人文学科范畴,甚至有个别研究

---

① 根据对防灾科技学院党委宣传部副部长、风险传播研究所所长徐占品的访谈记录整理。

项目跟自然科学有交叉，但是目前的主流观点是大部分新闻传播学的研究工作属于社会科学领域。近年来，河北省新闻传播院系和教师比较重视的科研项目主要是国家社会科学基金项目、教育部人文社会科学研究项目以及河北省社会科学基金项目等"国家级"和"省部级"科研课题，本部分重点梳理前两者。

1. 国家社会科学基金项目

国家社会科学基金项目是新闻传播学领域最重要的科研基金项目之一，该项目设立于1991年，当年新闻传播学只有3个项目获得立项。河北省新闻传播学第一项国家社科基金项目立项于2000年，是由河北大学新闻传播学院时任副教授的乔云霞主持的"舆论监督研究"。截至2018年，河北省各高校共主持立项新闻学与传播学（新闻学）项目23项。具体情况见表7-2。

表7-2 国家社会科学基金项目河北省新闻学与传播学立项一览表①

项目批准号	项目类别	学科分类	项目名称	立项时间	项目负责人	专业职务	工作单位
18BXW024	一般项目	新闻学与传播学	"一带一路"战略背景下中国出版走出去研究	2018/6/21	赵树旺	副高级	河北大学
18BXW118	一般项目	新闻学与传播学	非传统安全事件虚实耦合互动的网络群体集聚舆情传播研究	2018/6/21	张亚明	正高级	燕山大学
18BXW119	一般项目	新闻学与传播学	基于大数据的社会化媒体舆情传播机制及风险防控体系研究	2018/6/21	王秋菊	正高级	河北大学
17BXW029	一般项目	新闻学与传播学	新闻媒体"讲好中国故事"的无意说服模式研究	2017/6/30	曹茹	正高级	河北大学

---

① 该统计表未统计新闻传播类院系或教师所主持的其他学科的国家社科基金项目，同时也未统计项目负责人从外省高校引进到河北高校之前在外省其他高校主持的新闻学与传播学课题。

续表

项目批准号	项目类别	学科分类	项目名称	立项时间	项目负责人	专业职务	工作单位
17BXW031	一般项目	新闻学与传播学	传统媒体的分化与跨界融合研究	2017/6/30	韩立新	正高级	河北大学
17CXW017	青年项目	新闻学与传播学	新媒体环境下涉恐信息风险预警及对策研究	2017/6/30	李昊青	中级	中国人民警察大学①
17CXW015	青年项目	新闻学与传播学	面对舆情大数据的突发事件民意分析与决策支持研究	2017/6/30	夏一雪	中级	中国人民警察大学
16BXW069	一般项目	新闻学与传播学	网络空间未成年人保护的法律规制研究	2016/6/30	彭焕萍	正高级	河北大学
16BXW058	一般项目	新闻学与传播学	"两微一端"时代反沉默螺旋传播及网络舆情引导	2016/6/30	马 龙	副高级	中国人民警察大学
15BXW011	一般项目	新闻学与传播学	大数据背景下的数据新闻制作与语义构建研究	2015/6/16	任瑞娟	正高级	河北大学
14BXW060	一般项目	新闻学与传播学	新媒体与当代中国伊斯兰教的传播研究	2014/6/15	白 贵	正高级	河北大学
14CXW026	青年项目	新闻学与传播学	移动互联网条件下的新闻传播新形态、特征、趋势及应对策略研究	2014/6/15	景义新	中级	河北经贸大学
13BXW004	一般项目	新闻学	新闻报道正能量传播研究	2013/6/10	杨秀国	正高级	河北大学
13BXW015	一般项目	新闻学	出版经纪人研究	2013/6/10	杜恩龙	正高级	河北大学
13CXW043	青年项目	新闻学	自然灾害事件中的信息传播研究	2013/6/10	徐占品	中级	防灾科技学院
12BXW012	一般项目	新闻学与传播学	宋代出版史研究（960—1279）	2012/5/14	田建平	正高级	河北大学

---

① 2018年6月之前校名为中国人民武装警察部队学院，该校为公安部直属全日制普通高等院校，地址为河北省廊坊市。

续表

项目批准号	项目类别	学科分类	项目名称	立项时间	项目负责人	专业职务	工作单位
12BXW026	一般项目	新闻学与传播学	"三网融合"背景下中美广播电视组织邻接权保护及管理机制比较研究	2012/5/14	赵双阁	副高级	河北经贸大学
11CXW009	青年项目	新闻学与传播学	"三网融合"背景下网络电视台的建设、发展与影响研究	2011/7/1	杨状振	中级	河北大学
09BXW006	一般项目	新闻学与传播学	新闻报道亲和力研究	2009/6/4	杨秀国	正高级	河北大学
09CXW007	青年项目	新闻学与传播学	为盈利诉求与公共利益的平衡求解：媒介商业化的陷阱与出路	2009/6/4	商建辉	副高级	河北大学
08BXW005	一般项目	新闻学与传播学	中国近现代回族报刊史研究	2008/6/4	白　贵	正高级	河北大学
07BXW014	一般项目	新闻学与传播学	中国出版企业实施多元化管理经营的途径	2007/6/4	陶　丹	正高级	河北大学
00BXW001	一般项目	新闻学与传播学	舆论监督研究	2000/7/1	乔云霞	副高级	河北大学

从所立项的23个新闻学与传播学（2013年时学科门类统计为新闻学）国家社科基金项目来看，河北大学新闻传播学院的教师主持了16项，所占比例最高，占到了70%。中国人民警察大学主持了3项，河北经贸大学文化与传播学院主持了2项，防灾科技学院文化与传播学院和燕山大学文法学院文学与新闻传播学系各主持了1项。以上五个单位包揽了河北省高校所主持的全部新闻学与传播学国家社科基金项目。在项目类别上有17项一般项目、6项青年项目，占比分别为74%和26%。在项目主持人方面，白贵和杨秀国两位教授分别主持了2个项目，其他19人各自主持了一个项目。这23项国家社科基金之中，主持人在申请项目时为正高级的有13项、副高级的有5项，中级的有5项，占比分

别为 56%、22%和 22%。从年份分布上来看，除了第一项是在 2000 年成功立项的之外，2007 年之后的年份，除去 2010 年，每年都至少有 1 项立项成功。具体走势参见图 7-1。

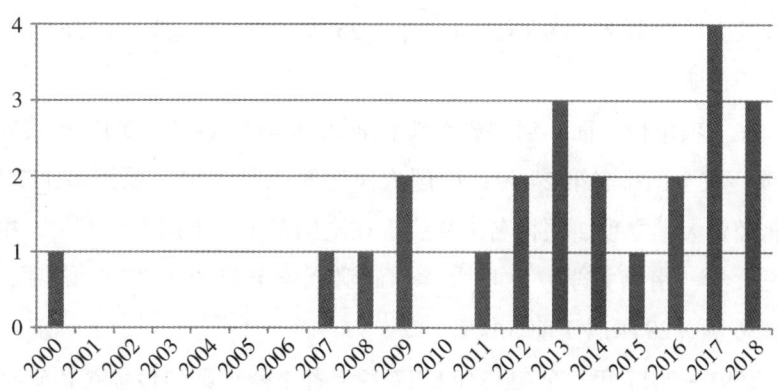

图 7-1　河北省新闻学与传播学国家社科基金项目立项数量走势图

根据陶喜红、党李丹的统计分析，放在全国范围内来看，1991—2018 年新闻传播类国家社科基金项目各个类别共计立项 1734 项。① 河北省在这一期间共立项 23 项②，河北省占比为 1.33%，在全国的省份排名 20 名左右，在全国属于第三梯队。与第一梯队的省份差距较大，新闻传播类国家社科基金项目的区域分布存在明显的不平衡特征。从全国区域分布来看，27 年来，北京、上海、江苏、湖北等各省、直辖市立项项目总数均超过 100 项，合计 717 项，占立项总数的 47.11%，属于第一梯队；广东、四川、浙江、湖南、重庆、河南、陕西、江西、新疆等省、自治区、直辖市的立项数量在 40～99 项之间，合计 505 项，

---

① 陶喜红，党李丹. 新闻传播学类国家社科基金项目立项课题的统计分析（1991—2017）[A]. 中国新闻史学会新闻传播教育史研究委员会. 中国新闻传播教育年鉴. 2018[C]. 武汉：武汉大学出版社，2018：925-956.

② 陶喜红、党李丹. 在分析中统计河北省 1991—2017 年立项国家社科基金项目 19 项，2018 年立项 3 项，统计有误，少统计了中国人民警察大学的 1 项课题。

占立项总数的33.18%，属于第二梯队；福建、安徽、云南、广西、山东、河北、甘肃、黑龙江、天津、辽宁、内蒙古、贵州、吉林等省、自治区、直辖市的立项数量在10~39项之间，合计275项，占立项总数的18.07%，属于第三梯队；西藏、宁夏、山西、青海、海南等省、自治区的立项数量在1~9项之间，合计25项，占立项总数的1.64%，属于第四梯队。①

在立项单位方面，河北省范围内河北大学在1991—2017年共立项14项，在全国排名第24位；中国人民警察大学立项3项排名117位；河北经贸大学立项2项排名139位。在全国范围内中国传媒大学、中国人民大学、南京大学、复旦大学、武汉大学分别以57项、43项、38项、36项、29项居于前5位。

1991—2017年，全国共有1327名学者主持过新闻传播类国家社科基金项目。其中有6位曾经主持4项，分别为丁柏铨、张举玺、张昆、李希光、陈信凌和陈培爱。有29位曾主持过3项，项目负责人分别为钟瑛、王天根、陈龙、张国良、杜骏飞、董广安、郭可、韩丛耀、胡正荣、匡文波、刘军、童兵、姚德权、张志强、赵化勇、赵振祥、朱国圣、阿斯买·尼亚孜、陈堂发、孟建、隋岩、方晓红、郭小平、蒋建国、蒋晓丽、支庭荣、熊澄宇、倪延年和欧阳宏生等，有119名研究者曾经主持过2项②，其中包含河北省的白贵教授和杨秀国教授。

河北省新闻传播院院系，主要是河北大学新闻传播学院教师主持的其他学科国家社科基金或项目负责人从外省"带到"河北来的新闻学和传播学类国家社科基金如表7-3所示。

---

① 陶喜红，党李丹．新闻传播学类国家社科基金项目立项课题的统计分析(1991—2017)[M]//中国新闻史学会新闻传播教育史研究委员会．中国新闻传播教育年鉴(2018)．武汉：武汉大学出版社，2018：925-956．

② 陶喜红，党李丹．新闻传播学类国家社科基金项目立项课题的统计分析(1991—2017)[M]//中国新闻史学会新闻传播教育史研究委员会．中国新闻传播教育年鉴(2018)．武汉：武汉大学出版社，2018：925-956．

表 7-3　国家社会科学基金项目河北省新闻传播类院系其他立项一览表

项目批准号	项目类别	学科分类	项目名称	立项时间	项目负责人	专业职务	工作单位
18BTY023	一般项目	体育学	改革开放四十年体育新闻演进中的社会价值观研究	2018/6/21	刘 赞	副高级	河北大学
16FZW022	后期资助项目	中国文学	明代唐诗选本与明代诗歌批评研究	2016/9/20	孙欣欣	副高级	河北大学
13BXW050	一般项目	新闻学	新时期我国涉农媒体战略转型研究	2013/6/10	陈 娟	副高级	暨南大学
09BZW029	一般项目	中国文学	唐宋诗序跋研究	2009/6/4	任文京	正高级	河北大学文学院
BBA160045	国家社科基金"十三五"规划教育学单列项目	教育学	新媒体对青年学生心理健康发展的影响研究	2016/7/22	张雅明	副高级	河北大学

2. 教育部人文社会科学研究项目

除了国家社科基金项目之外，教育部人文社会科学研究项目的重要性也比较显著，这一基金项目只要通过教育部组织的"函评"即可立项，不同于国家社科基金项目在"函评"之后还要经过会议讨论才能最终立项。总体来看，因为其级别为"省部级"，在河北省高校系统内不算作"国家级"，自 2001 年首次立项以来截至 2018 年度，在新闻学与传播学这一类别中共立项 16 项。

表 7-4　教育部人文社会科学研究项目河北省新闻学与传播学立项一览表

序号	年度	学科门类	项目名称	项目类别	项目批准号	申请人	学校名称
1	2018	新闻学与传播学	中国互联网广告行业自我规制研究	青年基金项目	18YJC860052	张 艳	河北大学

续表

序号	年度	学科门类	项目名称	项目类别	项目批准号	申请人	学校名称
2	2018	新闻学与传播学	自由的悖相：网络游戏对玩家的控制研究	青年基金项目	18YJC860047	张炳杰	石家庄学院
3	2017	新闻学与传播学	数字时代图书选题决策模式研究	规划基金项目	—	杨金花	河北大学
4	2017	新闻学与传播学	移动互联网环境下党报话语主导权研究	规划基金项目	—	刘赞	河北大学
5	2017	新闻学与传播学	"一带一路"沿线国家涉华舆情风险预警与决策支持研究	青年基金项目	—	刘茉	中国人民警察大学①
6	2015	新闻学与传播学	京津冀文化创意产业协同发展的困境与突围	规划基金项目	15YJA860003	杜浩	河北大学
7	2015	新闻学与传播学	华北抗日根据地中国共产党报刊研究	青年基金项目	15YJC860039	张金凤	河北大学
8	2013	新闻学与传播学	中国传统文化出版"走出去"问题及策略研究	青年基金项目	13YJC860022	刘燕飞	河北大学
9	2012	新闻学与传播学	价值重构与角色重塑——地方政府新闻发布制度解困的路径研究	规划基金项目	12YJA860015	王春玲	河北师范大学
10	2011	新闻学与传播学	"网络水军"问题研究	规划基金项目	—	张波	河北经贸大学
11	2010	新闻学与传播学	新媒体环境下重大事件舆论引导策略研究	青年基金项目	—	李栋	河北大学
12	2009	新闻学与传播学	基于网民心理的网络舆论引导研究	一般项目	09YJA860002	曹茹	河北大学
13	2008	新闻学与传播学	传媒低俗化成因调查及智力对策研究	一般项目	08JA860003	胡连利	河北大学
14	2008	新闻学与传播学	晋察冀抗日根据地新闻出版史研究	一般项目	08JA860004	田建平	河北大学

① 2018年6月之前校名为中国人民武装警察部队学院，该校为公安部直属全日制普通高等院校，地址为河北省廊坊市。

续表

序号	年度	学科门类	项目名称	项目类别	项目批准号	申请人	学校名称
15	2008	新闻学与传播学	IMC的"中国式生存"——中小型饮料企业的品牌破局(以"养元六个核桃"为例)	专项任务项目	08JD860001	仝文瑶	河北师范大学
16	2001	新闻学与传播学	比较新闻学新视野：方法和考证	—	01JA860009	张 威	河北大学

其中河北大学立项11项，河北师范大学立项2项，河北经贸大学、中国人民武装警察部队学院、石家庄学院分别获准立项1项。而这16个项目的申请人(项目主持人)分别为16位教师。2001年河北省首个教育部人文社会科学研究项目为河北大学新闻传播学院引进的国外留学归国人员张威博士所获得。在项目类别上，有6项为青年基金项目，有8项规划基金项目或一般项目，1项专项任务项目，有1项没有标明项目类别。在走势上，与国家社科基金项目的走势有几分相似，都是在世纪之初获批首项，然后在2007年或2008年之际开始稳定获批。其中，2008年仝文瑶主持的"IMC的'中国式生存'——中小型饮料企业的品牌破局(以'养元六个核桃'为例)"、田建平主持的"晋察冀抗日根据地新闻出版史研究"和2015年杜浩主持的"京津冀文化创意产业协同发展的困境与突围"三项课题与河北省的特色企业或者河北省的区域位置有直接关联。

7.1.3 科研成果获奖

开展科研成果评奖活动有利于发掘、推广优秀科研成果，获奖成果具有标志性、示范性的特点，可以鼓励获奖者继续深入开展研究，也可以激励其他科研工作者以获奖成果为标杆，以获奖者为榜样来开展科研工作。获奖成果对获奖者个人和所在单位都具有显著的意义，是个人的职称评聘、研究生导师遴选及续聘、专家称谓申报的重要条件，是助力

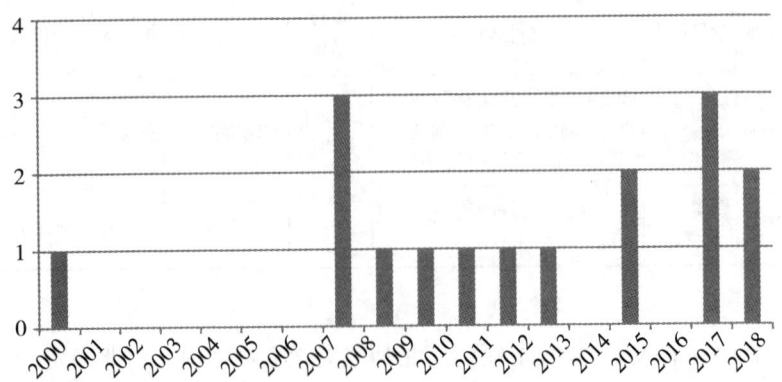

图 7-2　河北省新闻学与传播学教育部人文社会科学研究项目立项数量走势图

科研工作者职业生涯发展的"真金白银";对所在单位来说,是单位声誉获得、学科排名、学位点申报、专业和学科建设项目申请的重要指标。河北省新闻传播类院系在社会科学成果奖方面主要涉及教育部组织评审的高等学校科学研究优秀成果奖(人文社会科学)、河北省社会科学优秀成果奖、中国新闻史学会设立的新闻传播学学会奖、省市级科研课题优秀成果奖、各地市组织的市级社科成果奖等。截至 2018 年年底,河北省新闻传播类院系还未曾获得过高等学校科学研究优秀成果奖,在此主要梳理一下河北省各个新闻传播院系在河北省社会科学优秀成果奖、新闻传播学学会奖两个奖项中的表现。

1. 河北省社会科学优秀成果奖

河北省社会科学优秀成果奖是在 1985 年开始首次评选的,到 2018 年共评选了 16 届。第一届所涵盖的成果出版时间范围是 1979 年到 1984 年,共计 6 年时间。河北大学中文系新闻专业的吴庚振发表在 1984 年第 4 期《河北大学学报》上的论文《试论新闻的真实性原则》获得三等奖。第二届至第四届是每三年评选一次,前三年的成果可以参评。从第五届到第十六届是每两年一届,前两年的成果可以参评。

7.1 河北省新闻传播学类科研与成果

表 7-5 河北省社会科学优秀成果奖新闻传播学类获奖项目一览表

年份	届数	获奖人	工作单位	类别	成果题目	等级	备注
2018	第十六届	田建平等	河北大学	著作	宋代出版史	一等奖	人民出版社 2017 年 5 月出版
	第十六届	冯月季	燕山大学	著作	传播符号学教程	二等奖	重庆大学出版社 2016 年 12 月出版
	第十六届	任文京	河北大学	著作	唐宋诗序跋研究	二等奖	人民出版社 2016 年 5 月出版
	第十六届	刘艳房	河北师范大学	著作	全球化背景下的中国国家形象战略——基于国家利益的研究视角	二等奖	中央编译出版社 2016 年 9 月出版
	第十六届	张金桐等	河北经贸大学	著作	媒介与传播研究发展报告（2016—2017）	二等奖	吉林大学出版社 2017 年 12 月出版
	第十六届	商建辉	河北大学	著作	媒介问题内容产制研究——一种批判的视角	二等奖	中国传媒大学出版社 2016 年 9 月出版
	第十六届	白贵等	河北大学	论文	对外传播的新使命："一带一路"与"构建人类命运共同体"	二等奖	《新闻战线》2017 年第 9 期
	第十六届	韩立新等	河北省社科院	论文	时空转移与智慧分流：媒体的分化与重构	三等奖	《新闻与传播研究》2016 年第 5 期
	第十六届	包来军	燕山大学经济管理学院	著作	"一带一路"纪录片传播研究	三等奖	中国致公出版社 2018 年 1 月出版
	第十六届	朱晓霞等	河北经贸大学	著作	公共危机中伪信息的扩散机理与干预研究	三等奖	哈尔滨工程大学出版社 2018 年 1 月出版
	第十六届	刘景枝	河北大学	著作	新闻集团传媒大众价值链研究	三等奖	中国社会科学出版社 2017 年 2 月出版
	第十六届	金强等	河北大学	著作	巴基斯坦大众传媒研究	三等奖	中国传媒大学出版社 2017 年 8 月出版
	第十六届	娄丽景等	河北地质大学外国语学院	著作	传统与现代：传统文化视域下的河北地域文化认同与话语建构	三等奖	经济科学出版社
	第十六届	徐占品等	防灾科技学院	研究报告	邢台洪灾舆论引导路径与我省危机应对水平提升的对策建议	三等奖	—

续表

年份	届数	获奖人	工作单位	类别	成果题目	等级	备注
2016	第十五届	韩立新	河北大学	著作	唐代干谒诗中的士人形象研究	二等奖	人民出版社 2015 年 5 月出版
	第十五届	杜浩等	河北大学	著作	营销策划与传播	二等奖	河北大学出版社 2011 年 12 月出版
	第十五届	韩利红	河北科技大学	著作	主流媒体与政治系统伴随关系实证研究——以《人民日报》"厂长负责制"报道（1978—1988）为例	二等奖	河北教育出版社 2015 年 11 月出版
	第十五届	曹茹等	河北大学	著作	心理学视野中的网络舆论引导研究	二等奖	人民出版社 2013 年 10 月出版
	第十五届	王玉蓉	河北大学	著作	清末民国时期《东方杂志》商业广告研究（1904—1937）	二等奖	人民出版社 2015 年 12 月出版
	第十五届	陈玉	燕山大学	著作	大转型与新闻记者的角色冲突	三等奖	燕山大学出版社 2015 年 6 月出版
	第十五届	赵树旺	河北大学	著作	新闻传播学专业英语	三等奖	中国传媒大学出版社 2015 年 1 月出版
	第十五届	赵卓伦	河北大学	论文	论美国新闻发布制度的核心要素及其历史演进	三等奖	《现代传播（中国传媒大学学报）》2014 年第 2 期
	第十五届	韩春秒	河北省社会科学院	研究报告	"中国梦"新闻报道怎样才能入人脑入人心	三等奖	—

续表

年份	届数	获奖人	工作单位	类别	成果题目	等级	备注
2014	第十四届	白贵	河北大学	著作	当代新闻写作	一等奖	中国人民大学出版社2013年8月出版
	第十四届	任文京等	河北大学	论文	数字时代阅读方式的选择	二等奖	《社会科学论坛》2012年第8期
	第十四届	韩利红	河北科技大学	论文	增强主流媒体在社会舆论中的主导力	二等奖	《人文杂志》2013年第12期
	第十四届	王秋菊等	河北大学	著作	网络舆论生成机制与引导规律研究	三等奖	河北大学出版社2012年1月出版
	第十四届	尹亚辉等	石家庄经济学院	著作	中国媒介竞争下的传播偏向	三等奖	河北人民出版社2014年4月出版
	第十四届	赵双阁	河北经贸大学	著作	政治文明视阈下舆论监督法制建设研究	三等奖	中国社会科学出版社2012年12月出版
2012	第十三届	胡连利等	河北大学	论文	传媒低俗化现状及成因调查	二等奖	《当代传播》2010年第3期，论文署名河北大学，奖项公布时胡连利在沧州师范学院履职
	第十三届	孙会	河北师范大学	著作	《大公报》广告与近代社会（1902—1936）	三等奖	中国传媒大学出版社2011年1月出版

续表

年份	届数	获奖人	工作单位	类别	成果题目	等级	备注
2010	第十二届	白贵	河北大学	著作	当代中国传媒社区的新进路	一等奖	河北人民出版社2009年8月出版
	第十二届	胡连利	河北大学	著作	敦煌变文传播研究	二等奖	人民出版社2008年12月出版
	第十二届	曹茹	河北大学	著作	新闻从业者职业倦怠研究	二等奖	中国传媒大学出版社2008年8月出版
	第十二届	韩玉		研究报告	传媒产品创新及风险预警管理研究	二等奖	—
	第十二届	吕海平	河北化工医药职业技术学院	著作	品牌信息论	三等奖	吉林大学出版社2009年12月出版
	第十二届	王晓岚	河北省社会科学院	著作	中国共产党报刊发行史——中共新闻思想与时俱进的历史考察之一	三等奖	中国社会科学出版社2009年6月出版
	第十二届	彭焕萍	河北大学	著作	媒介与商人——1983—2005《经济日报》商人形象话语	三等奖	华夏出版社2008年6月出版
	第十二届	张金桐	河北经贸大学	论文	重新解读唐代妇女地位——从唐代婢女的地位看起	三等奖	《武汉大学学报(人文科版)》2008年第4期
	第十二届	韩立新	河北大学	论文	网络环境下释义"热舆论"与"强舆论"——舆论"聚能"与监督"释能"两大能量转化定律	三等奖	《河北大学学报(哲学社会科学版)》2008年第1期

7.1 河北省新闻传播学类科研与成果

续表

年份	届数	获奖人	工作单位	类别	成果题目	等级	备注
2008	第十一届	杨秀国	河北大学	专著	新闻采访学通论	一等奖	人民出版社2007年5月出版
	第十一届	柳旭波	河北日报报业集团	专著	传媒业产业组织研究——一个拓展的RC—SCP产业组织分析框架	三等奖	经济科学出版社2007年12月出版
	第十一届	田建平等	河北大学	专著	当代报纸副刊研究	三等奖	河北大学出版社2006年6月出版
	第十一届	任文京	河北大学	论文	论隋代边塞诗	三等奖	《文学遗产》2007年第6期
	第十一届	张金桐	河北经贸大学	论文	从"任氏"看中唐文人的性爱审美观	三等奖	《武汉大学学报（人文科学版）》2006年第4期
	第十届	胡连利等	河北大学	论文	河北省新闻业者道德意识及现实状况调查报告	一等奖	《新闻与传播研究》2004年第2期
	第十届	白贵等	河北大学	专著	视听中国的世纪跨越	二等奖	河北大学出版社2005年12月出版
	第十届	张金花	河北工业大学	论文	论宋代商人的广告自觉	三等奖	《浙江社会科学》2004年第4期
2006	第十届	张树春	河北日报报社	论文	驻站记者新闻报道规律探析	三等奖	《中华新闻报》2005年12月21日
	第十届	宋悦	河北广播电视大学	论文	从国际传播协会的三份期刊看学术期刊的标准化经营	三等奖	《编辑之友》2005年第5期
	第十届	杜恩龙	河北美术出版社	论文	出版业应尽快建立职业经理人制度	三等奖	《编辑之友》2005年第5期

第7章 河北省新闻传播科学研究

续表

年份	届数	获奖人	工作单位	类别	成果题目	等级	备注
2004	第九届	乔云霞等	河北大学	研究报告	中国新闻舆论监督现状调查分析	二等奖	《新闻与传播研究》2002年第4期
	第九届	田建平	河北大学	专著	元代出版史	三等奖	河北人民出版社2003年8月出版
	第九届	陈燕等	河北大学	专著	传播学研究方法	三等奖	科学出版社2002年7月出版
	第九届	白贵	河北大学	论文	诗话勃兴于宋代的条件与成因	三等奖	《河北学刊》2003年第5期
	第九届	李文海等	邯郸日报社	论文	论邓小平新闻思想	三等奖	《采写编》2003年第1期、第2期
	第九届	赵培玺	河北日报社	论文	传媒的"影响力"竞争	三等奖	《中国报业》2003年第7期
	第九届	冯春明等	河北师范大学	论文	高校学报编辑策划存在的问题及对策	三等奖	《河北师范大学学报》2002年第1期
	第九届	邓子平等	河北教育出版社	论文	造就大众化名牌编辑的九点思考	三等奖	《编辑之友》2003年第4期

续表

年份	届数	获奖人	工作单位	类别	成果题目	等级	备注
2002	第八届	王晓岚	河北省社会科学院	专著	喉舌之战——抗战中的新闻对垒	一等奖	广西师范大学出版社2001年1月出版
	第八届	吴庚振	河北大学	专著	新闻评论学通论	二等奖	河北大学出版社2001年5月出版
	第八届	李慧丽	河北日报报业集团	论文	网络媒体引爆传统媒介大革命	二等奖	——
	第八届	田韶华等	河北经贸大学法学院	专著	新闻侵权法律制度研究	三等奖	河北人民出版社2001年出版
	第八届	陶 丹	河北大学	著作	新媒介与网络广告	三等奖	科学出版社2001年6月出版
	第八届	杨国钧	河北电视台	论文	新闻传播实践中对受众知情权的尊重和保护	三等奖	《河北省广播电视年鉴》2001—2002年
	第八届	马来顺等	河北电视台	论文	关注新闻关系	三等奖	《采写编》2001年第6期
	第八届	赵永枝	河北日报社	论文	党报社会新闻应给人以理性思考	三等奖	《新闻爱好者》2000年第11期
	第八届	李文海	邯郸日报社	论文	论新时期新闻工作的党性原则	三等奖	

续表

年份	届数	获奖人	工作单位	类别	成果题目	等级	备注
2000	第七届	乔云霞等	河北大学	调研报告	河北省新闻舆论监督状况调查报告	二等奖	《河北大学学报》1999年第4期
	第七届	白贵等	河北大学	著作	美学基本原理	三等奖	内蒙古大学出版社1999年10月出版
	第七届	陈燕等	河北大学	著作	科技期刊编辑方法研究	三等奖	专利文献出版社1998年6月出版
	第七届	张威	河北大学	论文	对国内有关"硬新闻"和"软新闻"界定的质疑	三等奖	《国际新闻界》1998年第4期
	第七届	邓子平	河北教育出版社	论文	教育出版的跨世纪危机与发展战略初探	三等奖	《河北学刊》1999年第3期
	第七届	张梦亭	河北日报社	论文	论大力推进舆论监督	三等奖	《采写编》1999年第6期
	第六届	吴庚振	河北大学	论文	论新闻工作者的大局意识	二等奖	《新闻与传播研究》1997年第1期
	第六届	刘亚民等	石家庄经济学院	著作	学报编辑学论	三等奖	河北教育出版社1997年4月出版
	第六届	阎江等	河北电视台	著作	经济新闻本体论纲	三等奖	河北人民出版社1997年8月出版
1998	第六届	王胜君	河北人民广播电台	论文	时间开发——广播资源配置的核心	三等奖	《声屏经纬》1997年第5期
	第六届	赵永枝	河北日报社	论文	强化新闻意识，报纸美术编辑势在必行	三等奖	《采写编》1997年第6期
	第六届	王泽华	省社会科学院	论文	市场经济与新闻精品	三等奖	《河北学刊》1997年第2期

续表

年份	届数	获奖人	工作单位	类别	成果题目	等级	备注
1996	第五届	陈静等	河北师范大学	论文	现代编辑继续教育的形势与途径	三等奖	《编辑学报》1994年第2期
	第五届	赵峰云	河北省新闻出版局	论文	深化出版改革,以优质高效的精神产品弘扬主旋律	三等奖	《河北成人教育》1995年增刊
	第五届	李广增	河北大学	论文	论舆论导向的结构模式	三等奖	《河北大学学报》1995年第2期
	第四届	张照康	河北省新闻出版局	著作	标题制作与编排	二等奖	河北教育出版社1993年8月出版
	第四届	李文海	邯郸日报社	专著	新闻的思考	二等奖	新华出版社1993年3月出版
	第四届	乔云霞	河北大学	论文	论记者的学者化	二等奖	《河北大学学报》1993年第4期
	第四届	田金祥	河北省广播电视厅	论文	试论广播电视台站的改革走向与建构模式	二等奖	《中国广播电视学刊》1993年第2期
1994 (1991—1993)	第四届	程谓等	张家口市宣化区委党校	著作	舆论学概论	三等奖	山西人民出版社1991年8月出版
	第四届	刘哲等	花山文艺出版社	著作	编辑必备	三等奖	文心出版社1992年1月出版
	第四届	赵增力	河北省新闻出版局	论文	书刊质量与出版改革	三等奖	《中国出版》1992年第10期
	第四届	赵峰云	河北省新闻出版局	论文	编辑与知识积累	三等奖	《出版发行研究》1992年第1期
	第四届	冠贞苏	河北省广播电视厅	论文	简论节目主持人的主持个性	三等奖	《中国广播电视学刊》1991年第6期
	第四届	潘贵梁等	河北日报社	论文	从受众心理看新闻改革	三等奖	《采与编》1993年第6期

续表

年份	届数	获奖人	工作单位	类别	成果题目	等级	备注
1991 (1988—1990)	第三届	宋孟寅	河北省新闻出版局	工具书	实用出版辞典	二等奖	书海出版社1988年4月出版
	第三届	杨兴盛	河北省电视台总编室	论文	关于改进电视宣传提高传播效果的研究	二等奖	《视听月刊》1990年第5~8期
	第三届	王泽华	河北省社科院	著作	电视新闻学	三等奖	河北人民出版社1990年11月出版
	第三届	吴庚振	河北大学	论文	新闻评论写作片论	三等奖	河北人民出版社1990年出版①
	第三届	李广增	河北大学	论文	马克思主义的新闻自由观	三等奖	《情况与研究》1990年第5~6期
1988 (1985—1987)	第二届	邢月	唐山市电台	论文	美感之桥——浅谈播音工作的美学意义	一等奖	《北京广播学院学报》1985年第4期
	第二届	吴庚振	河北大学	论文	论典型报道	二等奖	长征出版社1987年3月出版
1985 (1979—1984)	第一届	吴庚振	河北大学	论文	试论新闻的真实性原则	三等奖	《河北大学学报》1984年第4期

① 此处信息暂未完全核实。

7.1 河北省新闻传播学类科研与成果

对河北省社会科学成果奖30多年以来所举办的16届评选结果各项数据进行统计发现，过往的16届评选中每一届都有新闻传播学类成果获奖，总计获奖101项。

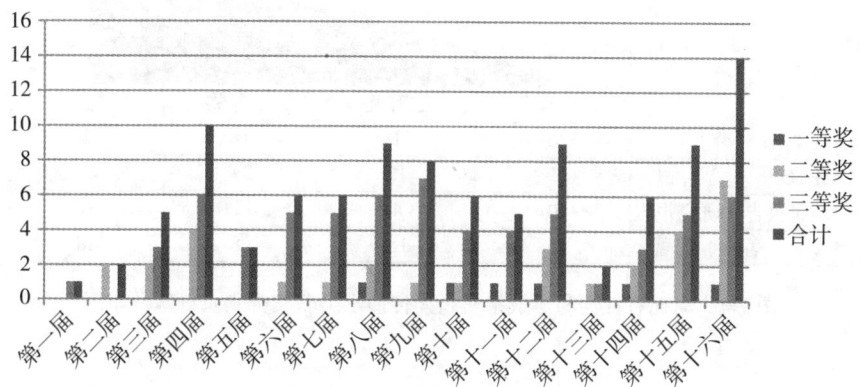

图7-3 河北省社会科学成果奖新闻传播学类不同届别获奖数量柱形图

新闻传播类在16届评选中共获得6项一等奖、31项二等奖、64项三等奖。统计发现，过往的16届评选，新闻传播类成果获奖居然呈现出了明显的周期性规律，每四届一个周期，获奖数量逐渐增多，奖项等级也总体提升，6个一等奖，有三个恰好分布在第八届、第十二届和第十六届，第四届虽然没有一等奖，但是二、三等奖获奖总数排名历届第二，多达10项，仅次于第十六届。而从第一届到第十六届总体趋势而言，呈现出上升趋势，第一届有1项三等奖，第十六届共计获得14个奖项。

在类别分布上，论文类和专著、著作、编著类（在不同的届别对著作采取了不一样的分类，在此，将专著、著作、编著归为一个大类）占据绝对优势。几乎占到了接近半数。而专著、著作和编著大类获得一等奖的比例更高，16届以来共获得5项一等奖，占据了新闻传播类一等奖数量的83%。

在获奖单位分布上，101个奖项之中有100个有明确的单位，这

323

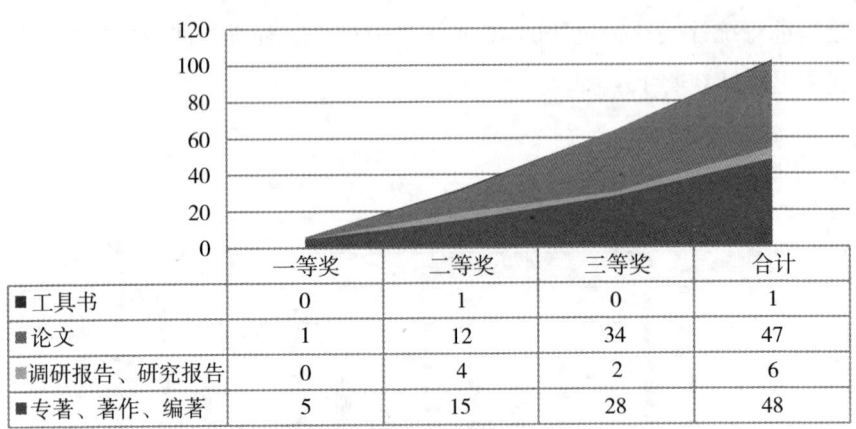

图7-4 河北省社会科学成果奖新闻传播学类获奖类别及等级分布图

100个奖项被25个单位获得。其中河北大学在16届评选之中均有斩获，无一空缺，16届共获得43个奖项。并且获得了全部6个一等奖中的5个，另一个一等奖由河北省社会科学院获得。河北省社会科学院、河北经贸大学、河北日报社分别以6项获奖并列第二位。

河北省社科成果奖的评选结果也显示出明显的"一超多强"特征：河北大学的奖项主要是由河北大学新闻传播学院获得，充分展示出在河北省内的"超级实力"；河北经贸大学、河北师范大学、河北地质大学、燕山大学、河北科技大学在河北省社会科学成果奖的评选中也呈现出较强实力。

在获奖人员方面，通过只统计第一获奖人的情况可以得到如下发现：16届以来总共有69位排名第一或者单独的获奖人，按照一等奖赋分3分，二等奖赋分2分，三等奖赋分1分的赋分计算方法，在获奖数量和获奖质量方面排名前列的获奖人中来自河北大学新闻传播学院的学者占有较大比例。白贵教授和吴庚振教授在获奖数量上分别以6项12分和5项8分占据前两位，白贵教授更是曾经领衔获得过2项一等奖。胡连利、乔云霞、韩立新、任文京、田建平、李文海、张金桐7位教授

7.1 河北省新闻传播学类科研与成果

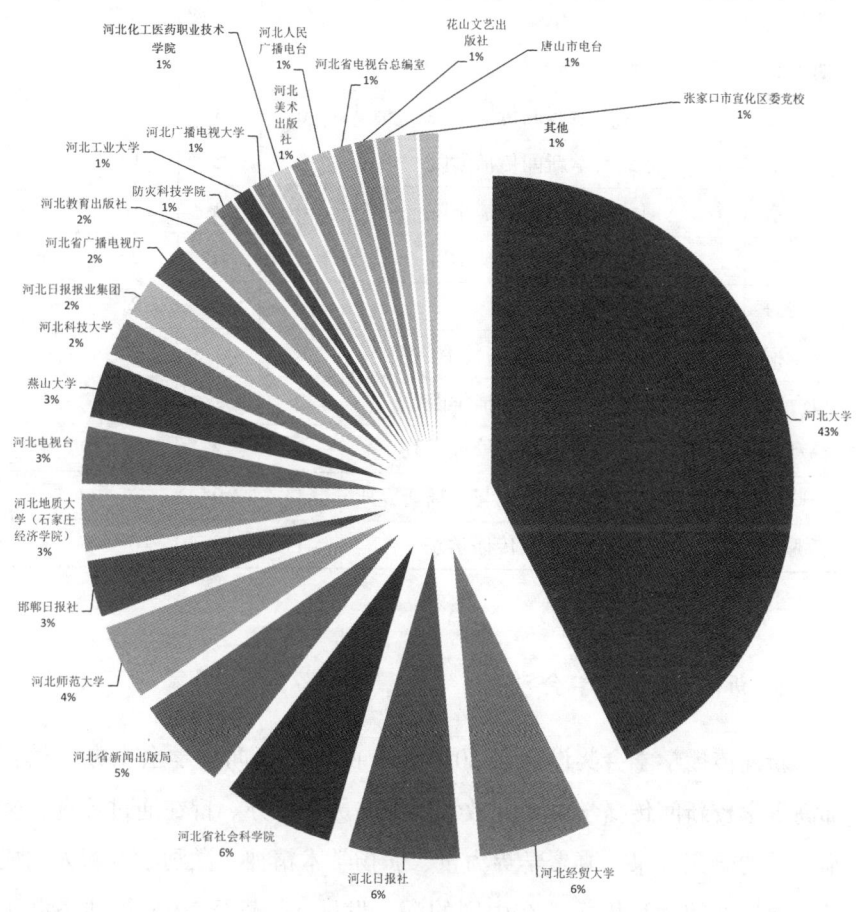

图 7-5 河北省社会科学成果奖新闻传播学类获奖单位分布图

分别获得过 3 个奖项，得分处于 7 分到 4 分之间。

表 7-6 河北省社会科学优秀成果奖新闻传播学类排名前列的获奖人列表

获奖人	单位	一等奖	二等奖	三等奖	计分
白 贵	河北大学新闻传播学院	2	2	2	12
吴庚振	河北大学新闻传播学院	0	3	2	8

325

续表

获奖人	单位	一等奖	二等奖	三等奖	计分
胡连利	河北大学新闻传播学院①	1	2	0	7
乔云霞	河北大学新闻传播学院	0	3	0	6
韩立新	河北大学新闻传播学院	0	2	1	5
任文京	河北大学新闻传播学院	0	2	1	5
田建平	河北大学新闻传播学院	1	0	2	5
李文海	邯郸日报社	0	1	2	4
张金桐	河北经贸大学文化与传播学院	0	1	2	4
曹 茹	河北大学新闻传播学院	0	2	0	4
韩利红	河北科技大学经济管理学院	0	2	0	4
王晓岚	河北省社会科学院新闻与传播研究所	1	0	1	4
杨秀国	河北大学新闻传播学院	1	0	0	3

2. 新闻传播学学会奖

新闻传播学学会奖设立于 2015 年，由中国新闻史学会主办，教育部高等学校新闻传播学类专业教学指导委员会合办。旨在通过评选、奖励优秀的研究成果，凝聚学界力量、弘扬学术精神，激励学术新人的成长，促进新闻学与传播学在中国的深入发展。② 截至 2018 年共举办了四届评选，河北省各高校在 2018 年第四届评选中首次获奖。2018 年第四届"新闻传播学学会奖"共评选出优秀学术奖、方汉奇奖（新闻史专项）、卓越学术奖、杰出青年奖、终身成就奖以及组委会特别成就奖。

---

① 胡连利教授 2018 年年底时为保定学院院长、河北大学新闻传播学院博士研究生导师，其本人三次获得河北省社会科学成果奖时的单位均为河北大学，曾在河北大学新闻传播学院的前身河北大学新闻传播系担任副主任，其学术关系一直在河北大学新闻传播学院。综上，此处将其单位写为"河北大学新闻传播学院"。

② 中国新闻史学会．第四届"新闻传播学学会奖"作品征集通知［EB/OL］．[2017-12-19]．https：//q.dahe.cn/2017/12-19/239544.html．

表 7-7　　新闻传播学学会奖河北省获奖一览表

奖项名称	年份	届数	获奖人	工作单位	类别	成果题目	等级	备注
新闻传播学学会奖	2018	第四届	田建平等	河北大学	著作	宋代出版史（上、下）	"方汉奇奖"（新闻史专项）一等奖	人民出版社2017年5月出版

河北大学新闻传播学院教授、博士生导师田建平著作《宋代出版史》（上、下册）获得了"方汉奇奖"（新闻史专项）一等奖。该著作包含18章内容，合计113万字，田建平教授历时8年完成。对宋代出版作了全面、系统、深入的研究，揭示了其物质、技术、社会、政治、经济、教育、文化诸层面之意义，构建起了完整的宋代出版史学术体系。[①]

7.1.4　承办的主要学术会议

学术会议是交流学术思想、发表科研成果、促进学术进步的重要方式，举办重要学术会议对于学科建设和扩大院系专业的影响力具有显著的促进作用。河北大学新闻传播学院自2005年之后逐步开始联合举办"舆论监督研讨会"和"海峡两岸华文出版论坛"等规格较高、影响较大、持续年份较长的学术会议（见表7-8）。

表 7-8　　河北大学新闻传播学院举办的部分学术会议

会议名称	举办时间	举办地	论坛主题
第四届舆论监督研讨会	2004年12月		新闻舆论监督与十六届四中全会以后的中国社会发展

[①] 我院田建平教授在第四届"新闻传播学学会奖"评选中荣获"方汉奇奖"（新闻史专项）一等奖［EB/OL］.［2018-05-14］. http://jc.hbu.edu.cn/xyxw/2786.jhtml.

续表

会议名称	举办时间	举办地	论坛主题
第五届舆论监督研讨会	2005年12月17—18日	北京	和谐社会目标与舆论监督使命
第六届舆论监督研讨会	2006年12月23—24日	北京	新闻舆论监督与十六届六中全会以后的中国社会发展
第七届舆论监督研讨会	2007年12月	—	中共十七大以后的新闻舆论监督
第八届舆论监督研讨会	2008年12月	—	深入学习实践科学发展观与新闻舆论监督
中国第九届传播学大会暨中国传播学会成立大会	2006年4月21—24日	保定	和谐与发展
第三届海峡两岸华文出版论坛	2007年8月26日	北京	华文出版走向世界
第四届海峡两岸华文出版论坛	2008年7月8日	北京	华文出版与软实力建设
第五届海峡两岸华文出版论坛	2009年8月21日	北京	华文出版应对金融危机
第六届海峡两岸华文出版论坛	2010年8月23—24日	北京、保定	华文出版与原创力
第七届海峡两岸华文出版论坛	2011年8月14日	高雄	华文出版与数字化
第八届海峡两岸华文出版论坛	2012年8月22日	南京	华文出版与人才培养
第九届海峡两岸华文出版论坛	2013年8月23—25日	北京、承德	华文出版与文创融合
第十届海峡两岸华文出版论坛	2014年8月19—25日	台北	华文出版与传播典范
第十一届海峡两岸华文出版论坛	2015年8月23—25日	开封	华文出版与传统文化研究
第十二届海峡两岸华文出版论坛	2017年8月22—23日	保定	"一带一路"之跨文化交流与构建人类命运共同体
第十三届海峡两岸华文出版论坛	2018年8月20—22日	雄安新区	华文出版与文化创意

另外，这些年河北省新闻传播学类院系举办的规格较高的学术研讨会主要有，2017年12月9日，河北师范大学新闻传播学院举办了"中国高等教育学会广告教育专业委员会2017年学术年会暨第八届中国广告教育论坛"；2016年9月24—25日，河北大学新闻传播学院承办了第十届全国新闻与传播心理研讨会暨中国社会心理学会传播心理专业委员会第七届年会；2016年11月21—24日，河北大学承办了中国传统村落保护与开发国际论坛；2015年6月27—28日，河北大学新闻传播学院联合主办并具体承办的"大数据与全球传播变革"国际学术研讨会；2006年4月21—24日，由中国社会科学院新闻与传播研究所、河北大学共同主办了中国传播学会成立大会暨第九次全国传播学研讨会等。

7.2 河北省新闻传播学类学术论文研究

7.2.1 "A刊"论文发表情况分析

在第四轮学科评估中，将《新闻与传播研究》《国际新闻界》《新闻大学》和《现代传播》认定为"A刊"，虽然迫于舆论压力，最终没有执行"A刊"指标，骆正林认为"但就新闻传播学科来说，4本'A刊'在学科内有广泛的认同度，'A刊'发文的多少代表了高校科研成果的水平"。[①]

通过对河北省各高校院系和科研单位在4本"A刊"所发表论文进行统计分析，来研究河北省新闻传播领域的论文发表状况。为了便于统计和阅读，对刊物名称、发表单位进行了"数据清洗"，统一使用了2018年年底时使用的全称。例如将2005年之前的《北京广播学院学报》也统称为《现代传播》，将2000年之前的河北大学新闻传播学系统一使

---

① 骆正林.第四轮学科评估及其对新闻传播学的影响[J].现代传播(中国传媒大学学报)，2018，40(09)：153-160.

用河北大学新闻传播学院,将河北经贸大学人文学院统一改为河北经贸大学文化与传播学院等。

经过在中国知网论文数据库中检索发现,河北省的第一篇"A刊"文章是河北人民广播电台的孟翔龙、李义敬发表在1983年第1期的《现代传播》上的《广播戏曲初探》,截至2018年年底,河北省共发表了106篇"A刊"论文。

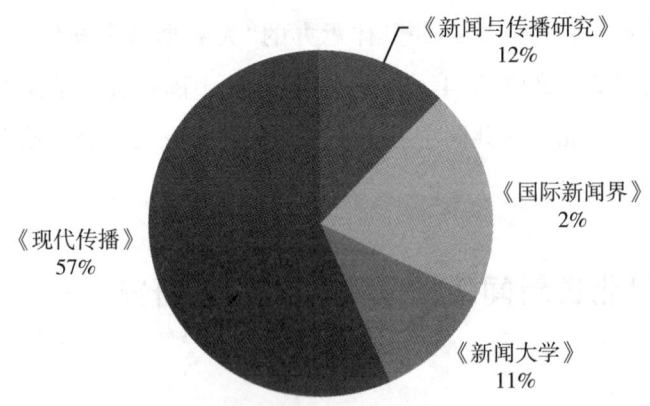

图7-6　河北省新闻传播类"A刊"论文发表分布图

其中在《新闻与传播研究》上共发表了13篇论文,其中包括在2018年增刊上的5篇文章,占"A刊"总发表论文数的12%;在《国际新闻界》上发表论文21篇,占比为20%;在《新闻大学》上发表论文12篇,占比11%;在《现代传播》上发表论文60篇,占比为57%(如图7-6所示)。

从河北省新闻传播教育在1980年重新举办以来的38年间,全省新闻传播科研工作者共计在4本"A刊"上发表了106篇文章,平均每年发表2.86篇。这还包括新闻媒体从业人员发表的文章,如果只统计全省新闻传播类院系的发表数量,结果会更加不尽如人意。从1983年至2018年的走势图来看,总体呈现震荡上升趋势。2000—2014年15年间的发表数量较大,且比较稳定。2015—2017年3年间数量下滑比较严重，2016年更是仅有一篇。2018年虽然一跃达到了9篇，减去其中《新闻与传播研究》纪念增刊上的5篇文章，也能达到4篇，勉强恢复到了2000年之后的平均水平。从中可以感受到发表"A刊"论文的难度，尤其是教育部将"A刊"作为对全国新闻传播类院系学科评估的重要指标的背景下，在全国范围内的竞争中，河北省新闻传播院系需要继续加强重视程度，提高"A刊"发表水平(见图7-7)。

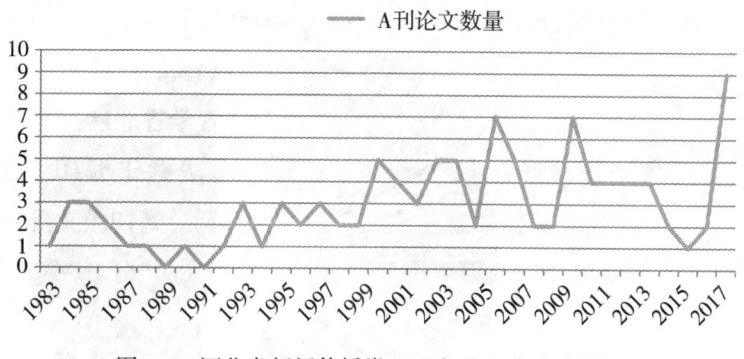

图7-7　河北省新闻传播类"A刊"论文发表走势图

对河北省新闻传播类"A刊"论文的发表机构进行统计发现，这106篇论文为37家不同的院系、媒体、科研单位发表，河北大学新闻传播学院发表了52篇一枝独秀，并且在4本刊物中均居第一，占比达到了48%。河北人民广播电台、河北省社会科学院新闻与传播学研究所分居二、三位。河北师范大学新闻传播学院、河北经贸大学文化与传播学院篇数较少(见图7-8)。

笔者对论文作者也进行了统计分析，具体方法是将河北省新闻传播院系、媒体单位和研究机构发表在4本"A刊"上的论文进行列表，将每一篇文章的作者进行统计，为便于统计整理，此处将2~3人合作的文章每人计一篇(见表7-9)。

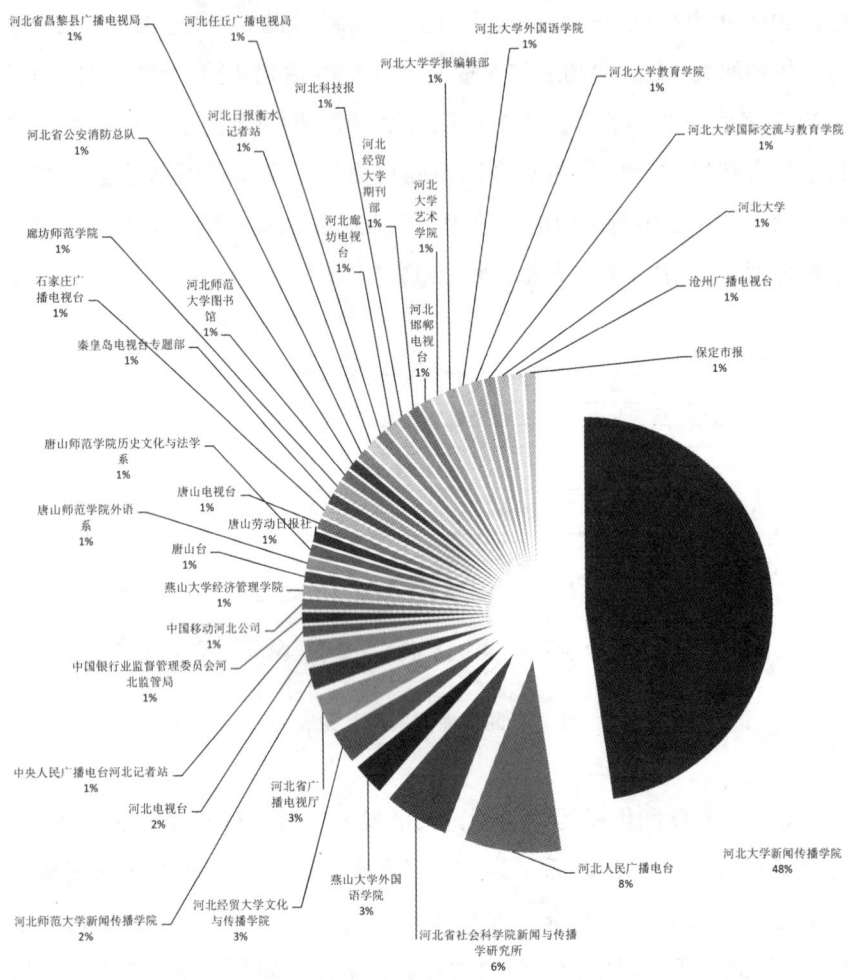

图 7-8　河北省新闻传播类"A 刊"论文发表单位分布图

表 7-9　河北省新闻传播类"A 刊"论文作者发表量统计表

作者	单位	《新闻与传播研究》	《国际新闻界》	《新闻大学》	《现代传播》	合计
白　贵	河北大学新闻传播学院	2		3	4	9
张　威	河北大学新闻传播学院		7		1	8
陈　燕	河北大学新闻传播学院				5	5

续表

作者	单位	《新闻与传播研究》	《国际新闻界》	《新闻大学》	《现代传播》	合计
孟翔龙	河北人民广播电台				4	4
韩立新	河北大学新闻传播学院	2			1	3
王艳玲	河北大学新闻传播学院				3	3
王晓岚	河北省社会科学院新闻与传播学研究所	2				2
吴庚振	河北大学新闻传播学院	1			1	2
赵树旺	河北大学新闻传播学院		2			2
王丽雅	燕山大学外国语学院		2			2
周秀芳	河北大学新闻传播学院		1		1	2
艾 岚	河北经贸大学学报期刊部		1		1	2
赵双阁	河北经贸大学文化与传播学院		1		1	2
赵卓伦	河北大学新闻传播学院				2	2
吴 新	河北人民广播电台				2	2
王 艳	河北大学新闻传播学院				2	2
田金洋	河北省广播电视厅				2	2
孙 瑛	河北大学新闻传播学院				2	2
李亚虹	河北大学新闻传播学院				2	2
李敬义	河北人民广播电台				2	2

7.2.2 "C刊"论文发表情况分析

所谓"C刊"，一般是指南京大学中国社会科学研究评价中心每隔两年时间发布的《CSSCI来源期刊目录》，CSSCI的英文全称为"Chinese Social Sciences Citation Index"。2019—2020版的《CSSCI来源期刊目录》中新闻传播学类的刊物主要包括《新闻与传播研究》《国际新闻界》《现代传播》《新闻大学》《当代传播》《新闻记者》《新闻界》《编辑学报》《编辑之友》《出版发行研究》《出版科学》《科技与出版》《现代出版》《中国出版》《中国科技期刊研究》15种。

按照2019—2020版的"C刊"目录来看，河北省最早的一篇"C刊"文章当属河北省井陉县人民武装部的袁鸿绪、王同悦两人于1978年2月发表在《出版工作》（现为《中国出版》）上的《注诗要有助于理解诗意——对〈朱德诗选集〉注释的一点意见》。高校学者发表在"C刊"上的第一篇文章应该是河北大学中文系教师李令媛、孟祥照、石宏宽、王振汉等人于1980年4月发表在《出版工作》（现为《中国出版》）上的《河北大学一些人滥编滥印图书行为应予制止》。虽然并不是学术文章，但是确实是一个新闻出版类的真实问题。这篇短文是《出版工作》杂志转载的《光明日报》1980年4月9日第二版上的文章。

截至2018年12月31日，包含高校、媒体单位、科研单位在内的学者、记者、编辑、科研工作者等在"C刊"上发表了大量的文章。《新闻与传播研究》13篇、《国际新闻界》21篇、《现代传播》60篇、《新闻大学》12篇、《当代传播》79篇、《新闻记者》76篇、《新闻界》97篇、《编辑学报》87篇、《编辑之友》93篇、《出版发行研究》135篇、《出版科学》16篇、《科技与出版》60篇、《现代出版》26篇、《中国出版》114篇、《中国科技期刊研究》100篇，合计989篇。

7.3　河北省新闻传播学类著作出版研究

7.3.1　著作出版基本情况

通过在各个院系网站、读秀网等搜索河北省新闻传播专业教师出版的著作、教材等，将其基本信息进行整理汇总如表7-10所示。表中的所属单位统一按照2018年年底时的名称来进行的记录，这样便于统计和呈现。

7.3 河北省新闻传播学类著作出版研究

表7-10 河北省新闻传播类著作（教材）基本信息列表

序号	著作名称	作者姓名	编著方式	出版社	出版年月	所属单位（现名）	备注
1	人生如歌	吴庚振	著	人民日报出版社	2018年12月	河北大学新闻传播学院	
2	大数据视域下微博舆情研判与疏导机制研究	王秋菊、刘杰等	著	人民出版社	2018年9月	河北大学新闻传播学院	
3	建构与融通："一带一路"之华文出版与跨文化传播	白贵、任文京	主编	华文出版社	2018年8月	河北大学新闻传播学院	
4	新媒体视域下河北城市旅游目的地品牌形象建设研究	马瑞	著	吉林大学出版社	2018年8月	河北经贸大学文化与传播学院	
5	新闻编辑学教程	焦国章、和曼	主编	郑州大学出版社	2018年7月	河北大学新闻传播学院	
6	共赢：京津冀传媒战略联盟研究	商建辉、张志平	著	人民出版社	2018年6月	河北大学新闻传播学院	
7	河北太行山文化产业带构建与发展策略	杜浩、商建辉	著	人民出版社	2018年5月	河北大学新闻传播学院	
8	当代新闻写作	白贵、彭焕萍	著	中国人民大学出版社	2018年4月	河北大学新闻传播学院	

335

续表

序号	著作名称	作者姓名	编著方式	出版社	出版年月	所属单位（现名）	备注
9	进路：广告新锐养成攻略	宋伟龙	著	河北人民出版社	2018年4月	河北大学新闻传播学院	
10	电视广告（第二版）	孙会	著	中国传媒大学出版社	2018年3月	河北师范大学新闻传播学院	
11	公共危机中伪信息的扩散机理与干预研究	朱晓霞 等	著	哈尔滨工程大学出版社	2018年1月	燕山大学经济管理学院	第十六届河北省社会科学优秀成果奖三等奖（2018）
12	"一带一路"纪录片传播研究	包来军	著	中国致公出版社	2018年1月	河北省社会科学院新闻与传播学研究所	第十六届河北省社会科学优秀成果奖三等奖（2018）
13	河北省广告业发展研究	刘烨、宋维山	编著	河北人民出版社	2017年12月	河北师范大学新闻传播学院	
14	河北省广告业发展蓝皮书	刘烨、宋维山	编著	河北人民出版社	2017年12月	河北师范大学新闻传播学院	
15	媒介与传播研究发展报告（2016—2017）	张金桐 等	著	吉林大学出版社	2017年12月	河北经贸大学文化与传播学院	第十六届河北省社会科学优秀成果奖二等奖（2018）
16	传播：主体间意义建构与共享	贾奎林、李新华	著	中国社会科学出版社	2017年12月	廊坊师范学院传媒系	

7.3 河北省新闻传播学类著作出版研究

续表

序号	著作名称	作者姓名	编著方式	出版社	出版年月	所属单位（现名）	备注
17	传统与现代：传统文化视域下的河北地域文化认同与话语建构	娄丽景、葛文词、刘芳	著	经济科学出版社	2017年11月	河北地质大学外国语学院	第十六届河北省哲学社会科学优秀成果奖三等奖（2018）
18	畅销书选题策划与市场营销	余人、白贵	主编	高等教育出版社	2017年11月	河北大学新闻传播学院	
19	出版与融合——新媒体环境下的出版创新思考	余人	著	科学出版社	2017年9月	河北大学新闻传播学院	
20	巴基斯坦大众传媒研究	金强	著	中国传媒大学出版社	2017年8月	河北大学新闻传播学院	第十六届河北省社会科学优秀成果奖三等奖（2018）
21	媒介呈现、生产与文化透析：民国《申报》征婚广告镜像	张艳	著	商务印书馆	2017年6月	河北大学新闻传播学院	
22	宋代出版史	田建平	著	人民出版社	2017年5月	河北大学新闻传播学院	第十六届河北省社会科学优秀成果奖一等奖（2018）
23	数字出版：国际化变革与发展	赵树旺	著	科学出版社	2017年2月	河北大学新闻传播学院	

续表

序号	著作名称	作者姓名	编著方式	出版社	出版年月	所属单位（现居）	备注
24	新闻集团传媒产业价值链研究	刘景枝	著	中国社会科学出版社	2017年2月	河北经贸大学文化与传播学院	第十六届河北省社会科学优秀成果奖三等奖（2018）
25	无人机航拍技术	王宝昌	主编	西北工业大学出版社	2017年1月	河北对外经贸职业学院传媒系	
26	传播符号学教程	冯月季	著	重庆大学出版社	2016年12月	燕山大学文法学院文学与新闻传播系	第十六届河北省社会科学优秀成果奖二等奖（2018）
27	中国数字出版内容国际传播研究	赵树旺	著	中国传媒大学出版社	2016年12月	河北大学新闻传播学院	
28	三网融合背景下中国广播组织权制度的反思与重构	赵双阁	著	社会科学文献出版社	2016年12月	河北经贸大学文化与传播学院	
29	全球化背景下的中国国家形象战略——基于国家利益的研究视角	刘艳房	著	中央编译出版社	2016年9月	河北师范大学公共管理学院	第十六届河北省社会科学优秀成果奖二等奖（2018）
30	媒介问题内容产制研究：一种批判的视角	商建辉	著	中国传媒大学出版社	2016年9月	河北大学新闻传播学院	第十六届河北省社会科学优秀成果奖二等奖（2018）

续表

序号	著作名称	作者姓名	编著方式	出版社	出版年月	所属单位（现名）	备注
31	美国社交媒体的冲击与影响	董庆文、白贵、赵树旺等	著	中国传媒大学出版社	2016年4月	河北大学新闻传播学院	
32	大数据时代微媒体舆情引导与案例分析	刘华欣	著	中国政法大学出版社	2016年1月	唐山师范学院中文系	
33	传播学研究方法：讨论与评价	[美]董庆文主编；赵树旺、栗文达译	译著	南京大学出版社	2015年12月	河北大学新闻传播学院	
34	媒介叙事：《环球人物》和《时代》周刊新闻话语研究	和曼、白树亮	著	人民出版社	2015年12月	河北大学新闻传播学院	
35	中国传统文化图书"走出去"研究	刘燕飞	著	人民出版社	2015年12月	河北大学新闻传播学院	
36	清末民国时期《东方杂志》商业广告研究（1904—1937）	王玉蓉	著	人民出版社	2015年12月	河北大学新闻传播学院	第十五届河北省社会科学优秀成果三等奖(2016)
37	电视广告叙事与批评	孙会	著	中国传媒大学出版社	2015年12月	河北师范大学新闻传播学院	
38	苏门诗人贬谪诗歌研究	石莲勃	著	人民出版社	2015年11月	河北大学新闻传播学院	

续表

序号	著作名称	作者姓名	编著方式	出版社	出版年月	所属单位（现名）	备注
39	主流媒体与政治系统伴随关系实证研究——以《人民日报》"厂长负责制"报道(1978—1988)为例	韩利红	著	河北教育出版社	2015年11月	河北科技大学经济管理学院	第十五届河北省社科优秀成果奖二等奖(2016)
40	燕赵民间女红研究	张彦辉、李伟、李天彤	著	河北大学出版社	2015年9月	河北大学新闻传播学院	
41	六个核桃凭什么：从0过100亿	张学军	著	工商联合出版社	2015年9月	河北师范大学新闻传播学院	
42	电视节目剪辑	田建国、胡明锦	主编	中国传媒大学出版社	2015年9月	保定职业技术学院传媒艺术系	广播影视类"十二五"规划应用型教材
43	电视新闻采访与写作	田建国、任翠英	主编	中国传媒大学出版社	2015年9月	保定职业技术学院传媒艺术系	广播影视类"十二五"规划应用型教材
44	编辑出版学专业英语	赵树旺	编著	南京大学出版社	2015年8月	河北大学新闻传播学院	
45	创意思维与文化传播的实践和运用	李亚男、杜浩	著	河北大学出版社	2015年8月	河北大学新闻传播学院	
46	广告文案写作教程（第三版）	郭有献	编著	中国人民大学出版社	2015年7月	河北地质大学艺术设计学院	"十二五"普通高等教育本科国家级规划教材

7.3 河北省新闻传播学类著作出版研究

续表

序号	著作名称	作者姓名	编著方式	出版社	出版年月	所属单位（现名）	备注
47	范长江陇原行	张金凤	著	甘肃教育出版社	2015年6月	河北大学新闻传播学院	
48	河北文化旅游品牌建设研究	马瑞、刘昕远	著	吉林大学出版社	2015年6月	河北经贸大学文化与传播学院	
49	大转型与新闻记者的角色冲突	陈玉	著	燕山大学出版社	2015年6月	燕山大学文法学院文学与新闻传播学系	第十五届河北省社会科学优秀成果奖三等奖（2016）
50	《纽约时报》的中国女性形象研究	李敏	著	人民出版社	2015年4月	河北大学新闻传播学院	第十五届河北省社会科学优秀成果奖二等奖（2016）
51	唐代干谒诗中的士人形象研究	韩立新	著	人民出版社	2015年4月	河北大学新闻传播学院	第十五届河北省社会科学优秀成果奖三等奖（2016）
52	新闻传播学专业英语	赵树旺、栗文达、白杨	编著	中国传媒大学出版社	2015年1月	河北大学新闻传播学院	
53	实用摄影技术（第二版）	田建国	主编	中国农业出版社	2014年10月	保定职业技术学院传媒艺术系	"十二五"职业教育国家规划教材
54	中国少儿出版新进程	余人	著	世界图书出版公司	2014年9月	河北大学新闻传播学院	

341

续表

序号	著作名称	作者姓名	编著方式	出版社	出版年月	所属单位（现名）	备注
55	河北曲阳石雕文化生态研究	张彦辉、李伟、喻珊	著	河北大学出版社	2014年9月	河北大学新闻传播学院	
56	党报生存环境研究	刘赞	著	河北大学出版社	2014年9月	河北大学新闻传播学院	
57	文化创意产业营销与传播	李亚男、杜浩	著	河北大学出版社	2014年8月	河北大学新闻传播学院	
58	地产广告写作	李亚男、杜浩	著	河北大学出版社	2014年8月	河北大学新闻传播学院	
59	新闻报道亲和力	杨秀国、张筱筠	著	人民出版社	2014年7月	河北大学新闻传播学院	
60	港澳台报业	陈致中、陈娟、杨泷	著	暨南大学出版社	2014年6月	河北大学新闻传播学院	
61	中国新闻传媒人物志	程曼丽、乔云霞	主编	长城出版社	2014年5月	河北大学新闻传播学院	
62	影视分镜头设计与应用	马世昌、李赢、陈素霞	主编	航空工业出版社	2014年1月	河北师范大学新闻传播学院	

7.3 河北省新闻传播学类著作出版研究

续表

序号	著作名称	作者姓名	编著方式	出版社	出版年月	所属单位（现名）	备注
63	中国媒介竞争下的传播偏向	尹亚辉、段伟斌、牛昆	著	河北人民出版社	2013年12月	河北地质大学艺术设计学院	第十四届河北省社科优秀成果奖三等奖（2014）
64	电视摄像实务	田建国	主编	中国传媒大学出版社	2013年10月	保定职业技术学院传媒艺术系	广播影视类"十二五"规划应用型教材
65	电视编导实务	李林、刘万军	主编	中国传媒大学出版社	2013年10月	保定职业技术学院传媒艺术系	广播影视类"十二五"规划应用型教材
66	心理学视野中的网络舆论引导研究	曹茹、王秋菊	著	人民出版社	2013年10月	河北大学新闻传播学院	第十五届河北省社会科学优秀成果奖二等奖（2016）
67	当代新闻写作	白贵、彭焕萍	著	中国人民大学出版社	2013年8月	河北大学新闻传播学院	第十四届河北省社会科学优秀成果奖一等奖（2014）
68	吹响民族的号筒——《晋察冀日报》的纪念与追忆	陈春森、白贵	主编	人民日报出版社	2013年7月	河北大学新闻传播学院	
69	海峡两岸华文出版——数字化、原创力、人才培养	王彦祥、任文京	主编	中国书籍出版社	2013年7月	河北大学新闻传播学院	

343

续表

序号	著作名称	作者姓名	编著方式	出版社	出版年月	所属单位（现名）	备注
70	新闻写作	薛国林、张晋升、陈娟	编著	暨南大学出版社	2013年6月	河北大学新闻传播学院	
71	怀天下，求真知：河北师范大学百年文化研究	李建强、全文瑶、宋书通、邢建昌	主编	生活·读书·新知三联书店	2013年6月	河北师范大学新闻传播学院	
72	"网络水军"揭秘	张波、周天鸀	著	燕山大学出版社	2013年6月	河北经贸大学文化与传播学院	
73	影视导演艺术	王列	主编	重庆大学出版社	2013年4月	河北师范大学新闻传播学院	
74	中国农村类报纸转型研究	陈娟	著	中国传媒大学出版社	2013年2月	河北大学新闻传播学院	
75	新闻传播学辞典	程曼丽、乔云霞	主编	新华出版社	2013年2月	河北大学新闻传播学院	
76	新闻编辑学教程（第二版）	焦国章、和曼	主编	郑州大学出版社	2012年12月	河北大学新闻传播学院	相比2012年1月版内容有修订
77	重组话语：新媒体时代的中国电视批评	杨状振	著	上海交通大学出版社	2012年10月	河北大学新闻传播学院	

续表

序号	著作名称	作者姓名	编著方式	出版社	出版年月	所属单位（现名）	备注
78	21世纪我国海洋产业报道研究	李亚虹	著	河北大学出版社	2012年8月	河北大学新闻传播学院	保定市第十一届社会科学优秀成果奖一等奖（2013）
79	新闻报道策划	杨秀国	著	人民日报出版社	2012年8月	河北大学新闻传播学院	
80	平面广告设计	赵国祥	主编	机械工业出版社	2012年7月	保定职业技术学院传媒艺术系	
81	中国出版企业多元化经营的途径	陶丹	编著	河北大学出版社	2012年5月	河北大学新闻传播学院	
82	新闻评论应用教程（第二版）	贾奎林	编著	北京大学出版社	2012年5月	廊坊师范学院传媒系	
83	电视广告	孙会	著	中国传媒大学出版社	2012年2月	河北师范大学新闻传播学院	
84	政治文明视阈下舆论监督法治建设研究	赵双阁	著	中国社会科学出版社	2012年2月	河北经贸大学文化与传播学院	第十四届河北省社会科学优秀成果奖三等奖（2014）
85	新闻传播学辞典	程曼丽、乔云霞	主编	新华出版社	2012年1月	河北大学新闻传播学院	

续表

序号	著作名称	作者姓名	编著方式	出版社	出版年月	所属单位（现名）	备注
86	网络舆论生成机制与引导规律研究	王秋菊、师静等	著	河北大学出版社	2012年1月	河北大学新闻传播学院	第十四届河北省社会科学优秀成果奖三等奖（2014）
87	营销策划与传播	杜浩、李亚男	著	河北大学出版社	2011年12月	河北大学新闻传播学院	第十五届河北省社会科学优秀成果奖二等奖（2016）
88	伯明翰学派的受众理论研究	位迎苏	著	中国传媒大学出版社	2011年10月	河北师范大学新闻传播学院	
89	河大走出的传媒人	白贵	主编	人民日报出版社	2011年8月	河北大学新闻传播学院	
90	广告文案写作教程（第二版）	郭有献	编著	中国人民大学出版社	2011年6月	河北地质大学艺术设计学院	
91	报纸编辑精品导读	白贵	主编	人民日报出版社	2011年5月	河北大学新闻传播学院	
92	法治视阈下大众传媒与政治文明建设研究	强月新、赵双阁	著	武汉大学出版社	2011年5月	河北经贸大学文化与传播学院	
93	《大公报》广告与近代社会（1902—1936年）	孙会	著	中国传媒大学出版社	2011年1月	河北师范大学新闻传播学院	第十三届河北省社会科学优秀成果奖三等奖（2012）

续表

序号	著作名称	作者姓名	编著方式	出版社	出版年月	所属单位（现名）	备注
94	河北休闲旅游品牌传播战略研究	马瑞 等	著	吉林大学出版社	2010年12月	河北经贸大学文化与传播学院	
95	华文出版与软实力："海峡两岸华文出版论坛"论文集（2005—2009）	肖东发、万荣水、白贵	主编	中国书籍出版社	2010年8月	河北大学新闻传播学院	
96	晋察冀抗日根据地新闻出版史研究	田建平、张金凤	著	人民出版社	2010年6月	河北大学新闻传播学院	
97	中国元素与广告创意	郭有献、郝东恒	著	北京大学出版社	2010年1月	河北地质大学艺术设计学院	
98	品牌信息论	吕海平、马瑞、张建生、张倩	著	吉林大学出版社	2009年12月	河北经贸大学文化与传播学院	第十二届河北省社会科学优秀成果三等奖（2010）
99	中国酒业营销思想库——大商崛起	柳旭波、张学军、杜建明	主编	河北科学技术出版社	2009年12月	河北师范大学新闻传播学院	
100	中国酒业营销思想库——区域为王	柳旭波、张学军、杜建明	主编	河北科学技术出版社	2009年12月	河北师范大学新闻传播学院	
101	中国酒业营销思想库——赢在渠道	柳旭波、张学军、杜建明	主编	河北科学技术出版社	2009年12月	河北师范大学新闻传播学院	

续表

序号	著作名称	作者姓名	编著方式	出版社	出版年月	所属单位（现名）	备注
102	中国酒业营销思想库——模式创新	柳旭波、张学军、杜建明	主编	河北科学技术出版社	2009年12月	河北师范大学新闻传播学院	
103	当代中国传媒社区的新进路	白贵等	著	河北人民出版社	2009年8月	河北大学新闻传播学院	第十二届河北省社会科学优秀成果奖一等奖（2010）
104	新闻评论应用教程	贾奎林、张雪娜	编著	北京大学出版社	2009年8月	廊坊师范学院传媒系	
105	传媒产业法律规制问题研究	田韶华、严明、赵双阁	著	中国传媒大学出版社	2009年6月	河北经贸大学文化与传播学院	
106	中国共产党报刊发行史	王晓岚	著	中国社会科学出版社	2009年6月	河北省社会科学院新闻与传播学研究所	第十二届河北省社会科学优秀成果奖二等奖（2010）
107	广告策划实务	赵国祥	主编	科学出版社	2009年4月	保定职业技术学院传媒艺术系	
108	敦煌变文传播研究	胡连利	著	人民出版社	2008年12月	河北大学新闻传播学院	第十二届河北省社会科学优秀成果奖二等奖（2010）
109	新闻评论学教程	韩立新	主编	郑州大学出版社	2008年9月	河北大学新闻传播学院	

7.3 河北省新闻传播学类著作出版研究

续表

序号	著作名称	作者姓名	编著方式	出版社	出版年月	所属单位（现名）	备注
110	新闻从业者职业倦怠信息研究	曹茹	著	中国传媒大学出版社	2008年8月	河北大学新闻传播学院	第十二届河北省社会科学优秀成果奖二等奖（2010）
111	出版传媒研究：变革中的河北图书出版业	白贵	主编	河北大学出版社	2008年7月	河北大学新闻传播学院	
112	媒介与商人——1983—2005《经济日报》商人形象话语研究	彭焕萍	著	华夏出版社	2008年6月	河北大学新闻传播学院	第十二届河北省社会科学优秀成果奖三等奖（2010）
113	新闻编辑学教程	焦国章	主编	郑州大学出版社	2008年5月	河北大学新闻传播学院	
114	论辩传播述评：游说·社会·人生	贾奎林	著	知识产权出版社	2008年4月	廊坊师范学院传媒系	
115	品牌亲和力研究	马瑞、吕海平	著	吉林大学出版社	2007年12月	河北经贸大学文化与传播学院	
116	新闻学科精要与经典案例分析	赵凤华、李彦峰	主编	河北人民出版社	2007年12月	河北科技大学文法学院	
117	广告文案写作教程	郭有献	编著	中国人民大学出版社	2007年11月	河北地质大学艺术设计学院	

349

续表

序号	著作名称	作者姓名	编著方式	出版社	出版年月	所属单位（现名）	备注
118	有效的品牌传播：关于品牌传播效率问题的研究	马瑞	著	吉林大学出版社	2007年11月	河北经贸大学文化与传播学院	
119	中国广播电视史	乔云霞	主编	中国广播电视出版社	2007年8月	河北大学新闻传播学院	高等院校广播电视新闻传播系列教材
120	新闻采访学通论	杨秀国	著	人民出版社	2007年5月	河北大学新闻传播学院	第十一届河北省社会科学优秀成果奖一等奖(2008)
121	喻巧而理至——比喻在新闻评论中的应用研究	吴庚振、要清华	著	河北大学出版社	2006年12月	河北大学新闻传播学院	
122	传播学研究：和谐与发展	尹韵公、明安香、白贵	主编	新华出版社	2006年12月	河北大学新闻传播学院	
123	河北省党报新闻改革研究	焦国章	主编	河北大学出版社	2006年12月	河北大学新闻传播学院	
124	美英报刊新闻作品选读	王俊杰、赵树旺、栗文达	编著	中国广播电视出版社	2006年8月	河北大学新闻传播学院	
125	实用摄影技术	田建国	主编	中国农业出版社	2006年8月	保定职业技术学院传媒艺术系	普通高等教育"十一五"国家级规划教材

350

7.3 河北省新闻传播学类著作出版研究

续表

序号	著作名称	作者姓名	编著方式	出版社	出版年月	所属单位（现名）	备注
126	当代报纸副刊研究	田建平	主编	河北大学出版社	2006年6月	河北大学新闻传播学院	第十一届河北省社会科学优秀成果奖三等奖(2008)
127	中国舆论监督年度报告（2003—2004）（上下）	展江、白贵	主编	社会科学文献出版社	2006年2月	河北大学新闻传播学院	
128	电视文艺学导论	王艳玲	编著	四川大学出版社	2006年1月	河北大学新闻传播学院	
129	视听中国的世纪跨越	白贵	主编	河北大学出版社	2005年12月	河北大学新闻传播学院	第十届河北省社科学优秀成果奖二等奖(2006年)
130	唐代边塞诗的文化阐释	任文京	著	人民出版社	2005年12月	河北大学新闻传播学院	
131	电视纪录片创作教程	王列	主编	中国广播电视出版社	2005年11月	河北师范大学新闻传播学院	高等院校广播电视新闻传播系列教材
132	影视艺术论稿	王俊杰	主编	中国广播电视出版社	2005年6月	河北大学新闻传播学院	高等院校广播电视新闻传播系列教材
133	播音创作理论基础	严三九、李亚虹	主编	中国广播电视出版社	2005年4月	河北大学新闻传播学院	高等院校广播电视新闻传播系列教材

续表

序号	著作名称	作者姓名	编著方式	出版社	出版年月	所属单位（现名）	备注
134	广播电视评论学	吴庚振	著	河北人民出版社	2005年2月	河北大学新闻传播学院	
135	马克思恩格斯列宁斯大林新闻论著选读	焦国章 等	编著	河北人民出版社	2005年2月	河北大学新闻传播学院	
136	前沿地带：把脉转型中的中国编辑出版业	中国编辑学会教育专业委员会、河北大学新闻传播学院	编	中国大百科全书出版社	2005年2月	河北大学新闻传播学院	
137	广告文案写作教程	李亚男、杜浩	主编	河北人民出版社	2005年1月	河北大学新闻传播学院	
138	中国传统文化概论	张红保、郭有献、孙万国	编著	新华出版社	2004年7月	河北地质大学艺术设计学院	
139	元代出版史	田建平	著	河北人民出版社	2003年8月	河北大学新闻传播学院	第九届河北省社会科学优秀成果奖三等奖（2004）
140	中国名记者传略与名篇赏析	乔云霞	主编	新华出版社	2003年4月	河北大学新闻传播学院	乔云霞担任执行主编
141	口才艺术通论	张波	著	远方出版社	2003年3月	河北经贸大学文化与传播学院	

续表

序号	著作名称	作者姓名	编著方式	出版社	出版年月	所属单位（现名）	备注
142	知识经济与新闻出版	王晓岚 等	编著	河北大学出版社	2003年1月	河北省社会科学院新闻与传播学研究所	
143	超越时空——媒介科技史论	陈燕	主编	河北大学出版社	2002年9月	河北大学新闻传播学院	
144	传播学研究方法	陈燕、陶丹、李广增 等	著	科学出版社	2002年6月	河北大学新闻传播学院	第九届河北省社会科学优秀成果奖三等奖（2004），河北省社科资助课题专著
145	最新编辑实用写作	陶丹、白贵	著	科学出版社	2002年3月	河北大学新闻传播学院	
146	中国广播电视简史	乔云霞	著	内蒙古人民出版社	2001年12月	河北大学新闻传播学院	
147	报纸编辑学通论	焦国章	著	内蒙古人民出版社	2001年11月	河北大学新闻传播学院	
148	新课程与学生发展	刘惠军、张雅明	编著	北京师范大学出版社	2001年9月	河北大学新闻传播学院	刘惠军、张雅明二人为"本册编者"
149	现代公共关系学	张波、曲诹	主编	河北人民出版社	2001年9月	河北经贸大学文化与传播学院	

续表

序号	著作名称	作者姓名	编著方式	出版社	出版年月	所属单位（现名）	备注
150	新媒介与网络广告	陶丹、张浩达	著	科学出版社	2001年6月	河北大学新闻传播学院	第八届河北省社会科学优秀成果奖三等奖（2002）
151	新闻评论学通论	吴庚振	著	河北大学出版社	2001年5月	河北大学新闻传播学院	第八届河北省社会科学优秀成果奖二等奖（2002）
152	喉舌之战——抗战中的新闻对垒	王晓岚	著	广西师范大学出版社	2001年1月	河北省社会科学院新闻与传播学研究所	第十八届河北省社会科学优秀成果奖一等奖（2002）
153	新闻传播学	李广增	著	河北大学出版社	2000年3月	河北大学新闻传播学院	
154	学位论文写作指导	郭有献 等	编著	北京邮电大学出版社	1999年6月	河北地质大学艺术设计学院	第七届河北省社会科学优秀成果奖三等奖（2000）
155	美学基本原理	白贵、任贵	主编	内蒙古大学出版社	1999年1月	河北大学新闻传播学院	第七届河北省社会科学优秀成果奖三等奖（2000）
156	科技期刊编辑方法研究	陈燕、赵藏赏、傅爱民	编著	专利文献出版社	1998年6月	河北大学新闻传播学院	

7.3 河北省新闻传播学类著作出版研究

续表

序号	著作名称	作者姓名	编著方式	出版社	出版年月	所属单位（现名）	备注
157	新闻传播学论集	吴庚振	主编	河北大学出版社	1998年6月	河北大学新闻传播学院	
158	公关实务操作艺术	鲍日新	编著	军事科学出版社	1998年1月	河北青年管理干部学院	
159	新闻心理学概论	李广增	著	河北大学出版社	1997年12月	河北大学新闻传播学院	
160	新闻传播学	李广增	著	河北大学出版社	1997年12月	河北大学新闻传播学院	
161	新时期新闻学论稿	李广增、吴庚振	著	河北大学出版社	1997年7月	河北大学新闻传播学院	
162	名牌战略策划	朱鸿、赵忠祥、李红	著	河北教育出版社	1997年7月	河北师范大学新闻传播学院	朱鸿是朱红亮的笔名
163	学报编辑学导论	何锡源、刘亚民、夏巨敏等	主编	河北教育出版社	1997年4月	河北地质大学艺术设计学院	第六届河北省社科优秀成果奖三等奖（1998）
164	演讲艺术概论	陈世佐、全文瑶、祝寿春	主编	天津人民出版社	1994年5月	河北师范大学新闻传播学院	
165	说理艺术漫谈	吴庚振	著	河北教育出版社	1993年12月	河北大学新闻传播学院	

355

续表

序号	著作名称	作者姓名	编著方式	出版社	出版年月	所属单位（现名）	备注
166	英汉大众传播学词典	汪季贤、陶丹	编	湖北教育出版社	1993年12月	河北大学新闻传播学院	
167	科学物理方法	陶丹	编著	湖北教育出版社	1993年8月	河北大学新闻传播学院	
168	开拓者的风采	吴庚振	主编	河北大学出版社	1992年12月	河北大学新闻传播学院	
169	杂文评论写作	吴庚振	主编	河北教育出版社	1991年7月	河北大学新闻传播学院	第三届河北省社会科学优秀成果奖三等奖（1991）
170	电视新闻学	王泽华	编著	河北人民出版社	1990年11月	河北省社会科学院新闻与传播学研究所	
171	记者的思维空间	吴庚振	主编	花山文艺出版社	1990年8月	河北大学新闻传播学院	
172	十年浪花集——主任记者张锡杰人物通讯选评	吴庚振、杨秀国	编著	中国新闻出版社	1989年1月	河北大学新闻传播学院	
173	新闻学百题	李广增、乔云霞、杨秀国、焦国章、胡连利	著	人民日报出版社	1988年12月	河北大学新闻传播学院	
174	毕业论文写作	吴庚振	主编	经济管理出版社	1988年4月	河北大学新闻传播学院	
175	当代新闻学	吴庚振	副主编	长征出版社	1983年3月	河北大学新闻传播学院	
176	写作基础知识	河北大学中文系写作教研室	编著	河北人民出版社	1979年9月	河北大学新闻传播学院	谢国捷、吴庚振、乔云霞等合编

7.3.2 著作出版情况分析

对以上表格中著作的作者、出版年份、出版社、作者单位等信息数据进行统计分析,从而能够更加清晰地呈现河北省新闻传播研究机构和学者在著作(含教材)出版方面呈现的特点(见表7-11)。

表7-11 河北省新闻传播类著作(教材)部分作者及作品数量列表

序号	姓名	著作数量	序号	姓名	著作数量	序号	姓名	著作数量
1	白 贵	16	16	贾奎林	4	31	张晓岚	3
2	吴庚振	13	17	柳旭波	4	32	曹 茹	2
3	焦国章	7	18	孙 会	4	33	韩立新	2
4	乔云霞	7	19	田建平	4	34	胡连利	2
5	赵树旺	7	20	赵双阁	4	35	李 伟	2
6	杜 浩	6	21	陈 娟	3	36	李亚虹	2
7	郭有献	6	22	陈 艳	3	37	刘 烨	2
8	李广增	6	23	和 曼	3	38	吕海平	2
9	马 瑞	6	24	栗文达	3	39	宋维山	2
10	陶 丹	6	25	彭焕萍	3	40	仝文瑶	2
11	李亚男	5	26	任文京	3	41	王俊杰	2
12	田建国	5	27	商建辉	3	42	王 列	2
13	杨秀国	5	28	王秋菊	3	43	张金凤	2
14	张学军	5	29	余 人	3	44	张彦辉	2
15	杜建明	4	30	张 波	3	45	赵国祥	2

首先统计作者完成著作数量,在这里是指担任主要著作者或者主编的次数,一般以作品封面或版权页显示的著者或主编来统计,一部作品

多个作者的，为每一位主要作者记录一次。按照以上记录规则，对数据进行了统计，在表格中列出了至少完成过两部著作的著作者。其中完成著作数量最多的是河北大学新闻传播学院学科带头人白贵教授，他在1999年至2018年这20年间单独或合作出版了16部作品。作为在聘河北大学特聘教授，他现在专注于学术，近几年处于学术"高产期"，相信他的著作数量还会继续攀升。原河北大学新闻传播学系主任吴庚振教授以13部新闻传播相关著作排名第二，河北大学新闻传播学院的焦国章教授、乔云霞教授和赵树旺教授以7部著作并列排名第三，榜单的前五名全部为河北大学新闻传播学院（包括新闻传播学系）教师。第六至第十名五位著作者中有三位河北大学新闻传播学院教师，另外两位分别是河北经贸大学的马瑞教授和河北地质大学广告学专业的郭有献教授，这五位著作者截至2018年年底，每一位都出版了6部新闻传播学相关著作。高职高专教师中排名最靠前的是保定职业技术学院传媒艺术系的田建国教授，截至2018年年底，共出版了5本教材。

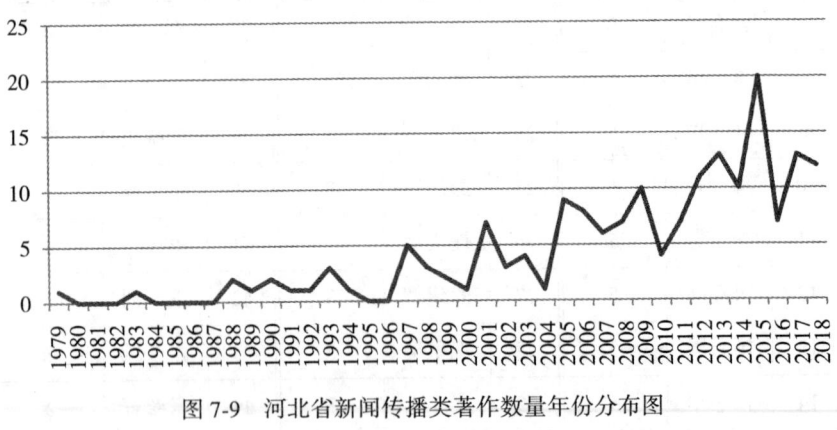

图7-9　河北省新闻传播类著作数量年份分布图

在年份分布上，1979年出现了第一本相关著作，在1988年之前只有1979年和1983年的两本著作，1988年开始著作出版就比较规律，仅仅是在1995年和1996年有过零记录。在1997年出现了年出版5本第一个高峰之后，总体呈现出震荡上升的趋势，之后的每一个最低点都不再低于之前的最低点，每过 4 年左右就会创造一个新的最高点，2015 年达到了年出版 20 本的最高峰。

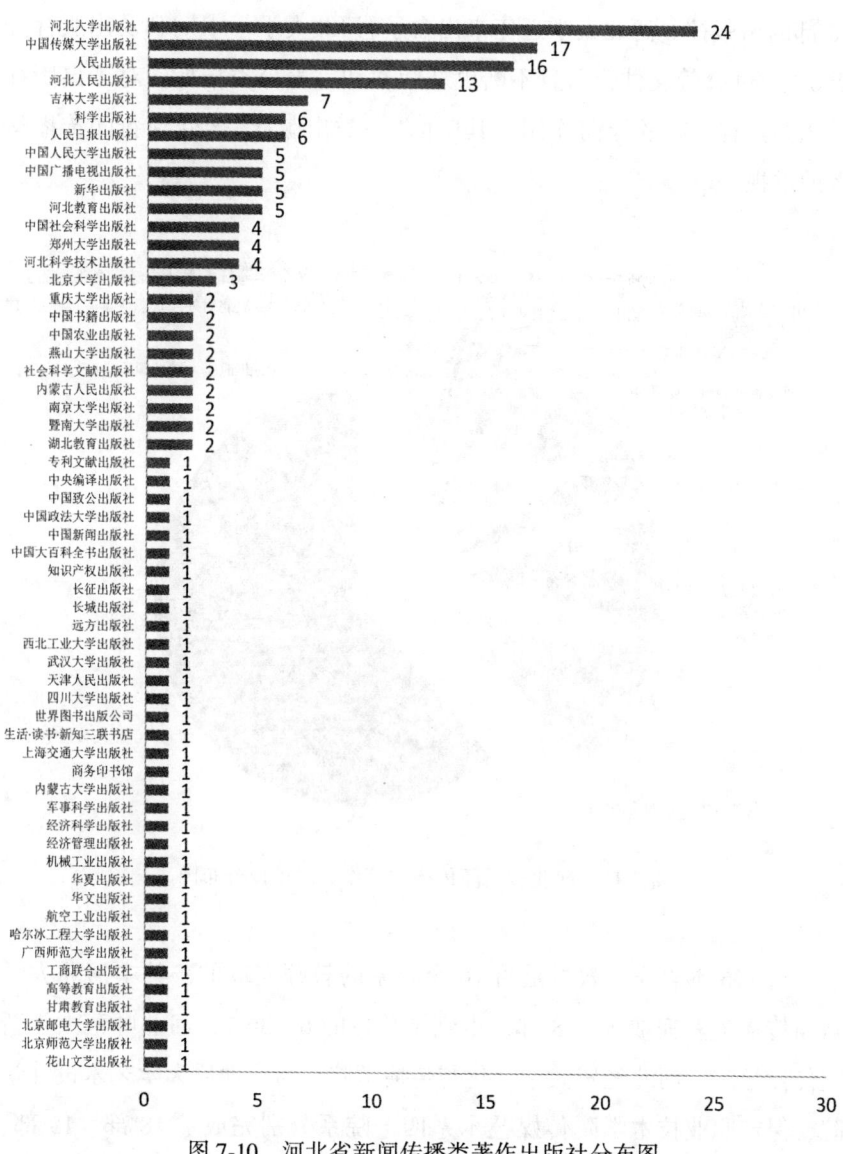

图 7-10　河北省新闻传播类著作出版社分布图

所收集到的176本著作、教材由58家出版社出版，总体比较分散，只为河北省新闻传播学领域出版过1本著作、教材的出版社为34家。其中河北大学出版社、中国传媒大学出版社、人民出版社、河北人民出版社分别以24部、17部、16部、13部位列前四名，是少数出版超过10部的出版社。河北大学近年来出台了《河北大学学术期刊及出版社分类认定意见》等文件，并且不断更新版本和完善分类指标。对于出版社的选择具有明确的导向作用，其中的"一类出版社"会受到新闻传播学者的重视。

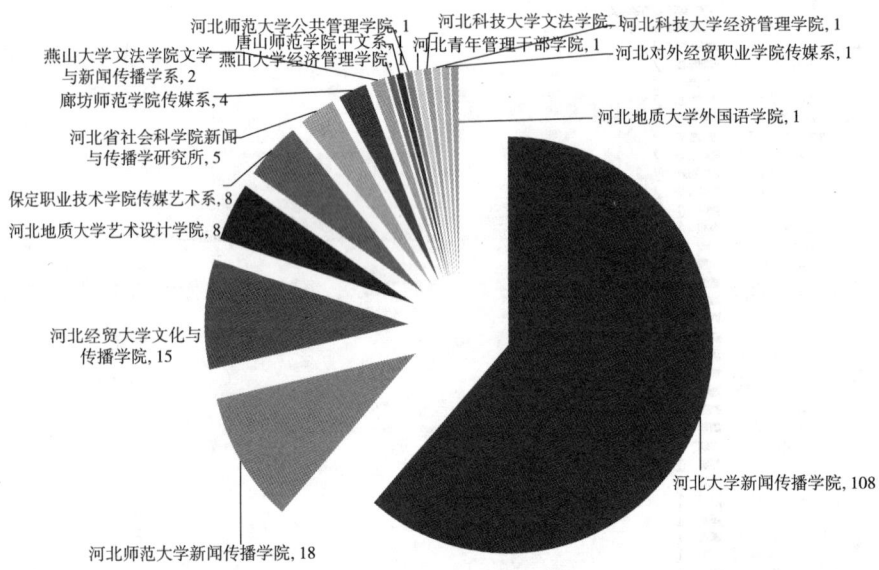

图7-11　河北省新闻传播类著作完成单位分布图

这176本著作、教材是由16个院系的教师完成的，其中河北大学新闻传播学院完成了108部，占到了总数的61.36%，河北师范大学新闻传播学院、河北经贸大学文化与传播学院、河北地质大学艺术设计学院、保定职业技术学院传媒艺术系四个院系分别完成了18部、15部、8部、8部，排名第二到第五。

7.4 本章小结

科学研究是高等院校的基本职能之一。河北省新闻传播院校在科研方面取得了一系列成绩，形成了自己的特点，也存在一些不足。在此将科研机构、科研课题、成果获奖、论文发表以及著作出版方面的成绩、特点以及不足加以总结。

1. 科研机构方面

河北省在 1988 年时成立了河北省社会科学院新闻与传播学研究所，在 20 世纪 80 年代就具有了专门的新闻传播学科研单位。2008 年，河北省新闻传播教育学会成立，河北省自那时起便具有了新闻传播教育单位的学术联合组织，对于形成全省学术共同体、加强交流协作具有重要意义。2017 年 12 月，河北省广告研究院、河北省广告协会学术委员会成立，这是两个全省性质的学术性、研究性机构。此外，各个新闻传播院系依托自身的科研专长和学术特色成立了一大批新闻传播研究机构和研究中心，这为履行高校的科学研究职能创造了条件。但是这些科研机构的运行情况差异较大，有的运行良好、成果丰硕，也有的徒有其名、成果寥寥。

2. 科研课题方面

本章主要考察了河北省新闻传播院系在国家社科基金项目和教育部人文社会科学研究项目中的立项情况。总体来看，取得了不错的成绩，但是成果比较集中，同时缺乏高端标志性成果。

在国家社科基金项目方面，河北大学乔云霞教授所主持项目于 2000 年首次获准立项，至 2018 年河北省共获准立项 23 个新闻学与传播学项目。2001 年河北大学张威教授获准立项了河北省首个教育部人文社会科学研究项目，至 2018 年河北省共获准立项 16 项新闻学与传播学项目。进入新世纪以来,河北省新闻传播院系平均每年获批一项国家社科基金项目和一项教育部人文社会学科研究项目。

一个明显的问题就是,这些项目非常集中,河北省2018年以及之前所获批的23个新闻学与传播学项目中,有16项是河北大学新闻传播学院获得的。与之类似,河北省2018年以及之前所获批的16个教育部人文社会科学研究项目,有11个是河北大学新闻传播学院获得的,集中趋势非常明显。

另一个问题是缺乏"高端"课题,上述23个国家社科基金项目都是一般项目或青年项目;上述16个教育部人文社会科学研究项目属于规划基金项目、青年基金项目、一般项目、专项任务项目等,河北省新闻传播院系的教师均没有主持过国家社科基金重点或重大项目,也没有主持过教育部人文社会学科研究项目的重点或重大项目。在争创一流学科的过程中,高端标志性成果是河北省各个新闻传播院系急需突破的瓶颈。

3. 成果获奖方面

由于河北省新闻传播类院系从未获得过教育部组织的"高等学校科学研究优秀成果奖(人文社会科学)"相关奖项,本章主要考察了河北省各个新闻传播类院系在河北省社会科学优秀成果奖中的获奖情况。经过人工筛选,自1985年第一届河北省社会科学优秀成果奖开始评选至2018年第十六届,新闻传播学类获奖项目共有101项,其中一等奖6项、二等奖31项、三等奖64项。

从这16届情况来看,在获奖质量和数量上呈现出总体上升趋势,与河北省新闻传播学科的成长轨迹基本吻合。在获奖单位方面也具有明显的集中化特征,河北大学获得了其中的43个奖项,占比为43%,且是唯一在16届评比之中都获得新闻传播类成果奖的院校单位。在成果获奖方面也是缺乏"高端成果",例如教育部"高等学校科学研究优秀成果奖(人文社会科学)"和河北省社会科学成果奖中的"荣誉奖"。

4. 论文发表方面

在论文发表方面，本章主要分析了河北省新闻传播院系和新闻媒体单位在新闻传播类"A 刊"和"C 刊"上的论文发表情况。河北省第一篇"A 刊"论文是发表在《现代传播》1983 年第 1 期上的《广播戏曲初探》，截至 2018 年年底，河北省共发表了 106 篇"A 刊"论文，平均每年只有 2.86 篇，发表数量较少。这一项指标对于河北省各个高校的新闻传播院系来说是需要重点突破的指标之一。河北大学新闻传播学院发表的"A 刊"论文占河北省总数的 48%，优势明显。在"C 刊"方面，截至 2018 年年底河北省学者共在新闻传播类"C 刊"上发表了 989 篇论文。

在全国处于领先地位的新闻传播学院开始将重点和目光投向"SSCI"论文的时候，河北省高校的新闻传播学院如果还只是挣扎在"A 刊"论文和"C 刊"论文这一层次很有可能导致在未来的竞争之中处于劣势地位。

5. 著作出版方面

在著作出版方面，本章收集和统计了 176 种著作和教材，在出版年份分布上呈现出明显的逐步上升趋势。在出版社方面河北大学出版社、中国传媒大学出版社、人民出版社、河北人民出版社排名靠前。河北大学出版社和河北人民出版社是因为具有地理上的接近性，被更多河北省新闻传播学研究者所选用，也体现了河北省本地特色。176 种著作之中有 108 种是由河北大学新闻传播学院的教师出版的。在全国具有影响力的著作也是各个新闻传播院系竞争的重要筹码，河北省各个新闻传播院系目前比较认可的出版社有人民出版社、科学出版社、商务印书馆、中国传媒大学出版社、中国人民大学出版社等。

第 8 章 河北省新闻传播产学研合作与社会服务

8.1 河北省新闻传播学类院系专业产学研合作

8.1.1 产学研合作概况

产学研合作是培养人才的有效方式，院系专业在人才培养的过程中应该主动联系相关的政府机关、行业企业，并与之开展有利于人才培养和行业企业发展的合作，力求实现合作共赢。尤其是职业教育类型的各层次的专业，产教融合、校企合作是办学办专业的基本要求。2018 年 2 月 12 日，教育部联合国家发展改革委、工业和信息化部、财政部、人力资源和社会保障部、国家税务总局等部门下发了《职业学校校企合作促进办法》，对于促进产教融合、校企合作提出了具体的指导意见，对合作形式、促进措施、监督检查等方面进行了具体的规定。① 在此之前的一系列有关职业教育的文件大多包含相关的要求。同时，本科院校的新闻传播学类专业因为其应用学科的天然属性，很多院校也在开展实际上的"产学合作"，例如河北大学新闻学专业创办之初就与河北省多家媒体开启了实质上的合作办学之路。

---

① 教育部等六部门关于印发《职业学校校企合作促进办法》的通知[EB/OL].[2018-02-12]. http：//www.moe.gov.cn/srcsite/A07/s7055/201802/t20180214_327467.html.

河北大学新闻学专业创办之后面临师资、资金、实习、就业等诸多实际困难，最终河北省新闻教育领域的先驱们开创了与河北省主要新闻媒体单位开展合作的教学模式。这一举措解决了很多具体的困难，也找到了新闻传播学类专业的特色办学方法。后来的河北大学新闻传播学系、新闻传播学院也都延续了与各级各类媒体机构联合办学之路。

河北地质大学艺术设计学院广告学专业成立近20年来，主要以广告类岗位人才和媒体运营人才的培养为主。为了适应广告行业的快速发展与极速变化，进一步优化专业人才培养模式，该专业深入开展课程建设和课程开发工作，增加了部分新媒体类、实训类课程。同时，基于该专业教师普遍比较年轻的现状，积极发挥年轻教师的主动性和积极性，鼓励教师指导学生参加专业比赛和社会实践；相应增加行业调研课程，组织学生对行业进行考察调研，开拓学生视野，助力学生就业。自2016年开设行业调研类课程后，已组织4届380余名学生参加该课程环节，通过该课程环节解决四年级学生实习70余人次，取得了较好的效果。同时，积极建立实习实训基地，近年来与今日头条·头条学院、中广传媒、和谷科技孵化器、金山·西山居等建立战略合作关系，为学生提供实习机会和相关实训课程资源。①

近年来，保定学院信息工程学院以对接优质企业一线技术资源、服务地方经济建设为转型发力点，积极搭建产教融合教育平台，提升应用型人才培养质量。2017年5月，"高校数字媒体产教融合创新应用示范基地"项目正式落户该学院。凤凰教育将与该学院联合打造"数字媒体生态资源协同创新育人平台""数字媒体专业人才联合培养中心""大学生创新创业孵化中心""高校数字媒体产业园区"四位一体的数字媒体生态体系。

2013年7月，石家庄学院与亮影传媒公司签约共建文传学院400

---

① 根据对河北地质大学艺术设计学院广告学教研室主任韩文举的访谈记录整理。

平方米演播厅，校企双方以此为平台在实验实践教学、影视拍摄、节目策划制作方面展开深度合作。公司制作总监等专业人员承担了演播厅节目制作课程任务，并与校方教师合作，参与到电视摄像、广播电视编辑制作等课程的实验教学中。双方依托演播厅内录制了《河北省青少年艺术盛典》等节目，以及亮影传媒与睛彩河北电视频道创办的《健与美》《七天车事》等电视栏目，校企合作已由课堂迈向了真实项目制作。在此基础上，校企还结合高校优势资源，共同策划制作了文化类节目《睛彩说书人》并在睛彩河北电视频道播出。文学与传媒学院师生全程参与策划、拍摄和后期编辑，为打造特色传媒产品、提升文化创新能力奠定了坚实基础。[1]

河北民族师范学院新闻传播学类专业立足承德，面向京津冀，先后与承德广播电视台、《承德日报》、《河北日报》承德记者站、承德市高新技术开发区管理委员会、双滦区新媒体中心、承德新鲜事儿、承德大燕网、高新区消防大队等单位达成合作。通过高校与企业联合培养人才、合作举办活动、高校为合作单位提供技术服务等合作方式，对学生综合素质的培养以及学校教学与行业一线接轨起到了重要作用，学校也为合作单位提供了一定的智力资源和技术支持。该校学生以河北省非物质文化遗产以及河北省新闻人物、新闻事件、社会现象等为主题创作的优秀短片作品在电视台播出，取得了很好的社会反响。寒暑假期间，老师指导学生进行社会调查，其中"唐山籍'90后'大学生'唐山大地震'亲历者调查暑期实践项目"获团中央最具影响好项目，调查内容被中国新闻网报道，凤凰网、新华网等10余家大型网站进行了转载，引起广泛关注。[2]

河北传媒学院新闻传播学院在中国军视网、河北广播电视台、河北出版集团、新华网河北频道、河北广电传媒有限公司、新华社、中国传

---

[1] 根据对石家庄学院文学与传媒学院副院长田建恩的访谈记录整理。

[2] 根据对河北民族师范学院文学与传媒学院网络与新媒体专业教研室主任吴琳的访谈记录整理。

媒科技杂志社等十几家单位建立了校外实习基地，与腾讯、爱奇艺、蜻蜓 FM、荔枝 FM 等多家互联网公司合作开展实践教学，并建有融媒体传播中心、语言艺术工作室等多个校内实习实训平台。与中央电视台军事频道中国军视网展开合作共同打造"热血军人榜"等新媒体产品。与腾讯集团企鹅 FM、懒人听书等平台合作，开设了社交媒体运营及声音产品制作与开发两门实训课程，缩短了学业与职业的距离，使学生习得了更多的经验性知识。与网易开展"网易青媒"合作，以全新的方式接触业界，进行一对一实际业务培训。与遵化市融媒体中心和新河县融媒体中心展开合作，推动了政、产、学、研、用一体化进程。①

河北师范大学汇华学院传媒学部通过同北京中广文通营销策划机构、河北一点资讯、河北天行健广告公司、石家庄藏诺药业等公司构建良好合作关系，为广告学学生搭建了实践平台；与河北省广电监控中心、河北工人报、河北法制报等媒体单位搭建了合作平台，为新闻学学生提供了锻炼实习的机会。②

保定职业技术学院传媒艺术系 20 多年的办学过程也是一个产学合作的历程，这期间先后与河北省农业厅、中央农业广播电视学校、保定电视台、保定市广告协会等有过紧密合作，其中通过与中央农业广播电视学校合作，成为中央电视台第七套节目的合作制片单位，先后拍摄制作了 200 多集农业科教片并在 CCTV-7 播出。这些合作对于广播影视节目制作专业的发展具有重大意义，对于专业改革、课程建设、人才培养都有明显的促进作用。

河北对外经贸职业学院广播影视节目制作专业曾经与秦皇岛市广播电视台开展过紧密的校台合建，互聘人员任职、共同培养人才，对于传媒系广播影视节目制作专业的发展起到了重要的作用。而广播影视节目制作专业延续了校企合作传统，现在正在打造体育赛事直播特色。

---

① 根据对河北传媒学院新闻传播学院副院长朱良志的访谈记录整理。
② 根据对河北师范大学汇华学院传媒学部教师黄先超的访谈记录整理。

河北艺术职业学院传媒系与石家庄的广告公司、文化传播公司建立了校企合作关系,输送学生到合作单位实训实习,参与摄影摄像和后期剪辑的工作,主要合作方有河北春秋文化传媒有限公司、启天文化传媒有限公司。河北艺术职业学院还与河北演艺集团有限公司、河北影视集团有限公司共同牵头组建河北省艺术职业教育集团,是深化产教融合、校企合作,推动河北艺术教育和文化事业、文化产业快速发展的一项重大举措。①

8.1.2 产学研合作典型案例

1. 河北大学新闻学专业及新闻传播学系的产学合作②

河北大学新闻学专业创建于1980年,1982年开始招收第一届新闻学本科生,当时面临师资不足、设备短缺、图书匮乏等诸多困难,不过困难并没有难倒河北省最早的一批新闻传播教育工作者,他们锐意改革、大胆创新走出了一条与新闻单位联合办学之路,形成了一种新的办学模式。

首先是在新闻学专业创办后不久,1984年12月,新闻学专业教研室主任吴庚振等人到河北省委宣传部商讨举办在职新闻干部培训班事宜,1985年1月河北省委、省政府划拨了六万元用于开办在职新闻干部培训班。1985年3月,《河北大学与河北省委宣传部关于举办新闻干部专修科协议书》正式签订。1985年9月初,新闻干部专修科正式开学报到。举办新闻干部培训班有助于提高专业影响力,提升教师队伍的教学水平。通过开办培训班也进一步提高了实验条件,并全面提升了创办初期的河北大学新闻学专业的办学水平。

1985年春天,河北大学首届新闻学专业学生在河北日报社实习,

---

① 根据对河北艺术职业学院传媒系办公室主任席晓华的访谈记录整理。

② 该部分内容通过参阅吴庚振著《人生如歌》一书中的多篇文章,同时结合对吴庚振教授的采访完成。

报社安排资深编辑、资深记者为实习学生上课,河北大学新闻学专业师生深受启发,随即起草了《河北大学、河北日报社联合办好中文系新闻专业协议书(草案)》。《河北日报》总编辑叶臻同志原则同意协议书内容,校领导也批示同意。双方先草签了协议,商定积累一定经验之后再正式签订协议。这是全国最早的联合办好新闻专业的协议书。在1988年11月国家教委于南宁召开的全国新闻教育座谈会上,河北大学介绍了河北大学新闻专业与新闻单位联合办学的经验,国家教委在《关于全国高校新闻教育改革的调查》中也肯定了这一经验。1990年10月,河北大学与河北日报社正式签订了联合办学协议书,这在全国高校中是第一家。① 1992年10月,又与河北省广播电视厅签订了联合办学协议书。吴庚振教授认为协议的签订和实施解决了当时教学中面临的两个重要问题:一是拓宽了办学途径,优化了师资队伍结构;二是河北日报社作为河北大学新闻专业学生的实习基地,对于学生的新闻实践能力的培养意义重大。

到了1995年6月,新闻学本科专业和广告信息、广播电视两个专科专业从中文系分离出来组成了新闻传播学系(简称新闻系)。但是经费短缺,运行艰难。系主任吴庚振和副主任李广增于1995年10月列席了河北省记者协会在邯郸召开的"全省报纸质量评比工作会议",吴庚振主任向与会的新闻媒体单位领导介绍了河北大学新闻传播学系,同时也向全省新闻媒体单位提出了援助请求,与会的河北省委宣传部领导和河北省记者协会领导也在会上发出了呼吁,希望各个新闻媒体单位结合自身具体情况量力而行,尽可能帮助河北大学新闻传播学系解决困难。在会上,河北教育报社、邯郸日报社、河北日报社等新闻单位的领导,当场表态要捐款帮助河北大学新闻传播学系,《河北教育报》还刊登了一篇稿件《吴教授鞠躬》,对此事进行了报道。

---

① 河北大学新闻传播学系发展简史(1980年5月—1998年9月)[EB/OL]. [2012-05-06]. http://jc.hbu.edu.cn/xyjs/34.jhtml.

在会后一个多月的时间里，新闻传播学系陆续收到全省30多家新闻单位的捐助，合计30万元，这在当年是一笔数额较大的费用，对于新成立的河北大学新闻传播系来说是雪中送炭。这笔费用主要用于广播电视实验室建设、图书资料购置、科研奖励基金的设置、办学条件的改善等。这一事件是新闻单位对河北大学新闻传播学系的无私帮助的体现，也是河北大学新闻传播学系与河北省新闻媒体单位产学合作的一个缩影。

值得一提的是，1995年11月25日，河北大学新闻传播学系召开建立庆祝大会，邀请了河北省委宣传部、保定市委宣传部、河北省记者协会的领导和全省50多家新闻单位的领导等嘉宾参加，这样的嘉宾阵容对于河北大学新闻传播学系的发展无形中起到了良好的促进作用。对于校内领导来说，看到新闻传播学系有这么大的社会影响，必然会更加重视；而对于校外来说，新闻媒体既是新闻传播学系的用人单位，更是掌握着在全省甚至全国有影响力的宣传工具，对于河北大学新闻传播学类专业在全省的声誉建设亦有良好的作用。

2. 保定职业技术学院传播技术系与《农广天地》栏目的合作

2001年，保定职业技术学院传播技术系的影视制作专业开始为中央电视台第七套节目《农广天地》栏目制作农业科教片。2002年，成为中央电视台第七套节目《农广天地》栏目"合作制片单位"。传播技术系主任田建国被聘为中央电视台第七套农业节目河北工作站记者。2002年12月31日，田建国参加完成的《平菇栽培技术》作品获河北省农业厅、河北省财政厅主办的第二届河北省农业科教电视"兴农奖"科技类一等奖。2003年4月，该系摄制的科教电视片《办公自动化软件Word 2000》《办公自动化软件Excel 2000》分别荣获中央农业广播电视学校主办的第一届中央农业广播电视学校优秀电视片一等奖和二等奖。

其后的十年间，专业教师发挥各自的业务专长，积极投身到拍摄制作《农广天地》节目的工作中。截至2009年，拍摄制作了119部(集)科教节目在中央电视台《农广天地》栏目播出,并由农业声像出版社出版发行(见表 8-1)。

表 8-1 保定职业技术学院传播技术系为《农广天地》栏目制作的科教节目列表

序号	成果名称	集数	播出平台	完成时间
1	农业基础化学实验	4	CCTV-7 播出	2001 年 9 月
2	办公自动化——Word	9	CCTV-7 播出	2002 年 5 月
3	办公自动化——Excel	10	CCTV-7 播出	2002 年 5 月
4	办公自动化——Powerpoint	4	CCTV-7 播出	2002 年 5 月
5	杏鲍菇栽培技术	1	CCTV-7 播出	2003 年 10 月
6	灵芝栽培技术	1	CCTV-7 播出	2003 年 10 月
7	平菇栽培技术	1	CCTV-7 播出	2003 年 10 月
8	香菇高产栽培	1	CCTV-7 播出	2003 年 10 月
9	金针菇栽培技术	1	CCTV-7 播出	2003 年 10 月
10	鲜食葡萄栽培技术	1	CCTV-7 播出	2003 年 10 月
11	食用菌生产加工与贮藏	1	CCTV-7 播出	2003 年 10 月
12	保护地黄瓜病虫害防治	1	CCTV-7 播出	2004 年 8 月
13	黄瓜病虫害防治	2	CCTV-7 播出	2004 年 8 月
14	豆科蔬菜病虫害防治	2	CCTV-7 播出	2004 年 8 月
15	梨树病虫害防治	3	CCTV-7 播出	2004 年 8 月
16	葡萄病虫害防治	2	CCTV-7 播出	2004 年 8 月
17	桃树病虫害防治	3	CCTV-7 播出	2004 年 12 月
18	茄子病虫害防治	1	CCTV-7 播出	2004 年 10 月
19	十字花科蔬菜病虫害防治	2	CCTV-7 播出	2004 年 11 月
20	辣椒病虫害防治	2	CCTV-7 播出	2004 年 6 月
21	葱姜蒜病虫害防治	1	CCTV-7 播出	2005 年 4 月
22	番茄病虫害防治	3	CCTV-7 播出	2005 年 5 月
23	保护地辣椒病虫害防治	1	CCTV-7 播出	2005 年 6 月

续表

序号	成果名称	集数	播出平台	完成时间
24	保护地番茄病虫害防治	1	CCTV-7 播出	2005 年 7 月
25	棉花病虫害防治	2	CCTV-7 播出	2005 年 7 月
26	玉米病虫害防治	2	CCTV-7 播出	2005 年 7 月
27	小麦病虫害防治	3	CCTV-7 播出	2005 年 7 月
28	柳编技艺	1	CCTV-7 播出	2005 年 10 月
29	布绒玩具	1	CCTV-7 播出	2005 年 11 月
30	獭兔养殖技术	2	CCTV-7 播出	2006 年 3 月
31	肉用犬的养殖技术	2	CCTV-7 播出	2006 年 3 月
32	山鸡养殖	2	CCTV-7 播出	2006 年 3 月
33	良种肉鸭大棚饲养技术	2	CCTV-7 播出	2006 年 3 月
34	百合花栽培技术	2	CCTV-7 播出	2006 年 3 月
35	草坪的建植与养护	4	CCTV-7 播出	2006 年 3 月
36	水果型黄瓜栽培技术	1	CCTV-7 播出	2006 年 3 月
37	日光温室香瓜栽培	1	CCTV-7 播出	2006 年 6 月
38	葡萄优质丰产栽培技术	4	CCTV-7 播出	2006 年 6 月
39	葡萄大棚栽培	1	CCTV-7 播出	2006 年 6 月
40	桃树大棚栽培	1	CCTV-7 播出	2006 年 6 月
41	多媒体技术——Flash	4	CCTV-7 播出	2007 年 10 月
42	多媒体技术——Authhorware	7	CCTV-7 播出	2007 年 10 月
43	多媒体技术——Powerpoint	4	CCTV-7 播出	2008 年 6 月
44	计算机基础	10	CCTV-7 播出	2008 年 6 月
45	绢花的制作	1	CCTV-7 播出	2009 年 6 月
46	计算机组装-DIY	4	CCTV-7 播出	2009 年 7 月

3. 保定职业技术学院传媒艺术系与保定广播电视台的深度合作

2009 年 11 月，保定职业技术学院传播技术系(2015 年 3 月后更名为传媒艺术系)与保定电视台《直播保定》栏目建立战略合作伙伴关系,《直播保定》栏目成为传播技术系电视节目制作专业校外实训基地。双方举行了"实训基地揭牌仪式""战略合作伙伴揭牌仪式""保定电视台《直播保定》栏目记者走进保定职业技术学院座谈会"和"共庆记者节联欢晚会"等系列活动。2009年11月7日和9日,保定电视台一套《直播保定》栏目"记者节特别节目"对保定职业技术学院传播技术系与保定电视台合作的"实训基地揭牌仪式""战略合作伙伴揭牌仪式""保定电视台《直播保定》栏目记者走进保定职业技术学院座谈会"和"共庆记者节联欢晚会"等系列活动进行了报道。

2013年10月31日,保定职业技术学院和保定广播电视台举行战略合作签字仪式。中共保定市委常委、宣传部长李国英出席仪式并为双方建成全面战略合作伙伴关系揭牌。保定广播电视台党委书记、台长李成果,纪委书记朱丽娟、副台长温清;保定职业技术学院党委书记张千里,副院长李开广、赵沛出席仪式。签字仪式由赵沛主持。2013年11月9日,保定电视台《360新闻眼》栏目制片人团队到访保定职业技术学院传播技术系电视节目制作专业,面向师生举行了"保定电视台选拔实习记者业务培训讲座"。这是保定职业技术学院与保定电视台建立全面战略合作伙伴关系后的首次深度合作,讲座由传播技术系主任田建国主持。

2018年4月21日,保定职业技术学院与保定广播电视台再次签署战略合作协议,保定职业技术学院院长赵沛,保定市委宣传部副部长、保定广播电视台台长李树田,保定广播电视台副台长刘继忠等人出席活动。双方共同开展"双元制"职业教学改革试点。具体内容是保定职业技术学院传媒艺术系作为节目制作基地,由双方组成"双师型"创作团队,带领学生完成节目制作,同时在专业人才培养方案制定、专业课程体系构建与开发、师资队伍建设和实践教学条件建设等方面开展全面合作,进而开展人才培养活动。协议签订后,传媒艺术系广播影视节目制作专业在校生开始利用业余时间轮流在保定广播电视台实际工作岗位上进行实践锻炼,取得了良好的育人效果。

在这一合作的基础之上,由保定职业技术学院和保定广播电视台合作申报,2018年6月和12月,传媒艺术系主任田建国教授主持的教学成果"高职广播影视节目制作专业人才培养模式探索与实践"获得了全国广播影视职业教育教学成果特等奖和国家级教学成果二等奖。

4. 保定职业技术学院传播技术系与保定市广告协会的深度合作

2006年11月25日,在保定市广告协会时任秘书长李敏同志的协调、联系和帮助下,保定职业技术学院传播技术系召开了广告设计与制作专业建设指导委员会成立大会。保定职业技术学院院长陈志强、副院长李开广,受聘的校外专家和该系的专业教师参加了大会。

2008年1月5日,保定市广告协会大学生联合会成立大会在保定职业技术学院召开,保定职业技术学院副院长杨庆华,市工商局副局长、市广告协会会长张瑞清,市广告协会秘书长李敏,河北大学广告学系主任丁晓正,市报业广告公司副总经理赵树志等出席大会。会议选举传播技术系教师赵国祥担任保定市广告协会大学生联合会副会长,薄立伟担任秘书长。2008年1月,保定职业技术学院传播技术系被保定市广告协会授予"保定市广告人才培训基地"。2008年3月,传播技术系教师薄立伟开始担任保定市广告协会常务理事。

2010年4月29日,保定职业技术学院举行广告设计与制作专业产学结合大会暨保定广告网开通仪式。市广告协会会长翟中申、秘书长李敏,保定职业技术学院副院长赵沛出席会议。会议由传播技术系主任田建国主持。

2011年8月31日,传播技术系主任田建国受聘担任保定市广告协会副会长,薄立伟担任副秘书长、赵国祥担任常务理事。

2014年保定市工商行政管理局时任副局长周启军、保定职业技术学院传播技术系主任田建国以及时任保定市广告协会秘书长的刘国辉等人筹划了"保定市广告传媒人才招聘会"。2014年11月23日上午,"2014年保定市首届大学生广告传媒人才专场招聘会"在保定职业技术学院西校区成功举办。学院院长霍新怀、党委副书记赵沛,市工商局副局长周启军、市工商局商广处处长刘柱、市广告协会秘书长刘国辉等人出席开幕式,开幕式由学院传播技术系主任田建国主持。此后,保定职业技术学院传媒艺术系每年联合保定市广告协会举办一届"保定市传媒艺术人才招聘会"。专场招聘会能够为广告传媒类企业和在校以及刚毕业的大学生提供接洽的机会,满足广告传媒类企业招聘人才的需求,也为在校大学生寻找实习机会和新毕业大学生提供了择业的机会。

根据保定市委办公厅、保定市政府办公厅和保定市民政局有关文件要求,保定市广告协会需要与保定市市场监督管理局"脱钩"。2017年5月15日,保定市广告协会第五届理事会举办了换届选举工作,河北攻略广告有限公司的孟永强当选新一届会长。这一选举活动标志着保定市广告协会进入新的发展阶段。2017年8月8日,保定市广告协会第六届理事会会员代表大会召开,保定职业技术学院传媒艺术系主任田建国教授担任副会长,传媒艺术系教师薄立伟担任秘书长。2018年8月,经过选举,保定职业技术学院传媒艺术系广告设计与制作专业教研室主任赵国祥开始担任保定市广告协会副会长。

自2006年开始,保定职业技术学院传播技术系逐步与保定市广告协会建立了紧密的联系。这对于广告设计与制作专业的发展具有一定的促进作用,主要体现在专业教学指导委员会的建立、外聘教师的遴选、专业讲座的举办、人才需求信息的反馈、实习就业机会的提供等方面。专业充分利用广告协会这一平台紧密了与广告企业的联系,为专业发展注入了活力,也为保定职业技术学院传播技术系逐步形成"专业围绕行业办、课程结合岗位建、教师带着学生干、工作经验上学练"的教学模式发挥了基础性作用。

8.2 河北省新闻传播学类院系专业社会服务

8.2.1 社会服务基本状况

开展社会服务是高校的三大基本职能之一,是高校利用自身特长和优势回馈行业、企业以及社会的基本方式。前文提到的产学研合作可以作为社会服务的具体形式和实现途径,但产学研合作更倾向于强调合作双方互利共赢,更具有双向互动性;而社会服务更强调高校对社会的付出与贡献。河北省各个新闻传播类院系专业比较注重利用自身的特长和优势广泛开展社会服务。

河北大学新闻传播学院自建院以来,师生通过各种途径和方式为社会提供服务,例如为新闻媒体单位开展横向课题、提供智力支持。2009年以后比较突出的社会服务是由河北大学文化创意产业研究中心面向河北省提供的各种文化产业服务项目和营销传播咨询服务项目,取得了良好的社会效益和一定的经济效益,形成了品牌效应。

河北师范大学新闻传播学院广告学专业的专业教师在为社会提供服务的过程中表现比较突出,他们之中的张学军副教授、宋维山副教授、王建文副教授等人通过为企业提供营销传播服务,取得了良好的社会经济效益。例如,张学军所在的智达天下企业咨询机构为六个核桃提供了全方位营销咨询服务,对六个核桃品牌塑造具有积极的推动作用。

保定学院信息工程学院积极立足地方经济文化发展开展科研创新,先后立项市厅级以上纵向课题40余项,横向课题20余项,其中国家级课题1项,省级课题13项,出版专著3部。例如,"晋察冀戏剧研究""晋察冀戏剧与地域文化研究""河北省文化旅游产业发展对策研究""依托主题微电影,提升保定市文化软实力""微电影视角下河北体育文化传播研究"等一批科研项目,立足地域文化传统和特色,为加强省市文化建设贡献了力量。该院教师及所指导的学生在中国大学生计算机设计大赛、全国信息技术应用大赛、蓝桥杯全国软件和信息技术专业人才大赛、北京国际微电影盛典、万峰林国际微电影盛典、全国多媒体课件大赛等重要赛事中屡获殊荣。先后开发视频会议多路解码、智能车载调度系统、智能电网远程测温系统等应用项目二十余项。作为主体成员，参与了"水润雄安文化网站"建设，并积极为新区发展献策出力。

唐山学院传播与动画系完成了唐山市委《创意唐山》宣传片、唐山市纪委反腐倡廉主题动画公益广告等多项影视动画作品的创意制作，并全程参与了由河北广电集团与中央电视台联合出品的现代城市情景电视剧《全家都是人》的拍摄、数字剪辑与后期制作工作。华岳传媒数字艺术制作中心现已成为向社会输送文化创意产业和现代服务产业所需人才的重要实践教学基地。另有多家校外实习实训基地，为实现产学研教育模式运作提供保障。

沧州师范学院齐越传媒学院注意开展横向课题，服务地方经济发展。其中在2017年学院成立之后，就开展了一系列服务项目，例如专业教师为渤海新区策划指导"渤海新区职工演讲比赛"，赴印尼参加"中华文化大乐园"活动，圆满完成"中华诗词诵读"的教学任务。为2016、2017"国培计划"经典诵读项目进行教学服务等。

保定职业技术学院传媒艺术系专业群利用校企合作平台以及专业人才设备优势，面向社会进一步开展服务活动，主要有技术培训、摄影师职业资格培训与鉴定、制作宣传片、合作制作各类电视片等。为中央农业广播电视学校、保定电视台、衡水广播电视局、保定部分县市电视台进行电视节目制作技术培训，累计培训800余人次；面向驻保高校师生进行摄影师职业资格培训与鉴定1200余人次；为保定市政府部门、企事业单位、大中专院校等企事业单位拍摄制作了各类电视片70余部，产生了较好的社会影响。

8.2.2 社会服务典型案例

1. 河北大学文化创意产业研究中心的社会服务[①]

2009年河北大学文化创意产业研究中心成立，在此后长达十年之

---

① 根据对河北大学新闻传播学院广告学系主任宋伟龙的采访记录整理。

久的时间里完成了大量的社会服务项目,取得了良好的社会效益。该团队的核心成员有中心主任、河北大学新闻传播学院副院长杜浩教授,中心副主任、河北大学新闻传播学院商建辉教授,中心秘书长、河北大学新闻传播学院广告学系主任宋伟龙等。河北大学文化创意产业研究中心设立了学术委员会、管理委员会和行政管理办公室等机构,建立了各项运行管理制度。该中心整合新闻传播学、艺术学、管理学等重点学科资源,依托河北大学新闻传播学院等教学单位,形成了一支专兼职结合、结构较为合理的科研队伍。

主要研究方向包括:旅游文化产业、城市文化产业、艺术品文化产业、文化创意产品、影视文化产业、出版业等。

服务过的主要客户或项目有:保定电谷酒店、保定易县狼牙山风景区、河北大学新闻传播学院成立30周年、保定大激店古村落、昊科产业园、廉吏展馆、秦皇岛1984文化创意产业园区、邯郸文创小镇、张家口冰雪小镇、多伦玖号营、巨力集团刘伶醉、雄安文化创意记录、椴木沟原始森林公园等。

地方产业规划主要有:《秦皇岛市北戴河新区文化产业规划》《保定市阜平县电商扶贫策划方案》《邯郸市丛台区"十二五"文化产业规划》《邯郸市南吕固乡特色镇区产业规划》《邯郸市三陵乡特色镇区产业规划》。

提交的咨政建言主要有:《社科研究推动精准扶贫》《舆论引导视角下的雄安新区传播策略》《文化产业在雄安新区发展规划的策略和建议》《石家庄市中山国文化保护与发展建议》《京津冀文化创意》《提高河北省文化软实力》《环北京塞罕坝等区域建立国家级文化生态保护实验区(露天博物馆)的建议》《河北太行山贫困地区实施精准扶贫与乡村振兴的实践报告——易县狼牙山镇"文化+旅游"模式管窥》等。

参与主办的学术研讨会主要有:何去何从·中国传统村落国际高峰论坛、"一带一路"之跨文化交流与"构建人类命运共同体"国际研讨会、第十三届海峡两岸华文出版与文化创意学术论坛、中国文化旅游(秦皇岛)高峰论坛、河北文化产业学术盛典。

河北大学文化创意产业研究中心在开展社会服务的过程中进行学术研究,将学术研究和生产实践紧密结合,将"学术论文"写在燕赵大地上,在社会服务过程中也出版了特色鲜明的系列学术著作。杜浩、商建辉合著的《河北太行山文化产业带构建与发展策略》于2018年5月由人民出版社出版;商建辉等著的《共赢:京津冀传媒战略联盟研究》于2018年6月由人民出版社出版;李亚男、杜浩合著的《创意思维与文化传播的实践和运用》于2015年8月由河北大学出版社出版;李亚男、杜浩合著的《文化创意产业营销与传播》于2014年8月由河北大学出版社出版;杜浩、李亚男合著的《营销策划与传播》于2011年12月由河北大学出版社出版。

河北大学文化创意产业研究中心也发挥了实践教学基地的作用。研究中心常年接纳河北大学新闻传播学院广告学专业本科生、新闻与传播专业硕士研究生参加实践实习,在完成社会服务项目的过程中也发挥了人才培养的作用。研究中心的实习学生在指导老师的带领下撰写策划方案、参与科学研究、参与实战项目,使其专业知识得到了巩固、专业能力得到了提高。

河北大学文化创意产业研究中心广泛开展卓有成效的社会服务,受到了河北省委宣传部、河北省社科联的高度重视和大力支持。2015年3月,由河北省社科联与河北大学共同建设,依托中心挂牌成立了"河北省文化产业与社会服务研究基地"。2016年4月经河北省委宣传部批准成为首批河北省新型智库建设试点单位,智库名称为"河北省文化产业研究中心"。2016年9月9日,在河北省教师节表彰大会上,河北大学新闻传播学院副院长杜浩教授带领的社会服务团队荣获"李保国式科技服务团队"称号,并受邀参加表彰大会。

2. 河北师范大学新闻传播学院的社会服务①

近几年来,河北师范大学新闻传播学院充分利用新闻传播学科的资源和优势,强化与政府、企事业单位的合作,在服务地方经济建设和社会发展,繁荣文化市场方面进行了积极的探索。

依托部校共建"新闻学院"平台,组织学术研讨,开展合作研究。比较典型的案例有2015年11月6—8日,与省内外新闻媒介在第十六个"记者节"来临之际,组织召开了"全媒体环境下的媒介困局及对策"专题研讨会,与会专家深度解读了国内媒介生存发展现状,并帮助省内媒体出谋划策,探寻融合发展之路。2015年10月,与河北省互联网信息办合作完成省委宣传部重大课题"2014年河北省互联网发展报告";与河北省委宣传部、省教育厅合作完成大型音乐舞蹈史诗"西柏坡"演出活动;受国家汉办委托,创作并编排大型音乐史诗《天耀中华》。

加强校企合作,通过项目嵌入,帮助企业进行有效的策划传播。近些年来,导师带领研究生共完成合作项目、委托项目21项,包括北戴河同道电影工坊传播推广项目、冀东水泥企业文化策划及形象片制作、健康城地产双微营销、藏诺生物有限公司企业形象传播、避孕知识动画片制作、"喜迎十八大,展示新成就,建设幸福石家庄"系列活动策划、《人间正道》《团圆饭》微电影制作等项目。一系列合作研究和活动的开展,既锻炼了广大师生,又为地方的经济社会发展作出了贡献。

深度嵌入行业运作,全方位锻造、提升人才的职业能力。河北师范大学新闻传播学院2009年开始在人才培养过程中尝试导入"工作室深度嵌入行业运作"的模式,效果显著。目前运行的有:新闻纪录片工作室、新传影视中心、影视包装实验室、影视渲染实验室等多个独立或合作工作室。2013—2015年,工作室先后承担的委托项目或合作项目有

---

① 根据对河北师范大学新闻传播学院原副院长李振国副教授的采访记录整理。

80余项，到位经费500多万元。这种与业界深度嵌入式的合作和项目历练，使学生的职业能力得到了全方位的提升。

此外，河北师范大学新闻传播学院为河北省广告协会提供了大量的专业服务，比较典型的有：2011—2013年受河北省广告协会委托承担广告专业技术人员职业水平评价考试培训工作；承担"河北省广告行业调研及政策建议研究"横向课题（见表8-2）；2017年组建河北省广告协会学术委员会；2017年编辑出版《河北省广告业发展研究》；2017年编纂发布《河北省广告行业发展蓝皮书(2014—2016年)》等。

3. 河北师范大学广告学专业的品牌营销服务

河北师范大学广告学专业于1994年开始招收专科生，1996年开始招收本科生。就"广告学"专业而言，河北师范大学确实是河北省最早开始招生的院校，那是因为河北大学于1993年开始招生的广告类专科专业名称为"广告信息"。两所院校于1996年同时开始招收广告学本科生，共同开启了河北省广告学专业高等教育的新篇章。

表8-2 河北师范大学新闻传播学院教师所主持的部分横向课题

序号	主持人	项目名称	批准号	课题类型	到位经费（万元）
1	仝文瑶	北戴河同道电影工坊运营企划及技术研究	SKH14063	横向课题	200
2	李振国	奎山冀东水泥公司企业文化策划	SKH13039	横向课题	50
3	刘育涛	衡水市检察院影视艺术形象宣传研究	SKH13038	横向课题	21
4	王明好	清代顺德地区方志艺文志研究	SKH13027	横向课题	20
5	仝文瑶等	2014年河北省互联网发展白皮书			15
6	杨英新	移动互联网增值服务消费行为研究	SKH13029	横向课题	10
7	李琳	企业形象宣传片制作合同	SKH13028	横向课题	10
8	宋维山	河北省广告行业调研及政策建议研究	SKH1601	横向课题	10
9	宋维山	新浪城市站数字媒体中心横向课题合作协议	SKH13013	横向课题	10

续表

序号	主持人	项目名称	批准号	课题类型	到位经费（万元）
10	朱红亮	河北省千家重点项目大调查	SKH1617	横向课题	8.5
11	赵国华	正定电视台《团圆饭》微电影拍摄	SkH14016	横向课题	5
12	张学军	本地企业营销创新研究	2015年	横向课题	5
13	宋维山	《中国酒业营销师》教材编纂项目	SKH14008	横向课题	4
14	宋维山	河北师范大学新闻传播学院"春秋广告学院"的合作项目	SKH13012	横向课题	3
15	王春玲	《喜迎十八大 展示新成就 建设幸福石家庄》系列新闻策划方案	SKH12034	横向课题	3
16	王春玲	石家庄市政府新闻办"站在鲜红的党旗下"石家庄市庆祝建党90周年系列新闻发布活动策划活动	SKH11010	横向课题	3
17	位迎苏	2015年河北省互联网发展研究	SKH1608	横向课题	3
18	马世昌	影视专题制作合同	SKH12020	横向课题	1
19	刘育涛	河北电视台节目片头制作	2011年	横向课题	0.5
20	马世昌	皮影新媒体传播研究	2011年	横向课题	0.2

在2004年成立的河北师范大学新闻传播学院，广告学专业是成立最早、影响最大的专业，在某种意义上是河北师范大学新闻传播学院的龙头专业，在发展的过程中逐步形成了鲜明的特色。那就是专业教师具有强大的社会服务能力，如教师开办公司承揽营销策划、广告代理等业务，既取得了良好的经济效益和社会效益，又在市场中得到了真正的锻炼，同时能够把市场上鲜活的案例带到了课堂上。

河北师范大学地处河北省省会石家庄，在20世纪90年代，市场经济比较繁荣，对广告的需求较旺盛，再加上其广告学专业设立时间比较早，这些条件为河北师范大学广告学专业教师到企业挂职锻炼提供了客观条件。

在河北师范大学新闻传播学院广告学专业的专业教师之中，有几位在企业兼职或者依托专业开展社会服务,取得了显著的成绩。如创立智达天下(北京)营销顾问有限公司的张学军副教授、以宋维山副教授和王志东老师为主的社会服务团队、以王建文副教授为核心的社会服务团队。这些专业教师在河北师范大学广告学专业任教之后,充分利用河北省省会石家庄这一地域优势,开始接触广告行业,逐步独立接触和服务广告主。比较典型的案例有张学军主持的"十八酒坊"品牌命名及营销推广方案,张学军、王志东等的"六个核桃"营销推广方案策划与推进,朱红亮等的张家口"万悦广场"招商推广策划全案。另外张学军、宋维山、王志东、张巨才、朱红亮、王建文等老师还有许多其他社会服务案例。

河北师范大学广告学专业教师的科研和著作也与其所从事的社会服务紧密结合。如仝文瑶教授2008年主持的教育部人文社会科学研究专项任务项目——"IMC的'中国式生存'——中小型饮料企业的品牌破局(以'养元六个核桃'为例)",张学军副教授著的《六个核桃凭什么:从0过100亿》[1]。在这样的师资队伍的影响和感染下,河北师范大学广告学专业的毕业生特点非常鲜明,那就是在校期间就接触到了大量高水平的实战商业案例。课堂上专业教师结合自己正在运作的营销案例讲授知识,课余时间学生又可以到专业教师的工作室参加实际项目。这也形成了河北师范大学广告学专业独特的专业文化,为社会培养了一大批具有商业实战思维、较强动手能力的广告专业毕业生。

专业教师专心于教学工作和社会服务,优点是显而易见的,缺点也很明显。其中最明显的缺点就是部分专业教师的职称没能评上去。河北师范大学新闻传播学院广告学专业的教师只有仝文瑶、孙会、张巨才少数几位评上了教授。同时,河北师范大学广告学专业的这一特色很难保持下去。这也是新闻传播类专业面临的一个共性问题,那就是如何平衡

---

[1] "中国酒业思想库"系列著作应该包括5卷,第五卷《酒商转型——寻找经销商的发展方向》由《糖烟酒周刊》以增刊的形式发行,没有正式出版。

师资队伍的结构，尤其是在提高教师学历学位的同时，如何引进和培养实践型教师。

4. 防灾科技学院文化与传播学院社会服务简况①

防灾科技学院文化与传播学院围绕行业和社会需求，开展科学研究、人才培养和社会服务，取得了长足进步。尤其是在社会和行业服务方面成绩显著。

（1）服务地震行业，承担舆情监测与宣传效果评估任务。受中国地震局办公室委托，从2014年开始，高质量完成年度涉震舆情分析报告，在全国地震系统印发。2016年以来，承担中国地震局常态舆情监测任务，共完成舆情周报、舆情快报、舆情专报等舆情产品超过100万字。参与制定《中国地震局舆情监测与处置联动方案》，并在联动方案中承担舆情监测、研判、应对和评估等任务。2016年以来，配合中国地震办公室完成G20会议、全国两会、"一带一路"高峰论坛等重大活动的地震安全保障服务舆情专项工作。

（2）开展地震系统新闻宣传效果评估。自2016年开始承担中国地震局重大新闻宣传活动效果评估工作，对历次新闻发布会和重大活动新闻宣传效果开展评估，撰写评估报告，得到了中国地震局办公室的肯定，对方也多次致函感谢。

（3）承担地震系统新媒体运营相关工作。自2016年开始承担中国地震局手机报编辑工作，共编辑信息500余期。2016年9月份开通"防震减灾第一线"微信公众号，运营"问地思玄"微博账号，编辑发布地震系统最新信息，单篇最高阅读量达5.2万次。

（4）策划和组织地震系统新闻宣传培训。受中国地震局办公室委托，制定地震系统处级干部新闻宣传轮训方案，搭建课程、协调师资，

---

① 根据对防灾科技学院党委宣传部副部长、风险传播研究所所长徐占品的访谈记录整理。

学院教师承担涉震舆情、新闻写作、应急宣传、地震科普等课程讲授任务，目前培训地震系统处级干部、专家学者、宣传骨干500余人。

（5）与省局开展新闻宣传合作。积极拓展与各省局和直属单位合作，配合省局开展新闻宣传培训。2014年以来，学院教师先后赴全国20余个省级地震局开展培训交流，指导地震系统通讯员队伍和网宣员队伍建设。2017年以来，分别与湖南省地震局、浙江省地震局、贵州省地震局签订《舆情监测合作协议》，2019年中标吉林省地震局长白山火山科普集成项目，开辟校局合作新领域。

2014年以来，受中国地震局办公室委托，面向行业需求开展科学研究，主持中国地震局新闻宣传专项研究任务6项，到位科研经费130万元，分别涉及中国地震局新闻宣传教材建设、中国地震局新闻发布评估和舆情分析、网络舆情联动机制智库运行和平台建设、中国地震局例行新闻发布制度建设等方面。

除此之外，防灾科技学院文化与传播学院积极服务河北省经济社会发展。学院教师撰写的关于京津冀协同发展舆情特点和邢台暴雨灾害舆情应对方面的咨询报告，2次获得省部级领导肯定性批示，对于灾后舆情引导和危机应对能力提升发挥了重要作用。

5. 河北保定农业学校与河北省农技电波入户工程

1988年3月，保定职业技术学院的前身——河北保定农业专科学校教务科决定成立电教室，田建国负责组建，并任电教室负责人，为全校教学提供电化教学服务。1990年12月，河北省农业厅批准河北保定农业专科学校成立河北省农业中专学校电化教学中心，为全省农业中专学校提供电化教育技术支持与教学服务，田建国任中心主任。1991年4月20日至30日，河北保定农业专科学校电教室承办了河北农业(机)中专学校电教培训班，为全省11所农业(机)中专学校培训了近20名电教骨干，受到农业厅宣教处及各校电教工作人员的好评。

1994年5月，河北省教育委员会批复，保定农业专科学校正式更名为河北保定农业学校。根据1999年5月6日《关于我省农技电波入户工作的汇报》得知：1996年，由河北省农业厅、财政厅、广播电视厅联合发起实施了一项利用电视来推广农业科技、指导农业生产、提供市场信息、推荐增收项目、传播致富经验、传达农业政策、教育广大农民的"农业科技电波入户"计划。暑期开始举办全省农技电波入户工程培训班，为河北省县级电视台培训农业电化教育专业技术人才，同时也为河北保定农业学校电化教育专业的成立奠定了坚实基础。1996年8月，河北保定农业学校创建"电化教育专业"，中专学历层次，学制两年。当年9月7日，新生报到，招生50人，组成"电教1班"。学校成立电教学科，田建国任主任。

1999年1月29日，经河北省农业厅批准，在河北保定农业学校电教学科基础上成立"河北省农业电视节目制作培训中心"，与河北保定农业学校电教学科一套人马、两块牌子。该中心由学校党委书记、校长张增喜同志亲自分管，主任由电教学科主任田建国同志担任，工作人员由河北保定农业学校电教学科工作人员兼任，按省厅要求开展有关业务活动，由省农业厅业务指导，负责对全省农技电波人员及农业系统的电视节目制作人员的业务培训等。1999年4月7日，中华人民共和国农业部发布《关于举办全国农技电波入户培训班的补充通知》，责成河北省农业电视节目制作培训中心开展"管理干部培训班"和"师资培训班"。1999年5月5—12日，举办了第一期农业部全国农技电波入户工程培训班。5月25日，《保定日报》头版刊登《国家农业部推广农校电教经验》。6月8—19日，举办了第二期农业部全国农技电波入户工程培训班，共计33人。7月27日—8月3日，举办了全省农技电波入户工程第一期培训班；8月3—10日，举办了全省农技电波入户工程第二期培训班。全省农技电波入户工程培训班累计举办14期，累计培训400余人次。11月《河北农技电波简讯》编辑部确定设在河北保定农业学校。2000年6月1日至17日，2000年第一期河北省农业电视节目制作培训班在该校举办，38人（农业厅及学校组织人员10人）参加培训。

8.3 本章小结

本章主要研究了河北省新闻传播院系的产学研合作与社会服务。社会服务作为高校基本职能之一，是指高等院校利用自身的人才资源、科研优势、专业特长为社会利益相关者提供服务的社会活动。产学研合作作为社会服务的一种机制和模式，与社会服务具有较多的共性和一定的重合度，有时可能是对同一类活动从不同角度的概括和描述。产学研合作一般是指企业、高等学校以及科研院所之间的合作，是一种将人才、技术和生产要素进行合理配置的方式。对于河北省新闻传播类院系来说，产学研合作主要以校媒合作、校企合作的方式来实现，对于院校和专业来说可以获得真实的生产实践项目、实践指导教师，弥补高校知识传授的滞后性和技能训练的虚拟性，尽量缩短毕业生的"后熟期"。对于媒体单位和企业来说既是为人才培养作贡献，也是获得丰富人力资源、新鲜创意思路的一条途径。

地处华北地区，环抱京津的河北省，其新闻传播教育的发展也必然会依托京津冀传媒行业。所在区位既是优势也是劣势，临近京津可以充分利用其优势社会、行业资源，同时因为临近政治文化中心，也受到虹吸效应的影响，在吸引和留住人才方面面临着巨大挑战。

1. 注重"政产学研合作"

河北省新闻传播教育在肇始之时就具有产学研合作的基因，在20世纪40年代河北省新闻传播教育的两个源头也都具备浓厚的产学合作因素。1944年开始天津工商学院邀请时任天津《益世报》社社长和总编辑的刘豁轩到校担任新闻学、广告学教授。1946年3月在张家口创办的华北联合大学新闻系由《晋察冀日报》编辑科科长罗夫担任新闻系副主任，并且专业课教师也大多来自《晋察冀日报》的在职工作人员。到了20世纪80年代，河北大学新闻学专业在创立之初面临师资、实习、就业等各种困难的时候，选择了与河北省主要媒体开展合作，不但解决了难题，还创新了产学合作育人模式。各个新闻传播院系也都在积极跟河北省、北京市、天津市的政府、媒体、行业协会、企业开展合作，互利共赢。

2. 积极服务地方社会经济发展

在开展社会服务方面比较典型的案例主要有河北大学文化创意产业研究中心的社会服务、河北师范大学新闻传播学院的社会服务、河北师范大学广告学专业的品牌营销服务、防灾科技学院文化与传播学院的社会服务、河北保定农业学校的河北省农技电波入户工程。如前文所述这些典型案例都是结合河北省或者本行业的特色开展的社会服务工作，对于本行业、本地区的相关部门、单位和企业的工作具有明显的促进作用，充分发挥了高等院校的社会服务功能。在这一过程中也锻炼了教师的业务实践能力和学生的专业技能，对于形成专业特色、促进专业发展具有现实意义。

第9章 结　　论

9.1　河北省新闻传播教育发展现状[①]

本书所研究的"现状"部分定位到2018年，这一年河北省共计有44所本科院校、63所高职院校、16所独立学院、20所民办高校，合计共有143所高等院校。其中开办新闻传播类本科专业的院校有河北大学等25所，开办新闻传播类高职专业的院校有保定职业技术学院等31所，其中也包含同时开设本科和专科新闻传播类专业的院校。

9.1.1　河北省新闻传播教育2018年发展状况

1. 院系专业设置及基本情况

河北大学新闻传播学院2018年招生的本科专业为新闻传播学类(含新闻学、广播电视学、编辑出版学三个专业)、广告学、播音与主持艺术。2018年硕士研究生招生专业为新闻学、传播学、新闻与传播、出版。2018年白贵、彭焕萍、田建平、杨秀国、韩立新等5位博士研究生导师计划招收5名博士研究生，最终录取了杨强、张金凤、王青原、刘念念、刘洪亮5位博士生。2018年学院领导机构为：院长韩立新，

[①] 本节主体内容发表在了《中国新闻传播教育年鉴(2019)》(中国新闻史学会新闻传播教育史研究委员会编写，武汉大学出版社2019年10月出版)，原文为薄立伟、商建辉撰写的《河北省新闻传播教育发展综述》，入选本书时有改动。

党委书记王景明，副书记兼副院长滑晓军，副院长杜浩、彭焕萍。

河北师范大学新闻传播学院2018年在招的本科专业有新闻学、广告学、播音与主持艺术、广播电视编导等，其中广播电视学专业停招。现设有艺术学理论一级学科硕士点、新闻与传播专业学位硕士点。2018年学院领导机构为：院长仝文瑶，党委书记刘森（2018年末接替杨轶书记），副书记、副院长孟祥文，副院长李振国、冯太敏。2018年12月12日，河北师范大学人事处网站发出了一条重磅新闻："河北师范大学公开招聘新闻传播学院院长公告"，这一举动在河北省新闻传播教育领域尚属首例，显示出河北师范大学新闻传播学院奋发图强的决心。

河北经贸大学文化与传播学院2018年招生的本科专业为新闻学、广播电视学、广告学、编辑出版学、汉语国际教育、汉语言文学。拥有新闻传播学一级学科硕士点，下设五个二级硕士点。学院2018年领导机构为：党委书记翟建北、院长张金桐、党委副书记仇静莉、副院长马瑞。

燕山大学文法学院文学与新闻传播学系的广播电视学专业在2018年停招。河北科技大学文法学院新闻系2018年在招专业包括新闻学和网络与新媒体两个专业，其中网络与新媒体专业2017年首次招生。河北地质大学艺术设计学院在招专业是广告学。河北民族师范学院文学与传媒学院、石家庄学院文学与传媒学院、衡水学院文学与传播学院、防灾科技学院人文社科系等院系在2018年拥有两个在招新闻传播类专业。保定学院信息技术系的网络与新媒体专业2017年开始招收第一届本科生，2018年信息技术系更名为信息工程学院。唐山学院传播与动画系、唐山师范学院中文系、沧州师范学院齐越传媒学院2018年拥有一个新闻传播类在招本科专业，其中沧州师范学院齐越传媒学院也在2018年停招了最后一个新闻传播类高职高专专业——传播与策划。廊坊师范学院在2018年变动较大，确定组建传媒系，属于二级学院，包括新闻学、播音与主持艺术、数字媒体艺术三个专业，首任系主任为樊明达。

河北传媒学院新闻传播学院2018年的主要变化有广告学专业从美

术与设计学院调整到了新闻传播学院。根据2019年3月公布的《2018年度普通高等学校本科专业备案和审批结果》，河北传媒学院被批准设置"数字出版"专业，自此河北传媒学院新闻传播学院开设了新闻传播类本科目录中所有的7个专业，成为河北省专业最齐全的新闻传播院系，也就是新闻学、广播电视学、广告学、编辑出版学、传播学、网络与新媒体、数字出版。其中，传播学和数字出版两个专业在河北省仅有河北传媒学院开设。河北传媒学院2015年起开始招收新闻与传播硕士研究生。2018年学院领导机构为：院长徐晓宁，党总支书记王书敏，副院长穆洁、朱良志。

根据教育部网站2018年3月15日公布的信息，河北省2017度普通高等学校本科专业备案和审批结果显示，河北传媒学院审批通过了新闻学专业，河北民族师范学院审批通过了网络与新媒体专业，河北东方学院审批通过了网络与新媒体专业。自此，河北省新闻传播教育版图在2018年又新增了河北东方学院这一高校。

2. 本科生、研究生教育

2018年11月2日，2018—2022年教育部高等学校新闻传播学类专业教学指导委员会成立，设置了主任委员1人，副主任委员5人，秘书长1人，委员35人。河北大学新闻传播学院院长、博士生导师韩立新教授入选教育部新一届新闻传播学教育指导委员会。[①] 韩立新院长也是此届"新闻传播学类教指委"委员中唯一的河北省新闻传播领域专家教授。

2018年，河北大学新闻传播学院曹磊、韩韶君、阿瑞夫、都海虹、刘连娜5人通过了博士论文答辩。2018年下半年，河北大学进行了硕士生、博士生导师的遴选工作，河北大学新闻传播学一级学科博士点和硕士点的导师队伍在不断壮大，除了从高校选聘兼职博导、硕导之外，

---

① 我院韩立新教授入选教育部新一届新闻传播学教育指导委员会[EB/OL]. [2018-11-03]. http：//jc.hbu.edu.cn/xyxw/2857.jhtml.

第9章 结　　论

来自业界的5位"校外兼职专业型硕士生导师"成为此次名单的亮点，对于加强新闻与传播专业硕士点的建设具有积极意义。

需要强调的是，曹茹是河北大学新闻学专业第一届学生，1982年入学，1986年毕业，毕业后留校任教，主讲"传播学概论""新闻心理学"两门课程。2006年毕业于中国传媒大学应用传播专业，获得博士学位。2013年至今担任河北大学新闻传播学院新闻学系主任，2018年被选聘为博士研究生导师（见表9-1）。

表9-1　河北大学新闻传播学一级学科2018年"硕博"导师选聘复审合格人员名单

序号	一级学科名称	姓名	导师类别	备注
1	新闻传播学	曹茹	校内博士生导师	
2	艺术学理论	杜浩	校内博士生导师	杜浩系新闻传播学院副院长
3	新闻传播学	隋岩	校外兼职博士生导师	
4	新闻传播学	虎嵩林	校外兼职博士生导师	
5	新闻传播学	张艳	校内学术型硕士生导师	
6	新闻传播学	和曼	校内学术型硕士生导师	
7	新闻传播学	金强	校内学术型硕士生导师	
8	新闻传播学	曹磊	校内学术型硕士生导师	
9	新闻传播学	李建红	校外兼职学术型硕士生导师	
10	新闻传播学	刘海龙	校外兼职学术型硕士生导师	
11	新闻与传播硕士	樊拥军	校内专业型硕士生导师	
12	新闻与传播硕士	白树亮	校内专业型硕士生导师	
13	新闻与传播硕士	肖钧	校外兼职专业型硕士生导师	
14	新闻与传播硕士	王广文	校外兼职专业型硕士生导师	
15	新闻与传播硕士	黄丽媛	校外兼职专业型硕士生导师	
16	新闻与传播硕士	李占军	校外兼职专业型硕士生导师	
17	新闻与传播硕士	王成树	校外兼职专业型硕士生导师	

3. 实习、实验中心建设

河北大学新闻传播学院探索与企业合作开发互联网广告前沿精品课程互联网广告基础，探索校企合作、产教融合的新路径。① 河北师范大学新闻传播学院建成河北高校首个融合媒体共享平台，2018年7月15日正式开通。该平台作为融媒体仿真教学实验室，一期工程投资300多万元，使用面积近315平方米。该平台提升了河北师范大学新闻传播国家级实验教学示范中心的整体建设水平。

4. 教材出版及评介

2018年4月，河北大学白贵和彭焕萍合著的《当代新闻写作》（第二版）由中国人民大学出版社出版。该教材第一版在2013年出版后广受好评，尤其是其"道器并举"的写作指导思想，很好地融入了写作理念和写作技巧，该教材也在2014年第十四届河北省哲学社会科学优秀成果奖评选活动中获得一等奖。第二版修订时，重写了"新媒体篇"，涵盖了"两微一端"的新闻写作、数据新闻的制作和机器新闻写作，追求做到与时俱进。

在2018年第二十二届全国教育教学信息化大奖赛河北赛区的评选活动中，河北大学新闻传播学院教师相喜伟、李世前、王秋菊等人设计制作的微课《幽默广告的表现技巧》荣获高等教育组一等奖。② 在随后11月28日举办的"第二十二届全国教育教学信息化交流活动"中，该微课获得了高等教育组微课三等奖。

5. 学术研究及特色

（1）国家社科基金、省社科基金立项。2018年河北省高校在国家社

---

① 探索校企合作新路径，构建产教融合新模式——新闻传播学院、综合实验中心与行业企业联合打造精品共享课程［EB/OL］.［2018-11-26］. http：//jc.hbu.edu.cn/xyxw/2865.jhtml.

② 我院教师在第二十二届全国教育教学信息化大奖赛中荣获河北省一等奖［EB/OL］.［2018-11-05］. http：//jc.hbu.edu.cn/xyxw/2858.jhtml.

第9章 结　论

科基金项目中主持立项4个项目，其中河北大学新闻传播学院的王秋菊教授、赵树旺副教授、刘赞副教授[①]各自主持立项一个项目，燕山大学的张亚明教授成功主持立项一个项目，这也是燕山大学第一次在国家社科基金新闻学与传播学这一学科中立项成功。燕山大学也成为继河北大学、防灾科技学院、河北经贸大学、中国人民警察大学之后第五所在新闻学与传播学这一学科中立项成功的河北高校(见表9-2)。

表9-2　　2018年国家社科基金年度项目立项名单(河北省)

项目批准号	项目类别	学科分类	项目名称	立项时间	项目负责人	专业职务	工作单位
18BXW024	一般项目	新闻学与传播学	"一带一路"战略背景下中国出版走出去研究	2018/6/21	赵树旺	副高	河北大学
18BXW118	一般项目	新闻学与传播学	非传统安全事件虚实耦合互动的网络群体集聚舆情传播研究	2018/6/21	张亚明	正高	燕山大学
18BXW119	一般项目	新闻学与传播学	基于大数据的社会化媒体舆情传播机制及风险防控体系研究	2018/6/21	王秋菊	正高	河北大学
18BTY023	一般项目	体育学	改革开放四十年体育新闻演进中的社会价值观研究	2018/6/21	刘赞	副高	河北大学

另外，从河北省部分高校网站公布的2018年河北省社科基金项目新闻学与传播学类立项名单中可以发现，这些项目有两个明显特征，一是服务于河北省乃至京津冀区域，二是紧密结合网络媒体、新媒体技术。从网络公开资料收集到的16项省社科基金课题的院校分布来看，河北大学有9项、河北师范大学有3项、唐山学院有2项，河北地质大学和邯郸学院各1项(见表9-3)。

---

① 刘赞副教授立项的国家社科基金项目的学科分类为"体育学"。

表 9-3　2018 年河北省社科基金项目部分新闻学与传播学类立项名单

序号	项目类别	学科分类	课题名称	项目负责人	单位院系
1	一般项目	新闻学与传播学	环境传播视域下"美丽中国"的媒介建构和雄安实践研究	李 娜	河北大学化学与环境科学学院
2	一般项目	新闻学与传播学	河北太行山集中连片特困区乡村文化兴盛的路径研究	杜 浩	河北大学新闻传播学院
3	一般项目	新闻学与传播学	河北省户外公益广告生产传播机制研究	张 艳	河北大学新闻传播学院
4	一般项目	新闻学与传播学	实施乡村振兴战略背景下"三农"新闻舆论工作创新研究	陈 娟	河北大学新闻传播学院
5	一般项目	新闻学与传播学	河北"创城"公共传播中的城市认同研究	甄巍然	河北大学新闻传播学院
6	一般项目	新闻学与传播学	环境新闻话语与河北省形象建构研究	赵丽华	河北大学新闻传播学院
7	一般项目	新闻学与传播学	乡村振兴战略下传统村落文化的数字化保护与传播研究	谷 雨	河北大学新闻传播学院
8	一般项目	新闻学与传播学	京津冀传媒产业集成经济协同发展研究	樊拥军	河北大学新闻传播学院
9	一般项目	新闻学与传播学	基于 VR/AR 的雄安新区融媒体数字化传播平台构建	刘 冲	河北大学新闻传播学院
10	一般项目	新闻学与传播学	近代审美幻想研究：以《大公报》广告（1902—1936 年）为例	孙 会	河北师范大学新闻传播学院
11	一般项目	新闻学与传播学	网络空间的群体传播研究	许海滨	河北师范大学新闻传播学院
12	一般项目	新闻学与传播学	网络社群的民意表达与集群行为研究	闫东利	河北师范大学文学院
13	一般项目	新闻学与传播学	改革镜像：透过广告看河北品牌成长路径及经验启示	秦福贵	河北地质大学艺术设计学院
14	一般项目	新闻学与传播学	新媒体背景下河北省公益广告的创新及传播策略研究	王志国	唐山学院传播与动画系
15	一般项目	新闻学与传播学	媒体融合背景下地方主流媒体舆论引导策略研究	郑 红	唐山学院传播与动画系

续表

序号	项目类别	学科分类	课题名称	项目负责人	单位院系
16	一般项目	新闻学与传播学	基于数字媒体的邯郸地方文化传播研究	韩燕红	邯郸学院夏青传媒学院

（2）成果获奖。2018年，河北省开设新闻传播类专业的高等院校成果获得的奖项数量多、质量也较高。其中有代表性的成果获奖如下：保定职业技术学院和保定广播电视台联合完成田建国教授领衔的"高职广播影视节目制作专业人才培养模式探索与实践"获得了2018第八届国家级教学成果二等奖；河北大学新闻传播学院田建平教授的著作《宋代出版史》（上、下册）获得2018第四届方汉奇奖——"新闻传播学学会奖"新闻史专项一等奖。在2018年第十六届河北省哲学社会科学优秀成果奖的评选中，河北省新闻传播类院系获得大丰收，共获得一等奖1项，二等奖7项，三等奖6项（见表9-4~表9-6）。

表9-4　　2018年国家级教学成果奖获奖项目名单

年份	届数	完成人	完成单位	类别	成果名称	等级
2018	第八届	田建国等	保定职业技术学院，保定广播电视台	职业教育类	高职广播影视节目制作专业人才培养模式探索与实践	二等奖

表9-5　　方汉奇奖——"新闻传播学学会奖"新闻史专项

年份	届数	获奖人	工作单位	类别	成果题目	等级	备注
2018	第四届	田建平	河北大学新闻传播学院	著作	《宋代出版史》（上下册）	一等奖	人民出版社2017年4月出版（资料如此，有4月和5月两个版本）

9.1 河北省新闻传播教育发展现状

表9-6 2018年第十六届河北省哲学社会科学优秀成果奖（新闻传播学类）

年份	届数	获奖人	工作单位	类别	成果题目	等级	备注
2018	第十六届	田建平 等	河北大学	著作	宋代出版史	一等奖	人民出版社2017年5月出版
2018	第十六届	冯月季	燕山大学	著作	传播符号学教程	二等奖	重庆大学出版社2016年12月出版
2018	第十六届	任文京	河北大学	著作	唐宋诗序跋研究	二等奖	人民出版社2016年5月出版
2018	第十六届	刘艳房	河北师范大学	著作	全球化背景下的中国国家形象战略——基于国家利益的研究视角	二等奖	中央编译出版社2016年9月出版
2018	第十六届	张金桐 等	河北经贸大学	著作	媒介与传播研究发展报告（2016—2017）	二等奖	吉林大学出版社2017年12月出版
2018	第十六届	商建辉	河北大学	著作	媒介同题内容产制研究——一种批判的视角	二等奖	中国传媒大学出版社2016年9月出版
2018	第十六届	白贵 等	河北大学	论文	对外传播的新使命："一带一路"与"构建人类命运共同体"	二等奖	《新闻战线》2017年第9期
2018	第十六届	韩立新 等	河北大学	论文	时空转移与智慧分流：媒体的分化与重构	二等奖	《新闻与传播研究》2016年第5期
2018	第十六届	包来军	河北省社科院	著作	"一带一路"纪录片传播研究	三等奖	中国致公出版社2018年1月出版
2018	第十六届	朱晓霞 等	燕山大学经济管理学院	著作	公共危机中伪信息的扩散机理与干预研究	三等奖	哈尔滨工程大学出版社2018年1月出版
2018	第十六届	刘景枝	河北经贸大学	著作	新闻集团传媒产业价值链研究	三等奖	中国社会科学出版社2017年2月出版
2018	第十六届	金强 等	河北大学	著作	巴基斯坦大众传媒研究	三等奖	中国传媒大学出版社2017年8月出版
2018	第十六届	娄丽景 等	河北地质大学外国语学院	著作	传统与现代：传统文化视域下的河北地域文化认同与话语建构	三等奖	经济科学出版社2017年11月出版
2018	第十六届	徐占品 等	防灾科技学院	研究报告	邢台洪灾舆论引导路径与我省危机应对水平提升的对策建议	三等奖	

(3)学术论文发表。2018年河北省高校、科研院所等单位在新闻传播类CSSCI期刊上共发表或合作发表论文44篇,新华文摘转载1篇。44篇CSSCI期刊论文刊物分布状况如图所示。其中《出版发行研究》最多,共11篇,最少的是《国际新闻界》和《编辑学报》,这两本刊物2018年没有发表河北省高校和科研院所的论文。其中新闻与传播类CSSCI所属的7本期刊只发表了15篇文章,这其中还包括《新闻与传播研究》2018年SI期上的5篇文章。在出版事业类CSSCI所属的8本期刊上,河北省高校和科研院所发表了29篇文章。其中《出版与发行研究》《科技与出版》《中国出版》三本刊物占据较大比例。作为科研实力的重要评判依据和申请国家社科基金的主要考察指标的"C刊"是"硬通货",河北省新闻传播学者还需要继续加强自身的科研水平,继续多产出高质量的"C刊"论文(见图9-1)。

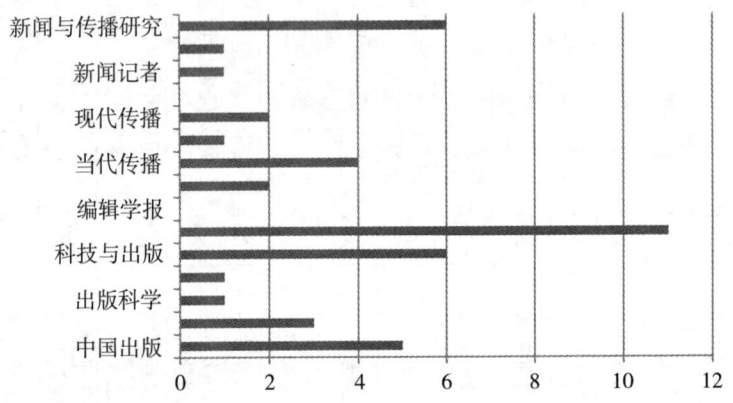

图9-1 2018年河北省高校、科研院所新闻传播类CSSCI期刊论文刊物分布图

作为河北省新闻传播研究成果重要标志的"C刊"论文具体信息可用表9-7表示,从中可以窥见主要的研究单位和重要作者。在单位方面,河北大学新闻传播学院、河北经贸大学文化与传播学院、河北省社会科学院新闻与传播学研究所三家单位表现较为突出。在作者方面,白贵教授、韩立新教授、任文京教授、杜恩龙教授、赵双阁教授等人的贡献度较高。

9.1 河北省新闻传播教育发展现状

表9-7 2018年河北省高校及科研单位新闻传播类代表性论文列表

序号	刊物	篇名	单位	作者	年/期	备注
1	新华文摘（转载）	传播的新视界、新定位、新使命	河北大学新闻传播学院，"一带一路"沿线国家研究智库联盟	曹磊、白贵	2018年第11期	栏目：读书传媒；原发报刊：《新闻记者》2018年第2期
2	新闻与传播研究	恩情与友谊——河北大学新闻传播学院与中国社会科学院新闻与传播研究所的交往关系	河北大学新闻传播学院	白贵	2018年S1	—
3	新闻与传播研究	预见性及其来源——马克思、恩格斯关于中国问题的评论对新闻教育的启示	河北大学新闻传播学院	韩立新	2018年S1	—
4	新闻与传播研究	"三个统一"：延安时期党的新闻工作的宝贵经验	河北省社会科学院新闻与传播学研究所	田苏苏	2018年S1	—
5	新闻与传播研究	时空变化对新闻传播的影响	河北省社会科学院	杨思远	2018年S1	—
6	新闻与传播研究	省级媒体深度融合的现实问题与理论思考——基于河北省的调研	河北省社会科学院新闻与传播学研究所	张芸	2018年S1	—
7	新闻与传播研究	进奏院别名考证	河北大学新闻传播学院，辽宁大学新闻与传播学院，武汉大学新闻与传播学院	魏海岩、谷文浩、刘子琨	2018年第11期	—

第9章 结　论

续表

序号	刊物	篇名	单位	作者	年/期	备注
8	新闻大学	从雾霾风险议题处理看主流媒体环境议题的建构原则及定位——基于《河北日报》与《新京报》的比较研究	河北大学新闻传播学院	白贵、韩韶君	2018年第3期	—
9	新闻记者	培养全球化的文明观与"共情"的沟通能力——"构建人类命运共同体"背景下对新闻传播教育未来的思考	河北大学新闻传播学院、"一带一路"沿线国家研究智库联盟	曹磊、白贵	2018年第2期	—
10	现代传播	英雄淀，歌英淀：白洋淀文化建设的意象隐喻——基于安地区英雄人物的文献分析	河北大学新闻传播学院、河北大学新闻传播学院河北省城市传播研究院	韩立新、张秀丽、杨新明	2018年第7期	—
11	现代传播	媒介战争与民族构建：抗战电影的媒介环境学研究	河北大学新闻传播学院	白贵、曹磊	2018年第1期	—
12	新闻界	西方藏书票的发展及其对出版业的启示	大连理工大学人文与社会科学学部	杜恩龙、葛琦	2018年第3期	—
13	当代传播	霍夫斯泰德文化维度理论在中国跨文化传播研究中的应用	河北经贸大学文化与传播学院	马兴祥、王欣芳	2018年第6期	—
14	当代传播	从中心消解到多元传播：媒介舆论传播形态重构	河北经贸大学文化与传播学院	张金桐、曹素贞	2018年第5期	—
15	当代传播	新闻的"量化转型"：算法推荐对媒介伦理的挑战与应对	河北经贸大学文化与传播学院	赵双阁、岳梦怡	2018年第4期	—

续表

序号	刊物	篇名	单位	作者	年/期	备注
16	当代传播	媒介新环境下互联网群体传播研究	河北经贸大学文化与传播学院、中国传媒大学	杨磊	2018年第1期	—
17	中国科技期刊研究	学术期刊增强出版的新路径——微信公众平台	河北农业大学期刊社	王雅娇、王佳、杨建肖、刘雪春、石文川	2018年第11期	—
18	中国科技期刊研究	学术期刊新型出版模式与保障条件	《河北体育学院学报》编辑部、河北体育学院宣传部	袁庚申、赵智岗、马国义、程富	2018年第8期	—
19	编辑之友	认知传播学：学科合法性质疑	燕山大学文法学院	冯月季	2018年第7期	—
20	科技与出版	我国高校复合型数字出版人才培养模式研究	中国书籍出版社、河北科技大学	李立云、蒋挺	2018年第7期	—
21	科技与出版	出版企业在跨界传播中的跨行业合作	河北经贸大学文化与传播学院、河北教育出版社	刘玉清、张明明、肖、何春雅	2018年第6期	—
22	科技与出版	国际学术引用开放平台研究	河北劳动关系职业学院	张津、张晓丽	2018年第6期	—
23	科技与出版	传统出版企业知识服务转型路径探析	河北大学新闻传播学院	杨金花	2018年第5期	—

第9章 结　论

续表

序号	刊物	篇名	单位	作者	年/期	备注
24	科技与出版	新时代主题出版的发展趋势及策略研究	中国传媒大学传播研究院，国家新闻出版广电总局信息中心，石家庄理工职业学院人居环境学院	宋思佳、陈前进、吴月淋	2018年第4期	—
25	科技与出版	语音交互技术重构出版	河北大学新闻传播学院	白林丰、杜恩龙	2018年第2期	—
26	出版发行研究	音乐作品再录制法定许可的存废与变革	河北大学政法学院	宋慧献	2018年第12期	—
27	出版发行研究	从接受美学看媒体如何讲好中国故事——隐喻、母题与适度陌生化	河北大学新闻传播学院	曹茹、郭小旭	2018年第10期	—
28	出版发行研究	《妇女杂志》（1915—1931）图像中民国女性风貌研究	河北大学、河北科技大学	刘伟娜	2018年第10期	—
29	出版发行研究	价值共创视角下短视频平台商业模式研究——基于抖音短视频的案例研究	燕山大学经济管理学院、燕山大学京津冀协同发展管理创新研究中心	王玖河、孙丹阳	2018年第10期	—
30	出版发行研究	VR技术应用新闻实践的伦理困境及其突破策略	河北经贸大学文化与传播学院	赵双阁、高旭	2018年第8期	—
31	出版发行研究	我国学术期刊知识生产的现状与反思	武汉大学新闻与传播学院、河北经贸大学人文学院	李京、赵双阁	2018年第5期	—

续表

序号	刊物	篇名	单位	作者	年/期	备注
32	出版发行研究	移动互联网时代网络编辑人才培养模式	河北大学工商学院	王宏	2018年第4期	—
33	出版发行研究	对开放获取的继承与创新——F1000Research的开放科学出版模式探析	浙江传媒学院新闻学院、河北大学新闻传播学院	杜恩龙、李枫	2018年第4期	—
34	出版发行研究	"民心相通":基于文化交往的共同体图景——"一带一路"中文化认同的困境与破解	河北大学新闻传播学院	甄巍然、刘洪亮	2018年第3期	—
35	出版发行研究	由出版大国到出版强国的发展战略	河北大学新闻传播学院	任文京	2018年第2期	—
36	出版发行研究	善读书与善推广:樊登读书会会营模式探析	河北大学新闻传播学院	杨金花	2018年第2期	—
37	出版科学	泰勒-弗朗西斯出版集团学术出版的趣味性推广	河北大学编辑出版研究所、河北大学新闻传播学院	杜恩龙、谢鹏飞	2018年第2期	—
38	现代出版	对改进编辑出版学本科毕业论文组织工作的若干建议	河北大学出版社有限责任公司、河北大学新闻传播学院	杨显硕、李枫、金强	2018年第4期	—
39	现代出版	高等院校出版硕士培养的困境与出路	河北大学新闻传播学院	任文京	2018年第3期	—

续表

序号	刊物	篇名	单位	作者	年/期	备注
40	现代出版	《我的老师顾随先生》编辑手记	河北大学出版社学术古籍分社	何东、赵彩霞	2018年第3期	—
41	中国出版	"一带一路"视域下中华学术外译项目现状与推进路径	河北大学新闻传播学院	任文京	2018年第15期	—
42	中国出版	借力人民币国际化推进出版业走出去	河北工程大学、河北工程大学附属医院	刘志军、杨丁贯	2018年第7期	—
43	中国出版	环境传播中的媒体角色定位与功能发挥——基于环境问题社会建构理论	河北大学	韩韶君	2018年第6期	—
44	中国出版	基于区块链技术的广告场景应用与生态网络变革	河北大学新闻传播学院	张艳	2018年第5期	—
45	中国出版	全民阅读规制建设与差异化推广	河北大学新闻传播学院	余人、袁玲	2018年第1期	—

6. 专业技能大赛

2018年度河北省大学生参加的新闻传播大类赛事主要有全国大学生广告艺术大赛(见表9-8)和中国大学生广告艺术节学院奖(见表9-9)。这两项传统赛事的参赛项目主要涵盖广告学、广播电视学以及网络与新媒体几个专业的专业实践，对于课程改革和专业实践能力培养具有一定的意义。部分院校已经将专业比赛纳入课程内容之中，师生在共同参与专业比赛中磨炼了专业技能，也提高了学习效果。

表9-8 第十届(2018)全国大学生广告艺术大赛河北省高校等级奖获奖名单

作品类别	奖项等级	作品名称	作者姓名	指导教师	所属院校
视频类影视广告	二等奖	元来只要1分钟	冯天赐、苏聪、史可鑫、左晨玉、马召冬	宋伟龙	河北大学工商学院人文学部
平面类	二等奖	舌头的渴望	李靖花	马玮丽	石家庄工商职业学院
平面类	二等奖	爱华仕表情包	朱雨婷、胡靖	高承珊	燕山大学艺术与设计学院
广播类	二等奖	娃哈哈-完美搭配	刘梦雅、刘雨琪	郭燕、陈丹丹	河北大学艺术学院
广播类	二等奖	北区楼四在这里等你	包芸昕、王雪欣、陈嘉文	陈静、陶朋	河北大学艺术学院
文案类	三等奖	有梦，有藤娇	刘彦、迟明雪	姜茜	石家庄学院文学与传媒学院
文案类	三等奖	元气满满做自己	付帆	黄鹏	石家庄邮电职业技术学院
视频类影视广告	三等奖	藤娇如此多娇	张笑萌、李海河、刘宇、谢国威、王迎	郗建业、陶朋	河北大学艺术学院

续表

作品类别	奖项等级	作品名称	作者姓名	指导教师	所属院校
视频类微电影广告	三等奖	给"他"一个微笑的加油	张志学、姜立萍、胡帅、王超平、杨燕	高艳	华北电力大学科技学院机械工程系
平面类	三等奖	爱华仕"玩酷"系列	吕晶萌	王卫军	河北大学艺术学院
平面类	三等奖	爱华仕世界旅途包装设计	赵予溪	刘静	华北电力大学（保定）能源动力与机械工程学院
平面类	三等奖	治愈	安庭瑞、于洋洋	王卫军	河北大学艺术学院
平面类	三等奖	藤娇	赵雪晴	焦晶晶	华北理工大学轻工学院影视与艺术设计学院
平面类	三等奖	不安分的头发	姜立萍、张志学	高艳	华北电力大学科技学院机械工程系
互动类	三等奖	"善"村	霍亚丽	韩翠霞	衡水学院美术学院
策划案类	三等奖	年轻就耀潮我看	李思维、张明枫	—	河北师范大学新闻传播学院

在第十届（2018）全国大学生广告艺术大赛中，河北省高校师生在平面类、视频类、营销策划类、互动类、广播类、文案类、策划案类等类别中共获得14项等级奖，其中5项二等奖，9项三等奖。

9.1 河北省新闻传播教育发展现状

表9-9 第16届学院奖（春季赛）获奖名单（河北高校等级奖获奖部分）

常规奖项	企业奖项	作者学校	作者	指导老师	作品类别	作品名称	命题企业
金奖	未获奖	唐山学院	岑越雯、王宏铭、冯晔、崔彤彤、李修鑫、高雪萌	郑红	营销策划	小极白，我们"泡"在一起	极白
金奖	未获奖	河北工业大学	王艺、湛彦卉	曹艳芳、厉载	平面广告	say no	碧生源
银奖	未获奖	河北工业大学	赵佳璐、郭悦靓	厉载、曹艳芳	平面广告	来托纳"穿越吧！"	托纳
银奖	金奖	衡水学院	王月影	韩翠霞	九宫格模板设计	世界那么大	艺豆
银奖	未获奖	河北大学	宋小美、陈玥、李晓蓉、王超琼	宋伟龙、张艳、相喜伟	营销策划	一时区的能量差	托纳
银奖	未获奖	衡水学院	孙晓蒙	韩翠霞	九宫格模板设计	芒果味的二维码	艺豆
铜奖	银奖	衡水学院	杨泽华	韩翠霞	九宫格模板设计	六宫格美味披萨	艺豆
铜奖	未获奖	河北大学	梁春雨、王畅、刘响、许海艳、周铂洋	张艳、薄立伟、相喜伟	营销策划	棉小柒守护行动	恒安七度空间
铜奖	未获奖	河北科技学院	高鑫	王熙尧	广告文案	京东618制备你的从前	京东

407

2018年，第16届中国大学生广告艺术节学院奖举办了春季赛和秋季赛两次赛事，在这两次赛事中河北省高校师生在常规奖项中共获得两金、五银、三铜10个奖项，另外还获得三个企业奖项，分别是一金、一银和一项"恒有源奖"，其中企业奖项的金奖和银奖与之前的常规奖项等级奖重复获奖。在获奖作品类别上也包含了平面广告、影视广告、营销策划、广告文案、九宫格模板设计等多个类别，类别比较丰富（见表9-10）。

表9-10 第16届学院奖（秋季赛）获奖名单（河北高校等级奖获奖部分）

常规奖项	企业奖项	作者学校	作者	指导老师	作品类别	作品名称	命题企业
银奖	—	河北工业大学	吕甜娜	侯力丹	平面广告	好肌肤，自在"晒"	伊贝诗
—	恒有源奖	河北大学	梁春雨、周铂洋、王畅	刘洪流、宋伟龙、张宇腾	影视广告	一只羊的使命	恒源祥

7. 重要学术会议

2018年8月20—22日，主题为"华文出版与文化创意"的第十三届海峡两岸华文出版与文化创意学术论坛在河北雄安新区举行。该论坛由河北大学新闻传播学院、台湾南华大学管理学院华文出版趋势研究中心、北京大学现代出版研究所、海峡两岸华文出版论坛秘书处共同主办，来自中国大陆和台湾地区的专家学者、出版业界和文创业界的专家及研究生共100余人参会。①

---

① 第十三届海峡两岸华文出版与文化创意学术论坛在雄安新区举行[EB/OL]．[2018-08-29]．http：//jc.hbu.edu.cn/xyxw/2836.jhtml．

2018年7月15日,河北师范大学新闻传播学院举办了"河北高校新闻与传播教学创新研讨会",中国教育电视台总编辑、教授、博士生导师胡正荣,河北大学新闻传播学院院长、教授、博士生导师韩立新,山西大学宣传部副部长、山西大学新闻学院副院长、教授、博士生导师邢云文等人参会并做了专题讲座。①

9.1.2 问题、特点与探讨

2018年,河北省新闻传播教育呈现出一些特点,主要表现在以下方面:

1. 整体水平有待继续提高

纵观全年,河北省新闻传播教育取得了一系列的成果,但是在全国最有分量的成果奖项和课题立项方面还有很大的空间。例如,2017年12月28日公布的全国第四轮学科评估结果,参评81所,上榜56所,河北省只有河北大学一所上榜,被评为B档。再如2018年12月公布的2018年国家级教学成果奖项目,河北省新闻传播教育在职业教育类中获得一项二等奖,本科院校新闻传播类专业院系没有获奖。还有在国家社科基金重大项目中,没有河北省高校新闻传播类专业院系的身影。

2. 全省新闻传播院系发展不平衡

从学科与专业建设以及所取得的成果来看,河北省新闻传播教育的本科院校和高职高专院校都具有"一超多强"的基本特点,本科院系的"一超"是河北大学新闻传播学院,专科院系的"一超"是保定职业技术学院传媒艺术系。但是本科院系中的"多强"还不够强,距离"一超"的差距比较大。2018年年初国务院学位办公布了2017年审核增列的博

---

① 我校建成河北高校首个融合媒体共享平台[EB/OL].[2018-07-17]. http://xcsy.hebtu.edu.cn/a/2019/01/08/20190108152910.html.

士、硕士学位授权点名单。全国新增了一批新闻传播学一级学科硕博士点，新闻与传播、出版两个专业的多家硕士点，但河北省新闻传播类专业院系一无所获。如河北经贸大学文化与传播学院、河北师范大学新闻传播学院、燕山大学文法学院、河北科技大学文法学院、河北地质大学艺术设计学院等河北省新闻传播教育第二梯队的院系，都没能取得新增硕士点。

3. 特色凝练和学科优势不够明确

随着社会经济的发展和传媒技术的革新，新闻传播类本科专业的设置，硕博士学位点的申报数量越来越多。这就需要各个专业院系尽快挖掘和凝练专业特色，突出学科优势，增强专业竞争力和不可替代性。在激烈竞争中需求差异化发展是切实可行的策略之一，如何寻找和确定自己学院的特色，应该是各个新闻传播院系下一步的重点工作之一。

4. 河北省"本二"院校已失先机

河北省"本二"层次的新闻传播类院系近来发展势头较好。河北民族师范学院、石家庄学院、衡水学院、沧州师范学院等学校开始开设第二、第三个新闻传播类本科专业，形成了一定的规模。但是各个专业还很难招聘到具有博士学位的专任教师，偶有在职攻读博士学位的教师在取得博士学位之后，往往也会被"本一"高校引进。目前河北省"本二"新闻传播类院系在提高专任教师学历层次上还没有找到有效的应对方法。而在同一时间，江南一些省份的"本二"高校已经开始实施有效的人才吸引策略，并且取得了一定的成效，这种差距在之后几年的竞争之中，尤其是硕士学位授权点的竞争中会进一步体现出来。当然，这一状况随着全国博士学位授权点的增加和博士生数量的增加会逐步缓解。

5. 服务地方发展的能力有待提高

学科建设和行业发展之间的关系问题是高校面临的基本问题之一。新闻传播类专业和学科作为建立在传媒行业、影视行业、广告行业、出版行业等基础之上的专业和学科，在发展的过程中应该密切关注行业的发展。作为高校的三大职能——培养人才、科学研究、社会服务——都应该紧密结合行业发展而展开。但是目前存在一定的"顶天不立地"现象，那就是高校新闻传播院系并没有紧密结合最新的行业发展趋势和行业需求来开展工作，存在教学内容陈旧、科研与实际需求脱节、理论无法指导实践等问题。

9.2 研究结论与讨论

9.2.1 研究发现

1. 梳理了河北省新闻传播教育的发展脉络

河北省新闻传播教育肇始于20世纪40年代，已知早期的三个源头都未能延续下来。河北省新闻传播类教育以1980年河北大学新闻学的设立为标志而得到恢复之后，历经将近40年的发展，至2018年年底在发展规模和专业层次上都取得了不错的成绩。纵观1944—2018年河北省新闻传播教育75年的发展史，呈现出一些阶段性特征。

第一阶段是1944—1979年，零星闪现，筹备酝酿阶段。这一阶段的标志性历史事实有1944—1948年期间河北大学前身天津工商学院聘请刘豁轩讲授新闻学、广告学课程，1946年中国共产党在张家口创办的华北联合大学新闻系，1958年河北日报社主办的新闻大学等。总体特征是偶尔出现新闻传播教育的火花，但是都未能形成燎原之势。到了20世纪60年代，河北大学中文系写作教研室师生开始为工厂撰写新闻稿,后来的新闻学专业也就是在写作教研室的基础上组建起来的。

第二阶段是1980—1993年,一枝独秀,艰难探索阶段。这一阶段在整个河北省就只有河北大学新闻学这一个新闻传播学专业点,当时的新闻学专业在发展过程中遇到了师资队伍不整齐、教学条件不完善、办学经费不充足、实验实习难开展等一系列的困难和问题。河北大学新闻学专业苦苦支撑、艰难探索,通过与河北省新闻媒体单位紧密合作,创造性解决了学生实践动手能力培养和办学经费等诸多问题。1993年河北大学新闻学专业《建立实习基地,深化教学改革》获得了河北省首届优秀教学成果一等奖。

第三阶段是1994—2009年,全面开花,扩充提质阶段。1993年河北大学中文系开办了广告信息和广播电视两个专科专业,1994年河北师范大学开设了广告学专科专业,1996年河北大学和河北师范大学同年开办了广告学本科专业。2000年之后开办新闻传播类专业的院校逐渐增多,专业类别也愈发多样。可以说河北省新闻传播教育在这一阶段的特点是竞相开设、全面开花。

在新增院校方面,河北经贸大学、河北地质大学(时为石家庄经济学院)、河北大学工商学院(时为河北大学实验学院)于2000年,河北科技大学、廊坊师范学院、河北科技大学理工学院、河北师范大学汇华学院、河北地质大学华信学院于2003年,燕山大学、衡水学院于2006年,石家庄学院、防灾科技学院、河北传媒学院、河北经贸大学经济管理学院于2007年,唐山学院、唐山师范学院、燕山大学里仁学院于2009年相继开设了新闻传播学类本科专业。1996年保定职业技术学院(时为河北保定农业学校)创办了电教专业,2000年之后电教专业也先后更名为影视制作与广告策划、电视节目制作等。廊坊师范学院、河北青年管理干部学院于1999年,河北民族师范学院、保定学院、唐山学院于2000年,邢台职业技术学院于2002年,衡水学院、石家庄职业技术学院于2003年,河北软件职业技术学院于2004年,石家庄学院于2005年,河北工程技术学院(时为石家庄城市职业学院)、河北对外经贸职业学院(时为河北外国语职业学院)于2006年也陆续开设了高职艺术设计传媒大类广播影视类专业。

在新开设专业方面，2000年河北大学、河北经贸大学同年开设了广播电视新闻学专业，2001年河北大学、河北经贸大学也同年开设了编辑出版学专业。在此期间，河北大学、河北师范大学于2000年和2004年先后成立了新闻传播学院。河北大学自1998年获得了新闻学硕士点，开始了研究生的培养工作，2000年获得传播学硕士点，至2005年获得了新闻传播学一级学科硕士点。河北经贸大学自2006年获得新闻学硕士学位点，开始了研究生培养。

第四阶段是2010—2018年，各美其美，内涵发展阶段。2010年河北大学获得了新闻传播学一级学科博士点，河北经贸大学获得了一级学科硕士点，河北大学获得新闻与传播、出版两个专业硕士点。2011年河北传媒学院获批设立网络与新媒体专业。2012年河北大学新闻学专业被评为河北省高等学校省级重点学科。2013年河北传媒学院申报了河北省首个传播学本科专业。2014年河北省委宣传部与河北大学、河北师范大学共建新闻传播学院，河北传媒学院获得新闻与传播专业硕士点。2016年河北师范大学获得新闻与传播专业硕士点。2018年河北传媒学院申报备案了河北省首个数字出版本科专业。2018年保定职业技术学院传媒艺术系获得第八届国家级教学成果二等奖。在这一阶段河北省各个新闻传播类院系逐步意识到寻找定位、凝练特色的重要性，一些院系开始形成自己的特色。一级学科博士点和国家级教学成果奖的获得标志着河北省新闻传播教育层次的提升。同时，随着教育部推行的学科排名逐步制度化和一流学科建设的深入推进，内涵式发展阶段已然到来。

2. 发现了河北省新闻传播教育的几个源头

河北大学新闻学专业通常被视为河北省新闻传播教育的起点，然而通过研究发现在20世纪40年代还有另外的源头。一是河北大学的前身天津工商学院曾经在1944—1945年聘请过天津《益世报》报社社长、总编辑刘豁轩担任过新闻学教授,为学生开设过新闻学课程,1947—1948年又聘请刘豁轩开设广告学课程。二是1946年3月在河北张家口创办的华北联合大学新闻系,该系是解放战争时期中国共产党在解放区创办的。课程体系比较完善,存在时间较短,3月创办、10月停办,之后学生到报社和前线记者团参加实习。这两个发现将河北省新闻传播教育的起始点向前提了36年。三是《河北日报》于1958年创办的"新闻大学",虽然并不是传统意义上的大学,但是当年确实冠之以"新闻大学"的名称了。

3. 呈现了河北省新闻传播学科发展的基本规律

通过使用文献计量法对河北省新闻传播教育的专业开设数量、论文、著作、教材、科研获奖等信息进行统计发现,河北省新闻传播教育发展过程中存在一条比较接近的曲线。

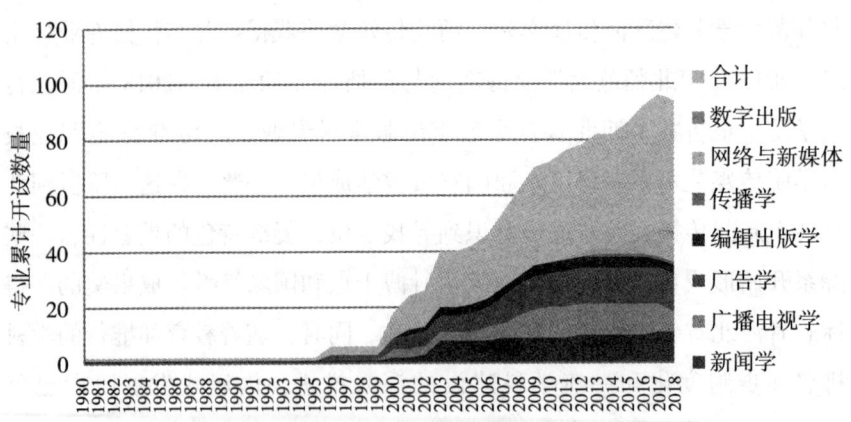

图9-2 河北省高校新闻传播类本科专业累计开设数量面积图

现以河北省新闻传播类本科专业累计开设数量为例进行分析。如图9-2所示,可以看出1980—1995年漫长的15年间河北省只有河北大学新闻学专业一个新闻传播类本科专业，直到 1996 年河北大学和河北师范大学同时开设了广告学本科专业，从 1996 年至 1999 年的四年间新闻传播类专业总数为 3 个。2000 年是一个重要的拐点，专业总数量猛增至 9 个；2003 年增至 20 个；2009 年增至 35 个；2017 年增至 48 个，达到顶峰；2018 年略有下滑。由此可以看到河北省新闻传播学专业发展的基本特征。

4. 发现了河北省新闻传播教育发展特征

通过研究发现，河北省各个新闻传播院校之间的实际差距要比印象中的差距大很多，在大家的印象中，或者说根据高考分数呈现出来的各个类别的新闻传播院系之间是阶梯式的分布状态，但是通过研究发现实际情况并不如此。通过统计论文、立项课题、著作、科研获奖、专业建设、学科排名等信息发现在本科院系中，河北大学新闻传播学院是个"超级存在"和"巨无霸"，处于第二档次的河北经贸大学文化与传播学院、河北师范大学新闻传播学院、河北传媒学院新闻传播学院等院系跟河北大学新闻传播学院相比较，综合实力差距非常明显。从全国范围来看，学科建设方面几乎没有存在感。而在高职院系方面，保定职业技术学院传媒艺术系在专业建设、课程改革、教材编写、师资队伍、教学成果等方面也处于较为明显的领先优势。

9.2.2 专业发展"S"形曲线与学科制度化

1. 河北省新闻传播学科发展"S"形成长曲线

"S"形曲线最早发现于生物繁殖的研究，后来开始应用于生物生长过程和产业成长过程等其他领域，后来知识领域也开始借鉴这一曲线用来研究知识的生产和积累过程。

如图 9-3 所示，Y 轴表示其学科的知识存量，t 轴表示时间，Y 轴与 t 轴之间的"S"形曲线，显示的是某学科发生与成长过程中的知识存量增长状况。A 点之前增长缓慢为初始阶段；A 点与 C 点之间的增长迅速为成长期；C 点之后平缓上升为成熟期。① 结合这一曲线，来审视河北省新闻传播教育的知识积累，新闻传播学科最典型的知识积累就是高端论文发表，此处将"A"刊的论文数量积累进行一下讨论。

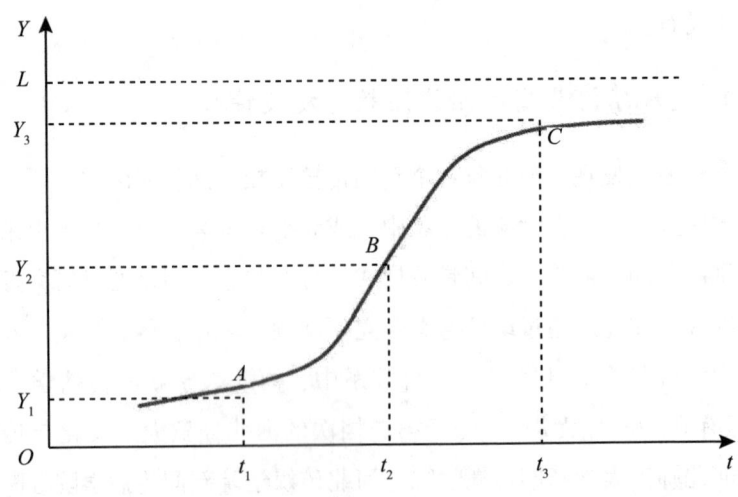

图 9-3 学科成长的"S"形曲线②

图 9-4 是河北省新闻传播类"A"刊论文的知识积累曲线图，样本数量较少曲线总体不够柔和，但是大体可以看出目前河北省新闻传播学科的发展大概处于 A 点和 B 点之间，增长迅速，正处于上升期。如果进一步统计"C"刊论文、著作、成果获奖，甚至是专业数量累加都可以从不同侧面反映目前河北省新闻传播教育和新闻传播学科的发展曲线，可以大概预测其发展阶段。

---

① 曾琼. 中国广告学知识生产研究：基于知识科学的视角与文献计量学的分析[M]. 长沙：湖南人民出版社，2016：25-26.
② 曾琼. 中国广告学知识生产研究：基于知识科学的视角与文献计量学的分析[M]. 长沙：湖南人民出版社，2016：26.

9.2 研究结论与讨论

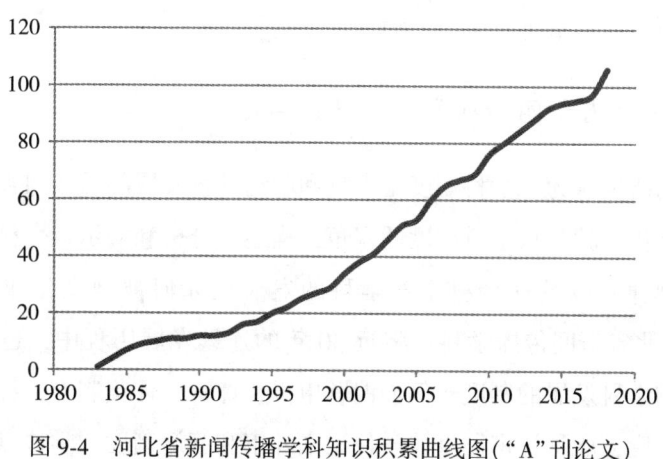

图9-4 河北省新闻传播学科知识积累曲线图("A"刊论文)

2. 河北省新闻传播学科发展规律与发展模式

托马斯·库恩认为,任何一门科学的发展都要经历"前科学"时期,进而发展到"常规科学"时期,而"常规科学"时期的标志是该门科学有没有建立起该门科学的科学共同体共同认同并共同遵循的科学研究范式。① 按照这一理论来分析河北省新闻传播学科的发展阶段并不是十分贴切,主要是因为一门科学或者一个学科往往是要打破地域性的,是在全国甚至全世界范围内来构建一个"科学共同体"或"学科共同体"的。但是仍然可以尝试分析全国、全省范围内的一些课题申报、成果评奖、学术会议、论文发表、职称评审、硕博士培养等制度,这有助于逐渐形成研究范式,如果河北省新闻传播学学科的教师和研究人员不遵守正在形成中的研究范式,将很难取得学术成果,甚至无法顺利取得学位。

在全国范围内的新闻传播学术领域内,河北省新闻传播学的研究范式也正在形成,但是并没有脱离全国范围内的研究范式而独立存在。在

---

① 曾琼. 中国广告学知识生产研究:基于知识科学的视角与文献计量学的分析[M]. 长沙:湖南人民出版社,2016:26.

这个层面上可以说河北省的新闻传播学科在全国新闻传播学形成和发展的过程中，自身也进入了"常规科学"阶段。

3. 河北省新闻传播学科制度化问题

华勒斯坦认为，学科制度是影响和制约学科发展的重要因素。所谓学科制度化，就是从学科制度的视角，描述、分析和揭示社会科学发展的普遍规律，以及社会科学各学科的发展史如何被制度化建构起来的。[①] 河北省新闻传播学科在将近40年的连续发展历程中，也在形成一些影响学科发展的制度。例如课题申报、评审、评奖制度，社科成果奖评选制度，职称评审制度，学位论文外审和答辩制度，学位点审批制度，学科评审与排名制度，学生技能大赛评审制度，专业与课程建设制度，专业人才培养方案专家审核制度等，这些制度对于学科的发展具有明显的导向和影响。例如，河北省新闻传播学著作在单数年的出版量略大于相邻近的双数年的出版量，这就很可能是受社科成果奖评审制度的影响，专家学者为了赶上偶数年举行的社科成果奖申报与评审，而激发出来著作撰写和出版的动力。再如教育部推行的学科排名制度，其评审标准就是新闻传播学院发展的重要目标，这对于每一个新闻传播院系的发展有着明显的导向作用。

9.2.3 发展定位与特色凝练

定位理论是20世纪70年代由艾·里斯和杰克·特劳特等人在营销领域提出来的理论，经过几十年的发展，在内涵方面有了诸多新思想、新概念，这一套理论目前应用广泛，是品牌传播方面主流的理论工具之一。该理论重点致力于在目标群体心目中塑造一个单位、品牌甚至个人的独特位置，使用该理论分析新闻传播学院的定位与发展也是适宜的。

[①] [美]华勒斯坦，等. 学科·知识·权力[M]. 刘健芝，等编译. 北京：生活·读书·新知三联书店，1999：225.

通过研究发现，目前河北省高校新闻传播院系的定位普遍不够明确，具有鲜明特色和明确定位的院系非常少。整体给人印象较为深刻的院系专业主要有沧州师范学院齐越传媒学院、石家庄职业技术学院动画学院、防灾科技学院文化与传播学院、河北经贸大学文化与传播学院的经济新闻专业方向、河北对外经贸职业学院广播影视节目制作专业等。

河北经贸大学文化与传播学院开办的经济新闻专业方向是一种很好的考虑和尝试，将新闻学专业和河北经贸大学的强势特色专业经济学相结合，创办特色鲜明的经济新闻学专业方向是增强竞争力、形成特色的有益做法。

防灾科技学院文化与传播学院可以说拥有河北省最有特色的新闻传播学类专业，该院紧密结合学校特色，凝练出灾害信息传播等研究方向，设置风险传播研究所、灾害舆情研究所、防灾减灾现代科普研究所等研究机构，承担中国地震局系统的全国涉震舆情监测与研究工作任务，并与多家省市地震局进行防灾减灾科普宣传项目合作，主要服务防灾减灾事业。其实，防灾科技学院在更改学院名称时可以更加大胆一些、再往前走一步，直接将学院名称改为"防灾信息传播学院"或"防风险信息传播学院"，这样有利于在全国范围内夯实自己的特色和定位，而现在的文化与传播学院反而没有突出自己学院的特色。

沧州师范学院齐越传媒学院重点在于发展主持与播音专业，充分挖掘老一辈播音艺术家齐越的品牌价值，使用齐越命名学院，创办齐越教育馆强化学院定位和专业特色。这一做法从定位角度来看是可行的，只是主持与播音的人才需求规模和人才培养规格是不是能够支撑起一个学院的长期发展尚且存在疑问。类似做法的还有邯郸学院夏青传媒学院，只是目前该学院并没有开设新闻传播类专业。

在专业发展的一些阶段需要不断研究目前的院系发展的"品类"问题，专注于一个小的品类，把它打造成为自己不可撼动的特色是必要的做法。河北对外经贸职业学院广播影视节目制作专业的特色是发展体育赛事制作，形成了国内少有、省内唯一的特征。这个选择是符合定位理论的基本思路和职业教育基本要求的。在职业教育理论中，该院多年来一直倡导要主动服务本地行业企业的发展需求，开展校企合作，走特色化之路。也就是说，不能每个专业都按照同一个思路来发展，应该找到自己的特色。

石家庄职业技术学院动画学院相对于很多追求大而全的院系来说是一个很好的借鉴。单点突破形成特色是定位的基本要求，将一个专业名称的关键词当做院系名称的重要组成部分是可取的做法。在这个意义上来看，保定职业技术学院传媒艺术系可以以自己的"王牌专业"——广播影视节目制作来命名系的名称，例如"影视传媒系"。

河北大学新闻传播学院和保定职业技术学院传媒艺术系两家单位在定位上有一些类似，两个院系在各自的类别上都处于省内领先的位置，其实"第一"本身就是最好的定位。但是如若放眼全国，两个院系在各自类别中都并不具备"第一"的定位优势，也都需要继续寻找自己在全国视野中的特色。也就是既然无法做到全国第一，就要想办法占据全国某一方面的第一甚至是唯一。

9.2.4 学科地位与发展方向

河北省的新闻传播学科和教育是随着全国新闻传播学科和教育的不断发展而孕育、产生和发展的，因而河北省新闻传播学科和教育与全国新闻传播学科和教育是同频的，在很多重大问题上和全国所面临的状况是类似的，例如关于新闻传播学学科合法性和新闻传播学教育发展方向问题。同时，河北省各个新闻传播院系又面临着服务地方经济社会发展、凝练自身特色、提升学科实力和育人质量等个性化问题。

1. 学科合法性及学科地位

一般认为1918年是中国新闻传播教育的起步年，在那一年第一个系统讲授新闻学的课程出现，第一本新闻学教材和新闻学专著《新闻学》出版，第一个新闻学研究组织北京大学新闻学研究会成立。刘海龙在考察中国传播学研究的历史时,提出在20世纪初西方传播研究通过芝加哥学派杜威、帕克等人来华演讲等途径影响了中国的社会学研究人员。中国的社会学者受到美国传播研究的影响在20世纪20年代至40年代也开始了一些传播学研究。[①] 通过以上资料可以推断出我国的新闻学和传播学学科以及教育已经有百余年历史了。1978年改革开放以后,新闻传播教育开始了恢复和发展,新闻学研究也逐步步入正轨。到了20世纪80年代西方的传播研究通过"理论旅行"的方式逐步被介绍和引进到我国大陆,传播学在我国得到了快速发展。1997年时,新闻学和传播学分别作为新闻传播学的二级学科得以确立,为新闻传播学的进一步发展奠定了基础。近年来,新闻传播学学科发展更趋成熟,新闻传播学者积极参与建言献策,为有关部门决策参考提供的帮助也越来越大,学科地位和学者地位相应地有所提升。

然而新闻传播学者多年来一直在为学科的合法性焦虑和反思。"新闻无学"的论调曾经长期存在。针对这种情况,胡百精以全球范围内大学现代化所经历的三种模式为框架,考察分析了新闻传播学科与教育的主体性、正当性和有效性这三重合法性危机。他认为新闻传播学科持续响应工业社会的知识生产和人才培养模式,未能成功克服合法性危机。[②] 这一思考为新闻传播类院系进行自身定位进行了设问:不同类型、不同层次的高等院校新闻传播类院系如何在快速变化的宏观社会环境中安身立命,准确找到自己应该承担的角色,履行好自己的历史使命?胡百精给出的答案是:构建生态型新闻传播学科体系,坚持多样共生、边界开放、彼此增益的生态原则,主张在对话中成就学科的主体

---

① 刘海龙. 中国传播研究的史前史[J]. 新闻与传播研究, 2014, 21(1): 21-36, 126.

② 胡百精. 大学现代化、生态型学科体系与新闻传播教育的未来选择[J]. 中国人民大学学报, 2019, 33(2): 132-139.

性、正当性和有效性。①

2. 新闻传播教育的发展方向

面对传媒的智能化、融合化、国际化等新趋势，新闻传播教育如何面对、认识这些趋势，如何调整自身都成为需要思考和着手解决的问题。专科、本科、硕士、博士等层次如何准确定位，学科教育和职业教育两个类别都应该如何确立自己的发展方向，这些都是需要不断思考和探索的问题。

高晓虹、赵希婧研究发现，改革开放40年来新闻院校的教育教学、人才培养始终服务于国家战略和社会发展，既重视基础知识与技能训练，传承并发展学科特色，也能够立足全球化、信息化的新平台，打造适应媒体融合发展的教育教学体系，建构具有中国特色、对接国际一流的人才培养模式。② 这一发现对于河北省新闻传播教育而言具有两个方面的意义，其一是启发意义，河北省新闻传播院校应当服务国家战略和河北省经济社会发展，应当立足河北省、培育河北特色，对接国际一流人才培养模式。其二是警示意义，河北省新闻院校虽然是地方院校，但是可否培育出学科和专业特色，能否服务国家战略，能否适应全球化、信息化以及媒体融合化趋势，如何寻找自己的国际一流发展之路？

河北省新闻传播院校的基本建设思路是在借鉴和参照名校新闻院系的基础上进而打造和形成自己的特色。1980年河北大学新闻学专业建立之初就得到了中国人民大学新闻系的大力帮助，例如多批次为河北大学新闻学专业培训师资，提供人才培养方案供参考等。河北大学新闻学专业为筹建广告信息和广播电视两个专科专业，于1994年派3名大三学生去当时的北京广播学院(现中国传媒大学)相关专业进修。河北师

---

① 胡百精.大学现代化、生态型学科体系与新闻传播教育的未来选择[J]. 中国人民大学学报，2019，33(2)：132-139.

② 高晓虹，赵希婧.改革开放40周年：中国新闻传播教育的坚守与创新[J]. 新闻与写作，2018(12)：18-24.

范大学广告学专业也曾派师资到北京广播学院(现中国传媒大学)广告学专业去进修。这两所学校的广告学专业也深受原北京广播学院的影响。同时，河北省其他高校新闻传播院系中有很多教师是来自河北大学、河北师范大学的毕业生，在专业人才培养方案的制订和课程设置上深受河北大学、河北师范大学新闻传播类专业的影响。

在这样的背景之下，河北省新闻传播院系在很多方面是处于被"世界一流高校"和"世界一流专业"所带动的地位，在专业发展方向上多为借鉴和参照名校名院的做法，先行先试的创新性做法总体比较缺乏。有的院系在多年实践中探索出了一些特色鲜明的育人手段，开创了一些特色的研究领域，但因为所处的地域并非一线城市，加上所在高校并不是"985""211"或"双一流"，受到的关注也比较有限，跟随者也寥寥。

在专业发展方向上，河北省新闻传播院系也有很多有益的尝试，在一定程度上也形成了或正在形成自己的特色，面对日新月异的传媒行业和国家社会对传媒院系及毕业生新的要求，还需要继续探索适合自己的发展路径。同时，也可以继续参照国内外处于领先位置新闻传播院系的先进做法，为己所用。

参考文献

一、著作

[1] 中国社会科学院新闻与传播研究所. 中国新闻传播学年鉴(2018)[M]. 北京：中国社会科学文献出版社，2019.

[2] 中国新闻史学会新闻传播教育史研究委员会. 中国新闻传播教育年鉴(2018)[M]. 武汉：武汉大学出版社，2018.

[3] 中国社会科学院新闻与传播研究所. 中国新闻传播学年鉴(2017)[M]. 北京：中国社会科学出版社，2018.

[4] 吴庚振. 人生如歌[M]. 北京：人民日报出版社，2018.

[5] 中国新闻史学会新闻传播教育史研究委员会. 中国新闻传播教育年鉴(2017)[M]. 武汉：武汉大学出版社，2017.

[6] 赵沛，任焕茹. 创享青春 筑梦未来[M]. 保定：河北大学出版社，2017.

[7] 中国社会科学院新闻与传播研究所. 中国新闻传播学年鉴(2016)[M]. 北京：中国社会科学文献出版社，2016.

[8] 中国新闻史学会新闻传播教育史研究委员会. 中国新闻传播教育年鉴(2016)[M]. 武汉：武汉大学出版社，2016.

[9] 曾琼. 中国广告学知识生产研究：基于知识科学的视角与文献计量学的分析[M]. 长沙：湖南人民出版社，2016.

[10] 中国社会科学院新闻与传播研究所. 中国新闻传播学年鉴(2015)[M]. 北京：中国社会科学文献出版社，2015.

[11] 邱沛篁. 川渝新闻传播教育35年[M]. 成都：四川大学出版社，2015.

[12] 崔勇. 保定学院史话[M]. 北京：社会科学文献出版社，2014.

[13] 童兵，陈绚. 新闻传播学大辞典[M]. 北京：中国大百科全书出版社，2014.

[14] 申凡. 华中科技大学新闻传播教育史稿[M]. 武汉：华中科技大学出版社，2013.

[15]《河北省广播电视年鉴》编辑委员会. 河北省广播电视年鉴（2012年版）[M]. 石家庄：河北人民出版社，2013.

[16] 邱沛篁，吴建，陈祖继. 四川新闻传播教育发展论[M]. 成都：四川大学出版社，2012.

[17] 白贵. 河大走出的传媒人[M]. 北京：人民日报出版社，2011.

[18]《河北大学史》编纂委员会. 河北大学史.2001—2010[M]. 保定：河北大学出版社，2011.

[19] 辛欣，雷跃捷 等. 中外新闻传播教育发展研究[M]. 北京：中国传媒大学出版社，2009.

[20] 张树庭. 广告教育定位与品牌塑造[M]. 北京：中国传媒大学出版社，2005.

[21] 李建新. 中国新闻教育史论[M]. 北京：新华出版社，2003.

[22] 漆侠. 历史研究法[M]. 保定：河北大学出版社，2003.

[23] 徐培汀. 二十世纪中国的新闻学与传播学[M]. 北京：党建读物出版社，2002：389.

[24]《河北大学史》编纂委员会. 河北大学史[M]. 保定：河北大学出版社，2001.

[25] 方汉奇. 新闻史的奇情壮彩[M]. 北京：华文出版社，2000.

[26][美]华勒斯坦，等. 学科·知识·权力[M]. 刘健芝，等编译. 北京：生活·读书·新知三联书店，1999.

二、学术论文

[1] 张昆. 新闻传播教育史体系刍议[J/OL]. 西安交通大学学报(社会科学版)：1-11 [2020-02-20]. http：//kns.cnki.net/kcms/detail/61.1329.C.20200219.1725.002.html.

[2] 白贵，杨强. "新文科"背景下新闻传播教育的新形势与新进路[J]. 出版广角，2019(9)：29-32.

[3] 张昆. 论高校新闻专业的教学团队建设[J]. 新闻与写作，2019(8)：68-74.

[4] 周茂君，罗雁飞. 我国新闻传播学本科专业核心课程设置研究——基于55家院校调查数据[J]. 现代传播(中国传媒大学学报)，2019，41(8)：157-162，168.

[5] 邓绍根，李兴博. 百年回望：论中国新闻传播教育发展历程及其特点[J]. 现代传播(中国传媒大学学报)，2019，41(6)：155-164.

[6] 何志武，董红兵. 新闻传播教育改革的逻辑[J]. 新闻与传播评论，2019，72(5)：37-45.

[7] 张龙. 新时代国际新闻传播教育的使命与作为[J]. 现代出版，2019(3)：13-15.

[8] 胡百精. 大学现代化、生态型学科体系与新闻传播教育的未来选择[J]. 中国人民大学学报，2019，33(2)：132-139.

[9] 董小玉，金圣尧. 新时代新闻传播教育的变革[J]. 当代传播，2019(1)：53-55.

[10] 杨妮，孙华. 变革与坚守：人工智能时代的新闻传播教育[J]. 出版广角，2019(1)：40-42.

[11] 白贵. 恩情与友谊——河北大学新闻传播学院与中国社会科学院新闻与传播研究所的交往关系[J]. 新闻与传播研究，2018，25(S1)：46-48.

[12] 韩立新. 预见性及其来源——马克思、恩格斯关于中国问题的评

论对新闻教育的启示[J].新闻与传播研究,2018,25(S1):63-64.

[13] 高晓虹,赵希婧.改革开放40周年:中国新闻传播教育的坚守与创新[J].新闻与写作,2018(12):18-24.

[14] 王文娟.挑战与抉择:转型期新闻传播教育变革的思考与实践——访河北大学白贵教授[J].今传媒,2018,26(10):1-4.

[15] 董庆文,邵宝辉.新媒体推动新闻传播教育转型[N].社会科学报,2018-01-11(005).

[16] 邵宝辉.改革奋进 争创一流——河北大学新闻传播教育发展之路[J].河北大学成人教育学院学报,2018,20(4):120-128.

[17] 骆正林.第四轮学科评估及其对新闻传播学的影响[J].现代传播(中国传播大学学报),2018(9):153-160.

[18] 周文扬.媒介融合背景下河北省新闻人才培养存在的问题及对策[J].传播力研究,2018,2(17):85.

[19] 韩立新.凝聚学术特色 建设区域智库 培养新型人才——河北大学新闻传播学院的探索与实践[J].传媒,2017(21):15-16.

[20] 罗自文.首席信息官:后大众传播时代新闻传播人才培养的目标转型[J].新闻与写作,2017(9):25-29.

[21] 艾涓.新闻传播教育的探索者和实践者——访河北大学新闻传播学院院长韩立新教授[J].今传媒,2016,24(9):1-3.

[22] 李亚男,张艳,张彦辉.融合型新闻传播人才培养途径探索与实践[J].河北软件职业技术学院学报,2016,18(4):23-26.

[23] 张雅明,邵宝辉.河北媒体采编人员新闻教育观点调查[J].采写编,2015(4):43-44.

[24] 白贵.搭建创新实践平台 培养卓越新闻传播人才[J].中国高等教育,2014(Z2):26-28.

[25] 刘海龙.中国传播研究的史前史[J].新闻与传播研究,2014,21(1):21-36,126.

[26] 中国人民大学新闻学院新闻传播教育课题小组. 媒介融合时代的中国新闻传播教育：基于18所国内新闻传播院系的调研报告[J]. 国际新闻界, 2014, 36(4)：123-134.

[27] 连娜, 张筱筠. "大数据"时代新闻传播人才培养模式的创新[J]. 新闻界, 2014(15)：29-32.

[28] 乔云霞. 河北大学新闻学科创建人谢国捷先生——纪念谢国捷先生逝世25周年[J]. 采写编, 2013(6)：59-61.

[29] 史安斌. 全球·全民·全媒：国际新闻传播教育与研究的路径与前景——以新闻传播大变局中清华大学国际新闻传播教育与研究为例[J]. 新闻界, 2012(10)：10-13.

[30] 邵宝辉, 张雅明, 王秋菊. 从新闻学子调查看当前新闻教育的改革与发展——以河北大学新闻学专业两届本科毕业生为例[J]. 河北大学成人教育学院学报, 2011, 13(4)：72-75.

[31] 邵宝辉. 中国新闻史暨地方新闻史研究创新刍议[J]. 河北经贸大学学报(综合版), 2009, 9(3)：83-85.

[32] 邓绍根. 燕京大学新闻学系最早毕业生考[J]. 国际新闻界, 2009(2)：120-123.

[33] 邵宝辉. 对新形势下新闻教育的几点思考[J]. 新闻爱好者, 2009(2)：75.

[34] 白贵, 王艳. 学与术的和谐 量与质的统一——浅论中国传媒业对新闻传播教育的时代要求[J]. 河北师范大学学报(教育科学版), 2008(1)：132-135.

[35] 李建新. 新时期中国新闻传播教育30年[C]//《新闻学论集》编辑部. 新闻学论集(第21辑). 北京：中国人民大学新闻与社会发展研究中心, 2008：211-223.

[36] 白贵, 高菲. 中国传播学会成立大会暨第九次全国传播学研讨会综述[J]. 现代传播(中国传媒大学学报), 2006(3)：137-138.

[37] 文欣, 吴廷俊. 中国共产党早期的新闻教育[J]. 新闻出版交流,

2003(4):54-55.

[38]沪光.河北日报设立新闻大学[J].新闻战线,1958(9):64.

三、学位论文

[1]安陆飞.河北高校新闻课程设置与改革的调研报告[D].河北大学,2018.

[2]许晓明.中国近代新闻教育发展史研究(1912—1949)[D].河北大学,2015.

后 记

本书为笔者 2017 年承担的河北省社会科学基金项目研究成果(项目编号：HB17XW001)。课题主持人为薄立伟，课题组成员包括白贵、田建国、田钰滢、连小青、李博等人。2017 年上半年对于课题主持人薄立伟来说是一个激动人心的时间段，先后传来了被北京外国语大学国际传播专业录取为博士研究生，主持的课题被立项为河北省社科基金项目，参与申报的成果获得了河北省教学成果二等奖等消息。在惊喜之余，也陷入了忙乱之中。攻读博士学位和主持研究省社科基金课题两大任务需要同时进行，课题的结项成果形式是著作，可惜省社科基金项目的选题和攻读博士学位的专业方向又有很大距离，无法直接将社科基金项目作为博士论文选题，相当于在 2017—2020 年三四年间要完成 2 部著作。

在 2017 年上半年就抓紧开始了课题的研究工作，想抢在入学之前多做一些基础性的资料收集工作。2017 年 6 月 30 日，在河北师范大学新闻传播学院承办的河北省新闻传播教育学会第二届理事会第三次全体会议召开期间，课题组就带上了预先设计好的问卷，在现场进行了发放，也开始了对河北省新闻传播院系的领导和老师们长达两年半的叨扰。课题组主要负责访谈和调查的是我："我有一个在研省级社科基金课题'河北新闻传播教育的历史与现状'，有问题需要咨询您……"这几乎成为两年多以来我跟各位新老朋友打招呼的发语词，在这个过程中结识了很多新朋友，同时也与更多的老朋友加深了联系。成果的很多章节涉及采访、咨询、事实核实等，每个院系的主要联系人一遍遍被我打扰，我也厚着脸皮给大家一次次发问卷、要资料、催进度，很多时候河北省主要新闻传播院系不只一人成为课题组实质上的成员。面对我的多次"打扰"，大家没有不耐烦，没有躲避我，也没有冷落我，更多的是热情帮助、大力鼓励，也提出了很多建议，甚至有几位提出了对这本书的"期待"，提前向我预定，这些鞭策让我不由加快了研究进度。为本书提供过帮助的人实在是太多，恕我无法在后记中一一列出了，在注释中列出了一部分我采访和叨扰过的同仁，在此向各位表示真挚的谢意。

关于申请这样一个课题的想法由来已久，可能跟我的学习工作经历有关，2001年到河北大学新闻传播学院广告学专业就读。第一次走出家乡就来到了河北大学新闻传播学院，自然而然地关注学院的历史和发展状况，在校期间亲历了河北大学80年校庆、河北大学新闻传播学院办学20周年庆典晚会、河北大学2002年本科教学水平评估等重要时刻，见证了河北大学新闻传播学院2000年建院之初的四年时光。毕业之前复习备考研究生的过程中对学院、专业、教师职业有了更深的认识，职业志向也转移到了大学老师这个方向。2005年毕业后到了保定职业技术学院传播技术系参加工作，经历了2008年省教育厅组织的办学水平评估，赶上了职业教育发展的热潮，对新闻传播类高职专业的教育规律有了认识。同时2008年又在河北大学新闻传播学院开始了在职攻读硕士学位的历程，进一步加深了对于科学研究的了解，也赶上了河北大学新闻传播学院获得一级学科博士点的历史节点。在那个阶段对学科发展、学科评估排名、教师的成果等方面的信息愈发关注。2011年取得硕士学位之后，就萌发了"考博"的想法，2013年开始付诸行动，在准备博士研究计划的过程中，最初将"河北新闻史"做为一个选择方向，后来在搜集文献过程中感觉到现在还无法把握这一选题，逐渐地开始将选题聚焦于"河北省新闻传播教育"这一方向，并于2016年初写出了一个一万字左右的"博士生研究计划"。

2017年年初开始准备申报课题时,将想法向我的硕士研究生导师——河北大学新闻传播学院白贵教授进行汇报,得到了白贵教授的鼓励和支持,当我诚惶诚恐地邀请他加入课题组时,他也欣然答应了,这让我万分惊喜。白贵教授于2000—2015年担任河北大学新闻传播学院首任院长,同时他发起成立了河北省新闻传播教育学会并被推选为会长,这样一个课题由白贵教授在课题组指导研究工作是十分必要的。白老师为了提携后辈不惜"委身"在课题组的做法更是让人感动。在高职新闻传播类院系从教10多年的经历让我发现有必要把高职新闻传播类专业院系纳入研究范围,我单位的领导——保定职业技术学院传媒艺术系主任田建国教授是课题组另外一位非常合适的人选,田老师认为研究要结合工作实际,恰好这个选题的研究有利于教学改革,他也同意加入课题组。在这样的课题组是一种美妙的体验,恩师和领导屈尊来帮助我完成这样一个潜藏在内心多年的研究,让我既感动又颇有压力,希望把项目做好来回报他们。

在课题申请时,由张昆教授主持编纂的《中国新闻传播教育年鉴》已经出版,在课题研究过程中参考了2016年、2017年出版的年鉴。2017年秋天,河北大学新闻传播学院商建辉教授跟我说,《中国新闻传播教育年鉴(2018)》准备刊出各个省份的新闻传播教育综述文章,他知道我正在研究这个项目,正好结合课题研究来写这篇文章,这确实是再恰当不过了,这就有了后来刊在2018年版年鉴上的《河北省新闻传播教育发展综述》和2019年版年鉴上的《河北省新闻传播教育发展综述》两篇文章。同时在中国新闻史学会2018年学术年会和2019年学术年会上,课题组分别向年会的新闻传播教育分论坛投稿《河北省新闻传播教育的发展与定位研究》《河北省新闻传播类科研课题和科研成果研究》。2018年10月27日下午,在中国新闻史学会2018年学术年会新闻传播教育分论坛上,我分享了课题部分研究成果,向张昆教授和与会嘉宾汇报了课题的基本情况，认识了华中科技大学新闻与信息传播学院的周婷婷副教授。2019年9月19日，在北京外国语大学国际新闻与传播学院主办的"首届国际新闻与传播教育论坛"上再遇张昆教授，向他汇报课题书稿写作情况并请求他为书稿作序，没想到他欣然答应，这样一个课题由中国新闻史学会新闻传播教育史研究委员会的会长——张昆教授作序是非常完美的。2019年11月17日，在中国新闻史学会2019年会上再遇张昆教授，我奉上成果初稿，张昆教授仔细翻阅后当面给予了指导，对书稿名称、篇章结构等方面给出了几条具体修改意见。两天后，张昆教授发来了序言，阅读之后非常感动，也备受鼓舞。

读博期间同时来主持完成第一项省级课题是艰难的，因为大部分的时间要用在博士学位的攻读上，这项工作不得不转入"地下"来开展。好在我的博士研究生导师——北京外国语大学国际新闻与传播学院何辉教授知情且对我非常宽容，也很关心我的这项研究，鼓励我开展下去。我大多使用一些零散的"业余时间"来搜集和积累资料，和课题组成员一起开展研究。这种状态下的我基本上没有时间关心父母妻女，父母经常打电话询问我的身体状况，岳父岳母和妻子抚养和教育处于幼儿园和小学阶段的女儿。我每次在家的时间也经常是泡在书房，女儿带着她的书来到我身边让我读故事给她听，我也常常给她限量。这样一项成果也离不开他们的理解、支持与付出。

第一次拟出版著作遇到了武汉大学出版社的胡国民编辑是幸运的，胡编辑非常有耐心，对于我的问题总是耐心解答，对我也是尽可能帮助。他的职业态度和专业能力让我佩服，在出版这本书的过程中也交到了不少的良师益友。2020年春节期间赶上了新冠肺炎疫情爆发，胡编辑在疫情最为严重的武汉无法正常开展工作，这本书的编校让我对武汉又多了一份牵挂。

作为拟出版第一部河北省新闻传播教育方面的著作，课题组比较注

后　记

重原始资料的搜集、整理，在史和论两者之间更加注重了"史"的部分。限于时间、视角、能力等因素，对资料的选择、信息的呈现难免挂一漏万，对人、事、物的总结和评价难免有谬误之处，尽管不是有意为之。也请各位当事人和读者批评指正、提醒帮助，以便在恰当时机进行更正完善。

薄立伟

2019 年 10 月 25 日于北京外国语大学图书馆拟稿

2020 年 4 月 29 日于保定日报社竞秀小区定稿

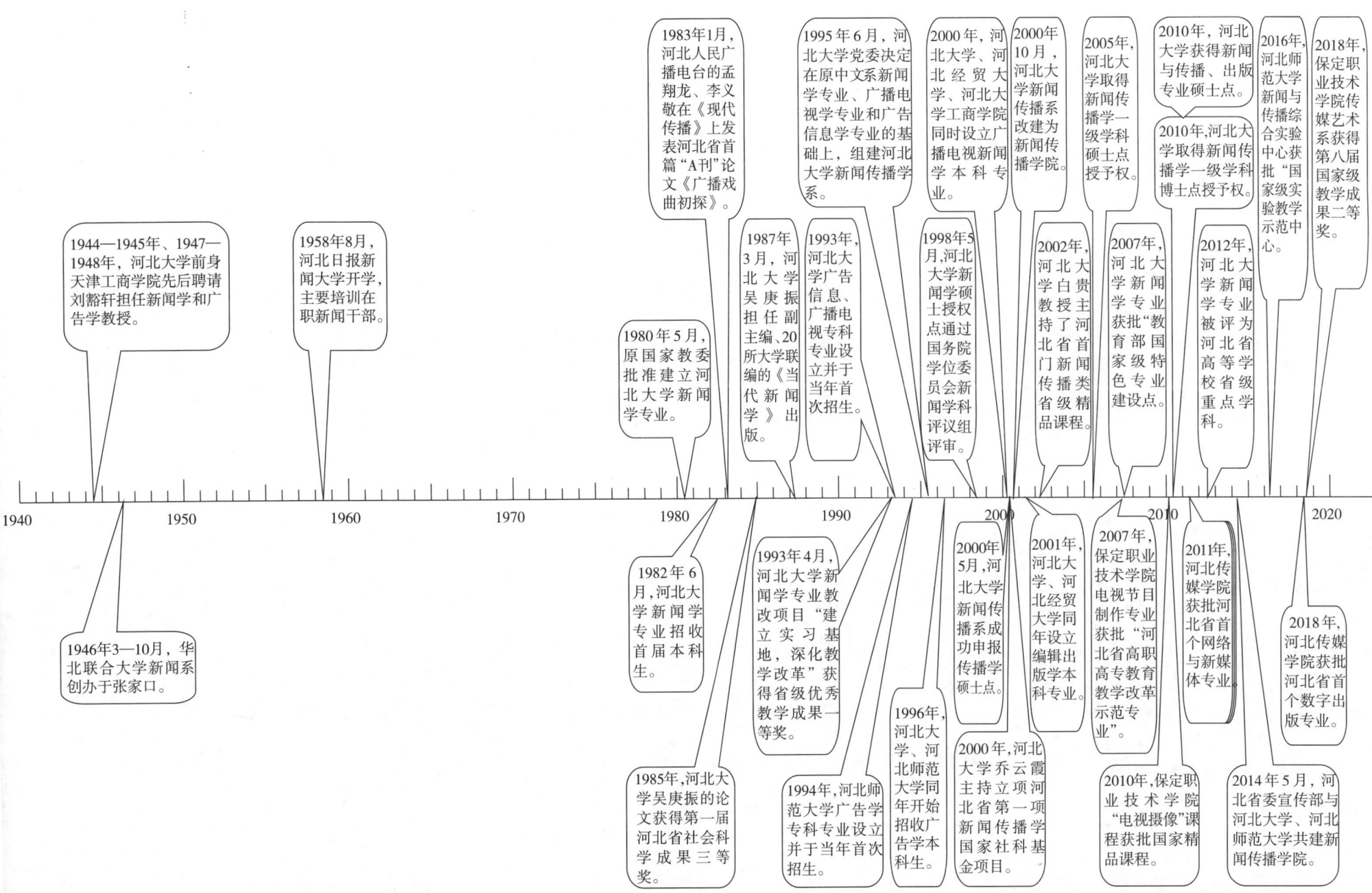

河北省新闻传播教育大事记时间轴

中国新闻传播教育年鉴书系

中国新闻传播教育年鉴(2016)

中国新闻传播教育年鉴(2017)

中国新闻传播教育年鉴(2018)

中国新闻传播教育年鉴(2019)

中国新闻传播教育年鉴(2020)

河北新闻传播教育史稿